PLINE L'ANCIEN

HISTOIRE NATURELLE
XXXVI

Il a été tiré de cet ouvrage :

50 exemplaires sur papier pur fil Lafuma numérotés de 1 à 50.

COLLECTION DES UNIVERSITÉS DE FRANCE

publiée sous le patronage de l'ASSOCIATION GUILLAUME BUDÉ

Plinius Secundus, C.

PLINE L'ANCIEN

HISTOIRE NATURELLE

LIVRE XXXVI

TEXTE ÉTABLI

PAR

J. ANDRÉ

Directeur d'études à l'École Pratique des Hautes études

TRADUIT

PAR

R. BLOCH

Directeur d'Études à l'École Pratique des Hautes études

COMMENTÉ

PAR

A. ROUVERET

Assistante à l'Université de Paris X-Nanterre.

PARIS

SOCIÉTÉ D'ÉDITION « LES BELLES LETTRES »

95, BOULEVARD RASPAIL, 95

1981

Conformément aux statuts de l'Association Guillaume Budé, ce volume a été soumis à l'approbation de la commission technique qui a chargé M. Jacques André d'en faire la révision et d'en surveiller la correction en collaboration avec M. Raymond Bloch et Mme Agnès Rouveret.

© *Société d'édition « Les Belles Lettres », Paris, 1980.*

ISBN : 2-251-01 186-2 Cartonné
2-251-11 186-7 relié

INTRODUCTION

Le livre 36 est le dernier des trois livres de l'*Histoire Naturelle* contenant un résumé de l'histoire de l'art ancien. Comme les précédentes, cette notice a été dégagée de son contexte par les commentateurs modernes qui lui ont consacré des recherches particulières [1]. Pourtant, le texte de Pline présente une organisation générale qui, sans correspondre à nos modes de classement ni à notre hiérarchie des valeurs, n'en forme pas moins un tout organique, que l'on peut tenter de lire après avoir défini certains des critères qui ont guidé son élaboration.

I. — LES PRINCIPES ORGANISATEURS DU LIVRE 36

Pline veut que son travail soit un reflet de la vie tout entière (*hoc est uita*) [2], c'est-à-dire à la fois une histoire naturelle et une histoire des civilisations et des techniques. Cependant même s'il s'en défend dans la préface générale (*nec admittunt excessus aut orationes sermonesue aut casus mirabiles uel euentus uarios iucunda dictu aut legentibus blanda...*), son œuvre n'est pas exempte de rhétorique. On remarque surtout, en harmonie avec

1. Cf. avant tout E. Sellers, *The Elder Pliny's Chapters on the History of Art*, translated by K. Jex-Blake, London, Macmillan and Co Ltd, 1896, réédition et remise à jour de R. V. Schoder, Chicago, Argonaut Inc., 1968 ; S. Ferri, *Plinio il Vecchio, Storia delle Arti Antiche*, Roma, Palombi, 1946.
2. *H. N.*, Préface 12.

le contenu de son étude, les variations multiples sur le thème de la *luxuria*, leit-motiv des textes consacrés à l'évolution de la société romaine, à la suite des conquêtes dans le bassin oriental de la Méditerranée [1]. Ajoutons que le milieu provincial dont Pline est issu ne pouvait qu'accentuer sa propension à la diatribe moralisante et grincheuse ; il en était allé de même pour un autre représentant du monde provincial porté au faîte du pouvoir, Sénèque.

Situation de l'artiste et valeur des œuvres d'art

Dans cette optique, l'amour des œuvres d'art fait partie de la corruption des mœurs : c'est en Asie, d'après Salluste, que, pour la première fois, *insueuit exercitus populi Romani amare, potare, signa, tabulas pictas, uasa caelata mirari, ea priuatim et publica rapere, delubra spoliare, sacra profanaque omnia polluere* [2]. Un bon Romain doit mépriser les arts. On a souvent souligné que Cicéron apparaît dans sa correspondance comme un amateur et un collectionneur passionné, mais qu'il feint, dans ses plaidoyers, d'ignorer les artistes et leurs œuvres [3]. D'une manière générale, dans le monde antique, l'histoire de l'art ne saurait jouir d'une place privilégiée. L'artiste, travaillant de ses mains, est méprisé [4]. D'autant qu'à

---

1. Les textes anciens font coïncider le début de la *luxuria* à Rome avec les campagnes en Asie du début du IIe siècle av. J.-C. Cf. en dernier lieu, F. Coarelli, *Architettura e arti figurative in Roma : 150-50 a. C.* in *Hellenismus in Mittelitalien*, Kolloquium in Göttingen vom 5 bis 9 Juni 1974, *Abhandlungen der Akademie der Wissenschaften in Göttingen*, Philologisch-Historische Klasse, Dritte Folge, Nr 97, 1976, pp. 21 à 51, plus spécialement pp. 24-25.

2. *Cat.* 11, 6.

3. G. Becatti, *Arte e Gusto negli Scrittori Latini*, Firenze, Sansoni, 1951, p. 81.

4. Une réévaluation de l'artiste apparaît cependant à l'époque hellénistique, surtout pour les peintres, cf. R. Bianchi Bandinelli, in *Storia e civiltà dei Greci*, 5, 10 : *La cultura ellenistica. Le arti figurative*, Milano, Bompiani, 1977, p. 463.

Rome, bien souvent, il est arrivé comme prisonnier de guerre et donc comme esclave. Une habile casuistique cherche à distinguer l'œuvre d'art, digne d'admiration, de son créateur, méprisable [1]. « Je ne me résous pas, écrit Sénèque à Lucilius [2], à compter parmi les arts libéraux la peinture non plus que l'art du statuaire, du marbrier et autres agents du luxe ».

Ainsi, le fait que l'histoire des artistes présentée par Pline soit insérée dans une étude des différentes matières employées (bronze, terre, marbre) peut surprendre aujourd'hui ; ce procédé est parfaitement justifié à l'époque. Une critique d'art, au sens moderne du terme — c'est-à-dire l'ensemble des impressions ou réflexions ressenties par le spectateur — est loin d'être l'approche courante [3] ; elle se constitue progressivement dans les recherches de descriptions artistiques de Lucain, Stace, Martial, Pline le Jeune, mais elle ne s'affirmera qu'un siècle plus tard, dans les écrits de Philostrate et de Lucien, puis de Callistrate au IIIe siècle. A l'époque de Pline, l'essentiel reste encore l'étude des procédés utilisés par l'auteur pour réaliser ses œuvres ; il le dit lui-même en 35, 1 : *officinarumque tenebrae et morosa caelandi fingendique ac tinguendi subtilitas simul dicerentur.* Dans cette optique, étant donné que l'artiste n'est jamais rien d'autre qu'un artisan [4], ce qui compte,

1. Plutarque, *Périclès*, 1.
2. *Epist.*, 88, 18.
3. L. Venturi, *History of Art Criticism*, New York, E. P. Dutton and Co, 1936, traduction française, *Histoire de la Critique d'Art*, Bruxelles, Éditions de la Connaissance, 1938, pp. 38-67.
4. L'étude fondamentale est celle de R. Bianchi Bandinelli, *L'artista nell'Antichità Classica*, in *Arch. Class.*, 9, 1957, pp. 1-17. Sur les artistes à Rome : J. M. C. Toynbee, *Some Notes on Artists in the Roman World*, in *Collection Latomus*, vol. 6, Bruxelles, 1961 ; sur les artisans en général : A. Burford, *Craftsmen in Greek and Roman Society*, London, Thames and Hudson, 1972. Il me paraît significatif que, de la même façon, dans le domaine scientifique, on ait pu montrer que la *pratique artisanale* (par

c'est la matière utilisée. Chaque fois que nous avons
conservé les comptes de constructions publiques, on
peut constater que la rémunération de l'artiste est
infime et que l'essentiel des dépenses provient des
matières employées et des frais de transport [1]. On ne
prendra qu'un exemple, celui de l'Athéna Parthénos,
évoquée précisément au livre 36. Son coût principal
est celui de l'or et de l'ivoire ; le travail de Phidias ne
compte pratiquement pour rien [2]. On pense au passage
du *Ménon* (91 d) où il est dit que Protagoras gagne
plus que Phidias et tous les autres sculpteurs mis ensemble.

Jugement de Pline sur l'art de son temps

En outre, Pline dispose d'un autre argument pour
justifier l'insertion de notices sur les œuvres d'art dans
son encyclopédie : il étudie un art mort. Il fait œuvre
historique — tout comme les annalistes abondamment
cités dans ses index — en conservant des renseignements sur un art qui n'est plus ; même si Tacite,
adoptant le point de vue traditionnel sur l'histoire,
semble vouloir lui refuser cet honneur [3]. De fait, comme

exemple le mode de production de telle ou telle substance) conditionne les classifications de Pline ; cf. R. Lenoble, *Les obstacles
épistémologiques dans l'Histoire Naturelle de Pline*, in *Thalès, Recueil
des Travaux de l'Institut des Sciences et des techniques*, 8, 1952,
p. 94 et note 5, au § 135.

1. *Ibid.*, et, plus récemment, R. Martin, *Aspects financiers
et sociaux des programmes de construction dans les villes grecques
de Grande Grèce et de Sicile*, in *Economia e Società nella Magna
Grecia, Atti del Dodicesimo Convegno di Studi Sulla Magna
Grecia*, Taranto (1972), Arte Tipografica Napoli, 1973, pp. 185-
205 avec bibliographie *ad loc.*

2. G. Donnay, *Les comptes de l'Athéna chryséléphantine du
Parthénon*, in *B.C.H.*, 91, 1967, pp. 50-86 ; *L'Athéna chryséléphantine dans les inventaires du Parthénon*, in *B.C.H.*, 92, 1968,
pp. 21-28.

3. D'après R. Syme, le passage des *Annales*, 13, 31, 1, fait
allusion à l'œuvre de Pline : *Nerone iterum L. Pisone consulibus*

nombre de ses contemporains ou prédécesseurs immédiats, ainsi Pétrone, Pline considère que l'art de son temps est dégénéré, tombé aux mains de parvenus, sensibles seulement à la richesse des matières employées, et parfois sa volonté de confondre les faux esthètes l'a entraîné dans des argumentations passionnées. C'est ainsi que P. Gros a pu proposer une interprétation nouvelle — et qui emporte la conviction — de la formule tant de fois commentée du *cessauit ars* du livre 34, 52 [1]. Loin de marquer un goût personnel de Pline pour l'art classique ou classicisant — il se révèle, au contraire à travers certaines remarques, plutôt sensible à des œuvres d'un réalisme exacerbé ou d'inspiration pathétique, plus proches de la tradition pergaménienne que de l'art néo-attique [2] — la formule sert à prouver, au prix d'une distorsion de la réalité, que les petits bronzes de Corinthe ne sauraient être aussi anciens qu'on le dit.

C'est pourquoi la patiente mosaïque héritée de la

---

pauca memoria digna euenere, nisi cui libeat laudandis fundamentis et trabibus, quis molem amphitheatri apud Campum Martis Caesar extruxerat, uolumina implere, cum ex dignitate populi Romani repertum sit res illustres annalibus, talia diurnis urbis actis mandare; cf. *Tacitus*, I, Oxford, Clarendon Press, 1958, p. 292.

1. P. Gros, *Vie et mort de l'art hellénistique selon Vitruve et Pline*, in *R.E.L.*, 56, 1978, pp. 289-313. Sur le *cessauit ars*, cf. H. Le Bonniec-H. Gallet de Santerre, *H. N.*, 34, Les Belles Lettres, Paris, 1953, Introduction, p. 47 ; M. Bieber, *Pliny and Greco-Roman Art*, in *Hommages à J. Bidez et F. Cumont, Collection Latomus*, vol. 2, Bruxelles, 1949, pp. 39-42 ; A. W. Lawrence, *Cessauit ars, turning point in hellenic sculpture*, in *Mélanges Ch. Picard II*, in *R.A.*, 1949, pp. 581-585, et plus récemment P. Moreno, in *Storia e civiltà dei Greci, La Cultura ellenistica, Le arti figurative*, sous la direction de R. Bianchi Bandinelli, Bompiani, Milan, 1977, pp. 439 et 441.

2. Cf., par exemple, la chienne léchant ses blessures, 34, 38, *eximium miraculum et indiscreta uerisimilitudo*, et ses descriptions du groupe de Zéthus, Amphion et Dircè (le « Taureau Farnèse ») en 36, 34 et surtout du Laocoon, en 36, 37.

Quellenforschung du XIXᵉ siècle [1] apporte des renseignements précieux sur la réflexion esthétique avant Pline,
mais apprend bien peu sur l'auteur lui-même. Dans une
telle optique, en effet, Pline apparaît comme le compilateur passionné — mais aussi quelque peu dénué
d'esprit critique — de *disiecta membra* venus de tous
les horizons. Il n'en est rien pourtant. Le texte de Pline
n'est ni innocent ni sot. Plusieurs courants contradictoires le traversent, mais souvent les contradictions que
l'on peut relever, révèlent un travail de transformation
des données opéré par Pline lui-même et trahissent donc,
sur de nombreux points, sa propre éthique. Ce qui rend
la lecture si passionnante, c'est précisément de pouvoir
dégager les interférences entre divers modes de classification fondés sur des critères complètement différents,
puisqu'ils partent tantôt de l'enquête sur la matière et
le travail humain, tantôt de la diatribe morale, tantôt
de l'expression du nationalisme romain. Pline ne saurait
être le Bouvard et Pécuchet de la littérature latine.

Par exemple, on a pu montrer comment, à propos des
pauimenta en 36, 184, Pline continue une diatribe commencée en 35, 2, à propos de la peinture, *arte quondam
nobili* (...), *nunc uero in totum marmoribus pulsa*. Le
livre 35 a traité du décor des parois et désormais Pline

---

1. Cf. note 1 et mise au point exhaustive de H. Le Bonniec
et H. Gallet de Santerre, *H. N.*, 34, *Introduction*. Pline encou-
rageait lui-même ce type de recherches puisqu'il donne toujours,
pour chacun de ses livres, la liste des auteurs romains et étran-
gers qui lui ont servi de source. Pour le livre 36 : *ex auctoribus :
M. Varrone, C. Galba, Cincio, Muciano, Nepote Cornelio, L. Pisone,
Q. Tuberone, Fabio Vestale, Annio Fetiale, Fabiano, Seneca,
Catone Censorio, Vitruvio. Externis : Theophrasto, Pasitele,
Iuba rege, Nicandro, Sotaco, Sudine, Alexandro Polyhistore,
Apione Plistonice, Duride, Herodoto, Euhemero, Aristagora,
Dionysio, Artemidoro, Butorida, Antisthene, Demetrio, Demotele,
Lycea*. Cf., également, V. Ferraro, *Il numero delle fonti, dei volumi
e dei fatti della Naturalis Historia di Plinio*, in *Annali della
Scuola Normale Superiore di Pisa*, ser. 3, vol. 5, 2, 1975, pp. 519-
533.

s'attache à la décoration des sols. Cette préoccupation moralisante me paraît miner les renseignements objectifs du texte. Le passage est plus polémique que scientifique et ceci explique les apories où se sont trouvés les commentateurs modernes quand ils ont voulu donner au mot *lithostroton* un sens précis et univoque.

Rome, huitième merveille du monde

Mais l'attaque contre la *luxuria* entre en conflit, dans le texte, avec l'expression du nationalisme romain. En tout domaine, même en celui de l'immoralité, Rome détient la suprématie. C'est ainsi qu'un classement apparemment objectif par types de pierres, des marbres aux granits, aux calcaires, puis aux tufs, nous emmène, comme innocemment, de l'Égypte à l'Asie Mineure et à la Grèce. Mais, sous couvert d'énumérer les merveilles du monde, Mausolée, pyramides, labyrinthes, jardins suspendus..., le texte, toujours plus insistant, nous suggère que, dans le spectaculaire (Rome, véritable *urbs pensilis*, § 94), comme dans l'utile (§ 121), Rome est la huitième merveille du monde. Même le labyrinthe prend, sous l'autorité de Varron, ses assises sur le sol italique avec le tombeau de Porsenna. Pline suit ici un thème qu'il a déjà développé pour la sculpture en bronze (34, 33) et pour la peinture (35, 17) : celui de l'ancienneté des deux arts en Italie et de leur développement autochtone et donc indépendant, sous certains égards, des inventions grecques [1]. Dans cette confrontation entre

1. Dans tous les passages, la source est Varron ; cf. *H. N.* 34, Les Belles Lettres, *Introduction*, p. 26. A cet égard, Pline offre un autre exemple d'utilisation du passé étrusque par les auteurs latins ; ici, me semble-t-il, avec une valeur positive, comme témoignage de l'existence et de la qualité des œuvres archaïques, produites sur le sol italien, par rapport aux réalisations grecques ; cf. D. Musti, *Tendenze nella storiografia romana e greca su Roma arcaica*, in *Quaderni Urbinati*, 10, 1970, pp. 121 sq.

Rome et la Grèce, l'évocation des antiquités de Cyzique paraît non moins significative. Certes, Pline reconnaît aux Grecs une vertu positive, leur munificence envers les dieux (§ 95), mais c'est la description des merveilles de Cyzique qui clôt son développement. Et dans ces prouesses dont l'ingéniosité défie les lois de la nature, on pourrait voir une illustration de la *mètis* grecque, cette « intelligence de la ruse » qui « implique un ensemble complexe, mais très cohérent, d'attitudes mentales, de comportements intellectuels qui combinent le flair, la sagacité, la prévision, la souplesse d'esprit, le feinte, la débrouillardise..., des habiletés diverses, une expérience longuement acquise » ; (et qui) « s'applique à des réalités fugaces, mouvantes, déconcertantes et ambiguës, qui ne se prêtent ni à la mesure précise, ni au calcul exact, ni au raisonnement rigoureux »[1]. Ce long excursus sur Cyzique ne me paraît pas venir par hasard, ni se limiter à un simple intérêt anecdotique pour collectionneur de *mirabilia*. Par sa place dans le texte, il s'oppose, en fait, à l'excellence que Pline reconnaît aux Romains, bâtisseurs de puissantes fondations, d'égouts, véritables fleuves souterrains, d'aqueducs innombrables, autant d'ouvrages utilitaires et collectifs qui s'opposent à l'ingéniosité « gratuite » des réalisations grecques. Ce passage pourrait être une sorte de commentaire et d'illustration dans le domaine architectural, des vers célèbres de Virgile : *Excudent alii spirantia mollius aera / (credo equidem), uiuos ducent de marmore uoltus / (...) tu regere imperio populos, Romane, memento / (hae tibi erunt artes), pacisque imponere morem, parcere subiectis et debellare superbos* (Énéide, 6, 847-853)[2].

---

1. M. Detienne et J. P. Vernant, *Les ruses de l'intelligence, la mètis des Grecs*, Paris, Flammarion, 1974, pp. 9-10.
2. L'importance des constructions urbaines dans la romanisation des territoires conquis est clairement soulignée par Tacite, *Agricola*, 21, *hortari* (sc. Agricola) *priuatim, adiuuare publice,*

Limites du rationalisme de Pline

Dans ce voyage à travers le monde, véritable anticipation des réalisations de la villa d'Hadrien, Pline a une grande dette envers G. Licinius Mucianus, *ter consul*, grand amateur de *mirabilia*, rassemblés au cours de ses voyages en Asie Mineure [1].

La catégorie des *mirabilia* est, soulignons-le, particulièrement importante dans l'organisation du livre de Pline. Elle est toute puissante dans le passage sur la médecine, domaine que Pline considère comme le plus important de son ouvrage (*immensa medicinae silua* (35, 1)). Il est clair que Théophraste, cité parmi les sources de Pline, est omniprésent dans ses notices. Mais on peut voir aussi, en comparant le *Traité sur les Pierres* et l'*Histoire Naturelle*, que l'esprit positif grec, s'appuyant, dans certains cas, sur l'expérimentation, est détourné, dévoyé au profit d'une classification mettant en relief le merveilleux [2]. C'est ainsi que les pierres sont classées sur des bases anthropomorphiques, d'après leurs attirances sexuelles (*magnes*), leur pouvoir de destruction (*lapis sarcophagus*), leur capacité de mettre au monde d'autres pierres (*aetites*). Parfois, le chemin bifurque : à propos du *lapis sarcophagus*, Pline abandonne le clas-

---

ut templa, fora, domos exstruerent. (...) *Inde etiam habitus nostri honor et frequens toga ; paulatim discessum ad delenimenta uitiorum, porticus et balineas et conuiuiorum elegantiam idque apud imperitos humanitas uocabatur, cum pars seruitutis esset.*

1. Cf. E. Sellers, *op. cit.*, p. 85, ainsi que *H. N.* 34, Les Belles Lettres, *Introduction*, p. 65. E. Sellers attribue à Mucien les passages suivants : 36, 20-21 (Cnide) ; 36, 30-31 (Halicarnasse) ; 36, 95 (Éphèse), ainsi que 36, 32 (Éphèse et Smyrne) ; 36, 12 (Iasos) ; 36, 13 (Chios) ; 36, 131 (Pergame) ; 36, 25 (Samothrace) ; 36, 22 (Parion).

2. Cf. les remarques similaires de Cl. Préaux à propos de l'évolution de l'astronomie : *La lune dans la pensée grecque*, in *Académie Royale de Belgique, Mémoires de la Classe de Lettres*, fasc. 4, 1973.

sement par propriété merveilleuse pour un classement par usage ; il se met à énumérer toutes les pierres utilisées dans l'art funéraire. Dans ce type de classement, on pourrait reconnaître la marque de Varron à qui l'on attribue des critères de même nature pour le livre 34 [1]. L'autre mode de classement prédominant dans les usages médicaux des pierres est celui de l'étymologie. Disciple de Cratyle, Pline (et sa source grecque : toutes les pierres examinées portent des noms grecs) considère que « celui qui connaît les noms connaît aussi les choses » [2], il déduit pour une série de pierres : *magnes, pyrites, ostracites, geodes, haematites, aetites,* un ensemble de propriétés qui sont comme inscrites dans leur nom.

Le projet encyclopédique

Enfin, le texte de Pline, par sa fonction et sa destination mêmes, apparaît un peu comme l'envers d'un décor. En effet, le choix des sujets d'une encyclopédie — surtout dans un ouvrage qui ignore le découpage « abstrait », créé par l'ordre alphabétique des notions dans un dictionnaire moderne [3] — est de répondre aux demandes des lecteurs en traitant des questions qui les préoccupent et sont d'actualité. G. Bachelard [4] a même pu montrer

---

1. Cf. H. Gallet de Santerre, *op. cit., Introduction,* p. 26 (classification des objets de bronze d'après leurs différents usages).

2. *Cratyle,* 435 d. Mais la méthode de Pline évoque surtout l'usage de l'étymologie chez Varron, cf. J. Heurgon, *L'effort de style de Varron dans les Res Rusticae,* in *Rev. Phil.,* 24, 1950, p. 70 ; *Id., Res Rusticae,* Les Belles Lettres, Paris, 1977, *Introduction,* p. 49 et note 6 ; J. Collart, *Varron, grammairien latin,* Paris, 1954, p. 251 ; V. Pisani, *La teoria grammaticale e quella filosofica nell'etimologia di Varrone,* in *Atti del Congresso internazionale di Studi Varroniani,* Rieti, 1976, 1, pp. 197-207.

3. L'usage de l'alphabet comme ordre encyclopédique arbitraire apparaît seulement dans la deuxième moitié du XVIIe siècle ; cf. M. Foucault, *Les mots et les choses,* Paris, Gallimard, 1966, p. 53, note 1.

4. *La Formation de l'esprit scientifique,* Paris, 1938, pp. 24-27, cité par R. Lenoble, *art. cit.,* note 10. G. Serbat, *La référence*

que jusqu'au xviiie s., un livre de science est souvent un dialogue avec le lecteur dont l'auteur mentionne les idées même s'il ne les partage pas. C'est ainsi que Pline, s'adressant à un public pénétré de magie [1], transcrit toutes sortes de recettes sur lesquelles il exerce pourtant une critique rationaliste ; peut-être parce qu'il n'est pas tout à fait sûr qu'elles soient sans vertu (cf. 28, 7-13), mais surtout parce qu'elles font partie des idées émises et doivent, à ce titre être consignées dans le *Thesaurus*, dont la diversité mime, en quelque sorte, la variété de la nature, *opus nec minus uarium quam ipsa natura*, pour reprendre les termes de Pline le Jeune (3, 5).

Cette transcription se fait au prix de résumés extrêmement condensés des textes qui servent de source et une première difficulté pour un lecteur moderne, est de démêler l'écheveau des allusions. Lorsque le texte de référence a été conservé, par exemple, pour le livre 36, le traité de Théophraste, *Des Pierres*, ou les livres du *De Architectura* de Vitruve, on peut reconstituer les pièces manquantes. Comme l'illustre l'analyse détaillée des passages concernés, bien souvent seul le report au texte initial permet de comprendre vraiment le résumé de Pline, parce que la notice plinienne est comme une citation voilée, une incitation à consulter le texte primitif. Mais on apprécie aussitôt les difficultés que recèlent les passages pour lesquels la source a été perdue.

Si l'on se place sur un plan plus général — en quittant, si l'on veut, les mots pour les choses —, on peut dire que le propre d'une œuvre comme l'*Histoire Naturelle* de Pline, est que *son référent en est par définition absent*,

---

comme *indice de distance dans l'énoncé de Pline l'Ancien*, in *R. Ph.* 47, 1973, pp. 38-49.

1. Sur le développement de la magie à Rome, à partir de la fin de la République, cf. A. Ernout, *La magie chez Pline l'Ancien*, in *Hommages à J. Bayet*, coll. Latomus, 1970, Bruxelles, 1964, p. 190.

puisqu'il est constitué par la réalité complexe du monde dans lequel vivent les contemporains de l'auteur. Il semble, par exemple, qu'est clairement sous-jacent au livre 36, le thème des sépultures royales et princières mis à l'honneur à Rome par l'utilisation faite par les empereurs, à des fins politiques et dynastiques, de leurs funérailles et de leurs tombeaux. A travers l'énumération des merveilles du monde, Pline renseigne son lecteur sur les symboles du Mausolée impérial : la description du tombeau de Mausole satisfait aux besoins de l'enquête étymologique, les données sur les obélisques, en particulier sur le *gnomon* du complexe du Champ de Mars, soulignent les éléments d'une symbolique solaire, voulue par le *princeps* [1]. Au contraire, d'autres sépultures sont présentées comme des pendants négatifs, exemples d'*otiosa ac stulta ostentatio* (36, 75) et signes d'un pouvoir absolu, contraire à l'image idéale du principat, les pyramides des Pharaons [2], sur le sol italien, le labyrinthe fantastique du roi étrusque Porsenna.

Mais Pline ne parle jamais du tombeau impérial lui-même, sans doute parce que sa présence est patente, qu'elle fournit le point de départ des interrogations auxquelles les notices de l'*Histoire Naturelle* répondent. Mais il ne mentionne pas non plus l'antécédent le plus évident et le plus crucial, celui du tombeau d'Alexandre, figure mythique du conquérant qui hanta pourtant les

---

1. Cf. note 1, § 72.
2. On doit rappeler, à cet égard, que d'après Suétone, *Aug.* 18, Octave, après sa victoire sur Antoine, avait honoré le tombeau d'Alexandre, à Alexandrie, mais avait refusé de voir les tombeaux des Ptolémées, à bien des égards héritiers des Pharaons, en déclarant qu' « il avait voulu voir un roi et non des morts ». Mais la mode égyptienne inspire, par exemple, le monument de Cestius dont la pyramide se dresse encore aujourd'hui près de la *Porta Ostiensis* ; cf. J. M. C. Toynbee, *Death and Burial in the Roman World*, London, Thames and Hudson, 1971, pp. 127-128 et pl. 33.

généraux romains, depuis Pompée jusqu'à Germanicus, au moins dans le récit de sa geste inachevée que nous livre Tacite au début des *Annales* [1]. Sans doute, la référence trop explicite au souverain macédonien, à bien des égards prototype du tyran oriental, n'était-elle pas mieux venue dans la Rome flavienne que dans celle d'Auguste.

A travers ces données se constitue une sorte de discours en creux qui offre des aperçus non négligeables sur la mentalité des contemporains de Pline, tourmentés par la mort et par le destin des empires, dans un monde où le passé vient se résumer en une collection de monuments symboliques, dominés par une image de l'Orient dont l'Égypte est la clef de voûte [2].

---

1. Sur le modèle du tombeau d'Alexandre pour le Mausolée d'Auguste, jusque dans le choix de la forme du tumulus, cf. J. Cl. Richard, « *Mausoleum* » *d'Halicarnasse à Rome, puis à Alexandrie*, in *Latomus*, 29, 1970, p. 370 ; F. Coarelli, *Guida archeologica di Roma*, Milan, Mondadori, 1974, pp. 274-275. Sur Pompée et Alexandre, cf. J. Cl. Richard, *Alexandre et Pompée : à propos de Tite-Live 9, 16, 19-19, 17*, in *Mélanges de philosophie, de littérature et d'histoire ancienne offerts à P. Boyancé*, École Française de Rome, Rome, pp. 653-669. Sur les funérailles impériales, cf. J. Cl. Richard, *Recherches sur certains aspects du culte impérial : les funérailles des empereurs romains aux deux premiers siècles de notre ère*, in *Aufstieg und Niedergang der Römischen Welt*, II, 16, 2, Walter de Gruyter, Berlin-New-York, 1978, pp. 1121-1134. Sur Germanicus et Alexandre, cf. surtout Tacite, *Annales*, 2, 73.

2. Cf. également l'image de l'Égypte et de ses monuments dans le récit fait par Tacite du voyage de Germanicus, *Annales*, 2, 59-60, et le commentaire très suggestif de J. L. Laugier, *Tacite*, Paris, Seuil, 1969, pp. 143-146 ; cf. également, C. Questa, *Il viaggio di Germanico in Oriente e Tacito*, in *Maia*, 9, 1957, pp. 291-321 ; J. Van Ooteghem, *Germanicus en Égypte*, in *Les Études Classiques*, 27, 1959, pp. 241-251. Sur Pline et l'Égypte, cf. M. Malaise, *Pline l'Ancien a-t-il séjourné en Égypte ?*, in *Latomus*, 27, 1968, pp. 852-863.

II. — LA NOTICE SUR LES SCULPTEURS EN MARBRE

Les sources du livre 36

Cette analyse des grandes articulations du texte sera suivie de l'étude plus particulière du passage consacré aux sculpteurs (§§ 9 à 44). Une fois encore, le livre 36 présente des aspects bien différents des livres 34 et 35. En effet, le découpage par matière a conduit Pline à traiter déjà, pour la matière plus noble qu'est le bronze, des sculpteurs et à transcrire les listes et les classifications grecques, en particulier celle de Xénocrate [1]. Il a fait de même pour la peinture. On remarque, d'ailleurs, dès l'examen des sources grecques données par Pline pour le livre 36, que le seul auteur cité est le sculpteur néoattique Pasitélès. Cependant Xénocrate n'est pas absent du livre 36, ses classifications apparaissent dans l'étude des « primitifs », Dipoenos et Scyllis, à propos desquels on lit les formules typiques ; *primi omnium inclaruerunt* (§ 4), et pour lesquels est affirmée la primauté de la ville de Sicyone, patrie d'adoption de Xénocrate. Or, cette présentation des faits entre en conflit avec une autre tradition que l'on peut considérer, à bon droit, à la suite d'E. Sellers [2], comme une trace des travaux d'Antigone de Carystos. Dans ce cas, la primauté est accordée à l'école de Chios. On ne saurait

1. L'étude fondamentale sur Xénocrate reste celle de B. Schweitzer, *Xenocrates von Athen*, in *Schriften der Königsberger Gelehrten Gesellschaft, Geistwissenschaftliche Klasse*, 9, 1932, pp. 1-52.
2. *Op. cit.*, p. 45. Le recours aux inscriptions est typique d'Antigone.

pourtant taxer Pline d'incohérence : les deux notices ne sont pas de même nature. Dipoenos et Scyllis représentent un premier degré dans le développement de la sculpture vers la perfection, il s'agit d'un schéma a priori, propre à Xénocrate, indépendant, comme on l'a souvent montré, de la succession chronologique réelle des artistes. L'école de Chios représente une antériorité chronologique : le début de la dynastie des sculpteurs coïncide avec la première Olympiade. La première notice énonce un jugement de valeur, la deuxième se veut d'ordre historique. Le fait qu'Antigone soit sensible à ce qu'on peut appeler la réalité historique est renforcé par son recours à l'observation réelle des inscriptions.

Le passage suivant, consacré à Phidias, révèle également une concurrence entre plusieurs types de classification. On commencera par un aspect mineur : le classement par type de statues. Il est certain que l'attribution à Phidias d'une statue d'Aphrodite entraîne les deux notices sur Agoracrite et Alcamène et explique la remarque, apparemment étrange, de la transformation en Némésis de l'Aphrodite d'Agoracrite. Varron est probablement présent derrière ces catégories [1]. Mais la présence de Varron me paraît rendre compte de contradictions beaucoup plus profondes du texte. En effet, le catalogue par matière embarrasse Pline, tout particulièrement quand il doit traiter de Phidias, parce que ses sources parlent, avant tout, des statues chryséléphantines qui échappent, de ce fait, à sa classification. En outre, Pline trouve, dans la tradition, deux jugements sur Phidias complètement différents. Le premier s'inspire de Xénocrate : Phidias est placé au premier degré d'une échelle qui mène, avec Lysippe, à la perfection de l'art. Les progrès sont calculés en fonction d'une fidélité plus ou moins grande aux règles de la *mimesis*.

1. Cf. **note** 1, p. 16.

Par contre, dans les écoles de rhétorique, s'était élaboré un tout autre classement (les mêmes lieux communs se retrouvent chez Cicéron, Denys d'Halicarnasse, Quintilien). Phidias représente alors l'aboutissement de l'évolution artistique d'après un jugement qui oppose les sculpteurs d'hommes aux sculpteurs de dieux. La notion de *mimesis*, fondamentale dans le premier cas, est substituée par celle de *phantasia*, c'est-à-dire la capacité de concevoir ce qui n'est pas visible [1]. C'est pourquoi Phidias, sculpteur de dieux, l'emporte sur Polyclète, sculpteur d'athlètes. Cette tradition se marque nettement dans le texte par l'emploi des mots *argumentum, ingenium, clarissimus, amplitudo, mirabilis, periti, magnificentiam*. Mais aussi par le procédé rhétorique : « Je ne vous parlerai pas de ce que tout le monde connaît, mais des détails qui sont encore plus significatifs du génie de l'artiste ». Il me paraît vraisemblable qu'une fois de plus, Varron s'est fait l'interprète de ce courant rhétorique, d'autant qu'il nous livre ailleurs son goût pour les œuvres miniatures [2].

Mais, si la présence des classifications et des théories esthétiques grecques était encore sensible en ce début de catalogue, on peut dire qu'avec Praxitèle, le texte bascule complètement. De fait, Praxitèle était un des

---

1. B. Schweitzer, *Mimesis und Phantasia*, in *Philologus*, 89, 1934, pp. 286-300 ; J. J. Pollitt, *The Ancient View of Greek Art, Criticism, History and Terminology*, New Haven and London, Yale University Press, 1974.

2. Varron, *L. L.*, 7, 1. Mais cf. également Cicéron, *De Oratore*, 2, 17, 73 : *in his operibus si quis illam artem comprehenderit ut tanquam Phidias Mineruae signum efficere possit, non sane, quemadmodum in clipeo idem artifex ut minora illa opera fecisse discat, laborabit.* ; Quintilien, 2, 3, 6 : *quia nemo sic in maioribus eminet, ut eum minora deficiant nisi forte Iouem quidem Phidias optime fecit, illa autem, quae in ornamentum operis eius accedunt, alius melius elaborasset* ; cités par A. Kalkmann, *Die Quellen der Kunstgeschichte des Plinius*, Berlin, Weidmannsche Buchhandlung, 1898, p. 179.

sculpteurs favoris des Romains [1], mais n'entrait pas dans
les classifications de Xénocrate consacrées essentiellement
aux bronziers. Et l'on a déjà noté, dans le commentaire
du livre 34, combien le texte de Pline est confus et embar-
rassé lorsqu'il arrive à Praxitèle [2]. Dans le livre 36,
mises à part les deux anecdotes teintées d'érotisme sur
l'Aphrodite de Cnide et l'Éros de Parion, anecdotes que
l'on peut, sans doute, attribuer à Mucien, on voit que
Pline énumère les œuvres de Praxitèle qui ont été emportées à Rome et se trouvent dans les collections publiques.

Ce tournant et ce flottement dans la notice de Pline
sur Praxitèle, et plus généralement, sur les sculpteurs
du IVe s. av. J.-C., peut se déceler dès la table des matières
du livre 1. Le sommaire commence, en effet, par l'énumération des premiers inventeurs, dans la tradition xéno-
cratéenne (*quis primus peregrino marmore columnas
habuerit Romae* (...) *qui primi laudati in marmore scalpendo et quibus temporibus*), mais, à partir du Mausolée,
apparaît une présentation totalement différente, celle
des œuvres célèbres (*nobilitates operum et artificum
in marmore*). Pline cite lui-même l'auteur de ces classifications, le sculpteur néoattique Pasitélès, *qui et quinque
uolumina scripsit nobilium operum in toto orbe* (36, 39),
le seul artiste étranger ayant écrit un traité sur l'art,
cité dans les sources du livre 36, comme nous l'avons
remarqué plus haut.

C'est un changement d'optique radical qui introduit
une véritable coupure dans le texte de Pline [3] ; on quitte

---

1. G. Becatti, *op. cit.*, p. 34.
2. H. Gallet de Santerre, *op. cit.*, p. 63.
3. Cette coupure s'observe d'ailleurs dans l'*ensemble* de la
notice sur les marbres, partagée entre un historique sur leur
introduction à Rome et sur les techniques des marbriers où
apparaissent les formules *quis primus* (par ex. : *quando primum
marmorum in aedificio usus* ou bien *quis primus Romae crus-*

le point de vue de l'artiste, de l'artisan qui réalise un exploit, pour celui du critique qui reste encore — notons-le — un artiste, mais apprécie les œuvres déjà produites, sur la plus vaste échelle chronologique et géographique possible, les rassemble et les classe selon ses valeurs, dans une sorte de musée des œuvres remarquables. D'ailleurs, à partir de ce tournant, les expressions du type *laudatum inuenio*, *in magna admiratione est*, se multiplient dans le texte de Pline.

La période sur laquelle s'opère le changement, le IVe s. av. J.-C., est non moins révélatrice. C'est l'époque de prédilection des artistes néoattiques dont Pasitélès est un des représentants et il n'est pas étonnant que les hésitations dans le texte de Pline se produisent à propos des sculpteurs du IVe s. av. J.-C. Ainsi, c'est dans l'énumération des œuvres de Scopas que s'insère l'aveu qu'à Rome les œuvres sont tellement nombreuses que beaucoup d'entre elles — et non des moins belles — ont perdu jusqu'au nom de leur auteur [1]. Il ne s'agit pas, je crois, d'œuvres de n'importe quelle période ; le paragraphe suivant précise, en effet, qu'il y a *haesitatio* entre Scopas et Praxitèle. C'est pourquoi, même si l'on doit accueillir seulement à titre d'hypothèse l'idée que les sculptures dans les temples de Neptune et de Mars (§§ 25-26) devraient être attribuées à Scopas Minor, néoattique du IIe s. av. J.-C., plutôt qu'au grand Scopas du IVe s. [2], il est certain que Pline, aussi bien pour Sco-

---

tauerit parietes) et une énumération des merveilles (les *mirabilia* se substituent aux *nobilia opera*) du monde.

1. 36, 27, *Romae quidem multitudo operum et iam obliteratio ac magis officiorum negotiorumque acerui omnes a contemplatione tamen abducunt, quoniam otiosorum et in magno loci silentio talis admiratio est. Qua de causa ignoratur artifex eius quoque Veneris, quam Vespasianus imperator in operibus Pacis suae dicauit antiquorum dignam fama.*

2. Cf. F. Coarelli, *L'ara di Domizio Enobarbo e la cultura artistica in Roma nel II sec. a. C.*, in *Dialoghi di Archeologia*, 2, 1968, pp. 302-368.

pas que pour Praxitèle, semble hésiter lui-même dans l'attribution des œuvres, sans doute parce que les prototypes du IVe s. furent abondamment copiés à partir du IIe s., et que la ligne de démarcage entre l'original et la copie semble parfois bien floue [1].

Les données muséographiques

Ce changement d'optique entraîne également un élargissement géographique, le point de vue du critique devient « mondial » (*in toto orbe*), c'est-à-dire qu'il se place à l'échelle de Rome et l'on peut déjà appliquer aux collections de statues la remarque de Pline à propos des « merveilles » architecturales de Rome, *uniuersitate uero aceruata et in quemdam unum cumulum coiecta non alia magnitudo exurget quam si mundus alius quidam in uno loco narretur* (§ 101). A partir de Praxitèle, en effet, le thème du nationalisme romain se fait tout à fait pressant. Les statues apparaissent désormais comme une des composantes du butin et donc comme un symbole des victoires militaires remportées par le peuple romain, puis par les empereurs, sur le reste du monde, *conueniat (...) sic quoque terrarum orbem uictum ostendere* (§ 101).

Rome devient le Musée par excellence, et Pline nous promène à travers les grandes collections de la Ville ; il décrit, sans doute à l'aide de catalogues [2], les œuvres rassemblées au Portique d'Octavie, dans la Bibliothèque d'Asinius Pollion, au Forum Pacis (occasion pour lui

---

1. Il en va de même pour le Cupidon, volé par Verrès à Heius de Messine, que Cicéron attribue à la main de Praxitèle, *De Signis*, 4, mais qui semble bien plutôt une copie de l'Éros de Thespies. C'est pourquoi les corrections très souvent proposées par les éditeurs de *Praxiteles* en *Pasiteles*, en plusieurs endroits du texte (par ex. en 36, 34) paraissent des rationalisations *a posteriori* des notices de Pline.

2. Cf. H. Gallet de Santerre, *op. cit.*, p. 67.

de discrètes flatteries à ses maîtres) [1]. Les monuments
cités sont souvent au Champ de Mars (on peut ajouter
au Portique d'Octavie les temples d'Apollon *in circo*,
de Neptune, de Mars, le complexe du théâtre de Pompée,
le Panthéon, les *Saepta*) [2], c'est-à-dire dans la zone où
s'est affirmée avec le plus de force l'hellénisation de
Rome, à partir du IIᵉ s. av. J.-C., zone traditionnellement consacrée à Mars et emblématique des victoires
romaines, mais qui, située alors en dehors du *pomerium*,
semblait tenir la ville à l'écart d'une contamination
fatale. Auguste, en restaurant avec l'aide de ses proches,
tel Agrippa, en embellissant ces monuments, reprenait
à son compte les thèmes « triomphaux » des généraux
de la Conquête.

1. *Dans le portique d'Octavie* : statue de Cornélie, en bronze
(34, 31) ; peinture d'Artémon, l'Apothéose d'Héraclès (35, 139) ;
Aphrodite de Phidias, en marbre (36, 15) ; dans la *schola*, tableaux
d'Antiphilos (Hésione, groupe d'Alexandre, Philippe et Athéna)
(35, 114) ; Éros de Praxitèle (36, 22) ; Satyres et *Aurae* (36, 29) ;
nombreuses statues en marbre d'auteur inconnu (36, 29) ; Alci-
biade en Éros par Scopas ou Praxitèle (36, 28). *Dans la Bibliothèque d'Asinius Pollion* : statues de Céphisodote (Aphrodite)
(36, 24) ; d'Eutychides (Dionysos) (36, 34), de Praxitèle (Ménades,
Thyiades, Caryatides) (36, 23), d'Arcésilas (Centaures et Nymphes)
(36, 34) ; de Cléomène (Thespiades) ; d'Héniochos (Okéanos
et Zeus) ; de Stéphanos (Appiades) ; de Tauriskos (Hermérotes) ;
de Papylus (Zeus Xénios) ; d'Apollonius et Tauriscus (Groupe
de Zéthus, Amphion, Dircè) (36, 34) ; statue de Scopas (36, 24).
Au Forum Pacis : dans le temple de la Paix, œuvres en bronze
dédiées par Vespasien, 34, 84 ; tableaux de Timanthès (Héro)
(35, 74) ; de Protogénès (Ialysos) (35, 102) ; de Nicomachos
(Scylla) (35, 109) ; Vénus d'auteur inconnu (36, 27) ; statue du
Nil (36, 58).
2. Temple d'Apollon *in circo* : tableaux d'Aristide (acteur
tragique et enfant) (35, 99) ; statues de Scopas ou Praxitèle (Niobides) (36, 28) ; Apollon de Philiscus ; Léto, Artémis, les neuf
Muses et Apollon du même auteur ainsi que l'Apollon citharède
de Timarchides (36, 34). *Temple de Neptune* : groupe du thiase
marin de Scopas (36, 26). *Temple de Mars* : Arès et Aphrodite
de Scopas (36, 26). *Complexe du Théâtre de Pompée* : les quatorze
Nations de Coponius. *Panthéon* : sculptures de Diogène (36, 38) ;
Saepta : Olympe et Pan, Chiron et Achille, auteurs inconnus
(36, 29).

Les lieux des collections sont divers. D'abord les temples, où les généraux vainqueurs, suivant une coutume qui, d'après Tite-Live [1], remonterait à la prise de Syracuse par Marcellus, en 212, dédient des statues prises à l'ennemi. « Les temples deviennent par ce biais comme l'image sublimée que la nation romaine s'offre à elle-même de sa grandeur croissante et de sa *felicitas* » [2]. Le temple devient un véritable musée avec des gardiens qui parfois sont responsables sur leur tête des œuvres dont ils ont la charge [3]. Certains temples semblent avoir ainsi perdu toute valeur cultuelle et servir de réceptacle à une collection de statues, où l'éclectisme des noms des divinités suffit à montrer l'absence de la religion ; ainsi en va-t-il des temples de Junon *Regina* et de Jupiter *Stator* dans le Portique d'Octavie, du Panthéon ou encore du temple de la Concorde dont le plan même révèle la destination de galerie d'art [4].

1. Tite-Live, 25, 40, 2-4. Mais l'habitude est attestée, dès la prise de Volsinies, en 264, cf. P. Gros, *Aurea Templa, Recherches sur l'architecture religieuse de Rome à l'époque d'Auguste*, École Française de Rome, Rome, 1976, p. 155 et note 4.

2. P. Gros, *Ibid.*, p. 156.

3. Pline, 36, 35 ; 36, 32 où les *aeditui* guident les visiteurs. Pour la *capitalis satisdatio*, cf. 36, 29 ainsi que 34, 38. La visite guidée des temples est évoquée aussi par Cicéron, *De Signis*, 132.

4. Les collections du temple de Junon *Regina* comprennent : des statues de Céphisodote (Asclépios et Artémis) (36, 24) ; de Timarchidès (Junon) ; de Dionysius et Polyclès (Junon) ; de Philiscus (Vénus) (36, 35) ; de Praxitèle (sans nom précis) (36, 35). *Les collections du temple de Jupiter* comprennent : la statue de culte de Polyclès et Dionysius ; un groupe de Pan et Olympe d'Héliodorus ; une Vénus de Doidalsas et une de Polycharme (36, 35). Sur la prétendue interversion des statues des deux temples, cf. 36, 43. Les collections du *temple de la Concorde* comprennent : des statues en bronze de Nicératos (Asclépios et Hygie) (34, 80) ; de Baton (Héra et Apollon) (34, 73) ; de Piston (Arès et Hermès) (34, 89), de Sthennis (Déméter, Zeus et Athéna) (34, 90) ; d'Euphranor, (Léto, Apollon et Artémis 34, 77) ; des tableaux de Nicias (Dionysos), (35, 131) ; de Théoros (Cassandre)

Lorsque le temple reste un lieu de culte important, P. Gros a montré comment s'établit une sorte de tension entre la statue cultuelle et la foule des statues offertes, disposées dans la cella, parfois en groupe, souvent au prix de retouches et de déformations de la statue primitive [1].

A côté des temples-musées, apparaissent les grandes collections publiques. César s'en était fait l'inspirateur, désireux de faire partager à l'ensemble des Romains la beauté des œuvres d'art, jalousement conservées dans les villas des riches collectionneurs [2]. Cette politique avait été reprise par Auguste et vigoureusement défendue par Agrippa dans un discours, *de tabulis omnibus signisque publicandis* [3]. La collection d'Asi-

(35, 144) ; de Zeuxis (Marsyas) (35, 66) ; statues en obsidienne (36, 196-197). Sur cette collection, cf. Th. Pekary, *Tiberius und der Tempel der Concordia in Rom*, in *R.M.*, 73-74, 1966-67, p. 106 sq., ainsi que G. Becatti, *Opere d'arte greca nella Roma di Tiberio*, in *Arch. Class.*, 25-26, 1973-74, p. 18-53 ; sur le plan du temple, cf. l'étude de P. Gros, p. 159-160 ; sur cet usage du temple-musée, cf. en général les pages pénétrantes de P. Gros, *Aurea Templa*, p. 155 sq.

1. *Aurea Templa*, p. 164-165 et note 82 (en particulier la déformation de l'Apollon archer, retrouvé dans les débris du podium et étudié par S. Stucchi, *Statua di Apollo Saettante dalle rovine del tempio Sosiano*, in *Bull. Com.*, 1953-1955, p. 3 sq.).

2. P. Gros, *Aurea Templa*, p. 157 qui cite également (note 20), le texte de Cicéron, *Tusculanes*, 5, 102 : *est enim earum rerum omnium (in) nostra urbe summa in publico copia. Quae qui priuatim habent, nec tam multa et raro uident, cum in sua rura uenerunt ; quos tamen pungit aliquid, cum illa unde habeant recordantur.*

3. Pline, 35, 26, ... *post eum M. Agrippa, uir rusticitati propior quam deliciis. Exstat certe eius oratio magnifica et maximo ciuium digna tabulis omnibus signisque publicandis, quod fieri satius fuisset quam in uillarum exilia pelli.* Pline prend d'ailleurs ouvertement parti en faveur des collections publiques et félicite Vespasien d'avoir restitué à la vue de tous les œuvres d'art détournées par Néron dans le secret de sa Maison Dorée : *atque ex omnibus quae rettuli clarissima quaeque iam sunt dicata a Vespasiano principe in templo Pacis aliisque eius operibus, uiolentia Neronis in urbem conuecta et in sellariis domus aureae disposita* (34, 84).

nius Pollion en offre un exemple éclatant et l'énumération de Pline (on voit apparaître le classement alphabétique des artistes) nous renseigne sur le goût qui a guidé
la constitution de cet ensemble, un goût classicisant
où sont mises en relief les dynasties d'artistes venus à
Rome à la suite des conquêtes, à partir du milieu du
IIe s. av. J.-C., c'est-à-dire les artistes de l'*ars reuixit*,
tels les fils de Timarchidès, Dionysius et Polyclès [1] ou
bien les néoattiques du Ier s. av. J.-C., Pasitélès, Stéphanus, Arcésilaos mais qui n'ignore pas non plus les
œuvres des ateliers micro-asiatiques [2].

On peut dire ainsi que le livre 36 est le plus romain
des livres consacrés par Pline à l'histoire de l'art. Renon-
çant aux tableaux a priori de Xénocrate, Pline livre
beaucoup plus clairement et de manière beaucoup plus
vivante les éléments du goût officiel romain, à travers
les œuvres et les artistes qui ont afflué à Rome, à travers
les monuments qui s'y sont édifiés, toujours partagé
entre l'orgueil du Romain et l'œil critique du moraliste.

III. — PLAN ANALYTIQUE DU LIVRE 36

Le plan suivi par Pline dans le livre 36 respecte assez
exactement la table analytique qu'il a lui-même proposée en tête de son ouvrage [3]. Il s'articule en deux grandes

1. F. Coarelli, *Polycles*, in *Studi Miscellanei 15, Omaggio a
R. Bianchi Bandinelli*, Rome, 1969-1970, et synthèse du même
auteur in *Hellenismus in Mittelitalien, op. cit.*, note 1, p. 8.
2. Cf. G. Becatti, *Letture pliniane : le opere d'arte nei monumenta Asini Pollionis e negli Horti Serviliani*, in *Studi in onore
di A. Calderini e R. Paribeni*, III, Milan, Ceschina, 1956, pp. 199-
210 ; T. Dohrn, *Il classicismo come fonte di ispirazione nella
collocazione di statue*, in *Rendiconti della Pontificia Accademia
di Archeologia*, 41, 1968-69, p. 229-239.
3. Pline, *H. N.*, 1, texte établi, traduit et commenté par
J. Beaujeu, introd. de A. Ernout, Paris, 1950, p. 154-156.

sections, l'étude des marbres et celle des autres pierres, qui présentent une tonalité toute différente. Les marbres s'inscrivent, en effet, dans l'attaque de Pline contre le luxe et c'est à leur sujet que les développements rhétoriques fondés sur les *exempla* se multiplient. Par contre, les fonctions des autres pierres, une fois rappelées quelques propriétés merveilleuses, sont essentiellement utilitaires : meules, pierre de touche, mortiers, matériaux de construction et surtout médicaments et amulettes. Pline, dans sa table des matières, fait d'ailleurs le décompte des « recettes » médicales qu'il a rassemblées [1]. L'exposé prend alors le ton neutre qui convient à l'énumération des propriétés et des emplois et les développements rhétoriques ne réapparaissent qu'au détour d'une notice sur le pavement des sols ou, en conclusion, avec l'éloge du feu.

I. — L'ÉTUDE DES MARBRES §§ 1-126

Elle se scinde à son tour en deux parties : une étude proprement dite des marbres et une énumération des merveilles architecturales réalisées dans le monde et à Rome. Dans les deux sous-ensembles, comme on l'a montré précédemment, le plan oscille entre une présentation « historique » (étude des premiers inventeurs et des techniques) et une énumération des *opera nobilia* ou *mirabilia*.

---

1. *Ibid.* : *summa medicinae ex iis LXXXVIIII : ad serpentes III, bestiarum morsus, ad uenena, caput, oculos, epinyctidas, dentes, dentifricia, fauces, strumas, stomachum, iocinera, pituitam, testes, uesicam, calculos, panos, haemorroidas, podagras, sanguini sistendo, sanguinem reicientibus, luxata, phreneticos, lethargicos, comitiales, melancholicos, uertigines, ulcera, uulnera urenda, secanda, conuulsa, contusa, maculas, usta, phtisin, mammas, muliebria uitia, carbunculos, pestilentia.*

1) Introduction : diatribe contre la *luxuria in marmo-*
    ribus, §§ 1-8.

1 a) *argument scientifique* : l'exploitation excessive des
ressources naturelles bouleverse dangereusement les
bornes de la nature.

1 b) *carence dans le domaine législatif* : l'absence de
loi somptuaire contre l'importation des marbres, aussi
bien dans l'ordre public que pour les particuliers.

1 c) *deux exempla* : opposition entre Scaurus le père,
auteur de la loi somptuaire de 115 av. J.-C., et la prodigalité du fils, lors de son édilité en 58 av. J.-C —
Moquerie de Brutus à l'égard de Crassus. Pline évoque
ailleurs ces deux cas (le premier en 34, 36 ; le second
en 17, 1-6) ; ils proviennent d'une réserve d'*exempla*,
tirés de débats réels et montrent clairement la formation rhétorique de Pline. De même, l'opposition entre
la fin de la république, complètement corrompue, et le
vertueux principat, sous les Flaviens, est un thème
politique manifeste, qui sera repris au § 117, avec le jeu
de mots sur les véritables *maiores*.

2) Étude proprement dite des marbres §§ 9-63

2 a) *les artifices*, §§ 9-43.

1. *les « primitifs »*, §§ 9-15 : — les fondateurs de l'excellence, *Dipoenus* et *Scyllis*, fils de *Dédale*, patron mythique
des artisans ; — la dynastie de Chios, qui d'après les
calculs généalogiques remonte à l'origine même du
décompte chronologique de l'histoire grecque, *Mélas*,
Micciades, *Archermos*, *Boupalos* et *Athenis*, connus par
leur dispute avec *Hipponax*, le poète satirique (ils ont
de ce fait une notoriété « littéraire »). Ces deux séries de
sculpteurs montrent bien que la statuaire en marbre

blanc est la forme la plus ancienne de l'art de la sculpture (§ 15).

2. *les « classiques » grecs*, §§ 15-32 : — les grands modèles du vᵉ s. : *Phidias, Agoracrite, Alcamène*, §§ 15-19 ; — les sculpteurs du ivᵉ s. : *Praxitèle*, §§ 20-23 ; son fils *Céphisodote*, § 24 ; *Scopas*, § 26 ; liste d'œuvres d'auteur incertain, § 26-29 ; le *Mausolée*, §§ 30-31 ; nouvelle liste d'œuvres célèbres du ivᵉ s., § 32. Dans cette rubrique s'observe le passage significatif à l'énumération des œuvres célèbres rassemblées à Rome.

3. *les grandes collections publiques à Rome*, §§ 33-39 : celle d'Asinius Pollion, §§ 33-34 ; le Portique d'Octavie, §§ 34-35 ; le Palatin et les *Horti Seruiliani*, § 36 ; les palais impériaux et le Panthéon, §§ 36-37, avec une mention toute particulière du *Laocoon* (§ 36) ; l'Hercule-Melqart, *inhonorus*, § 39.

4. *les néoattiques*, §§ 39-41 : *Pasitélès, Arcésilaos, Coponius.*

5. *faits remarquables et curieux*, §§ 42-43 : *Saura* et *Batrachos* ; les miniaturistes, *Myrmecidès* et *Callicratès.*

2 b) *Histoire des usages, des techniques du marbre, énumération des différents types*, §§ 44-63.

1. *histoire du décor en marbre*, §§ 44-53 : — diatribe contre l'usage des marbres de couleur, §§ 44-46 ; — origine de la technique de découpage des plaques et de son usage dans le décor domestique, le palais de Mausole, § 47 ; son adoption par les Romains : Mamurra, introduction des marbres de couleur, M. Lepidus, Lucullus, Scaurus, §§ 48-50 ; — technique de découpage, §§ 51-**54.**

2. *liste des marbres célèbres* (dans cette rubrique figurent improprement les granits et les porphyres), §§ 54-63.

3) Énumération des merveilles du monde, §§ 64-126.

Cette énumération se greffe sur l'analyse des principaux granits (§ 63).

3 a) *les merveilles d'Égypte*, §§ 64-83 : les *obélisques*, §§ 64-74, avec l'historique de leur transport à Rome (§§ 69-72) et une mention spéciale de celui qui servait de *gnomon*, au Champ de Mars (§§ 72-73) ; — les *pyramides* et le *sphinx*, §§ 75-82 ; — le *phare d'Alexandrie*, § 83.

3 b) les *labyrinthes*, §§ 84-93 : Égypte, Crète, Grèce (Lemnos), Étrurie (Clusium).

3 c) la *ville suspendue : Thèbes d'Égypte*, § 94.

3 d) *merveilles de la Grèce*, §§ 95-100 : Artemision d'Éphèse, *mirabilia* de Cyzique.

3 e) *merveilles de Rome*, §§ 101-125 :

Elles sont présentées d'une manière très rhétorique en antithèse avec les merveilles du monde.

1. *introduction* : énumération par prétérition de plusieurs monuments, § 102 : *Circus Maximus, Basilica Pauli*, Forum d'Auguste, temple de la Paix, toit du *diribitorium*.

2. dans le domaine des dépenses extravagantes (*insania*) et des travaux inutiles, comme pendants des pyramides, §§ 103-104 : le coût des terrains pour l'édification du forum de César, celui de la maison de Clodius, les dettes de Milon.

3. contrepoint vertueux, §§ 104-108 : les fondations du Capitole et surtout les égouts qui permettent à Rome d'être l'*urbs pensilis* par excellence (histoire de la *Cloaca Maxima*, de Tarquin à Agrippa (§§ 105-108)).

4. luxe des maisons, §§ 109-112 (de M. Lepidus, sous la république, palais de Caligula, Maison Dorée de

Néron) ; en antithèse frugalité des premiers Romains, Cincinnatus et P. Valérius Publicola.

5. folie des théâtres (Scaurus, Pompée, Curion), §§ 113-120, signe de la dégénérescence de la République.

6. les vraies merveilles, §§ 121-125 : les aqueducs, les travaux du lac Fucin, le port d'Ostie, la digue entre la mer et le lac Lucrin.

II. — Histoire des autres pierres, §§ 126-204.

1) Les propriétés merveilleuses de certaines pierres, §§ 126-136.

Il s'agit de propriétés qui leur font transgresser le règne minéral soit vers le domaine animal et humain, soit vers le domaine végétal.

1 a) *pierres qui possèdent des propriétés du règne animal*, §§ 126-134.

1. la magnétite, §§ 126-130.

2. la pierre « flottante », § 130.

3. la pierre qui mange les chairs et, par extension, les pierres à usage funéraire, §§ 131-133.

4. les pierres qui accouchent et les pierres « osseuses », § 134.

1 b) *pierres qui possèdent des qualités du règne végétal*, § 135.

— les *lapides palmati*.

2) changement de critère : les pierres noires, §§ 135-136.

2 a) les marbres, § 135.
2 b) les laves servant pour les meules, § 136.

3) Pierres dont les usages sont essentiellement médicaux, §§ 137-156.

Leurs emplois dérivent souvent d'association d'images qui découlent du nom même de la pierre (*ex argumento nominis*).

— *pyrites*, §§ 137-138 ; — *ostracites*, § 139 ; — *amiantus*, § 139 ; — *geodes*, § 140 ; — *melitinus*, § 140 ; — *gagates*, §§ 141-142 ; — *spongites*, § 143 ; — ¦*Phrygius lapis*, § 143 ; — *haematites, schistos, androdamas, hepatites, anthracites*, §§ 144-148 ; — *aetites*, §§ 149-151 ; — *lapis Samius*, § 152 ; — *Arabus lapis*, § 153 ; — *pumex*, § 154-156.

4) Classement d'après les usages (autres que médicaux), §§ 157-170.

4 a) pierres à mortier, §§ 157-158.

4 b) pierres servant à fabriquer des ustensiles de cuisine et des dalles pour les toits, § 159.

4 c) pierres translucides (pierre spéculaire, *phengites*), §§ 160-163.

4 d) pierres servant dans la construction (*operarii lapides*), §§ 164-170.

5) Digression sur les procédés de construction, §§ 171-189.

5 a) différents types de murs, §§ 171-172.

5 b) construction des citernes, § 173.

5 c) la chaux, les mortiers, les enduits et les stucs, §§ 174-177.

5 d) les colonnes, §§ 178-179.

5 e) retour aux usages médicaux (*calx*, § 180, *maltha*, § 181, *gypsum*, § 182-183).

5 f) étude des différents types de pavement des sols et histoire de la mosaïque, §§ 184-189.

6) Le verre, §§ 190-199.

6 a) histoire de son invention et technique, §§ 190-195.

6 b) l'obsidienne, ses imitations en verre, les autres imitations de pierres précieuses, §§ 196-199.

7) Conclusion : éloge du feu, §§ 200-204.

A. R.

*
* *

Le texte du livre 36 a été établi essentiellement d'après les manuscrits *B*, le plus ancien et de loin le meilleur, *VRd* appartenant à la première classe et *a* à la seconde, collationnés sur photocopies.

Malheureusement deux des manuscrits de la première classe sont incomplets : *V* s'arrête au § 97 et *R* au § 157. Quant à *T*, il n'est qu'un reflet peu intéressant de *d*, et l'apport de *F* n'a rien d'original.

Dans la seconde, on doit déplorer l'absence du *Parisinus latinus 6795* (*E*) qui s'arrête au livre 32 (§ 135). Si *a* se révèle un bon manuscrit par la qualité d'un grand nombre de ses leçons qui le placent au niveau de *B* (avec lequel il est souvent d'accord), il est très défi cient, au point même que je n'ai pas cru devoir alourdir l'apparat trop considérablement en signalant toutes ses lacunes portant sur un mot, un groupe de mots, une phrase ou davantage. On voudra bien considérer que, dans les unités critiques où la leçon de *a* n'est pas mentionnée, c'est qu'elle n'existe pas.

Dans l'édition C. Mayhoff (Teubner, t. V, 1897), le nombre des erreurs de lecture et des confusions de sigles dans leur relevé est considérable, en particulier pour les manuscrits *R* et *d*, et même pour *a*. Elles sont répétées dans l'édition D. E. Eichholz (Loeb, t. X, 1962) qui a manifestement utilisé l'apparat fautif de Mayhoff sans recourir aux manuscrits eux-mêmes.

J. A.

TABLE DES MATIÈRES

TOTAL : 89 remèdes fournis : pour les serpents 3, pour les morsures des bestioles, pour les poisons, pour la tête, les yeux, les épinyctides, les dents, pour faire les dentifrices, pour la gorge, les écrouelles, l'estomac, le foie, la pituite, les testicules, la vessie, la pierre, les abcès cutanés, les hémorroïdes, la goutte, pour arrêter le sang, pour l'hémoptysie, les luxations, la frénésie, la léthargie, l'épilepsie, la mélancolie, les vertiges, les ulcères, pour cautériser et opérer les blessures, pour les entorses, les contusions, les taches, les brûlures, la phtisie, pour les seins, pour les maladies des femmes, les anthrax, les maladies pestilentielles.

SVMMA : medicinae ex iis LXXXVIIII : ad serpentes III, bestiarum morsus, ad uenena, caput, oculos, epinyctidas, dentes, dentifricia, fauces, strumas, stomachum, iocinera, pituitam, testes, uesicam, calculos, panos, haemorroidas, podagras, sanguini sistendo, sanguinem reicientibus, luxata, phreneticos, lethargicos, comitiales, melancholicos, uertigines, ulcera, uulnera urenda, secanda, conuulsa, contusa, maculas, usta, phthisin, mammas, muliebria uitia, carbunculos, pestilentia.

TOTAL GÉNÉRAL : faits, histoires et observations : 434.

SVMMA OMNIS : res et historiae et obseruationes CCCCXXXIIII.

AUTEURS

M. Varron. C. Galba. Cincius. Mucianus. Cornélius Népos. L. Pison. Q. Tubéron. Fabius Vestalis. Annius Fétialis. Fabianus. Sénèque. Caton le censeur. Vitruve.

EX AVCTORIBVS

M. Varrone. C. Galba. Cincio. Muciano. Nepote Cornelio. L. Pisone. Q. Tuberone. Fabio Vestale. Annio Fetiale. Fabiano. Seneca. Catone censorio. Vitruuio.

ÉTRANGERS

Théophraste. Pasitélès. Le roi Juba. Nicandre. Sotacus. Sudinès. Alexandre Polyhistor. Apion Plistonicès. Duris. Hérodote. Evhémère. Aristagoras. Denys. Artémidore. Butoridas. Antisthène. Démétrius. Demotélès. Lycéas.

EXTERNIS

Theophrasto. Pasitele. Iuba rege. Nicandro. Sotaco. Sudine. Alexandro Polyhistore. Apione Plistonice. Duride. Herodoto. Euhemero. Aristagora. Dionysio. Artemidoro. Butorida. Antisthene. Demetrio. Demotele. Lycea.

LIVRE XXXVI

SIGLA

Hard.	Harduini editio Parisina, 1685.
Jan	L. Jan, éd. Teubner, Leipzig, t. V, 1860.
Mayh.	C. Mayhoff, éd. Teubner, Leipzig, t. V, 1897.
J. Müller	J. Müller, Emendationes zur Nat. Hist. des Plinius, V, Vienne, 1882.
Pint.	F. Pintiani Observationes in loca obscura Nat. Hist. Plinii, Salamanque, 1544 ; Lyon, 1593.
Sill.	J. Sillig, éd. de Pline, Leipzig, Teubner, t. V, 1851.
Url.	C. L. Urlichs, Vindiciae Plinianae, t. II, Erlangen, Deichert, 1866.
Zoega	G. Zoega, De usu et origine obeliscorum, Rome, 1797.

LIVRE XXXVI

1   I (1). Reste à étudier la nature des pierres, domaine
où se manifeste le mieux la folie des mœurs humaines,
même si l'on passe sous silence pierres précieuses, parures
en ambre, vases de cristal et vases myrrhins[1]. Tous
les objets en effet, dont nous avons traité jusqu'à ce
livre-ci, peuvent sembler avoir été créés pour leur utilisation par l'homme : mais les montagnes, la nature se
les était constituées pour elle-même, comme des assemblages[2] destinés à condenser les entrailles de la terre,
et aussi à dompter l'assaut des fleuves, à briser les flots,
et à contenir les éléments les plus turbulents par l'obs-
tacle de la matière la plus dure qui la compose.

Et nous, sans autre dessein que nos jouissances, nous
coupons et transportons les monts qu'il fut jadis mer-
2 veille de seulement franchir. Nos ancêtres mirent presque
au rang des prodiges le passage des Alpes par Hannibal,
puis par les Cimbres[1] : et voici maintenant qu'on les
fend pour en tirer mille espèces de marbres[2]. On ouvre
des promontoires au passage de la mer, on nivelle la
nature[3]. Nous emportons ce qui avait été placé comme
frontière pour séparer les peuples, l'on construit des
vaisseaux pour aller chercher des marbres, et, sur les
flots, le plus sauvage élément naturel, ici et là l'on trans-
porte les cimes des montagnes[4]. Encore y a-t-il à cela

LIBER XXXVI

I (1). Lapidum natura restat, hoc est praecipua 1
morum insania, etiam ut gemmae cum sucinis atque
crystallinis murrinisque sileantur. Omnia namque
quae usque ad hoc uolumen tractauimus, hominum
genita causa uideri possunt : montes natura sibi
fecerat *ut* quasdam compages telluris uisceribus den-
sandis, simul ad fluminum impetus domandos fluctusque frangendos ac minime quietas partes coer-
cendas durissima sui materia.

Caedimus hos trahimusque nulla alia quam deli-
ciarum causa, quos transcendisse quoque mirum
fuit. In portento propre maiores habuere Alpis ab 2
Hannibale exsuperatas et postea a Cimbris : nunc
ipsae caeduntur in mille genera marmorum. Pro-
munturia aperiuntur mari, et rerum natura agitur in
planum. Euehimus ea quae separandis gentibus pro
terminis constituta erant, nauesque marmorum causa
fiunt, ac per fluctus, saeuissimam rerum naturae
partem, huc illuc portantur iuga, maiore etiamnum

---

1 praecipuam eorum insaniam morum insania *V* ‖ gemmae
Bda : gemma *VR* ‖ sileantur *Bd²* : silent- *Vd¹Ra* ‖ genita causa
BVR : causa genita *dT* ‖ ut *Fröhner* : et *codd., Sill.* ad *uett.* ‖ den-
sandis *Bda* : desando *VR* ‖ domandos *BVda* : -da *R* ‖ fluctusque
frangendos *VdRa* : fluctuus refrang- *B*.

2 alpis *VR* : alpiis *B* alpes *da* ‖ ab *Ba, om. VdR* ‖ natura *Bda* :
-rae *VR* ‖ ea quae *B¹da* : eaque *B²VR* ‖ nauesque *BV²d* : naues
quae *V¹* in auesque *R* ‖ huc *BV²da* : huic *V¹R* ‖ etiamnum *B* :
-nunc *VdRa*.

4

plus d'excuse que lorsque, pour avoir une boisson fraîche, l'on va chercher un vase jusqu'au milieu des nuages et, pour boire glacé, l'on creuse des cavernes proches

3 des cieux [5]. Que chacun songe en soi-même au prix de ces travaux, à l'énormité des masses qu'il voit emporter et traîner, et combien sans cela la vie de bien des mortels serait plus heureuse. Et cette œuvre ou, pour dire plus vrai, ces souffrances humaines, quels en sont les résultats utiles, quels autres plaisirs engendrent-elles, sinon celui de reposer au milieu de pierre aux taches colorées, comme si, en vérité, les ténèbres nocturnes, qui pour chacun occupent la moitié de la vie, ne dérobaient pas ce plaisir ?

4 II. A ces pensées vous pénètre un profond sentiment de honte qui s'applique même aux temps anciens. Il existe bien des interdits portés par des censeurs, qui défendent de servir dans les repas des languiers, des loirs ou d'autres mets de moindre importance [1]. Aucune loi n'a été proposée pour interdire d'importer des marbres

5 ou de traverser les mers à cette fin [2]. (2). A quoi l'on pourrait répondre : c'est qu'en effet l'on n'en importait pas. Mais cela est faux. Pendant l'édilité de M. Scaurus, on a assisté, dans le silence des lois, au transport de trois cent soixante colonnes destinées à la scène d'un théâtre provisoire et qui ne devait servir qu'à peine un mois [1] ; mais c'est qu'apparemment l'on avait de l'indulgence pour les réjouissances publiques. Et la raison de cela même ? Par quelle voie les vices font-ils mieux leurs insinuants progrès que par la voie officielle ? En effet, de quelle autre façon les ivoires, l'or, les pierres précieuses sont-ils entrés dans l'usage des particuliers ? Et qu'avons-nous laissé aux dieux en

6 possession exclusive ? Mais soit, je veux bien qu'on se

uenia quam cum ad frigidos potus uas petitur in
nubila caeloque proximae rupes cauantur ut biba-
tur glacie. Secum quisque cogitet, et quae pretia 3
horum audiat, quas uehi trahique moles uideat, et
quam sine iis multorum sit beatior uita. Ista facere,
immo uerius pati mortales quos ob usus quasue ad
uoluptates alias nisi ut inter maculas lapidum
iaceant, ceu uero non tenebris noctium, dimidia
parte uitae cuiusque, gaudia haec auferentibus ?

II. Ingens ista reputantem subit etiam antiquita- 4
tis rubor. Exstant censoriae leges glandia in cenis,
glires et alia dictu minora adponi uetantes. Marmora inuehi, maria huius rei causa transiri quae
uetaret lex nulla lata est. (2). Dicat fortassis aliquis : 5
non enim inuehebantur. Id quidem falso. CCCLX columnas M. Scauri aedilitate ad scaenam theatri temporari et uix mense uno futuri in usu uiderunt por-
tari silentio legum, sed publicis nimirum indulgentes
uoluptatibus. Id ipsum cur ? Aut qua magis uia inre-
punt uitia quam publica ? Quo enim alio modo in
priuatos usus uenere ebora, aurum, gemmae ? Aut
quid omnino diis reliquimus ? Verum esto, indulserint 6

potus B^2d^2a : ut potuus B^1 portus Vd^1R ∥ glacie secum VdR :
-cies secum *a, Detl.* -cies et cum *B.*

3 quisque *BVda* : quosque *R* ∥ et quae *B* : quae *Vda* que *R* ∥
uideat *Bda* : -am *VR* ∥ et *Ba* : ad *VdR* ∥ iis B^1 : his B^2da tis *V*
as *R* ∥ beatior *Ba* : uiator *VdR* ∥ uita *BVRa* : uia *d* ∥ immo *Ba,*
om. VdR ∥ pati *Bda* : parti *V* parci *R* ∥ uoluptates *Bd* : uolunt-
Va uolut- *R* ∥ ut *VdRa, om. B.*

4 rubor *B* : robur *VdRa* ∥ glandia *VdR* : grandia *a* claudianae *B*
∥ glires *B* : -resque V^2da -res quae V^1R ∥ dictu minora BV^2da :
dictum in hora V^1R ∥ uetaret *VdRa* : uita- *B.*

5 temporari B^1V^1Ra : -rii d^2 temperari $B^2V^2d^1$ ∥ uiderunt
Bd^2 : -rint Vd^1Ra ∥ qua *VdR* : quam *B* cur *a* ∥ uenere *Ba* : ille uen-
Vd^1R illa uen- d^2 ∥ aut BVd^1Ra : at d^2 ∥ quid Vd^1Ra : qui d^2,
om. B ∥ diis *B* : dis *VdRa.*

soit montré indulgent pour les fêtes publiques. A-t-on gardé aussi le silence quand l'on plaçait les plus hautes de ces colonnes, atteignant trente-huit pieds et faites de marbre luculléen [1], dans l'atrium de Scaurus ? Opération qui n'a pu se faire en secret ni à la dérobée. L'entrepreneur des égouts exigea qu'on lui donnât une caution pour tout dommage éventuel lorsqu'on les amenait sur le Palatin. N'eût-il pas été donc plus avantageux, devant un si mauvais exemple, de prendre des dispositions pour veiller sur les mœurs ? On s'est tu quand, passant devant les faîtes d'argile des dieux, de telles masses étaient traînées vers la demeure d'un particu-

7 lier ! III (3). Et l'on ne peut penser que Scaurus, par un apprentissage du vice, ait surpris une cité encore ignorante et mal gardée contre un tel fléau. Déjà L. Crassus, l'orateur, avait possédé le premier sur ce même Palatin des colonnes de marbre étranger, à vrai dire de marbre de l'Hymette [1], et ne dépassant pas le nombre de six ni une hauteur de dix-huit pieds, et M. Brutus, dans une dispute, l'avait appelé pour cela la Vénus

8 Palatine [2]. Sans doute, devant la décadence des mœurs, laissa-t-on faire, et, voyant l'inefficacité des interdits déjà posés, préféra-t-on l'absence de lois à leur vanité. Ces indications et celles qui suivent prouveront que nous sommes meilleurs que les gens d'alors. Qui, en effet, de nos jours possède un atrium paré de telles colonnes ? Mais avant que de parler des marbres, nous pensons qu'il faut présenter d'abord les hommes qui y appliquèrent leur talent. Nous passerons donc auparavant en revue les artistes.

9 　IV (4). Les premiers de tous qui acquirent la célé-

publicis uoluptatibus. Etiamne tacuerunt maximas
earum atque adeo duodequadragenum pedum Lucullei
marmoris in atrio Scauri conlocari ? Nec clam id
occulteque factum est. Satisdare sibi damni infecti
coegit redemptor cloacarum, cum in Palatium eae
traherentur. Non ergo in tam malo exemplo moribus
caueri utilius fuerat ? Tacuere tantas moles in priua-
tam domum trahi praeter fictilia deorum fastigia !
III (3). Nec potest uideri Scaurus rudi et huius mali 7
inprouidae ciuitati obrepsisse quodam uitii rudi-
mento. Iam L. Crassum oratorem illum, qui primus
peregrini marmoris columnas habuit in eodem Palatio, Hymettias tamen nec plures sex aut longiores
duodenum pedum, M. Brutus in iurgiis ob id Venerem Palatinam appellauerat. Nimirum ista omisere 8
moribus uictis, frustraque interdicta quae uetuerant
cernentes nullas potius quam inritas esse leges malue-
runt. Haec atque quae secuntur meliores esse nos
probabunt. Quis enim hodie tantarum columnarum
atrium habet ? Sed priusquam de marmoribus dicamus, hominum in iis praeferenda iudicamus pretia.
Ante igitur artifices percensebimus.

IV (4). Marmore scalpendo primi omnium incla- 9

6 etiamne *BVda* : ne *R* ‖ lucullei *B*[1] : -lle in *VR* -llei in *d* -lli
B[2]*a* ‖ nec *Bda* : ne *VR* ‖ satisdare *B* : -dari *VdRa* ‖ eae *B*[1] : hae *B*[2]
ex *VdRa* ‖ non *Ba* : nec *VdR* ‖ caueri *Bd* : -re *VRa*.

7 inprouidae *B*[2]*d* : -de *B*[1] -di *VR* -dum *a* ‖ obrepsisse *Vd* :
obrepi- *B* obresi- *R* ‖ uitii *B* : uiti *Vd*[2]*R* uitae *d*[1] ‖ palatio *B* : in
atrio *R* matrio *V*[1] atrio *V*[2]*d* ‖ iurgiis *B*[2] : -gis *B*[1]*d* lurgis *V* lugis *R*
iuriis *a*.

8 uictis *Bda* : uiciis *VR* ‖ atque *BR* : at *V* atio *a* et *d* ‖ quae
BVd, om. *Ra* ‖ meliores *VdRa* : -ris *B*.

9 marmore *Bda* : -ri *R* ‖ scalpendo *B*[1]*dR* : scul- *B*[2] scalpendi *a* ‖
primi *BVda* : primum *R*.

brité par la taille du marbre furent Dipoenus et Scyllis [1] qui naquirent dans l'île de Crète, alors que les Mèdes
avaient encore le pouvoir et avant que Cyrus ne commen-
çât à régner chez les Perses. Ceci se place environ au
cours de la cinquantième olympiade [2]. Ils se rendirent
à Sicyone [3] qui demeura longtemps la patrie d'élection
de tous les ateliers de ce genre. Les Sicyoniens leur avaient
commandé aux frais de l'état des statues de divinités,
mais, avant leur achèvement, les artistes eurent à se
plaindre d'une injustice et partirent chez les Étoliens.
10 Soudain, la famine s'abattit sur Sicyone et avec elle
la stérilité et une terrible désolation. On en demanda
le remède à Apollon Pythien qui répondit : l'achèvement
des statues des dieux par Dipoenus et Scyllis, ce que
grands salaires et complaisances réussirent à obtenir.
Ces statues furent celles d'Apollon, de Diane, d'Hercule,
de Minerve ; cette dernière fut par la suite frappée par
la foudre [1].

11　　(5). Avant eux, il y avait déjà eu dans l'île de Chio [1]
le sculpteur Mélas, puis son fils Micciadès et ensuite son
petit-fils Archermus. Les fils de ce dernier, Bupalus et Athénis, jouirent d'une extrême célébrité dans cet art, à
l'époque du poète Hipponax [2], dont on sait qu'il a vécu
lors de la soixantième olympiade. A suivre l'histoire
de cette famille de sculpteurs en remontant jusqu'au

ruerunt Dipoenus et Scyllis, geniti in Creta insula
etiamnum Medis imperantibus priusque quam Cyrus
in Persis regnare inciperet. Hoc est Olympiade circiter
quinquagensima. Hi Sicyonem se contulere, quae diu
fuit officinarum omnium talium patria. Deorum
simulacra publice locauerant iis Sicyoni*i*, quae
priusquam absoluerentur, artifices iniuriam questi
abiere in Aetolos. Protinus Sicyonem fames inuasit 10
ac sterilitas maerorque dirus. Remedium petentibus
Apollo Pythius respondit : si Dipoenus et Scyllis
deorum simulacra perfecissent ; quod magnis mer-
cedibus obsequiisque impetratum est. Fuere autem
simulacra ea Apollinis, Dianae, Herculis, Mineruae,
quod de caelo postea tactum est.

(5). Cum hi essent, iam fuerat in Chio insula 11
Melas scalptor, dein filius eius Micciades ac deinde
nepos Archermus, cuius filii Bupalus et Athenis uel
clarissimi in ea scientia fuere Hipponactis poetae
aetate, quem certum est LX olympiade fuisse.
Quodsi quis horum familiam ad proauum usque

dipoenus *dR* : dipenus *a* diepenus B^2 diedenus B^1 ‖ scyllis *B* :
scylus *VdR* sesilus *a* ‖ geniti *BVda* : -ta *R* ‖ etiamnum *Ba* : -nunc
dR ‖ medis B^2V^2d : mediis B^1V^1R edis *a* ‖ quinquagensima B^1V :
-gesima B^2dRa ‖ hi *BV* : hii *dR* qui *a* ‖sicyonem *B* : sycrio- *dR* ‖
talium *B* : metallum Vd^1R -llorum d^2a ‖ locauerant *a* : -rat *B*
simulauerant *VdR* ‖ iis B^1 : hiis B^2 his d^1R, *del.*d^2, *om. a* ‖
sicyonii *uett.* : -ni *B* sicioni *VR* syc- *d* ‖ quae *B* : que *d* qui *VR* ‖
absoluerentur B^2Vd : obsol- B^1 absoluerant *a*.

10 sicyonem *B* : syci- *Vd* sici- *a* sycionum *R* ‖ scyllis *Ba* :
scyllus *d* cylus *V* scelus *R* ‖ obsequiisque *Bda* : -quosque *VR* ‖
impetratum B^2VdR : impera- B^1a ‖ simulacra ea *B* : -chra ea *d*
-crea *VR* -chra *a* ‖ quod de *a* : quo /// de *B* quod e *VdR.*

11 hi *BV* : hii *d* ii *h* g *R* ‖ fuerat *BVdR* : -rant *h* furant *a* ‖ melas
B : malas *Vd* mala *R, om. a* ‖ scalptor B^1VdR : sculp- B^2 scul- *a* ‖
archermus *BVdR* : anter- *a* ‖ cuius *Ba* : culus *VdR* ‖ filii *Ba* :
fili V^1R filius V^2d ‖ bupalus *Ba* : butalus Vd^1R -lis d^2 ‖ et Athenis — Hipponactis *Ba, om. VdR* ‖ uel *B, om. a* ‖ poetae *BdRa* :
poeta ea *R* ‖ proauum *VdR* : -uom B^1 -uos B^2 -uus *a*.

bisaïeul, l'on s'apercevrait que l'origine de cet art a
12 coïncidé avec le début des olympiades. L'extrême laideur du visage d'Hipponax était chose insigne. Aussi
nos artistes présentèrent-ils à des cercles de rieurs, en
manière de plaisanterie badine, son image. Hipponax
s'indigna du trait et rendit si mordants ses vers sati-
riques qu'on croit qu'il amena ses ennemis à se pendre.
Mais ce n'est pas vrai. En effet, ils firent par la suite de
nombreuses statues dans les îles voisines, ainsi à Délos [1],
et ils inscrivirent en vers sur le socle de leurs statues
que Chio devait sa réputation non seulement à ses vignes,
mais aussi aux œuvres des fils d'Archernus. Les Iasiens
montrent aussi une Diane sculptée de leurs mains [2].

13   Dans l'île même de Chio, la tradition veut que le visage
d'une de leurs œuvres, d'une Diane [1], située à un endroit
élevé, ait présenté, croit-on, aux gens qui entraient un
visage triste, gai à ceux qui sortaient. A Rome, on trouve
leurs statues sur le faîte du temple palatin d'Apollon
et dans presque tous les sanctuaires que fit construire
le divin Auguste [2]. Il y eut des œuvres de leur père à
14 Délos et dans l'île de Lesbos [3]. Pour Dipoenus, ses
productions emplirent Ambracie, Argos, Cléones [1].

Tous utilisèrent exclusivement le marbre blanc de
l'île de Paros [2], pierre que l'on prit coutume de désigner
du nom de « lychnite » [3], parce qu'on l'abattait dans des

retro agat, inueniat artis eius originem cum olympiadum initio coepisse. Hipponacti notabilis foedi- 12
tas uultus erat. Quam ob rem imaginem eius las-
ciuia iocorum hi proposuere ridentium circulis,
quod Hipponax indignatus destrinxit amaritudinem carminum in tantum ut credatur aliquis ad
laqueum eos conpulisse. Quod falsum est. Con-
plura enim in finitimis insulis simulacra postea
fecere, sicut in Delo, quibus subiecerunt carmen non
uitibus tantum censeri Chion, sed et operibus Archermi filiorum. Ostendunt et *I*asii Dianam manibus
eorum factam.

In ipsa Chio narrata est operis eorum Dianae 13
facies in sublimi posita, cuius uultum intrantes tristem, abeuntes exhilaratum putant. Romae eorum
signa sunt in Palatina aede Apollinis in fastigio et
omnibus fere quae fecit diuus Augustus. Patris
quoque eorum et Deli fuere opera et in Lesbo insula.
Dipoeni quidem Ambracia, Argos, Cleonae operibus 14
refertae fuere.

Omnes autem candido tantum marmore usi sunt
e Paro insula, quem lapidem coepere lychniten

inueniat BV^1R : -niet V^2d ‖ olympiadum BVd^2a : -pia in d^1R
‖ initio B : origine $VdRa$.

12 iocorum R^1h, *Sill.* : iocco- *a* loco- $BVdR^2$ iocosam *O. Jahn*,
Mayh. ‖ dextrinxit Bd : distrinxit Va -git R ‖ amaritudinem
codd. : -ne *Eichholz* ‖ laqueum Ba : laqueos VRd ‖ eos Bda, *om.* VR
‖ in B, *om.* $VdRa$ ‖ chion Bd : cion VR hien *a* ‖ et $VdRa$, *om.* B ‖
archermi Ba : acher- VR acherini d ‖ iasii *uett.* : lasii B lasi $VdRa$ ‖
factam BV^2da : -ta V^1R.

13 tristem dRa : -te B ‖ abeuntes BdR : exeuntes *a* ‖ exhilaratum Ba : hilar- Rh hylar- d ‖ lesbo d^2 : lebedo BVd^1R leudo *a*.

14 dipoeni BV : diop- R dyop- d peni *a* ‖ candido tantum Ba :
tantum candido VdR ‖ e $VdRa$: et B ‖ lychniten *uett.* : lichn- B
lycn- VdR legn- *a*.

galeries de mines à la lumière des lampes, comme l'enseigne Varron. Par la suite, l'on découvrit bien des catégories de marbres de blancheur plus vive, récemment encore dans les carrières de Luna [4]. Mais voici le prodige qui survint, rapporte-t-on, dans celles de Paros : comme les coins des ouvriers qui dégageaient le marbre avaient isolé la masse d'un seul bloc, l'image d'un silène y apparut [5].

15 N'oublions pas que la sculpture du marbre fut bien plus ancienne que la peinture ou la statuaire en bronze qui commencèrent l'une et l'autre avec Phidias, au cours de la quatre-vingt-troisième olympiade, environ trois cent trente deux ans plus tard [1]. Selon la tradition [2], Phidias lui-même travailla le marbre et il est à Rome, dans les monuments d'Octavie, une statue de Vénus faite de ses mains et d'une insigne beauté [3]. Il eut pour

16 disciple, le fait est assuré, l'Athénien Alcamène [1], un des sculpteurs les plus réputés, dont Athènes possède dans ses temples de nombreuses œuvres, et, hors de ses murs, la très célèbre Vénus que l'on nomme « Aphrodite aux jardins » [2]. Phidias lui-même, dit-on, mit la dernière main à cette œuvre.

17 Agoracrite de Paros fut élève de Phidias, à qui sa jeunesse aussi était chère [1]. Aussi un grand nombre des œuvres du maître furent-elles mises, dit-on, par celui-ci au nom de son disciple. Les deux élèves rivalisèrent entre eux pour une statue de Vénus, et Alcamène l'emporta, non pas grâce à son œuvre, mais grâce aux suffrages de sa cité qui contre un étranger favorisait son enfant [2]. Aussi la tradition veut-elle qu'Agoracrite ait

appellare, quoniam ad lucernas in cuniculis caederetur, ut auctor est Varro, multis postea candidiori-
bus repertis, nuper uero etiam in Lunensium lapicidinis. Sed in Pariorum mirabile proditur, glaeba
lapidis unius cuneis diuidentium soluta, imaginem
Sileni intus extitisse.

Non omittendum hanc artem tanto uetustiorem 15
fuisse quam picturam aut statuariam, quarum utraque cum Phidia coepit octogensima tertia olympiade,
post annos circiter CCCXXXII. Et ipsum Phidian
tradunt scalpsisse marmora Veneremque eius esse
Romae in Octauiae operibus eximiae pulchritudinis.
Alcamenen Atheniensem, quod certum est, docuit 16
in primis nobilem, cuius sunt opera Athenis complura in aedibus sacris praeclarumque Veneris extra
muros, quae appellatur Ἀφροδίτη ἐν κήποις. Huic
summam manum ipse Phidias inposuisse dicitur.

Eiusdem discipulus fuit Agoracritus Parius, et 17
aetate gratus, itaque e suis operibus pleraque nomini
eius donasse fertur. Certauere autem inter se ambo
discipuli Venere facienda, uicitque Alcamenes non
opere, sed ciuitatis suffragiis contra peregrinum suo
fauentis. Quare Agoracritus ea lege signum suum

caederetur *B*[1] : ced- *cett.* ‖ uero *B*, *om. cett.* ‖ lapicidinis *dR* :
-dicinis *Ba* ‖ pariorum *uett.* : parco- *VdRa* pharto- *B* ‖ intus *Ba* :
in his *VdR*.

15 statuariam *VRda* : -tuarum *B* ‖ octogensima *B*[1]*V*[1]*R* :
-gesima *B*[2]*V*[2]*d* ‖ olympiade *B* : ludorum ol- *VdR* ‖ scalpsisse
B[1]*d*[2]*Ra* : sculpsi- *B*[2] scalpi- *Vd*[1] ‖ eius esse *VdRa*, *om. B*.

16 alcamenen *VR* : alcha- *da* alchamen *B* ‖ sunt *Bda*, *om. VR* ‖
praeclarumque *B* -raque *VdRa* ‖ ence poes *Bd* ence pues *VR*
cleopes *a*.

17 eiusdem *Ba* : ipse *Vd*[1]*R* ipsius *d*[3] ‖ parius *Bda* : parus *VR* ‖
e *BdRa*, *om. V* ‖ pleraque *BdRa* : plura- *V* ‖ uenere *BVd*[1]*R* :
in uen- *d*[2] ‖ uicitque *B* : uictus- *d*[2] uictius- *Vd*[1]*R* ‖ fauentis *d* :
-tes *VR* pauentis *B*.

vendu sa statue sous la condition qu'elle ne demeurât
pas à Athènes, et qu'il l'ait appelé « la Némésis ». Elle
fut placée dans un bourg de l'Attique, à Rhamnonte,
et M. Varron l'a mise au-dessus de toutes les statues.
On trouve aussi dans la même cité, à l'intérieur du
sanctuaire de la Grande Mère, une œuvre d'Agora-
18 crite [3]. La grande célébrité de Phidias chez tous les
peuples à qui parvient la renommée du Jupiter Olympien ne fait de doute pour personne, mais, afin que même
ceux qui n'ont pas vu ses œuvres sachent que sa gloire
est méritée, avançons des preuves de détail et qui ne
mettent en valeur que son génie [1]. A cette fin, nous ne
recourrons pas à la beauté du Jupiter Olympien ni aux
dimensions de la Minerve qu'il fit à Athènes (chryséléphantine, elle mesure vingt-six coudées) ; disons seulement que sur le pourtour renflé du bouclier de cette
déesse, il cisela le combat des Amazones, sur la surface
concave, les luttes des Dieux et des Géants, sur les sandales, celles des Lapithes et des Centaures [2]. Si bien il
sut utiliser pour son art toutes les surfaces disponibles.
19 On nomme la scène gravée sur la base « la naissance de
Pandore ». Vingt divinités y assistent [1]. La Victoire est
la figure la plus remarquable et les connaisseurs admi-
rent aussi le serpent et le sphinx d'airain au pied de
la lance [2]. Cela soit dit en passant sur un artiste que l'on
n'aura jamais assez loué, afin que l'on sache que son
talent sublime reste égal à lui-même, même dans les
petites choses.

uendidisse traditur ne Athenis esset, et appellasse
Nemesin. Id positum est Rhamnunte pago Atticae,
quod M. Varro omnibus signis praetulit. Est et in
Matris Magnae delubro eadem ciuitate Agoracriti
opus. Phidian clarissimum esse per omnes gentes, 18
quae Iouis Olympii famam intellegunt, nemo dubi-
tat, sed ut laudari merito sciant etiam qui opera eius
non uidere, proferemus argumenta parua et ingenii
tantum. Neque ad hoc Iouis Olympii pulchritudine
utemur, non Mineruae Athenis factae amplitudine,
cum sit ea cubitorum XXVI — ebore haec et auro
constat —, sed in scuto eius Amazonum proelium
caelauit intumescente ambitu, ⟨in⟩ parmae eiusdem
concaua parte deorum et Gigantum dimicationes, in
soleis uero Lapitharum et Centaurorum. Adeo mo-
menta omnia capacia artis illi fuere. In basi autem 19
quod caelatum est, Πανδώρας γένεσιν appellant :
dii *ad*sunt nascenti XX numero. Victoria praecipue mirabili, periti mirantur et serpentem ac sub
ipsa cuspide aeream sphingem. Haec sint obiter
dicta de artifice numquam satis laudato, simul ut
noscatur illam magnificentiam aequalem fuisse et
in paruis.

rhamnunte *d, V* (hram-) : -numte *B* -nonte *R* ∥ M *VdRa,*
om. B.

18 quae *Ba* : quae de *VR* quae dei *dh* ∥ laudari merito *B* :
merito laudari *VdRa* ∥ uidere *B* : -runt *d* -rint *VR* ∥ proferemus *B* :
-rimus *VdR* feremus proferimus *a* ∥ eius *Bda* : aeris *V²* eris *V¹R* ∥
intumescente *Bd* : -tem *a* inte *V¹* inter *V²R* ∥ ambitu in *Michae-
lis* : -tum *BV²* -tu *V¹dRa* ∥ parmae *da* : -me *VR* -uae *B* ∥ dimicationes *B* : -nem *V²da* -ne *V¹R* ∥ soleis *VRa* : solliis *B* sole his *d* ∥
uero *Bh* : uerbis *VdR* ∥ omnia *Bda* : omnium *VR* ∥ capacia *Ba* :
catacia *V* catacta *dT* catatita *R.*

19 basi *VdR* : uasi *B* base *a* ∥ appellant *B* : -aui *V¹Ra* -auit
V²d ∥ dii *BV* : di *Ra* ibi dii *d²,* om. *d¹* ∥ adsunt *Url.* : sunt *codd.* ∥
nascenti *Url.* : -tes *codd.* ∥ praecipue *B* : -pua et *VdR* -pua *a.*

20 · A propos des artistes du bronze nous avons dit l'époque à laquelle vécut Praxitèle [1] qui se surpassa lui-même par la gloire qu'il acquit en travaillant le marbre. Il y a de ses œuvres à Athènes, au Céramique [2], mais sa Vénus est à la tête, je ne dis pas seulement de toute sa production, mais de celle de tous les artistes du monde, et bien des gens ont fait la traversée de Cnide pour aller la voir [3]. Il avait fait et il mit en vente en même temps deux Vénus, dont l'une était voilée. Les gens de Cos qui avaient fait la commande préférèrent cette dernière ; des deux, Praxitèle avait demandé le même prix, mais ils jugeaient austère et chaste l'attitude de la seconde. Les Cnidiens achetèrent celle qu'ils n'avaient pas voulue et dont la renommée l'emporte infiniment.

21 Par la suite, le roi Nicomède [1] voulut l'acheter aux Cnidiens et promit de payer l'intégralité des dettes — et elles étaient énormes — de leur cité. Mais eux préférèrent tout endurer, et non sans raison. C'est en effet cette statue de Praxitèle qui fit la gloire de Cnide. La chapelle où elle se trouve est ouverte de tous côtés [2], en sorte que de toute part on peut parfaitement voir la statue, au travail de laquelle la déesse elle-même, croit-on, s'intéressa. Et, sous quelque angle qu'on la regarde, l'admiration est la même. Selon la tradition, un homme s'éprit d'amour pour elle, se cacha durant la nuit, l'étreignit et une tache trahit sa passion [3].

22 A Cnide se trouvent aussi d'autres statues de marbre dues à des artistes illustres, un Liber Pater de Bryaxis, un autre de Scopas [1], et une Minerve, et il n'est pas d'autre meilleure illustration de la gloire de la Vénus praxitélienne que de la voir mentionnée seule parmi ces œuvres. Praxitèle sculpta aussi un Cupidon [2], celui dont Cicéron fit un grief à Verrès et qui « attirait les

Praxitelis aetatem inter statuarios diximus, qui 20
marmoris gloria superauit etiam semet. Opera eius
sunt Athenis in Ceramico, sed ante omnia est non
solum Praxitelis, uerum in toto orbe terrarum Venus,
quam ut uiderent multi nauigauerunt Cnidum. Duas
fecerat simulque uendebat, alteram uelata specie,
quam ob id praetulerunt quorum condicio erat, Coi,
cum eodem pretio detulisset, seuerum id ac pudicum
arbitrantes. Reiectam Cnidi*i* emerunt, inmensa
differentia famae. Voluit eam a Cnidiis postea mer- 21
cari rex Nicomedes, totum aes alienum, quod erat
ingens, ciuitatis dissoluturum se promittens. Omnia
perpeti maluere, nec inmerito. Illo enim signo
Praxiteles nobilitauit Cnidum. Aedicula eius tota
aperitur, ut conspici possit undique effigies deae,
fauente ipsa, ut creditur, facta. Nec minor ex quacumque parte admiratio est. Ferunt amore captum quendam, cum delituisset noctu, simulacro co-
haesisse eiusque cupiditatis esse indicem maculam.

Sunt in Cnido et alia signa marmorea inlustrium 22
artificum, Liber pater Bryaxidis et alter Scopae et
Minerva, nec maius aliud Veneris Praxiteliae specimen quam quod inter haec sola memoratur. Eiusdem est et Cupido, obiectus a Cicerone Verri ille,

20 est *B* : et *VdRa* ‖ praxitelis *VdR* : -li *a* -le *B* ‖ alteram *B* :
-ra *VdRa* ‖ ob id *BVd* : ob d *R* ob rem *a* ‖ cum *Sill.* : tum *B* cum
etiam *VdRa* ‖ eodem *BVa* : eadem *dR* ‖ cnidii *uett.* : cnidi *VdRa*
gnidi *B²* nidi *B¹*.

21 praxiteles *a* : -lis (phaxi- *B¹*) *BVdR* ‖ deae *V²dR* : duae *V¹*
eius deae *a* dea *B* ‖ admiratio *Bd* : -rata *VR* ‖ delituisset *B* : detulisset *d* -isse *VR* ‖ noctu *BV²d* : -to *V¹* -te *R* ‖ esse *BVd*, om. *R*.

22 sunt *h*, om. cett. ‖ bryaxidis *d* : bruaxi- *B* briasi- *VR* ‖ scopae *Bd* : copae *VR* ‖ praxiteliae *B* : -lia *VR* -li est *d* ‖ memoratur
VdR : remor- *B* ‖ est et *Bd* : esset *VR* ‖ obiectus *BdR* : abi- *V*.

visiteurs à Thespies ». Il est à présent placé dans les
galeries d'Octavie [3]. Des mains du même artiste sortit
aussi un autre Cupidon, nu, qui se trouve à Parium [4],
colonie de Propontide. Sa célébrité et l'outrage qu'il
subit le font l'égal de la Vénus de Cnide ; en effet, Alcé-
tas de Rhodes s'enflamma pour lui et laissa aussi sur le
23 marbre la même marque d'amour. Les œuvres de Praxitèle aujourd'hui à Rome sont Flore, Triptolème, Cérès
dans les jardins de Servilius [1], les statues de l' « Heureux
Événement » et de la « Bonne Fortune » sur le Capitole,
ainsi que les Ménades, les divinités appelées Thyiades,
les Caryatides [2] et les Silènes dans les monuments d'Asi-
24 nius Pollion [3], Apollon et Neptune. Céphisodote était
fils de Praxitèle et hérita de son talent [1]. Célèbre est à
Pergame son groupe enlacé [2], dont il est plus vrai de
dire que les doigts s'enfoncent dans la chair que dans le
marbre. Il y a de lui à Rome une Latone dans le sanctuaire du Palatin [3], une Vénus dans les monuments
d'Asinius Pollion, et à l'intérieur du portique d'Octavie,
dans le temple de Junon, un Esculape et une Diane.

25   La gloire de Scopas [1] ne le cède pas à la leur. Lui
sculpta la Vénus et le Désir que l'on honore à Samothrace par les cérémonies les plus solennelles, l'Apollon
Palatin, la fameuse Vesta [2] assise qui se trouve dans les
jardins de Servilius et les deux porte-flambeaux qui
l'entourent et dont vous retrouvez des modèles semblables
dans les monuments d'Asinius. Là se trouvent aussi des
26 canéphores du même maître [3]. Un ensemble très appré-

« propter quem Thespiae uisebantur », nunc in
Octauiae scholis positus. Eiusdem et alter nudus in
Pario colonia Propontidis, par Veneri Cnidiae nobi-
litate et iniuria ; adamauit enim Alcetas Rhodius
atque in eo quoque simile amoris uestigium reliquit.
Romae Praxitelis opera sunt Flora, Triptolemus, 23
Ceres in hortis Seruilianis, Boni Euentus et Bonae
Fortunae simulacra in Capitolio, item Maenades et
quas Thyiadas uocant et Caryatidas, et Sileni in
Pollionis Asini monimentis et Apollo et Neptunus.
Praxitelis filius Cephisodotus et artis heres fuit. 24
Cuius laudatum est Pergami symplegma nobile digitis
corpori uerius quam marmori inpressis. Romae eius
opera sunt Latona in Palatii delubro, Venus in
Pollionis Asini monumentis et intra Octauiae porti-
cus in Iunonis aede Aesculapius ac Diana.

Scopae laus cum his certat. Is fecit Venerem et 25
Pothon, qui Samothrace sanctissimis caerimoniis
coluntur, item Apollinem Palatinum, Vestam seden-
tem laudatam in Seruilianis hortis duosque lampteras circa eam, quorum pares in Asini monimentis
sunt, ubi et canephoros eiusdem. Sed in maxima 26

propter *B* : grauiter *VdR* ǁ quem *B* : quam *VdR* ǁ octauiae *Bd* :
-uia *VR* ǁ alcetas *B* : alche- *V* alcedas *d* elche- *R* ǁ reliquit *d* : -quid
BVR.
23 flora *BdR* : -re *V* ǁ triptolemus *uett.* : trepto- *B* trito- *VdR* ǁ
seruilianis *B* : -lia *VR* -lii ac *d* ǁ bonae *BdR* : bona et *V* ǁ thyiadas
B : tyla- *R* tila- *Vd* ǁ caryatidas *uett.* : cariaty- *B* carsati- *VdR*.
24 cephisodotus *Sill.* : -sidotus *B* -sodouae *VR* -sodo *d* ǁ artis
Bd : artes *VR* ǁ pergami *B* : -mis *VdR* ǁ symplegma *Bas.* : -gam *B*[1]
-ga *B*[2] syplegam *VdR* ǁ palatii *B*[2]*d* : -ti *B*[1]*VR* ǁ iunonis *Bd* :
-ni *VR*.
25 certat is *uett.* : certatis *VdR* -tus *B* ǁ pothon *B* : photon
VdR ǁ samothrace *d* : -trace *BVR* ǁ lampteras *Jan* : campt- *B*
camit- *VdR* ǁ asini *VR* : -nini *d* anii *B* ǁ canephoros *Bd* : -rus *V*,
R (chane-).

cié pare le sanctuaire de Cn. Domitius, au cirque Flaminius[1], formé par Neptune lui-même, Thétis, Achille,
des Néréides chevauchant dauphins, cétacés ou hippo-
campes, des Tritons, le cortège de Phorcus[2], des baleines
et beaucoup d'autres êtres marins, tous de la main de
Scopas, œuvre digne d'admiration même si elle eût
occupé toute sa vie. En réalité, outre ce que j'ai dit, et
outre ce que nous ignorons, il y a encore de lui un Mars
assis, colossal, qui se trouve dans le temple de Brutus
Callaecus[3], auprès du même cirque, et aussi au même
endroit, une Vénus nue[4], supérieure à la Vénus praxitélienne, et qui donnerait la gloire à n'importe quel autre
lieu.

27   Mais à Rome la multiplicité des œuvres d'art, l'oubli
également et plus encore toute la masse des obligations
et des affaires empêchent la foule pourtant de la contempler, puisque l'admiration d'un tel chef-d'œuvre
requiert l'oisiveté et le silence parfait du lieu. La même
raison fait ignorer aussi le nom du sculpteur auteur de
la Vénus que l'empereur Vespasien consacra parmi les
œuvres de son temple de la Paix[1] et qui mérite d'avoir
28 été célèbre auprès des Anciens. De même, on ne sait si
les enfants mourants de Niobé qui ornent le temple
d'Apollon Sosien[1] sont de la main de Scopas ou de
Praxitèle. Même hésitation entre les deux pour le Janus
Pater qui fut amené d'Égypte et consacré dans son temple

dignatione delubro Cn. Domitii in circo Flaminio
Neptunus ipse et Thetis atque Achilles, Nereides
supra delphinos et cete aut hippocampos sedentes,
item Tritones chorusque Phorci et pistrices ac multa
alia marina, omnia eiusdem manu, praeclarum opus,
etiam si totius uitae fuisset. Nunc uero praeter supra
dicta quaeque nescimus Mars etiamnum est sedens
colossiaeus eiusdem manu in templo Bruti Callaeci
apud circum eundem, praeterea Venus in eodem loco
nuda, Praxiteliam illam antecedens et quemcumque
alium locum nobilitatura.

Romae quidem multitudo operum et iam oblite- 27
ratio ac magis officiorum negotiorumque acerui omnes
a contemplatione tamen abducunt, quoniam otiosorum et in magno loci silentio talis admiratio est.
Qua de causa ignoratur artifex eius quoque Veneris
quam Vespasianus imperator in operibus Pacis
suae dicauit antiquorum dignam fama. Par haesi- 28
tatio est in templo Apollinis Sosiani, Niobae liberos
morientes Scopas an Praxiteles fecerit ; item Ianus
pater in suo templo dicatus ab Augusto ex Aegypto

---

26 dignatione *BVR* : indign- *d* ‖ thetis *B* : cethis *d* cetis *VR* ‖
nereides *Bd* : -de *VR* ‖ aut *B* : aut *VdR* ‖ tritones *B* : -nis *VdR* ‖
chorusque *Bd* : córus- *V* coru- *R* ‖ phorci *B* : porci *VdR* ‖ manu *B* :
-nus *d* magnus *VR* ‖ etiamnum *B* : -nunc *VdR* ‖ colossiaeus *B^1* :
-sseus *B^{2}d* -seus *VR* ‖ manu *Jan* : manci *B*, *om. VdR*, *uett.* ‖
callaeci *B* : callaici *d* calaici *VR* ‖ eundem *BdT* : euntem *VR* ‖
praxiteliam *BdR* : -lia *Vh* ‖ quemcumque *B* : quecum- *dR* quae
cum *V* ‖ nobilitatura *B* : -tatur *VdR*.

27 multitudo *B* : magni- *dRFT* ‖ et iam *Mayh.* : etiam *codd.* ‖
obliteratio *BR* : -rata *dT* ‖ ac *Bd^1* : a *d^{2}R* ‖ negotiorumque *Bd* :
-rum quia *VR* ‖ omnes *dR* : omnis *B* ‖ tamen *B* : tali *dRF* ‖
magno *Bd* : magni *RFh* ‖ talis *B* : latis *Vd^{1}R* lata *d^2*.

28 sosiani *BR* : sosia in *dF* ‖ niobae *B* : tobe *dR* cobe *F* ‖ liberos
Bd : -rus *VR*.

par Auguste, statue qu'à présent, du reste, l'or dérobe
aux regards [2]. On se pose semblable question au sujet
du Cupidon tenant la foudre qui orne la curie d'Octavie [3]. L'on peut seulement affirmer qu'il représente
29 Alcibiade [4], le plus beau à cet âge. On trouve plaisantes
bien des œuvres du même édifice sans que l'on en con-
naisse les auteurs : un groupe de quatre satyres [1] dont
l'un présente sur ses épaules Liber Pater couvert d'un
manteau, le second de même façon Libera, le troisième
calme les pleurs d'un petit enfant, la quatrième avec
un cratère calme la soif d'un autre enfant, deux Brises [2]
dont les draperies gonflent comme une voile. Et on
dispute tout autant sur les auteurs d'Olympus et Pan,
de Chiron avec Achille qui ornent les « enclos de vote » [3]
et dont la renommée veut même que l'on en réponde
sur sa vie [4].

30 Scopas eut des rivaux de sa génération, Bryaxis,
Timothée et Léocharès [1], dont il faut parler en même
temps que de lui, car tous eurent égale part à la décoration du Mausolée. Il s'agit du tombeau qu'Artémise
éleva à son époux Mausole [2], roitelet de Çarie qui mourut
en la deuxième année de la cent-septième olympiade. Ce
furent ces artistes qui contribuèrent avant tout à faire
ranger ce monument parmi les sept merveilles du monde.
Au sud et au nord, il s'étend sur soixante-trois pieds,
de front il est plus court, son périmètre total est de
quatre cent quarante pieds. Sa hauteur atteint vingt-
cinq coudées et trente-six colonnes l'entourent. On
désigna du nom de *pteron* le pourtour du monument.

aduectus utrius manu sit, iam quidem et auro occultatus. Similiter in curia Octauiae quaeritur de Cupi-
dine fulmen tenente ; id demum adfirmatur Alci-
biaden esse, principem forma in ea aetate. Multa 29
in eadem schola sine auctoribus placent : Satyri
quattuor, ex quibus unus Liberum patrem palla uela-
tum umeris praefert, alter Liberam similiter, tertius ploratum infantis cohibet, quartus cratere
alterius sitim sedat, duaeque Aurae uelificantes sua
ueste. Nec minor quaestio est in Saeptis, Olympum
et Pana, Chironem cum Achille qui fecerint, prae-
sertim cum capitali satisdatione fama indicet dignos.

Scopas habuit aemulos eadem aetate Bryaxim et 30
Timotheum et Leocharen, de quibus simul dicendum
est, quoniam pariter caelauere Mausoleum. Sepulchrum hoc est ab uxore Artemisia factum Mausolo,
Cariae regulo, qui obiit olympiadis CVII anno
secundo. Opus id ut esset inter septem miracula hi
maxime fecere artifices. Patet ab austro et septentrione sexagenos ternos pedes, breuius a frontibus,
toto circumitu pedes CCCCXXXX, attollitur in altitudinem XXV cubitis, cingitur columnis XXXVI.
Pteron uocauere circumitum. Ab oriente caelauit 31

manu *VdR* : manus *B* ǁ occultatus *BVd¹R* : -tatur *d²h* ǁ curia
Bd : -iae *VR*.
29 eadem *B²Vd* : edem *B¹R* ǁ umeris *Jan* : -ri *B* ueneris *VdRT* ǁ
aurae *B* : aure *V* aureae *d* uare *R* ǁ chironem *B* : ciro- *V* cyro- *R*
cirone *d* ǁ qui *Bd* : que *VR* ǁ dignos *Bd* : -nus *VR*.
30 aemulos *Bd* : -lus *VR* ǁ caelauere *B* : cela- *Ra* celera- *V*
celebra- *d* ǁ sepulchrum — factum *Ba*, *om. VRd* ǁ artemisia *a* :
-mesia *B* ǁ mausolo *B* : ausolo *VdR* mauso *a* ǁ cariae *B* : char- *d*
cartae *R* -te *V* caute *a* ǁ qui *VdRa* : quo *B* ǁ obiit *Ba* : ob id *VdR* ǁ
CVII *B* : cui *VR* c *in rasura d*, *om. a* ǁ id ut *B* : ut id *VdR* id *a* ǁ
sexagenos ternos *Bda* : -nus -nus *VR* ǁ circumitu *B¹VR* : circui-
B²da ǁ CCCCXXXX *B* : CCCXI *VdRa* ǁ XXV *BdRa* : uiginti XX
quinque *V* XXXX *Url.* XXXV *Detl.* ǁ circumitum *B¹VR* : circui-
B²da.

31 Scopas fit la décoration du côté est, Bryaxis du côté nord, Timothée du côté sud, Léocharès du côté ouest. Avant la fin de leurs travaux, la reine mourut. Ils n'abandonnèrent pourtant pas leur ouvrage avant son achèvement, car ils estimaient que c'était dorénavant un monument élevé à leur propre gloire et à leur propre talent. Et aujourd'hui il y a débat sur leurs mérites respectifs. Vint s'adjoindre encore à eux un cinquième artiste. En effet, au-dessus du *pteron*, s'élève une pyramide d'une hauteur égale à celle de la partie inférieure de l'ouvrage, et, par vingt-quatre marches, elle va s'amincissant jusqu'à son sommet conique. Au sommet, se dresse un quadrige de marbre exécuté par Pythis [1]. Si on le fait entrer en ligne de compte, l'ensemble de l'ouvrage atteint à une hauteur de cent quarante pieds.

32 Il y a à Rome, dans le sanctuaire palatin d'Apollon, une Diane de la main de Timothée ; la tête de la statue fut restaurée par Avianius Evandre [1].

Grande est la célébrité de l'Hercule de Ménestrate [2] et de son Hécate qui se trouve à Éphèse, dans le temple de Diane, derrière le sanctuaire. Les gardiens du temple conseillent de ménager sa vue quand on contemple l'œuvre, si vif est l'éclat lumineux du marbre. (On ne la préfère cependant pas aux Charites que l'on trouve dans les Propylées d'Athènes et que sculpta Socrate [3], artiste qui n'est pas le peintre, bien que certains les confondent). Quant au Myron [4] dont le travail du bronze fait la renommée, Smyrne possède de lui une vieille femme ivre d'une rare célébrité.

33 Asinius Pollion, qui était vif et fougueux, voulut aussi donner un lustre particulier à ses monuments [1].

Scopas, a septentrione Bryaxis, a meridie Timotheus, ab occasu Leochares, priusque quam peragerent, regina obiit. Non tamen recesserunt nisi absoluto, iam id gloriae ipsorum artisque monimentum iudicantes ; hodieque certant manus. Accessit et quintus artifex. Namque supra pteron pyramis altitudinem inferiorem aequat, uiginti quattuor gradibus in metae cacumen se contrahens. In summo est quadriga marmorea quam fecit Pythis. Haec adiecta CXXXX pedum altitudine totum opus includit.

Timothei manu Diana Romae est in Palatio Apol- 32 linis delubro, cui signo caput reposuit Auianius Euander.

In magna admiratione est Hercules Menestrati et Hecate Ephesi in templo Dianae post aedem, in cuius contemplatione admonent aeditui parcere oculis ; tanta marmoris radiatio est. (Non postferuntur et Charites in Propylo Atheniensium, quas Socrates fecit, alius ille quam pictor, idem ut aliqui putant). Nam Myronis illius, qui in aere laudatur, anus ebria est Zmyrnae in primis incluta.

Pollio Asinius, ut fuit acris uehementiae, sic quo- 33 que spectari monumenta sua uoluit. In iis sunt

---

31 ab *BdR* : ad *Va* ‖ scopas *Bd* : copas *VR* sed scopas *a* ‖ bryaxis *B* : bria- *a* bryxas *d* bri- *VR* ‖ obiit *da* : obit *B* ob id *R* ‖ monimentum *Bd¹Ra* : -tis *d²* ‖ pteron *Bd* : iteron *VR* ‖ altitudinem *a* : -ne *BdR* ‖ aequat *B* : aequant *VRa* aequauit *d* ‖ pythis *B* : pithis *a* pytis *dR* ‖ altitudine *BVda* : -nem *R* ‖ totum *Ba* : totum pedum *Vd* pedum *R*.

32 auianius *B* : aula- *dRa* ‖ est *B* : est et *dRa* ‖ hecate *uett.* : haec- *B* aehcatae *VR* heceate *d* ‖ ephesi *a* : -sii *B* ethisi *dR* ‖ contemplatione *Bda* : -ationes *R* -aciones *V* ‖ charites *Ba* : carithes *d* -tes *VR* ‖ propylo *B* : -pilo *a* -pyro *VR* -piro *d* ‖ in *Bda, om. VR* ‖ incluta *B¹Vd¹Ra* : incly- *d²* incli- *B²*.

33 iis *B¹* : hiis *B²* his *VdRa*.

On y trouve les Centaures portant les nymphes, œuvre d'Arcésilaos ², les Thespiades de Cléomène ³, l'Océan et le Jupiter d'Héniochus ⁴, les Appiades de Stéphanus ⁵, les Hermérotes de Tauriscus ⁶, non pas du graveur, mais du Tauriscus de Tralles, le Jupiter hospitalier de
34 Papylus, élève de Praxitèle ¹, Zéthus et Amphion, Dircé et le Taureau et les liens qui les unissent, ensemble fait du même bloc, œuvres d'Apollonius et Tauriscus et apportées de Rhodes ². Ces derniers suscitèrent un débat au sujet de leur ascendance en déclarant publiquement que, si Ménécrate paraissait à tous être leur père, leur père naturel était en réalité Artémidore. Au même endroit, l'on admire le Liber Pater d'Eutychidès ³, puis, près du portique d'Octavie, habitant son propre sanctuaire, l'Apollon du Rhodien Philiscus ⁴, et aussi Latone, Diane, les neuf Muses, et un second Apollon,
35 nu. Pour celui qui, dans ce même temple apollinien, tient une cithare, c'est Timarchidès ¹ qui en est l'auteur ; à l'intérieur du portique d'Octavie dans le temple de Junon, il fit la statue de la déesse elle-même, Dionysius et Polyclès en firent une autre ² ; il y a, au même endroit, une Vénus de Philiscus ; les autres statues sont de Praxitèle. Ce sont ces mêmes Polyclès et Dionysius, fils de Timarchidès, qui sculptèrent le Jupiter qui se dresse dans le temple voisin. Pan et Olympe aux prises en ce même lieu, sont l'œuvre d'Héliodore ³ et ce groupe a une réputation qui le place, dans le genre, au deuxième rang dans le monde. Là se trouvent la Vénus au bain de Daedalsas ⁴ et la Vénus debout de Polycharme ⁵.

Centauri Nymphas gerentes Arcesilae, Thespiades
Cleomenis, Oceanus et Iuppiter *H*eniochi, Appiades
Stephani, Hermerotes Taurisci, non caelatoris illius,
sed Tralliani, Iuppiter hospitalis Papyli, Praxitelis
discipuli, Zethus et Amphion ac Dirce et taurus 34
uinculumque ex eodem lapide, a Rhodo aduecta
opera Apollonii et Taurisci. Parentum hi certamen
de se fecere, Menecraten uideri professi, sed esse natu-
ralem Artemidorum. Eodem loco Liber pater Eutychidis laudatur, ad Octauiae uero porticum Apollo
Philisci Rhodi*i* in delubro suo, item Latona et Diana
et Musae nouem et alter Apollo nudus. Eum qui 35
c*i*tharam in eodem templo tenet, Timarchides fecit,
intra Octauiae uero porticus aedem Iunonis ipsam
deam Dionysius et Polycles aliam, Venerem eodem
loco Philiscus, cetera signa Praxiteles. Idem Polycles
et Dionysius, Timarchidis filii, Iouem, qui est in
proxima aede, fecerunt, Pana et Olympum luctantes
eodem loco Heliodorus, quod est alterum in terris
symplegma nobile, Venerem lauantem sese Daedalsas,

arcesilae *Hard.* : arcae- B^1 archae- B^2 archesitae *VdR* -sita *a* ‖
thespiades *a* : tespi- *d* tespy- V^2 despi- *B* iespy- *V* ‖ cleomenis
dRa : clio- *B* deo- *V* ‖ heniochi *Jan* : enio- *B* entho- *VR* ento-
a entoci *d* ‖ appiades stephani *Ba*, *om.* *VR* ‖ tralliani *da* : tralia-
B^1VR traia- B^2 ‖ papyli *B* : papli *VR* paphili *a* papyri *d* ‖
praxitelis *a* : -li *VdR* fraxitelis *B* pasitelis *Url.*

34 zethus *B* : setus *VdRa* ‖ amphion *Vda* : ampion *BR* ‖ dirce *d* :
-cae *VRa* diree *B* ‖ taurus *Bd* : -ris *VR* -rum *a* ‖ apollonii *d* : -ni
B apollini *VRa* ‖ uideri *VdRa* : -re *B* ‖ eutychidis *B* : euti- *Vda*
euthidis *R* ‖ philisci *B* : phyl- *Vd* philischi *R* ‖ rhodii *uett.* : rhodi
B rodi *a* rhodiodi *VdR* ‖ nudus *Bd* : nodus *VR*.

35 citharam *uett.* : cyth- *codd.* ‖ timarchides *BVa* : thimarcides *d*
imachides *R* ‖ aedem *B* : aede *VR* ede *d* ‖ praxiteles B^1VR^2 :
paxi- B^2 pasi- *dT*, *Url.* ‖ idem — dionysius *B*, *om.* *VdR* ‖ timarchidis *uett.* : -cidis *B* marchidis *VdR* ‖ filii *h* : fili B^1VdR filius B^2 ‖
iouem *uett.* : quem *B* iouis *VdR* ‖ heliodorus *VdR* : heuod- *B* ‖
symplegma *VdR* : -gama B^2 -cama B^1 ‖ lauantem *Bd* : laban- *VR* ‖
daedalsas *B* : dedalsa Vd^1R dedalus $d^3marg.$

36 La considération qu'on lui accorde fait juger du pres-
tige dont a joui l'œuvre de Lysias [1], que le divin Auguste
fit placer et consacra au-dessus de l'arc du Palatin dans
un édicule orné de colonnes, à la mémoire de son père
Octave ; je veux parler du quadrige, du char, de l'Apollon et de la Diane tirés d'un seul bloc. Je trouve comme
statues célèbres aux jardins de Servilius [2] l'Apollon
dû au ciseleur Calamis, les pugilistes de Dercylis [3],
37 l'historien Callisthène d'Amphistrate [4]. Et il n'est pas
beaucoup d'autres sculpteurs qui aient atteint à la gloire,
car le nombre des artistes qui ont travaillé à des œuvres
remarquables nuit à la célébrité de certains ; en effet,
ni la gloire ne revient toute à un seul, ni plusieurs ne
peuvent y avoir une part égale ; ainsi en va-t-il du
Laocoon [1] qui orne la demeure de l'empereur Titus et
doit être mis au-dessus de tout ce qu'ont produit la peinture et la sculpture. Fait d'un seul bloc, ce groupe
comprend Laocoon lui-même, ses enfants, les dragons
aux merveilleux replis, et est dû, suivant un plan
prévu, au travail des excellents artistes de Rhodes,
Hagésandre, Polydore et Athénodore.

38 De même les demeures palatines des Césars sont
pleines des statues les plus admirées, faites conjointe-
ment par Cratère et Pythodore, Polydeucès et Hermolaos, un second Pythodore et Artémon, et par Aphrodisius de Tralles qui, lui, travailla seul [1]. L'Athénien
Diogène décora le Panthéon d'Agrippa [2]. Les Carya-

stantem Polycharmus. Ex honore apparet in magna 36
auctoritate habitum Lysiae opus, quod in Palatio super
arcum diuus Augustus honori Octaui patris sui dicauit
in aedicula columnis adornata, id est quadriga cur-
rusque et Apollo ac Diana ex uno lapide. In hortis
Seruilianis reperio laudatos Calamidis Apollinem
illius caelatoris, Dercylidis pyctas, Amphistrati
Callist*h*enen historiarum scriptorem. Nec deinde 37
multo plurium fama est, quorundam claritati in
operibus eximiis obstante numero artificum, quoniam
nec unus occupat gloriam nec plures pariter nuncu-
pari possunt, sicut in Laocoonte qui est in Titi
imperatoris domo, opus omnibus et picturae et
statuariae artis praeferendum. Ex uno lapide eum
ac liberos draconumque mirabiles nexus de consilii
sententia fecere summi artifices Hagesander et
Polydorus et Athenodorus Rhodi*i*.

Similiter Palatinas domos Caesarum repleuere 38
probatissimis signis Craterus cum Pythodoro, Polydeuces cum Hermolao, Pythodorus alius cum Arte-
mone, *a*t singularis Aphrodisius Trallianus. Agrippae
Pantheum decorauit Diogenes Atheniensis. In colum-

polycharmus *d*, *VR* (poli-) : -rimus *B*.
36 laudatos *Bda* : -tus *VR* ‖ calamidis *B¹VdR* : clam- *B²* ‖ dercylidis *B* : dercylis *d* derci- *V* decilis *R* ‖ pyctas *Hard.* : pictas *B*
pycias *VdR* ‖ amphistrati *Bd* : ampi- *VR* ‖ callisthenen *uett.* :
-tenens *B* - tenem *VdR* ‖ historiarum *uett.* : hystor- *d²* ystor- *d¹*
stor- *VR* tortarum *B*.
37 obstante *VdR* : -ti *B* ‖ sicut *Bd* : sicuti *VR* ‖ laocoonte *uett.* :
lacoon- *B* laocon- *VdR* ‖ praeferendum *B* : praeponen- *VdR* ‖
liberos *Bd* : -rus *VR* ‖ consilii *Vd²R* : -liis *d¹* consuli *B¹* -lis *B²* ‖
hagesander *B* : age- *VdR* ‖ rhodii *uett.* : rhodi *Bd* hodi *VR*.
38 pythodoro *B²* : phytho- *B¹* pythoro *R* pith- *V* pythuro *d* ‖
polydeuces *Pint.* : pol(l)ydeuches *codd.* ‖ at *Mayh.* : et *codd.* ‖
pantheum *B* : phatheum *VR* -teum *d* ‖ atheniensis *Bd* : amen-
VR.

tides[3] qui apparaissent parmi les colonnes de ce temple sont tout particulièrement appréciées, ainsi que les statues placées sur le faîte, qui cependant sont moins connues en raison de la hauteur où elles sont situées.

39   Sans honneur et exclu de tous les temples, tel est l'Hercule devant lequel les Carthaginois chaque année sacrifiaient des victimes humaines ; il se dresse à même le sol devant l'entrée du Portique des Nations[1]. L'on dressa aussi les Thespiades près du temple du Bonheur et l'une d'elles, à ce que conte Varron, fut aimée du chevalier romain Junius Pisciculus[2]. Fut aussi leur admirateur Pasitélès[3] qui écrivit cinq volumes trai-
40   tant des œuvres célèbres du monde entier. Ce dernier, qui était né sur la côte grecque de l'Italie et reçut la cité romaine en même temps que les villes de cette région, sculpta le Jupiter d'ivoire qui se dresse dans le temple de Métellus[1], à l'endroit qui mène au Champ de Mars. Tandis que, dans les chantiers navals[2] où se trouvaient des fauves africains, il ciselait un lion qu'il observait à travers les barreaux de sa cage, il advint que d'une autre cage une panthère s'échappât, et la conscience de l'artiste lui fit courir un sérieux péril. On dit qu'il exécuta de fort nombreuses œuvres, mais la tradition ne nous les fait pas connaître par le détail.
41   Varron exalte aussi Arcésilaos[1] dont il possédait, nous dit-il, une lionne de marbre jouant avec des Cupidons ailés, les uns la tenant attachée, d'autres l'obligeant à boire dans une corne, d'autres enfin la chaussant de socques ; tout le groupe était tiré d'un seul bloc. La même source nous apprend aussi que Coponius est l'auteur des Quatorze Nations qui ornent l'enceinte du

nis templi eius Caryatides probantur inter pauca operum, sicut in fastigio posita signa, sed propter altitudinem loci minus celebrata.

Inhonorus est nec in templo ullo Hercules ad 39
quem Poeni omnibus annis humana sacrificauerant
uictima, humi stans ante aditum porticus ad nationes.
Sitae fuere et Thespiades ad aedem Felicitatis,
quarum unam amauit eques Romanus Iunius Pisciculus, ut tradit Varro ; admirator et Pasiteles, qui
et quinque uolumina scripsit nobilium operum in
toto orbe. Natus hic in Graeca Italiae ora et ciuitate 40
Romana donatus cum iis oppidis, Iouem fecit eboreum in Metelli aede, qua campus petitur. Accidit
ei, cum in naualibus ubi ferae Africanae erant per
caueam intuens leonem caelaret, ut ex alia cauea
panthera erumperet, non leui periculo diligentissimi
artificis. Fecisse opera complura dicitur ; quae fecerit, nominatim non refertur. Arcesilaum quoque 41
magnificat Varro, cuius se marmoream habuisse
leaenam aligerosque ludentes cum ea Cupidines,
quorum alii religatam tenerent, alii cornu cogerent
bibere, alii calciarent soccis, omnes ex uno lapide.
Idem et a Coponio quattuordecim nationes quae sunt

caryatides *Barb.* : carsa- *VdR* cariatidas *B.*
  39 sacrificauerant *B* : -runt *VdR* ‖ humi stans *Bd* : humitans
VR ‖ thespiades *d* : tessp- *B* hiesp- *VR²* hespides *R¹* ‖ unam *Bd* :
una *VR* ‖ pisciculus *Bd* : -culis *VR* ‖ ut *VdR* : et *B* ‖ admirator *B* :
-tur *VdR* ‖ pasiteles *Gel.* : pasitelis *T* passi- *VdR* paxi- *h* fraxiteles
B.
  40 graeca *uett.* : greca *B* graecia *Va* gregia *dR* ‖ iis *B²* : is
B¹a his *VdR* ‖ petitur *Bda* : et itur *VR* ‖ accidit *Bd²a* : accedet
Vd¹R ‖ ei *Ba* : et *VR* etiam *d* ‖ alia *Bda* : alea *VR* ‖ refertur *Bda* :
fertur *VR.*
  41 alii religatam *dR* : ali relig- *V* aure lig- *B* ‖ soccis *B* : socis
a sociis *Vd¹R* socios *d³* ‖ coponio *uett.* : copun- *Vd* quopun- *R*
coronio *B* poconio *a* ‖ quattuordecim — inuenio *om. B.*

42 théâtre de Pompée [2]. Je trouve encore que Canachus [1], qui a sa réputation comme sculpteur du bronze, a fait des statues de marbre. Et il ne convient pas non plus de passer sous silence Saura et Batrachus [2], de nationalité laconienne, auteurs du temple inclus dans les portiques d'Octavie. Certains pensent qu'ils étaient aussi d'une extrême richesse et qu'ils firent élever ces constructions à leurs propres frais dans l'espoir d'une inscription qui leur fut refusée et qu'ils eurent cependant, mais d'une manière détournée. Toujours est-il qu'on voit encore maintenant, gravés sur les tores des colonnes, un lézard et une grenouille qui symbolisent leurs noms.

43 Ils ont exécuté aussi dans le temple de Jupiter la peinture et toute l'ornementation dont les thèmes ont un caractère féminin. Le temple avait été en effet destiné à Junon, mais, au moment du transport des statues, les porteurs, dit-on, changèrent leur destination et cette erreur fut respectée avec un soin religieux, comme si les dieux eux-mêmes s'étaient ainsi réparti leurs domiciles. Voilà pourquoi le sanctuaire de Junon contient de son côté des objets de culte qui eussent dû revenir à Jupiter.

De fort petits marbres ont aussi donné la gloire à Myrmécidès, dont le quadrige avec son conducteur était recouvert par les ailes d'une mouche, et à Callicratès [1], auteur de fourmis dont les pattes et les autres parties du corps se discernent malaisément.

44 V (6). Voilà ce que j'avais à dire sur les sculpteurs de marbre [1] et les artistes les plus illustres ; au cours de

circa Pompei factas auctor est. Inuenio et Cana- 42
chum laudatum inter statuarios fecisse marmorea.
Nec Sauram atque Batrachum obliterari conuenit, qui
fecere templa Octauiae porticibus inclusa, natione
ipsi Lacones. Quidam et opibus praepotentes fuisse
eos putant ac sua inpensa construxisse inscriptio-
nem sperantes, qua negata hoc tamen alio modo usur-
passe. Sunt certe etiamnum in columnarum spiris
inscalptae nominum eorum argumento lacerta atque
rana. In Iouis aede ex iis pictura cultusque reliquus 43
omnis femineis argumentis constat. Erat enim facta
Iunoni, sed, cum inferrentur signa, permutasse
geruli traduntur, et id religione custoditum, uelut
ipsis diis sedem ita partitis. Ergo et in Iunonis aede
cultus est qui Iouis esse debuit.

Sunt et in paruolis marmoreis famam consecuti
Myrmecides, cuius quadrigam cum agitatore operuit
alis musca, et Callicrates, cuius formicarum pedes
atque alia membra peruidere non est.

V (6). Haec sint dicta de marmoris scalptoribus 44
summaque claritate artificum, quo in tractatu subit

pompei *Gel.* : -peii *a* -peium *VdR* -pei theatrum *Brot.* ‖ factas
BVd : -tus *R* -ta *a*.

42 inuenio *dRa* : et uenio *V* ‖ canachum *VdRa* : chanacum *B* ‖
laudatum *VdRa* : -tim B^1 -ti B^2 ‖ fecere *Bda* : fere *VR* ‖ inclusa
VdRa : -cluta B^1 -clita B^2 ‖ etiamnum *B* : -nunc *VdRa* ‖ inscalptae B^1 : -pta *d* -pia *VRa* insculptae B^2.

43 ex iis B^1 : ex hiis B^2 extitisse *VdRa* ‖ pictura *BVRa* : -ram
dh ‖ omnis *Ba* : omnes *VR, om. d* ‖ constat erat *B* : -stiterat *a*
-stanter at d^1 -stanter ad *VR* -stat at d^2 ‖ iunoni *Ba* : -nis *VdR* ‖
inferrentur B^2da : inferen- B^1VR ‖ id *VdRa, om. B* ‖ religione
Col. : -ni *a* relegione *B* regioni *Vd* reioni *R* ‖ paruolis B^1 : -uulis B^2
-uis *VdRa* ‖ famam *VdRa* : flammam *B* ‖ callicrates *da* : galli- *B*
calligrates *VR*.

44 scalptoribus B^1VdR : sculp- B^2 ‖ quo in *BVda* : con *R* ‖
tractatu *Ba* : structus *VdR* ‖ subit *Ba* : subiit in *d* ubita *VR*.

cet exposé, il me vient à l'esprit qu'à cette époque le
marbre tacheté n'était pas en faveur. On se servait du
marbre de Thasos, marbre égal à celui des Cyclades [2], et
de celui de Lesbos, ce dernier un peu plus sombre. Pour
les taches bigarrées et, d'une façon générale, la décoration des marbres, c'est encore Ménandre [3], l'interprète le
plus attentif du luxe, qui y fit les premières et rares

45 allusions. On se servait seulement des marbres pour
élever des colonnes dans les temples, et non pas dans
un dessein de faste — on ne connaissait pas encore ce
travers —, mais parce qu'il n'y avait pas d'autre solution pour en dresser de plus solides. C'est ainsi que l'on
commença à Athènes le temple de Jupiter Olympien [1],
auquel Sylla avait pris les colonnes qu'il destina à son
édifice capitolin. Cependant Homère lui-même connaissait déjà la différence qui sépare pierre et marbre ;

46 il parle en effet d'un personnage frappé par un bloc de
marbre [1], mais sans plus, et même les demeures royales,
outre le bronze, l'or, l'électron, l'argent, il ne les peint
ornées alors, somptueusement il est vrai, que d'ivoire·
C'est pour la première fois, à mon sens, que les carrières
de Chio [2] firent connaître ces marbres tachetés employés
dans la construction des murs, et cela permit à M. Cicéron une spirituelle plaisanterie — on faisait en effet
admirer à tous leur magnificence — : « J'aurais bien
davantage d'admiration, dit-il, si vous les eussiez construits avec de la pierre de Tibur [3] ». Et, par Hercule,
le renom de la peinture, loin d'être aussi grand, eût
été absolument nul, si les marbres eussent eu quelque
crédit.

47   VI. Peut-être est-ce en Carie que fut trouvé l'art de

mentem non fuisse tum auctoritatem maculoso marmori. Fecere et e Thasio, Cycladum insularum aequo, et
e Lesbio; liuidius hoc paulo. Versicolores quidem maculas et in totum marmorum apparatum etiam Menan-
der, diligentissimus luxuriae interpres, primus et
raro attigit. Columnis demum utebantur in templis, 45
nec lautitiae causa — nondum enim ista intellegebantur —, sed quia firmiores aliter statui non pote-
rant. Sic est inchoatum Athenis templum Iouis Olympii, ex quo Sulla Capitolinis aedibus aduexerat columnas. Fuit tamen inter lapidem atque marmor differentia iam et apud Homerum ; dicit enim marmoreo 46
saxo percussum, sed hactenus, regias quoque domus,
cum lautissime, praeter aes, aurum, electrum, argentum, ebore tantum adornans. Primum, ut arbitror,
uersicolores istas maculas Chiorum lapicidinae osten-
derunt, cum exstruerent muros, faceto in id M. Cice-
ronis sale — omnibus enim ostentabant ut magnifi-
cum — : « Multo, inquit, magis mirarer, si Tiburtino
lapide fecissetis », et, Hercules, non fuisset picturis
honos ullus, non modo tantus, aliqua marmorum
auctoritate.

VI. Secandi in crustas nescio an Cariae fuerit inuen- 47

maculoso *Bda* : -su *V* -sum *R* ‖ et *B*, *om.* *VdR* ‖ e *BdR*, *om.* *V* ‖
thasio *B* : thapso *d* tapso *R* tapro *V* ‖ aequo *Mayh.* : aeque *codd.*,
Sill. aemulo *Eichholz* ‖ quidem *Bd* : quaedem *VR* ‖ diligentissimus *Ba* : -mum *VdR* ‖ interpres *Ba* : inter tres *VdR* ‖ attigit *B* : -gi
a attingit *VdR.*

45 in templis — intellegebantur *Ba*, *om.* *dR*, *def.* *V* ‖ lautitiae
uett. : -tiliae *B* leticiae *a* ‖ sulla *uett.* : sylla *Ba* silla *R* scylla *d.*

46 marmoreo *Bd* : reus *RF* -ro *a* ‖ regias *Bda* : rectius *R* ‖ domus
BR : domos *da* ‖ lautissime *BV* : laudati- *dRa* ‖ inquit *Bda* : inthis
V ‖ magis — fecissetis *BdRa*, *om.* *V* ‖ magis *BaR*, *om.d* ‖ mirarer
Ba : mire sit *dR* ‖ et *Ba*, *om.* *VdR* ‖ ullus *VdR* : alius *B* illorum *a* ‖
aliqua *Bd¹R* : sine aliqua *d²h.*

47 cariae *uett.* : cartae *R* charte *d¹* hac arte *d²* arte *B¹* ante *B²*
castae *V.*

découper le marbre en plaques [1] ? L'emploi le plus ancien, à ma connaissance du moins, est celui des murs de brique de la demeure de Mausole à Halicarnasse recouverts de marbre de Proconnèse [2]. Or, Mausole mourut la deuxième année de la cent septième olympiade, en l'an 403 de Rome.

48   VII. A Rome ce fut, selon Cornélius Népos, Mamurra [1], chevalier romain né à Formies, préfet des ouvriers de Caius César en Gaule, qui le premier recouvrit de plaques de marbre toutes les parois de sa maison sur le Mont Caelius ; tel fut donc, pour que la honte fût complète, le promoteur de cette innovation. Il s'agit en effet de ce Mamurra que Catulle de Vérone déchira à belles dents dans ses vers et dont, en réalité, la propre demeure a publié plus clairement que Catulle tout ce qu'avait possédé la Gaule chevelue. Et, de ce fait, comme l'ajoute le même Népos, il fut le premier à n'avoir, dans sa maison tout entière, aucune colonne qui ne fût de marbre, toutes étant d'un seul bloc et faites de marbre de Carystos [2] ou de Luna [3].

49   VIII. Il revient à M. Lepidus [1], collègue au consulat de Q. Catulus, d'avoir eu le premier de tous l'idée de placer dans sa demeure des seuils de marbre numidique [2], ce qui lui valut de sévères critiques. Son consulat se place en l'année six cent soixante seize de Rome. C'est la première trace que je trouve de marbre numidique

tum. Antiquissima, quod equidem inueniam, Hali-
carnasi domus Mausoli Proconnesio marmore exculta
est latericiis parietibus. Is obiit olympiadis CVII anno
secundo, urbis Romae CDIII.

VII. Primum Romae parietes crusta marmoris ope- 48
ruisse totos domus suae in Caelio monte Cornelius
Nepos tradit Mamurram, Formiis natum equitem
Romanum, praefectum fabrum C. Caesaris in Gallia,
ne quid indignitati desit, tali auctore inuenta re. Hic
namque est Mamurra Catulli Veroniensis carminibus
proscissus, quem, ut res est, domus ipsius clarius quam
Catullus dixit habere quidquid habuisset Comata
Gallia. Namque adicit idem Nepos primum totis
aedibus nullam nisi ⟨e⟩ marmore columnam habuisse
et omnes solidas e Carystio aut Luniensi.

VIII. M. Lepidus Q. Catuli in consulatu conlega 49
primus omnium limina ex Numidico marmore in domo
posuit magna reprensione. Is fuit consul anno urbis
DCLXXVI. Hoc primum inuecti Numidici marmoris

mausoli *VdR* : -lii *B* -lei *a* ‖ proconnesio *Col.* : -conesio
*B*² -connescio *B*¹ -cunesto *VR* -funesto *d* ‖ exculta *Bd²a* : exul-
*d*¹*R* exal- *V* ‖ is obiit *d* : oui id *B*¹ ioui id *B*² is ob id *VRa* ‖ CVII
*B*² cui i *Bd*¹ CVI *T* cui *VRa* ‖ CDIII *B* : CCCCIII *Va* CCCCIIII
dR.

48 crusta *Bda* : frusta *R* -tra *V* ‖ totos *Ba* : totus *Vd*¹*R*² totas
*d*²*R*¹ ‖ tradit *B* : tradidit *VdRa* ‖ formiis *h* : -mis *BVdR* -mi *a* ‖
fabrum *B*²*VdR* : -ruum *B*¹ -rorum *ah* ‖ ne quid *B* : neque id *VdR*
neque *a* ‖ indignitati *B* : -gnati *VRa* -gnatio *d* ‖ desit *BVRa*,
om. *d* ‖ mamurra *Bd* : marmura *VR* mamur *a* ‖ quem *Bda* : que
VR ‖ ipsius *VdRa* : ius *B*¹ uis *B*² ‖ clarius *Ba* : carius *VdR* ‖ adicit
Bda : adhi- *VR* ‖ nepos *Bda* : nepost *VR* ‖ primum *VdRa* : -mus
B ‖ totis *B* : totos *VdRa* ‖ habuisse et *B* : -sset *VRa* -sse *d* ‖ omnes
d : omnis *BVRa* ‖ e add. *uett.*, om. *codd.* ‖ carystio *B* : -to *d* caris-
tio *a* -to *VR* ‖ luniensi *Jan* : -se *B* lunensi *VdRa*.

49 Q *Ba*, om. *VdR* ‖ numidico *Bda* : -di quo *V* -diceo *R* ‖ reprensione *B* : reprehen- *VdRa* ‖ is *Bda* : his *VR* ‖ DCLXXVI *dT* :
DCLXVI *BVRa*.

importé, utilisé non pas cependant, comme je viens de
le dire du marbre de Carystos, pour des colonnes ou des
placages, mais en bloc et pour le si vil usage des seuils.
Quatre ans après ce Lépide, L. Lucullus fut consul et
donna son nom, le fait est manifeste, au marbre luculléen [3]. Lucullus avait une vraie passion pour ce marbre
qu'il fut le premier à amener à Rome. C'est un marbre
noir, alors que ce qui donne du prix aux autres, ce sont

50 leurs veines ou leurs couleurs. Il est originaire de l'île
de Mélos [1] et c'est à peu près le seul marbre qui reçut
son nom d'un amateur. Parmi ces amateurs, M. Scaurus [2]
fut le premier, je pense, à faire construire une scène à
parois de marbre. Je ne saurais du reste décider facilement si c'était du marbre découpé ou des blocs entiers
polis, comme vous en trouvez aujourd'hui dans le
temple de Jupiter Tonnant [3], sur le Capitole. Je ne trouve
pas encore en effet, à cette époque, de traces de marbre
découpé en Italie.

51 IX. Mais quel que soit celui qui découvrit le premier
l'art de découper le marbre et de diviser un objet de
luxe, son génie fut bien mal placé. C'est le sable qui
agit dans l'opération, alors qu'il semble que ce soit le
fer ; une scie sur une ligne très mince comprime les
grains de sable et leur fait découper le marbre par son
mouvement de va-et-vient [1]. C'est le sable d'Éthiopie
qui est le plus apprécié, car, folie venue s'ajouter aux
autres, on est allé jusqu'en Éthiopie chercher de quoi
couper les marbres, et même jusque dans l'Inde où la
sévérité des mœurs jugeait indigne d'aller rechercher
même des perles [2]. Le sable de l'Inde est rangé immédia-

52 tement après celui d'Éthiopie. Ce dernier cependant

uestigium inuenio, non in columnis tamen crustisue,
ut supra Carystii, sed in massa ac uilissimo liminum
usu. Post hunc Lepidum quadriennio L. Lucullus
consul fuit, qui nomen, ut ex re apparet, Luculleo
marmori dedit, admodum delectatus illo, primusque
Romam inuexit, atrum alioqui, cum cetera maculis
aut coloribus commendentur. Nascitur autem in 50
Melo insula solumque paene hoc marmor ab amatore
nomen accepit. Inter hos primum, ut arbitror, mar-
moreos parietes habuit scaena M. Scauri, non facile
dixerim secto an solidis glaebis polito, sicuti est hodie
Iouis Tonantis aedis in Capitolio. Nondum enim
secti marmoris uestigia inuenio in Italia.

IX. Sed quisquis primus inuenit secare luxu- 51
riamque diuidere, inportuni ingenii fuit. Harenā hoc
fit et ferrō uidetur fieri, serrā in praetenui lineā
premente harenas uersandoque tractu ipso secante.
Aethiopica haec maxime probatur, nam id quoque
accessit ut ab Aethiopia usque peteretur quod secaret marmora, immo uero etiam in Indos, quo marga-
ritas quoque peti seueris moribus indignum erat.
Haec proxime laudatur ; mollior tamen quae Aethio- 52

inuenio *Bd* : inuento *VRa* ‖ crustisue ut *Ba* : -tis uelut *VdR* ‖
carystii *uett.* : -ti *VdR* -tis *Ba* ‖ sed *VdRa* : et *B* ‖ apparet
dRa : -ret et *B* ‖ luculleo *uett.* : -llaeo *B* -leo *dR*[1] loculeo *VR*[2] ‖
marmori *dR* : -rei *B* -ris *a* ‖ primusque *dR* : -mus qui *B* priusquam *a*.
    50 melo *Pint.* : millo *cod. Poll.* nilo *dT* ilo *R* heo *B* chio *Hard.* ‖
hoc *B* : horum *dFR* ‖ marmor *dRa* : -more *B* ‖ ab *Ba, om. dFR* ‖
amatore *B* : atore *dFR* ‖ M *VdRa, om. B* ‖ secti *B*[2]*VdR* : septe *B*[1] ‖
uestigia inuenio *BdT* : -gio inuento *R*.
    51 sed *B*[2]*VdR* : se *B*[1] ‖ luxuriamque *codd., Sill.* : -riaque
J. Müller, Mayh. ‖ hoc *VdR* : non *a* ‖ ipso *Bd* : ipsas *VR* ‖ aethiopica *uett.* : aetio- *VR* ethio- *d* aethiopicae *B* ‖ ab *B* : ad *VdR* ‖
aethiopia *B* : aetiopihaes *R*[2] -pihes *R*[1] -phies *V* ethiopias *d* ‖
secaret *Pint.* : faceret *codd.* ‖ peti seueris *Bd* : -sse ueris *R* -sse
uersis *V*.

est plus tendre et coupe sans laisser aucune rugosité. Celui de l'Inde ne laisse pas un poli uniforme, mais on recommande aux polisseurs de frotter les marbres avec ce sable calciné. Défaut semblable dans le sable de Naxos et dans le sable de Coptos que l'on appelle égyptien [1]. Telles furent les anciennes sortes de sable utilisées pour découper les marbres. Par la suite, on en a découvert une autre espèce, non moins recommandable, que le reflux découvre dans un bas-fond de la mer Adriatique ; l'observation n'en était pas chose facile.

53 A présent, en vérité, le manque de conscience des ouvriers a osé pratiquer cette opération avec n'importe quel sable pris au lit de n'importe quelle rivière, procédé dont très peu comprennent le caractère dommageable. C'est qu'un sable plus grossier creuse des fentes plus larges, use davantage le marbre, et les aspérités qui demeurent laissent davantage à faire au polissage ; ainsi le découpage des plaques leur fait-il perdre en épaisseur. De son côté, le sable de Thèbes [1] convient au polissage, ainsi que celui que donne le tuf blanc ou la pierre ponce. X (7). Longtemps, c'est la pierre de Naxos [1] qui

54 a emporté la préférence pour le polissage des statues de marbre et aussi pour la taille et le polissage des pierres précieuses. C'est ainsi que l'on appelle des roches dures que l'on trouve dans l'île de Chypre. Puis ont pris l'avantage celles que l'on fait venir d'Arménie.

XI. Pour les catégories et les couleurs des marbres, il n'est pas utile d'en parler, tant cela est connu, et il ne serait pas, du reste, facile d'en faire l'énumération, tant leur nombre est grand. Combien d'endroits, en effet, ne possèdent pas leur marbre propre ? Et du reste, en passant le monde en revue, l'on a cité, en même temps que les peuples de la région, ceux dont l'espèce est la

pica. Illa nullā scabritie secat, Indica non aeque lĕuat,
sed combusta ea polientes marmora fricare iubentur.
Simile et Naxiae uitium est et Coptitidi, quae uocatur
Aegyptia. Haec fuere antiqua genera marmoribus
secandis. Postea reperta est non minus probanda ex
quodam Hadriatici maris uado, aestu nudante, obser-
uatione non facili. Iam quidem quacumque harena 53
secare e fluuiis omnibus fraus artificum aūsa est, quod
dispendium admodum pauci intellegunt. Crassior
enim harena laxioribus segmentis terit et plus erodit
marmoris maiusque opus scabritia politurae relinquit ; ita sectae attenuantur crustae. Rursus The-
baica polituris accommodatur et quae fit e poro
lapide aut e pumice. X (7). Signis e marmore polien- 54
dis gemmisque etiam scalpendis atque limandis
Naxium diu placuit ante alia. Ita uocantur cotes
in Cypro insula genitae. Vicere postea ex Armenia
inuectae.

XI. Marmorum genera et colores non attinet dicere
in tanta notitia nec facile est enumerare in tanta
multitudine. Quoto cuique enim loco non suum marmor inuenitur ? Et tamen celeberrimi generis dicta
sunt in ambitu terrarum cum gentibus suis. Non 55

---

52 combusta ea *BVd* : -stea *R* ‖ polientes *uett.* : polli- *VdR*
poti- *B* ‖ et *VdRa, om. B* ‖ naxiae *BVRa* : naxio *d* ‖ coptitidi *Ba* :
coptidi *VdR* ‖ ex *BdRa* : et *V* ‖ aestu *Bd*[1] : estu *d*[2] estum *a* resto
VR.

53 e *BRa* : et *d, om. V* ‖ fluuis *B*[1] ‖ crassior *VdRa* : grass- *B*[1]
gross- *B*[2] ‖ relinquit *Bda* : -quid *R* reliquit *V* ‖ fit *BVda* : sit *R* ‖
poro *B* : toro *VdR* duro *a*.

54 scalpendis *B*[1]*VdRa* : scul- *B*[2] ‖ naxium *h* : naxum *BVdRa* ‖
alia ita *BdRa* : aliauctor *V* ‖ cypro *codd.* : creta *Jan* supra dicta
Eichholz ‖ inuectae *Bda* : uectae *VR* ‖ quoto *Bda* : coto *VR*.

55 plus connue. Ils ne se trouvent pas tous dans des carrières, mais beaucoup sont aussi disséminés sous la
surface de la terre, et ce sont ceux-là dont l'espèce est
certes la plus précieuse, tel le marbre vert de Lacédé-
mone [1], plus riant qu'aucun autre, tels aussi ceux d'Auguste et puis de Tibère découverts pour la première fois
en Égypte sous le principat d'Auguste et sous celui
de Tibère. Ils se distinguent de l'ophite [2], qui a des
taches semblables à celles d'un serpent, d'où vient son
nom, par le groupement différent de leurs taches : le
marbre d'Auguste a des veines ondées en forme de tour-
billons, celui de Tibère les a blanches disséminées et
56 non pas ondées. On ne trouve que de très petites colonnes
en ophite [1]. Il y a deux espèces de ce marbre, l'une
tendre et blanche, l'autre dure et noirâtre. Toutes
deux ont la réputation de calmer en amulette les maux
de tête et les morsures de serpents. Certains conseillent
aussi d'attacher de l'ophite blanc aux personnes atteintes
de délire frénétique et de léthargie. Contre les serpents, certains recommandent particulièrement, parmi
ces marbres, celui qui tire son nom de *tephrias* de sa couleur de cendre [2]. On l'appelle aussi *memphite* du lieu où
on le trouve ; sa nature le fait ressembler aux pierres
précieuses. On l'emploie en application, avec du vinaigre,
une fois broyé, sur les parties du corps que l'on doit
brûler ou couper, cela insensibilise le corps qui ne ressen-
tira pas la douleur torturante.

57   A la même Égypte appartient le porphyre rouge ;
quand des petits points blancs y apparaissent, il a pour
nom *leptopsephos* [1]. Les carrières permettent de tailler

omnia autem in lapicidinis gignuntur, sed multa et sub terra sparsa, pretiosissimi quidem generis, sicut Lacedaemonium uiride cunctisque hilarius, sicut et Augusteum ac deinde Tibereum, in Aegypto Augusti ac Tiberii primum principatu reperta. Differentia eorum est ab ophite, cum sit illud serpentium maculis simile, unde et nomen accepit, quod haec maculas diuerso modo colligunt, Augusteum undatim crispum in uertices, Tibereum sparsa, non conuoluta, canitie. Neque ex ophite columnae nisi par- 56 uae admodum inueniuntur. Duo eius genera : molle candidi, nigricans duri. Dicuntur ambo capitis dolores sedare adalligati et serpentium ictus. Quidam phreneticis ac lethargicis adalligari iubent candicantem. Contra serpentes autem a quibusdam praecipue laudatur ex iis quem tephrian appellant a colore cineris. Vocatur et Memphites a loco, gemmantis naturae. Huius usus conteri et iis quae urenda sint aut secanda, ex aceto inlini ; obstupescit ita corpus nec sentit cruciatum.

Rubet porphyrites in eadem Aegypto ; ex eodem 57 candidis interuenientibus punctis leptopsephos uoca-

55 lapicidinis *R* : lapidici- *BVda*. ‖ terra sparsa *Bd³a* : terras prasa *Vd¹R* ‖ sicut *B* : sicuti *VdR* dicta sunt a ‖ sicut *B* : sic *VdRa* ‖ tiberii *B²da* : -ri *B¹VR* ‖ ophite *VdR* : ofite *B²* ofiti *B¹* opite *a* ‖ cum *Ba* : ctum *VdR* ‖ unde *Ba* : inde *VdR* ‖ canitie *Ba* : cauitte *VdR*.

56 ophite *B* ; opite *VdRa* ‖ molle *Bda* : molli *VR* ‖ candidi *codd.* : -dum *uett.* ‖ nigricans *codd.*, *Sill.* : -cantis *J. Müller* ‖ duri *codd.*, *Sill.* : durum *h*, *uett.* ‖ ac *VdRa* : aut *B* ‖ laudatur *Ba*, *om. VdR* ‖ iis *B¹* : hiis *B²* his *VdR* ‖ quem *Bd* : quam *VR* ‖ tephrian *B* : -prian *dR* -periam *V* ‖ conteri et *B* : contenet *VR* -tinet *d* ‖ iis *B¹* : is *R* hiis *B²* his *Vd* ‖ ex *BVd* : et ex *R* ‖ inlini *VR* : illini *d* interline *B*.

57 eadem *Bda*, *om. VR* ‖ ex eodem *Ba* : ex eadem *Vd* exadem *R* ‖ leptopsephos *h* : -osephos *BVdR* -osepus *a*.

des blocs aussi gros que l'on désire. Le procurateur de Claude, Vitrasius Pollion [2], fit transporter d'Égypte à Rome des statues faites en ce marbre pour l'Empereur, mais cette innovation ne fut pas très appréciée ; du moins personne par la suite ne reprit cette initiative.

58 Ce sont les Égyptiens encore qui découvrirent en Éthiopie le marbre nommé *basanitès* qui a la couleur du fer et sa dureté, d'où le nom qu'ils lui ont donné [1]. Nulle part on ne trouve de plus gros bloc que celui que dédia dans le temple de la Paix l'Empereur Auguste Vespasien, représentant le Nil autour duquel jouent ses seize enfants. Par ces derniers sont symbolisées les seize coudées qui représentent l'accroissement maximum du fleuve en crue [2]. On peut lui comparer, raconte-t-on, dans le sanctuaire de Sérapis à Thèbes, le bloc qui fut consacré, croit-on, à une statue de Memnon et que chaque jour les rayons du soleil levant font craquer quand ils le frappent [3].

59 XII. Pour l'onyx [1], nos ancêtres pensaient qu'il n'existait que dans les montagnes d'Arabie et nulle part ailleurs. Sudinès le croyait aussi originaire de Carmanie [2]. On en fit d'abord des vases à boire, puis des pieds de lits et des sièges, et Cornélius Népos raconte que l'on cria au grand miracle quand P. Lentulus Spinther présenta en cette matière des amphores qui avaient la taille des jarres de Chio [3]. Cinq ans après, Népos lui-même vit, dit-il, des colonnes d'onyx de trente-deux

60 pieds de haut. L'utilisation de cette pierre changea aussi par la suite, car on crut à un rare prodige quand Cornélius Balbus [1] fit élever dans son théâtre quatre

tur. Quantislibet molibus caedendis sufficiunt lapicidinae. Statuas ex eo Claudio Caesari procurator eius
in urbem ex Aegypto aduexit Vitrasius Pollio, non
admodum probata nouitate ; nemo certe postea imi-
tatus est. Inuenit eadem Aegyptus in Aethiopia quem 58
uocant basaniten, ferrei coloris atque duritiae, unde
et nomen ei dedit. Numquam hic maior repertus est
quam in templo Pacis ab imperatore Vespasiano
Augusto dicatus argumento Nili, sedecim liberis circa
ludentibus, per quos totidem cubita summi incrementi
augentis se amnis eius intelleguntur. Non absimilis
illi narratur in Thebis delubro Serapis, ut putant,
Memnonis statuae dicatus, quem cotidiano solis ortu
contactum radiis crepare tradunt.

XII. Onychem in Arabiae tantum montibus nec 59
usquam aliubi nasci putauere nostri ueteres, Sudines
in Carmania. Potoriis primum uasis inde factis, dein
pedibus lectorum sellisque, Nepos Cornelius tradit
magno fuisse miraculo cum P. Lentulus Spinther
amphoras ex eo Chiorum magnitudine cadorum
ostendisset, post quinquennium deinde XXXII pedum
longitudinis columnas uidisse se. Variatum in hoc 60
lapide et postea est, namque pro miraculo insigni
quattuor modicas in theatro suo Cornelius Balbus

lapicidinae *h* : lapidici- *Ba* lapicaede et *V* -cede et *R* -cede *d* ‖
uitrasius *Hard.* : -riasius *VdR* -riarius *B* ‖ pollio *Ba* : polio *VdR*.

58 basaniten *B* : basalte *VdRa* ‖ hic *Ba* : id *VdR* ‖ nili *BT* :
ni *a* in *d* nym *V* ny *R* ‖ liberis *VdRa*, *om. B* ‖ augentis *Bda* : -ti
VR ‖ se *om.* *d*[1] ‖ amnis *B*[1] : -nes *B*[2] annis *Vd*[1]*Ra* anni *d*[2] ‖ absimilis
VdRa : -li *B* ‖ memnonis *Bd*[2] : -ni *Vd*[1]*R*.

59 onychem *B* : -chim *Vda* -diim *R* ‖ aliubi *B*[1]*VR* : alibi *B*[2]*da* ‖
sudines *B* : suci- *a* sudes *VdR* ‖ carmania *B* : germa- *VdRa* ‖ potoriis *d*[2], *a* (pota-) : -ris *BVd*[1]*R* ‖ tradit *Bda* : trahit *VR* ‖ spinther
B : -ter *d* -der *a* -ten *R* spisten *V* ‖ chiorum *Bda* : chryo- *R* chruo-
V.

60 et *B*, *om.* *VdRa*.

colonnes de ce marbre, d'une hauteur moyenne. Pour nous, nous en avons vu trente, et plus hautes, dans la salle à manger que Calliste [2], affranchi de Claude, célèbre par son pouvoir, s'était fait construire. Certains appellent alabastritès [3] cette pierre que l'on taille aussi pour en faire des vases à parfums, car il a la réputation de

61 parfaitement les conserver intacts. Après combustion, il convient aussi à la fabrication d'emplâtres. On le trouve autour de la Thèbes d'Égypte [1] et de Damas en Syrie. Dans cette dernière région, il surpasse tous les autres en blancheur, mais le plus apprécié provient de Carmanie, puis vient celui de l'Inde, ensuite à la vérité ceux de Syrie et d'Asie, mais le plus ordinaire est celui de Cappadoce, qui n'a aucun brillant. La plus grande faveur va à ceux qui ont la couleur du miel, sont veinés en spirales et non translucides. On leur compte comme défauts la couleur de la corne ou la blancheur et tout ce qui peut rappeler le verre.

62 XIII. Valent presque l'albâtre pour la conservation des parfums liquides, selon une opinion répandue, les pierres lygdines [1] qu'on trouve à Paros et, dont la taille ne dépasse pas celle de plats ou de cratères ; auparavant, on ne les importait d'ordinaire que d'Arabie : leur blancheur est éclatante. Grande aussi est la vogue de deux espèces dont la nature est opposée : la pierre corallitique [2] se trouve en Asie et ses blocs ne dépassent pas deux coudées ; par sa blancheur, elle est toute proche de l'ivoire auquel elle ressemble en une certaine mesure. Celle d'Alabandes, au contraire [3], est noire, porte le

posuit ; nos ampliores XXX uidimus in cenatione quam Callistus Caesaris Claudi libertorum, potentia notus, sibi exaedificauerat. (8). Hunc aliqui lapidem alabastriten uocant, quem cauant et ad uasa unguen- taria, quoniam optume seruare incorrupta dicatur. Idem et ustus emplastris conuenit. Nascitur circa 61 Thebas Aegyptias et Damascum Syriae ; hic ceteris candidior, probatissimus uero in Carmania, mox in India, iam quidem et in Syria Asiaque, uilissimus autem et sine ullo nitore in Cappadocia. Probantur quam maxime mellei coloris, in uertices maculosi atque non tralucidi. Vitia in iis corneus colos aut candidus et quidquid simile uitro est.

XIII. Paulum distare ab eo in unguentorum fide 62 multi existimant lygdinos, in Paro repertos amplitu- dine qua lances craterasque non excedant, antea ex Arabia tantum aduehi solitos, candoris eximii. Mag- nus et duobus contrariae inter se naturae honos, corallitico in Asia reperto mensurae non ultra bina cubita, candore proximo ebori et quadam similitu- dine. E diuerso niger est Alabandicus terrae suae

callistus B^1a : calis- B^2VR calix- d ‖ claudi B^1VR : -dii B^2da ‖ potent (putent d) panotus (-otos V^1 -odus R) VdR : potentis- simus d^3h ‖ et B, om. $VdRa$ ‖ optume B : optime VdR -ma a ‖ dicatur $BVdR$: dicitur ah.

61 et ustus BVa : exustus d etetus R ‖ conuenit Bd : conuenti VRa ‖ uero BVd, om. Ra ‖ carmania mox in india Bd : -niam ex in endia VR mox in armenia india a ‖ et sine — cappadocia Ba, om. VdR ‖ uertices B^1Vd^1R : -ce B^2d^2a ‖ tralucidi B^1Ra : transl- B^2d si tral- V ‖ iis B^1 : hiis B^2 his $VdRa$ ‖ colos Ba : color VdR ‖ quidquid VR : quicquid da quid B^1 quod B^2 ‖ simile $VdRa$: -li B^1 -lis B^2.

62 existimant Bda : -mans VR ‖ lygdinos d : lig- VRa tyg- B ‖ paro B : taro Vd^1Ra tauro d^2 ‖ amplitudine $VdRa$: -dinem B^2 -dis B^1 ‖ eximii Bd : eximit Va exhim- R ‖ duobus $VdRa$: duabus B ‖ corallitico $Brot.$: corali- VdR corolli- B ‖ reperto Bda : -ta VR ‖ proximo $VdRa$: -me B^2 proxume B^1.

nom de sa terre d'origine, quoiqu'elle apparaisse aussi à Milet et, au demeurant, d'aspect, elle tire plutôt sur le pourpre. On la rend liquide au feu et on la fond pour qu'elle rende les services du verre.

63   On trouve la pierre de Thèbes [1], qui est parsemée de gouttes d'or, dans la partie de l'Afrique attribuée à l'Égypte ; elle a certaines vertus naturelles qui la rendent propre à broyer les collyres dans de petits mortiers. Aux environs de Syène [2], en Thébaïde, on trouve la syénite que l'on appelait auparavant *pyrrhopoecile*.

64   XIV. Les rois, comme rivalisant entre eux, firent tirer de cette pierre des blocs en forme de poutres que l'on appelle « obélisques » et qui sont consacrés à la divinité du Soleil [1]. C'est la représentation symbolique de ses rayons et c'est le sens du mot égyptien. Ce fut Mesphrès [2] qui fut à l'origine de cette coutume : il régnait dans la cité du Soleil et ce fut sur l'ordre d'un songe. C'est cela même que nous trouvons inscrit sur son obélisque, car ces gravures et ces figures que nous y voyons sont des lettres égyptiennes.

65   Par la suite, d'autres rois firent aussi tailler des obélisques. Sésothès [1] en fit dresser quatre dans la ville que je viens de nommer, hauts chacun de quarante-huit coudées. Ramsès, sous le règne duquel se place la prise d'Ilion, en fit construire un de cent quarante coudées. Le même souverain, à la sortie du site où se trouvait la résidence sacrée de Mnévis [2], en fit dresser un autre, haut de cent vingt coudées et surtout d'une épaisseur

nomine, quamquam et Mileti nascens, ad purpuram tamen magis aspectu declinante. Idem liquatur igni funditurque ad usum uitri.

Thebaicus lapis interstinctus aureis guttis inueni- 63 tur in Africae parte Aegypto adscripta, coticulis ad terenda collyria quadam utilitate naturali conue-niens, circa Syenen uero Thebaidis syenites, quem antea pyrrhopoecilon uocabant.

XIV. Trabes ex eo fecere reges quodam certamine, 64 obeliscos uocantes Solis numini sacratos. Radiorum eius argumentum in effigie est, et ita significatur nomine Aegyptio. Primus omnium id instituit Mes-phres, qui regnabat in Solis urbe, somnio iussus ; hoc ipsum inscriptum in eo, etenim scalpturae illae effi-giesque quas uidemus Aegyptiae sunt litterae.

Postea et alii excidere reges. Statuit eos in supra 65 dicta urbe Sesothes quattuor numero, quadrage-num octonum cubitorum longitudine, Rhamsesis autem, quo regnante Ilium captum est, CXXXX cubi-torum. Idem digressis inde ubi fuit Mnevidis regia, posuit alium, longitudine quidem CXX cubitorum,

liquatur *Ba* : -tum *d* -tu *RF* ‖ igni — dicuntur (§ 66) *Ba, om. VR* ‖ ad usum — Aegyptio (§ 64) *om. d.*

63 lapis *B, om. a* ‖ interstinctus *B* : intercinc- *a* ‖ adscripta *B* : asscriptae *a* ‖ naturali *B* : -rae alii *a* ‖ circa syenen uero *B, om. a* ‖ syenites *B* : hisetites *a* ‖ antea *B* ; ante *a* ‖ pyrrhopoecilon *uett.* : -phoecilon *B* pyrropocilon *a.*

64 est et *a* : est *B* ‖ significatur *B²a* : -tum *B¹* ‖ id *Ba* : in id *d* ‖ instituit *Ba* : -tutus *d* ‖ mesphres *Zoega, Sill.*, cf. § 69 : mes-pheres *B* mestres *dT* mitres *a* ‖ ipsum *Bd, om. a* ‖ inscriptum *Bd* : -tum est *La* ‖ scalpturae *B¹da* : scul- *B²* ‖ effigiesque *Ba* : -giesue *d* ‖ uidemus *Bd* : -dimus *a.*

65 excidere reges statuit *B, om. dTa* ‖ eos *B* : eorum *da* ‖ sesothes *B* : efotis *dL* sothis *a* ‖ rhamsesis *BL* : ramis- *d* rames- *a* ‖ CXXXX *B* : XL *daL* ‖ *post* idem *lacunam ind. Mayh.* ‖ mneuidis *uett.* : mneuui- *B¹* inneuui- *B²* inneui- *d* neuida *a* ‖ regia *Bb* : rex *a* ‖ quidem — crassitudine *B, om. Lda.*

prodigieuse, car il mesurait onze coudées d'un flanc à l'autre.

66   (9). Pour ce travail furent employés, dit-on, cent vingt mille hommes. Quand il fut sur le point de faire dresser l'obélisque, le roi lui-même craignit que les machines [1] n'eussent pas la puissance exigée par ce poids. Pour mieux signifier le péril au zèle des techniciens, il fit attacher au sommet de l'ouvrage son propre fils [2] afin que le salut de ce dernier profitât de la part des constructeurs aussi à la pierre. L'admiration que suscitait ce monument eut l'effet qui suit : au moment où le roi Cambyse [3] enlevait de vive force la ville, les incendies vinrent menacer le socle de l'obélisque ; alors, lui qui n'avait nullement respecté la ville, par respect pour la pierre géante, donna ordre d'éteindre le feu.

67 Il y en a encore deux autres, élevés l'un par Zmarris, l'autre par Phius [1] : ils ne portent pas d'inscription et mesurent chacun quarante-huit coudées. Ptolémée Philadelphe [2] en fit dresser un de quatre-vingts coudées à Alexandrie. C'était le roi Necthébis qui l'avait fait tailler sans inscription et l'on s'aperçut qu'il y avait un travail plus considérable à effectuer pour le transport [3] et l'érection qu'il n'y en avait eu pour la taille. Certains rapportent que l'architecte Satyrus le fit amener par bateau, Callixène [4] que ce fut Phoenix et voici comment : on traça un canal prolongeant le Nil jusqu'à l'endroit

68 où gisait l'obélisque et deux navires très larges furent chargés de blocs d'un pied de largeur, faits de même pierre, leur nombre étant calculé d'après le poids de l'obélisque multiplié par deux. On les fit se présenter

sed prodigiosa crassitudine, undenis per latera cubitis.

(9). Opus id fecisse dicuntur $\overline{CXX}$ hominum. Ipse 66 rex, cum surrecturus esset uerereturque ne machinae ponderi non sufficerent, quo maius periculum curae artificum denuntiaret, filium suum adalligauit cacumini, ut salus eius apud molientes prodesset et lapidi. Hac admiratione operis effectum est ut, cum oppidum id expugnaret Cambyses rex uentumque esset incendiis ad crepidines obelisci, extingui iuberet molis reuerentia qui nullam habuerat urbis. Sunt et alii duo, unus a Zmarre positus, alter a Phio 67 sine notis, quadragenum octonum cubitorum. Alexandriae statuit unum Ptolemaeus Philadelphus octoginta cubitorum. Ceciderat eum Necthebis rex purum, maiusque opus in deuehendo statuendoue *inuentum* est quam in excidendo. A Satyro architecto aliqui deuectum tradunt rate, Callixenus a Phoenice, fossa perducto usque ad iacentem obeliscum Nilo, nauesque duas in latitudinem patulas 68 pedalibus ex eodem lapide ad rationem geminati per duplicem mensuram ponderis oneratas ita ut

per latera *BdT* : per latera pedibus *L* pedibus perlatura *a* ‖ cubitis *Bda* : -tis III *L*.

66 $\overline{CXX}$ *R* : CXX *BdT* XX *a* ‖ surrecturus *B* : subrect- *dRF* subrept- *a* ‖ uerereturque *d* : ueretur quae *Ra* uerebaturque *B* ‖ maius *Bda* : matirius *F* -turius *R* ‖ ad *Ba* : ac *VdR* ‖ crepidines *Bda* : -nis *VR*.

67 et *VdRa*, om. *B* ‖ phio *BVR* : raphio *da* ‖ octonum *dRa* : octogenum *B* ‖ ceciderat *BdRa* : caeci- *V* exci- *cod. Poll., Mayh.* ‖ opus fuit *uett.* ‖ inuentum *Url., Mayh.* : multum *B* multo *VdR* ‖ est *om. uett.* ‖ excidendo *VdRa* : exi- *B*[1] exe- *B*[2] ‖ a *Ba*, om. *VdR* ‖ satyro *Ba* : nat- *VdR* ‖ aliqui *Ba* : alioqui *VdR* ‖ rate *VdR* : rati *Ba* ‖ callixenus *BVR* : -istenus *d* -ienus *R* ‖ obeliscum *d* : oboel- *VR* obol- *a* obil- *B*.

68 latitudinem *BVRa* : alti- *d*.

sous l'obélisque qui était suspendu au-dessus du canal, ses extrémités reposant sur chacune des rives. Puis on retira les pierres et les bateaux délestés reçurent leur fardeau. On le posa sur six dés venus de la même montagne et l'architecte reçut en récompense cinquante talents. Il fut dressé dans l'Arsinoeum [1] par le roi cité ci-dessus, en présent amoureux à celle qui était à la fois sa femme et sa sœur, Arsinoé. Comme il gênait les chan-tiers navals, un préfet d'Égypte, nommé Maximus [1], le fit transporter sur le Forum après avoir fait couper le sommet, car il voulait y ajouter un faîte doré, ce qu'il négligea de faire par la suite. Il y a aussi deux autres obélisques à Alexandrie [2], près du port, dans le temple de César ; ils mesurent quarante-deux coudées et avaient été taillés sur ordre du roi Mesphrès.

69

La difficulté du transport par mer jusqu'à Rome vint dépasser toutes les autres, et les navires qu'il employa furent particulièrement remarquables. Le divin Auguste avait consacré celui qui avait amené le premier obélisque à Rome dans un bassin permanent de Pouz-zoles pour qu'on l'y admirât. Il fut détruit par un incen-die. Jamais rien d'aussi admirable n'était apparu sur mer que celui sur lequel Caius César avait fait transpor-ter son obélisque. Après qu'il eût été conservé quelques années et qu'on y eût élevé des tours de pouzzolane à Pouzzoles, le divin Claude [1] le fit amener à Ostie où, pour aménager le port, il le fit immerger. A la suite de cela, il fallut s'occuper aussi des navires qui remontaient le Tibre car l'expérience fit clairement apparaître que ce fleuve n'avait pas une profondeur inférieure à celle du Nil.

70

subirent obeliscum pendentem extremitatibus suis
in ripis utrimque ; postea egestis laterculis adleuatas
naues excepisse onus ; statutum autem in sex talis
e monte eodem et artificem donatum talentis L. Hic
fuit in Arsinoeo positus a rege supra dicto munus
amoris in coniuge eademque sorore Arsinoe. Inde 69
eum naualibus incommodum Maximus quidam praefectus Aegypti transtulit in forum, reciso cacumine,
dum uult fastigium addere auratum, quod postea
omisit. Et alii duo sunt Alexandreae ad portum in
Caesaris templo, quos excidit Mesphres rex, quadragenum binum cubitorum.

Super omnia accessit difficultas mari Romam
deuehendi, spectatis admodum nauibus. Diuus Au- 70
gustus eam, quae priorem aduexerat, miraculi
gratia Puteolis perpetuis naualibus dicauerat ; incendio consumpta ea est. Diuus Claudius aliquot
per annos adseruatam, qua C. Caesar inportaue-
rat, omnibus quae umquam in mari uisa sunt
mirabiliorem, in ipsa turribus Puteolis e puluere
exaedificatis, perductam Ostiam portus gratia mersit.
Alia ex hoc cura nauium, quae Tiberi subuehant,
quo experimento patuit non minus aquarum huic
amni esse quam Nilo.

---

adleuatas : alle- *B* adleuatis *VdR* ‖ naues *B²* : nauis *B¹VdR* ‖
excepisse *VdR* : -pis *B¹* excipi *B²* ‖ statutum *Vd* : -tam *R* statum
B ‖ artificem *B* : -cum *VdR* ‖ arsinoeo *B¹VR* : -noe *B²* -neo *d*
‖ in conjuge *codd.* : coniuge *Mayh.* in coniugem *Pint.*

69 uult *VdR* : uoluit *B* ‖ mesphres *B* : mestires *Vd* -tyres *R* ‖
romam *B* : -ma *VdR*.

70 quae *B* : quam *h*, *om. dR* ‖ incendio *Bd* : -diae *R* ‖ consumpta
BR : -summata *d* ‖ qua *B¹* : quam *B²* quae *Vd* que *R* ‖ uisa *BdR* :
uisae *h* ‖ mirabiliorem *dR* : -res *B* ‖ in ipsa *B* : it *VdR* ‖ tiberi
B¹d : -rii *B²* -ris *VR* ‖ patuit *B* ; pati sit *dR* ‖ amni *B²* : -nis *B¹*
omnia *d* cō nia *R*.

71   Cet autre obélisque [1] que le divin Auguste fit dresser
sur le Grand cirque fut taillé sur les ordres du roi Psemet-
nepserphreos [2], sous le règne duquel Pythagore séjourna
en Égypte ; sans compter la base tirée du même bloc,
il mesure quatre-vingt-cinq pieds et un empan ; pour
celui qui se trouve au Champ de Mars, il a neuf pieds
de moins et avait été commandé par Sésothès. Tous
deux portent des inscriptions qui contiennent l'explication de la nature selon la philosophie égyptienne.

72   XV (**10**). Le divin Auguste donna à celui qui est au
Champ de Mars la fonction remarquable de marquer
les ombres projetées par le soleil et de déterminer ainsi
la longueur des jours et des nuits [1]. Il fit exécuter un
dallage proportionnel à la longueur de l'obélisque de
façon que l'ombre, à la sixième heure du solstice, d'hiver
égalât la longueur du dallage, ensuite, peu à peu, décrût,
puis augmentât jour après jour en passant par des
réglettes de bronze incrustées, système qui mérite
d'être connu et qui est dû au génie inventif du mathé-
maticien Facundus Novius. Celui-ci fit encore placer
sur la pointe de l'obélisque une boule dorée dont l'ombre
du sommet se ramassât sur elle-même, autrement la
pointe projetait une ombre démesurée. Il avait pris,
73 dit-on, pour principe la tête humaine. Les données de
l'observation initiale ne sont plus valables depuis environ
trente ans ; c'est que ou bien la course du soleil lui-
même est différente et a changé pour quelque raison
due à l'économie céleste ; ou bien la terre entière s'est
un peu déplacée par rapport à son propre centre (et
j'apprends qu'en d'autres lieux aussi on l'a observé) ;
ou bien les secousses particulières ressenties à Rome
ont tordu le gnomon ; ou bien enfin les inondations du

Is autem obeliscus quem diuus Augustus in Circo 71
Magno statuit excisus est a rege Psemetnepserphreo,
quo regnante Pythagoras in Aegypto fuit, LXXXV
pedum et dodrantis praeter basim eiusdem lapidis ;
is uero quem in campo Martio, nouem pedibus minor,
a Sesothide. Inscripti ambo rerum naturae inter-
pretationem Aegyptiorum philosophia continent.

XV- (**10**). Ei qui est in campo diuus Augustus 72
addidit mirabilem usum ad deprendendas solis umbras dierumque ac noctium ita magnitudines, strato
lapide ad longitudinem obelisci, cui par fieret umbra
brumae confectae die sexta hora paulatimque per
regulas, quae sunt ex aere inclusae, singulis diebus
decresceret ac rursus augesceret, digna cognitu res,
ingenio Facundi Noui mathematici. Is apici auratam
pilam addidit, cuius uertice umbra colligeretur in se
ipsam, alias enormiter iaculante apice, ratione, ut
ferunt, a capite hominis intellecta. Haec obseruatio 73
XXX iam fere annis non congruit, siue solis ipsius
dissono cursu et caeli aliqua ratione mutato siue
universa tellure a centro suo aliquid emota (ut depre-
hendi et aliis in locis accipio) siue urbis tremoribus
ibi tantum gnomone intorto siue inundationibus

---

71 est *Bd* : sed *V* set *R* ‖ psemetnepserphreo *Jan* : spem- *B*
semetnpserteo *VdR* ‖ LXXXV *B* : XXCV *dR* CXXV *Fh* ‖ pedibus
B : pedum *VdRa* ‖ minor a *a* : minor as *B* in oras *VdR* ‖ inscripti
Ba : -scribi *VdR*.

72 ac noctium *Bda* : ac noetium *V* anno etium *R* ‖ longitudinem *B* : magnitu- *VdRa* ‖ fieret *Bd* : -re *VR* ‖ umbra brumae *B²* :
umbrarumae *B¹VR* -rum romae *dT* ‖ decresceret *B* : -scere *VdRa*
‖ noui *B* : non L *VRa*, *om. d* ‖ mathematici is *B* : -ticis *VRa* -thici
d ‖ in se *VRa* : ipse *B* in *d* ‖ ipsam *Ba* : ipsa *VdR*.

73 obseruatio *Bda* : deser- *VR* ‖ solis *B¹VRa* : soli *B²* lis *d* ‖
aliis *B²da* : alis *B¹VR* ‖ gnomone *BVRa* : nomine *d*.

Tibre ont produit un affaissement de la masse, bien que, dit-on, l'on ait poussé aussi les fondations en terre à proportion de la hauteur de la charge imposée.

74 **(11).** Le troisième obélisque dressé à Rome [1] est celui qui se trouve dans le cirque du Vatican que firent construire les empereurs Caius et Néron — parmi tous, c'est le seul qui se soit brisé quand on le dressa. Nencoreus, fils de Sesosis [2], l'avait fait construire. Il demeure encore de ce roi un autre obélisque, haut de cent coudées qu'il consacra au Soleil, conformément à un oracle, après avoir recouvré la vue qu'il avait perdue.

75 **XVI.** Chemin faisant, parlons aussi des pyramides [1] que connaît cette même Égypte, étalage inutile et sot de la richesse des rois, car voici les raisons que l'on donne généralement de leur construction : les rois voulaient ne pas laisser de l'argent devant les yeux de leurs successeurs ou de leurs rivaux qui complotaient ; ou bien encore empêcher le peuple de demeurer oisif. Ces hommes

76 tirèrent profonde vanité de ces ouvrages. Demeurent les vestiges de plusieurs pyramides inachevées [1]. L'une se trouve dans le nome d'Arsinoé [2], deux dans celui de Memphis, non loin du labyrinthe dont nous parlerons également [3], deux autres aussi là où se trouvait le lac Moeris, lac qui était une immense fosse, mais que les Égyptiens vantent comme une mémorable merveille [4]. Leurs sommets, dit-on, dépassent l'eau de deux cents coudées. Les trois autres [5] qui ont rempli l'univers de leur renommée, pleinement visibles de quelque côté qu'on approche d'elles par eau, se trouvent dans une région de l'Afrique, sur une montagne rocheuse et stérile, entre la ville de Memphis et ce qui, nous l'avons dit, se

Tiberis sedimento molis facto, quamquam ad altitudinem inpositi oneris in terram quoque dicuntur
acta fundamenta.

(11). Tertius est Romae in Vaticano Gai et Nero- 74
nis principum circo — ex omnibus unus omnino
fractus est in molitione —, quem fecerat Sesosidis
filius Nencoreus. Eiusdem remanet et alius centum
cubitorum, quem post caecitatem uisu reddito ex
oraculo Soli sacrauit.

XVI (12). Dicantur obiter et pyramides in eadem 75
Aegypto, regum pecuniae otiosa ac stulta ostentatio,
quippe cum faciendi eas causa a plerisque tradatur,
ne pecuniam successoribus aut aemulis insidiantibus
praeberent aut ne plebs esset otiosa. Multa circa
hoc uanitas hominum illorum fuit. Vestigia complu- 76
rium incohatarum extant. Vna est in Arsinoite nomo,
duae in Memphite non procul labyrintho, de quo et
ipso dicemus, totidem ubi fuit Moeridis lacus, hoc
est fossa grandis, sed Aegyptiis inter mira ac memoranda narrata. Harum cacumina ⟨cc cubita⟩ extra
aquam eminere dicuntur. Reliquae tres, quae orbem
terrarum inpleuere fama, sane conspicuae undique
adnauigantibus, sitae sunt in parte Africae monte
saxeo sterilique inter Memphim oppidum et quod

altitudinem *Ba* : actitudine *VdR* ‖ oneris *B* : -res *VdR* one *a*.
74 est *BVd, om. Ra* ‖ unus *VdRa* : usus *B* ‖ in molitione *dRa* :
immo- *V* in immolatione *B* ‖ sesosidis *VdR* : sesosodis *B* resusi-
dis *a* ‖ nencoreus *B* : nonco- *Vd* nunco- *a* noncoreius *R* ‖ uisu *Vd* :
uisui *B* uiso *Ra*.
75 pecuniae *VdR* : -nia *B* ‖ otiosa *BdR* : onerosa *V*.
76 in arsinoite *B*[1] : -no item *B*[2] in arseniote *d* marsinote *VR* ‖
duae *Bd* : duo *VR* ‖ procul a *d* ‖ et *B, om. VdR* ‖ aegyptiis *B* :
-tis *VdR* ‖ narrata *h* : -to *VdR* -tio *B* ‖ CC cubita *add. Mayh.* ‖
extra aquam *B* : extrema quam *VRa* -ma quae *dT* ‖ tres *Ba* :
res *VdR* ‖ inpleuere *Ba* : -bere *V* inplere *R* ‖ monte saxeo *Ba* :
montes ex eo *VdR*.

nomme le Delta, à moins de quatre mille pas du Nil, sept mille cinq cents de Memphis, auprès du village du nom de Busiris dont les habitants ont coutume de les gravir.

77 XVII. Avant d'en traiter, il me faut d'abord parler du sphinx sur lequel on a gardé le silence et qui est la divinité des habitants. On pense que le corps du roi Harmaïs[1] y a été enfermé et l'on prétend qu'il a été amené là. Il est taillé dans la pierre naturelle[2] et, pour l'honorer, on peint en rouge la face du monstre. Le tour de la tête à hauteur du front est de cent-deux pieds, la longueur de la statue est de cent-quarante-trois pieds, la hauteur depuis le ventre jusqu'au sommet du serpent sur la tête de soixante et un pieds et demi.

78 La plus haute pyramide vient des carrières de pierre d'Arabie[1]. Selon la tradition, trois cent soixante mille hommes y ont travaillé durant vingt ans. La construction des trois a demandé quatre-vingt-huit années et

79 quatre mois. Ceux qui en ont traité dans leurs écrits ont pour nom Hérodote, Evhémère, Duris de Samos, Aristagoras, Denys, Artémidore, Alexandre Polyhistor, Butoridas, Antisthène, Démétrius, Démotélès et Apion[1]. Ils ne sont pas tous d'accord entre eux sur le nom des constructeurs, et c'est le plus juste des sorts qui a fait oublier les auteurs d'une telle vanité. Certains d'entre eux ont rapporté qu'on dépensa pour les raiforts, l'ail et

80 les oignons mille six cents talents[2]. La plus grande

appellari diximus Delta, a Nilo minus IIII milia passuum, a Memphi $\overline{VII}$ D, uico adposito quem uocant
Busirin ; in eo sunt adsueti scandere illas.

XVII. Ante est sphinx uel magis narranda, de qua 77
siluere, numen accolentium. Harmain regem putant
in ea conditum et uolunt inuectam uideri. Est autem
saxo naturali elaboratá ; rubrica facies monstri coli-
tur. Capitis per frontem ambitus centum duos pedes
colligit, longitudo pedum CXLIII est, altitudo a
uentre ad summam aspidem in capite LXIS.

Pyramis amplissima ex Arabicis lapicidinis cons- 78
tat. CCCLX milia hominum annis XX eam construxisse produntur. Tres uero factae annis LXXXVIII,
mensibus IIII. Qui de iis scripserint — sunt Herodo- 79
tus, Euhemerus, Duris Samius, Aristagoras, Dionysius, Artemidorus, Alexander polyhistor, Butoridas,
Antisthenes, Demetrius, Demoteles, Apion —, inter
omnes eos non constat a quibus factae sint, iustissimo
casu obliteratis tantae uanitatis auctoribus. Aliqui
ex iis prodiderunt in raphanos et alium ac cepas
MDC talenta erogata. Amplissima septem iugera 80

delta a Nilo *B* : delata a nilo *a* -ta nilo *d* -tam lu *R* -cam lo *V* ‖
IIII *VdRa* : illi *B* ‖ a memphi *VdR* : ad memphim *B* ‖ $\overline{VII}$ D *B* :
VII D *Vd* sex a *a* ‖ uocant *Bda* : uocantibus *VR* ‖ busirin *B* : -rim
da uisrim *R* irim *V*.

77 ante *B* : antea *VdR* ‖ siluere *B* : siluestre *Vda* siuestra *R* ‖
numen *Bda* : māmen *V* nam *R* ‖ harmain *B* : armain *VdRa* ‖
rubrica *Ba* : lub- *VdR* rubricata *Warmington* ‖ facies *B* : capitis
VdRa ‖ pedum — altitudo *Ba, om. VdR* ‖ CCXLIII *B* : CXLIII
a ‖ LXIS *B* : LXIS ; *a* LXII *VdR*.

78 amplissima *VdRa* : -mi *B* ‖ lapicidinis *BR* : lapidici- *Vda* ‖
milia *om. Vda* ‖ LXXXVIII *V* : LXXVIII *dRa* LXX IX *B* ‖ mensibus IIII *Ba* : mepte *VR* nempe *d*.

79 iis *B¹* : hiis *B²* his *VdR* ‖ scripserint *B* : -runt *VdR* ‖ euhemerus *B* : euchem- *V* euthem- *dR* them- *a* ‖ butoridas *B* : -riadas
VdR ‖ demoteles apion *B* : demotheleraton *V* -laerathon *R²* -laere-
thon *R¹* emothelesaton *d* ‖ eos *VdRa, om.B* ‖ iis *B* : his *VdRa* ‖
MDC *d* : MD *B* CCDC *VR* DC *a* ‖ septem *BVdR* : sex *a, uett.*

pyramide occupe sept arpents de terrain [3]. Les quatre
angles sont séparés l'un de l'autre par des intervalles
égaux et chaque côté mesure sept cent quatre-vingt trois
pieds ; la hauteur depuis le sommet jusqu'au sol est
de sept cent vingt-cinq pieds, le sommet a seize pieds
et demi de tour [1]. La distance qui, chez la seconde [2],
sépare les quatre angles l'un de l'autre comprend sept
cent cinquante-sept pieds et demi. La troisième [3] est
plus petite, certes, que les précédentes, mais elle est
beaucoup plus belle. C'est une construction en pierre
d'Éthiopie qui se dresse et ses angles sont distants l'un
81 de l'autre de trois cent soixante trois pieds. Il ne reste
aucune trace des travaux d'édification [1]. Le sable, loin
tout alentour, est sans mélange et ses grains ont l'apparence de la lentille [2], comme c'est le cas dans la plus
grande partie de l'Afrique. La principale question qui
se pose est de savoir par quel procédé les blocs de pierre
ont pu être amenés jusqu'à une si grande hauteur [3].
Les uns pensent que, au fur et à mesure que l'ouvrage
s'élevait, l'on entassait du sel et du nitre [4] qui, une fois
la pyramide achevée, furent dissous par l'eau amenée
du fleuve. D'autres estiment qu'on construisit des ponts
avec des briques faites de limon et qu'après l'achèvement de l'ouvrage, l'on répartit ces briques pour la
construction des maisons particulières, car, selon eux,
le Nil, qui est beaucoup trop bas, n'a pu venir baigner
la pyramide. A l'intérieur de la plus grande des pyramides se trouve un puits profond de quatre-vingt six
coudées. C'est là, pense-t-on, qu'a pu arriver l'eau du
82 fleuve [5]. Thalès de Milet découvrit l'art de prendre la
mesure de leur hauteur [1], ainsi que toute mesure analogue, en mesurant leur ombre à l'heure où elle est égale
à son corps. Telles sont ces merveilleuses pyramides et

optinet soli. Quattuor angulorum paribus interuallis DCCLXXXIII pedes singulorum laterum, altitudo a cacumine ad solum pedes DCCXXV colligit, ambitus cacuminis pedes XVIS. Alterius interualla singula per quattuor angulos pedes DCCLVIIS comprehendunt. Tertia minor quidem praedictis, sed multo spectatior, Aethiopicis lapidibus adsurgit CCCLXIII pedibus inter angulos. Vestigia aedifica- 81 tionum nulla exstant, harena late pura circa, lentis similitudine, qualis in maiore parte Africae. Quaestionum summa est quanam ratione in tantam altitudinem subiecta sint caementa. Alii nitro ac sale adaggeratis cum crescente opere et peracto fluminis inrigatione dilutis ; alii lateribus e luto factis exstructos pontes, peracto opere lateribus in priuatas domos distributis ; Nilum enim non putant rigare potuisse multo humiliorem. In pyramide maxima est intus puteus LXXXVI cubitorum ; flumen illo admissum arbitrantur. Mensuram altitudinis earum omnemque 82 similem deprehendere inuenit Thales Milesius umbram metiendo qua hora par esse corpori solet. Haec sunt pyramidum miracula, supremumque illud ne

80 paribus — singulorum *om.* *B* ‖ DCCLXXXIII *VR* : DCCCLXXXIII *da* ‖ a cacumine — ambitus *B, om. VdRa* ‖ XVIS *BR* : XVI sed *V* XVS *d* XVI *a* ‖ singula *BVda* : -lae *R* ‖ pedes *B* : pares *dR* partes *a, om. V* ‖ DCCLVIIS *B* : DCCXXXVIIS *V* DCCCXXXVIIS *R²* DCCCXXXVIII *R¹* DCCCXXXVII *d.*

81 aedificationum *VdR* : interaed- *B* in terra aed- *Jan* ‖ circa *B* : circum *VdR* ‖ similitudine *d* : -nem *BVR* : ratione *BdRa* : -nem *V* ‖ sale *VdRa* : salem *B* ‖ cum *Bda* : con *VR* ‖ fluminis — pontes *BA, om VdR* ‖ peracto opere *Ba* : opere *VdR* ‖ lateribus *B* : -bus e luto (lucto *R*) factis *VdRa* ‖ LXXXVI *d* : XXCVI *B* octoaginta LXXXVI *VR* ‖ admissum *Bda* : -sso *VR.*

82 omnemque *VdRa* : -nem qui *B* ‖ haec *Bda* : ex *VR.*

voici mieux encore, après quoi il ne faudra plus s'étonner
des richesses des rois ; la plus petite d'entre elles, mais
aussi la plus admirée, ce fut Rhodopis [2], une courtisane,
qui la fit élever. Elle avait jadis partagé l'esclavage
et la couche du philosophe fabuliste Esope. Et c'est
encore plus merveilleux de penser que le métier de courtisane ait pu rapporter d'aussi grandes richesses.

83   XVIII. L'on vante aussi une tour, ouvrage royal,
élevée dans l'île de Pharos qui commande le port d'Alexandrie [1]. Elle coûta, dit-on, huit cents talents, et, pour ne
rien passer sous silence, rappelons la magnanimité du
roi Ptolémée qui permit à l'architecte Sostratos de
Cnide [2] d'y inscrire son nom sur le corps même de la
construction. Son utilité est de montrer aux navires,
au cours de leurs navigations nocturnes, des feux qui
leur signalent les bas-fonds et l'entrée du port, feux
semblables à ceux qui brûlent à présent en bien des
endroits, ainsi à Ostie et à Ravenne [3]. Le risque de
ces feux permanents, c'est de les prendre pour des étoiles,
car, de loin, l'aspect des flammes en est tout semblable.
C'est le même architecte qui, le premier, construisit
une promenade suspendue, à Cnide.

84   XIX. Parlons aussi des labyrinthes [1], catégorie d'ouvrages les plus prodigieux où l'homme ait épuisé ses
ressources et dont l'existence n'est pas, comme on
pourrait le croire, irréelle. Il en existe un encore aujour-
d'hui en Égypte, dans le nome d'Héracléopolis [2], celui
même qui fut construit le premier, il y a, selon la tradition, trois mille cinq cents ans, par le roi Pethesuchos

quis regum opes miretur, minimam ex iis, sed laudatissimam, a Rhodopide meretricula factam. Aesopi fabellarum philosophi conserua quondam et contubernalis haec fuit, maiore miraculo tantas opes meretricio esse conquisitas.

XVIII. Magnificatur et alia turris a rege facta in 83 insula Pharo portum optinente Alexandriae, quam constitisse DCCC talentis tradunt, magno animo, ne quid omittamus, Ptolemaei regis, quo in ea permiserit Sostrati Cnidii architecti structura ipsa nomen inscribi. Vsus eius nocturno nauium cursu ignes ostendere ad praenuntianda uada portusque introitum, quales iam compluribus locis flagrant, sicut Ostiae ac Rauennae. Periculum in continuatione ignium, ne sidus existimetur quoniam e longinquo similis flammarum aspectus est. Hic idem architectus primus omnium pensilem ambulationem Cnidi fecisse traditur.

XIX (13). Dicamus et labyrinthos, uel portento- 84 sissimum humani inpendii opus, sed non, ut existimari potest, falsum. Durat etiamnum in Aegypto in Heracleopolite nomo qui primus factus est ante annos, ut tradunt, $\overline{III}$ DC a Petesuchi rege siue Tithoe, quam-

---

ex iis (hiis B^2 his a) sed Ba : existisset VR extitisse d ‖ rhodopide *Sill.* : -pede B rodope dRa -per V ‖ fabellarum $BVdR$: fabula- a ‖ conquisitas Bda : conques- V consequitas R.

83 in VdR : et in B ‖ pharo BdR : phoro V ‖ portum Bd : -tom R -to V ‖ talentis *om.* B^1 ‖ quo B : quod VdR ‖ cnidii *Sill.* : gnidi B casidi VdR ‖ locis VdR, *om.* B ‖ flagrant B : -gran VdR ‖ sicut ostiae B : sicut eo sitae d sicueo sitae VR ‖ cnidi fecisse Bd : omni dificisse R omni diffi- V.

84 inpendii Bda : incendi VR ‖ etiamnum B : -nunc $VdRa$ ‖ in aegypto Ba : aegypto VdR ‖ ante Bda, *om.* R ‖ ut Bda : ut est VR ‖ $\overline{III}$ DC VRa $\infty\infty\infty$ DC B $\overline{IIII}$ DC d ‖ petesuchi B : -suci dRa ‖ tithoe B : titho V thito R tyto d.

ou par Tithoès, bien qu'Hérodote prétende que l'édifice
tout entier soit l'œuvre de douze rois, dont le dernier
serait Psammétique [3]. On interprète de différentes façons
les causes de sa construction [4]. Démotélès pense que
ce fut le palais royal de Motéris, Lycéas [5] que ce fut
le tombeau de Moéris, beaucoup qu'il s'agit d'un ouvrage
consacré au Soleil, et c'est là l'opinion la plus répandue.

85 De toute façon, il n'est pas douteux que Dédale n'ait
pris là le modèle du labyrinthe qu'il fit en Crète [1], mais
il ne le reproduisit que réduit au centième, réédition
dans laquelle inextricables sont les détours, les allers
et les retours des chemins ; ce n'est pas que, comme
nous le représentent des dallages [2] ou des jeux d'enfants
au Champ de Mars [3], il contienne sur une surface res-
treinte un itinéraire de plusieurs milliers de pas, mais
de nombreuses portes y sont aménagées pour tromper
la marche et faire toujours revenir dans les mêmes

86 circuits. Après le labyrinthe égyptien, ce fut le second
en date, le troisième fut celui de Lemnos, le quatrième
celui d'Italie, tous couverts par des voûtes en pierre
polie. Celui d'Égypte, et cela me surprend en vérité, a
une entrée et des colonnes de marbre de Paros [1] ;
le reste se compose de blocs de syénite [2] joints ensemble,
que les siècles eux-mêmes ne sauraient disjoindre, même
aidés des Héracléopolitains qui ont singulièrement
ravagé un ouvrage qu'ils détestaient.

87   Il n'est pas possible de décrire en détail la position
de ce monument [1] ni ses différentes parties ; il est divisé
en régions et en districts appelés nomes, dont les vingt

quam Herodotus totum opus XII regum esse dicit
nouissimique Psammetichi. Causas faciendi uarie
interpretantur, Demoteles regiam Moteridis fuisse,
Lyceas sepulchrum Moeridis, plures Soli sacrum id
exstructum, quod maxime creditur. Hinc utique 85
sumpsisse Daedalum exemplar eius labyrinthi quem
fecit in Creta non est dubium, sed centensimam
tantum portionem eius imitatum, quae itinerum
ambages occursusque ac recursus inexplicabiles con-
tinet, non — ut in pauimentis puerorumue ludicris
campestribus uidemus — breui lacinia milia passuum
plura ambulationis continentem, sed crebris foribus
inditis ad fallendos occursus redeundumque in errores
eosdem. Secundus hic fuit ab Aegyptio labyrinthus, 86
tertius in Lemno, quartus in Italia, omnes lapide
polito fornicibus tecti, Aegyptius, quod miror equidem, introitu lapidis e Paro columnisque, reliqua e
syenite molibus compositis quas dissoluere ne saecula quidem possint, adiuuantibus Heracleopolitis,
quod opus inuisum mire infestauere.

Positionem operis eius singulasque partes enarrare 87
non est, cum sit in regiones diuisum atque praefec-

XII *B, om. VdRa* ∥ psammetichi *h* : psamethichi *B* spammetici
dR ∥ moteridis *B* : -des *a* moturidis *d* -rudis *VR* ∥ exstructum *B* :
extremum *VdR*.

85 itinerum *B* : iterum *VdR* ∥ occursusque *Bd²a* : -suque *Vd¹R* ∥
in *VdR, om. B* ∥ lacinia *VdR* : -nes *B¹* lagines *B²* ∥ continentem
codd. : -te *Eichholz e Mayh. in app.* ∥ foribus *B* : foris *VdR* ∥
eosdem *Bd* : eodem *VR*.

86 aegyptio *uett.* : -pto *codd.* ∥ omnes *VdR* : omnis *B* ∥ quod *B* :
quo *VdR* ∥ miror *BVd* : mirer *R* ∥ lapidis *BVdR* : -dibus *Eichholz* ∥
columnisque *B* : -mnis *VdR* ∥ reliqua *Bd* : -que *VR* ∥ e *B¹d* : ex *B²*,
om. VR ∥ syenite *d* : sien- *B²VR* sten- *B¹* ∥ quod *B* : quid *VR* qui id
d ∥ inuisum *B* : in usu *d* in uso *VR* ∥ infestauere *d, Sill.* : infect-
VR spect- *B* respect- *Eichholz*.

et un noms sont attribués à autant de vastes demeures ;
il contient aussi les temples de tous les dieux de l'Égypte.
De plus, Némésis [2] a enfermé dans quarante petits édifices de nombreuses pyramides hautes de quarante
brasses et occupant chacune à la base une surface de
six « aroures ». C'est déjà fatigué par la marche que l'on

88　parvient à un lacis inextricable de routes, puis aussi à
des étages supérieurs et élevés auxquels des montées
donnent accès, et l'on descend des portiques par des
escaliers de quatre-vingt-dix marches. A l'intérieur,
vous trouvez des colonnes de porphyre, des effigies de
dieux [1], des statues de rois, des représentations de
monstres. Certaines demeures sont construites de façon
telle qu'à l'ouverture de la porte, un terrible roulement
de tonnerre s'élève au dedans. Et la plus grande partie
de leur traversée s'effectue au milieu des ténèbres. Il
y a, par ailleurs, d'autres masses d'édifices à l'extérieur
du mur du labyrinthe ; elles forment ce qu'on appelle
le *pteron*. Puis des galeries creusées sous terre donnent

89　naissance à des salles souterraines. Chaerémon, eunuque
du roi Necthébis [1], fut le seul à y faire quelques répara-
tions, cinquante ans avant Alexandre le Grand. La tradition dit aussi que l'on renforça par des poutres de
mimosa bouillies dans l'huile [2] les voûtes que l'on élevait en pierre de taille.

90　　Mais en voilà assez dit sur le labyrinthe crétois. Celui
de Lemnos [1], qui lui ressemble, n'était remarquable que
par ses cent cinquante colonnes dont les fûts, suspendus

turas, quas uocant nomos, XXI nominibus eorum
totidem uastis domibus adtributis, praeterea templa
omnium Aegypti deorum contineat superque Nemesis
XL aediculis incluserit pyramides complures quadra-
genarum ulnarum senas, radice ἀρούρας optinentes.
Fessi iam eundo perueniunt ad uiarum illum inex-
plicabilem errorem, quin et cenacula cliuis excelsa, 88
porticusque descenduntur nonagenis gradibus ; intus
columnae porphyrite lapide, deorum simulacra,
regum statuae, monstrificae effigies. Quarundam
domuum talis est situs ut adaperientibus fores tonitrum intus terribile existat, maiore autem in parte
transitus est per tenebras. Aliae rursus extra murum
labyrinthi aedificiorum moles ; pteron appellant.
Inde aliae perfossis cuniculis subterraneae domus.
Refecit unus omnino pauca ibi Chaeremon, spado 89
Necthebis regis, *L* ante Alexandrum Magnum annis.
Id quoque traditur, fulsisse trabibus spinae oleo
incoctae, dum ⟨in⟩ fornices quadrati lapides adsur-
gerent.

Et de Cretico labyrintho satis dictum est. Lem- 90
nius similis illi columnis tantum CL memorabilior

87 uocant *B* : uocaui *VdR* ‖ XXI *Jan* : XXL *B* XVI *VdR* ‖
omnium *h*, *uett.* : omnia *BVdR* ‖ aegypti *BVR* : -to *d* ‖ XL *B* :
XI *VR* XV *d* ‖ ulnarum *dR* : binarum *B* ‖ senas *Bd* : senagi *R* ‖
radice aruras *B¹* : a radice rura *B²* radicem uras *R* -cum oras *d* ‖
eundo *uett.* : fundo *codd.*
88 cliuis *Bd* : diuis *VR* ‖ porticusque *B* : -cus eiusque *dR* ‖
columnae *Url.* : -na *codd.* ‖ monstrificae *B* : -ferae *VdR* ‖ domuum
B²T : domum *B¹VdR* ‖ tonitrum *B* : -truum *dR* ‖ extra murum
B : extremarum *dR* ‖ pteron *B* : iteron *VdR*.
89 refecit *B* : ficit *VR* facit *d* ‖ chaeremon *Sill.* : chaeraemon
B circummon *VdR* ‖ necthebis *B* : netthe- *dR* ‖ regis *B*, *om. VdR* ‖
L *Urlich* : D *codd.* ‖ annis *VdR*, *om. B* ‖ dum in *Mayh.* : dum
codd., *uett.* ‖ lapides *B* : lapic *V* lopic *dR* lapidis *uett.* ‖ adsurge-
rent *B* : adurg- *dR* adus gerunt *V*.
90 lemnius *B* : -nium *dR* ‖ illi *B* : illis *VdR*.

dans l'atelier étaient si bien équilibrés qu'il suffisait
d'un enfant pour les faire tourner. Il fut l'œuvre des
architectes Zmilis, Rhoecus et Théodorus, originaires
de l'île. Il en demeure encore aujourd'hui des restes,
alors qu'il n'y a plus aucune trace du labyrinthe crétois
91 ni de l'italien. Il convient en effet de faire mention de
ce dernier. Porsina [1], roi d'Étrurie, se le fit construire
en guise de tombeau et avec le but, en même temps,
de faire encore surpasser par les rois italiens la vaine
somptuosité des rois étrangers. Mais, comme son caractère fabuleux dépasse toute imagination, utilisons pour
le décrire les termes propres de M. Varron : « Le roi
fut enterré sous la ville de Clusium, à l'endroit où il
a laissé un monument carré en pierres de taille dont
chaque côté a trois cents pieds de long et cinquante
de haut. A l'intérieur de cette base carrée, se développe
un labyrinthe inextricable, et, si l'on y pénétrait sans
une pelote de fil, l'on n'en pourrait découvrir la sortie.
92 Sur cet ouvrage carré se dressent cinq pyramides, quatre
aux angles et une au centre, larges à la base de soixante-
quinze pieds et hautes de cent cinquante. Elles se terminent
en pointe en sorte que, sur l'ensemble de ces sommets,
se trouvent posés un disque de bronze et une coupole
uniques d'où pendent des grelots attachés à des chaînes.
Le vent les agite et porte au loin leurs tintements, comme
93 il se produisait autrefois à Dodone [1]. Sur ce disque,
se dressent quatre pyramides hautes chacune de cent

fuit, quarum in officina turbines ita librati pependerunt ut puero circumagente tornarentur. Architecti fecere Zmilis et Rhoecus et Theodorus indigenae. Exstantque adhuc reliquiae eius, cum Cretici Italicique nulla uestigia exstent. Namque et Italicum 91 dici conuenit, quem fecit sibi Porsina, rex Etruriae, sepulchri causa, simul ut externorum regum uanitas quoque Italis superetur. Sed cum excedat omnia fabulositas, utemur ipsius M. Varronis in expositione *ea* uerbis : « Sepultus sub urbe Clusio, in quo « loco monimentum reliquit lapide quadrato quadra- « tum, singula latera pedum trecenum, alta quinqua- « genum, in qua basi quadrata intus labyrinthum « inextricabilem, quo si quis introierit sine glomere « lini, exitum inuenire nequeat. Supra id quadra- 92 « tum pyramides stant quinque, quattuor in angulis « et in medio una, imae latae pedum quinum sep- « tuagenum, altae centenum quinquagenum, ita fas- « tigatae ut in summo orbis aeneus et petasus unus « omnibus sit inpositus, ex quo pendeant exapta « catenis tintinabula, quae uento agitata longe soni- « tus referant, ut Dodonae olim factum. Supra quem 93 « orbem quattuor pyramides insuper singulae stant

ut *Bd, om. VR* ‖ tornarentur *VdR* : et orna- *B*¹ orna- *B*² ‖ zmilis *Jan* : zmilus *VdR* milus *B* ‖ rhoecus *B* : rhocus *V* ¹ rholus *V*²*dR* ‖ indigenae *B*² : -gnae *B*¹ -gna *VdR* ‖ exstent *V* : extent *dR* exstant *B.*

91 porsina *B* : -sinna *VR* -senna *d* ‖ sepulchri *B* : -chris *VdR* ‖ italis *VdR* : talis *B* ‖ ea *Mayh.* : ex *BVRa, om. d* eius *uett.* ‖ quadratum *Bda, om. VR* ‖ trecenum *VdR* : tric- *Ba* ‖ in qua *BVdRa* : inque *h, uett.* ‖ inextricabilem *ha, uett.* : -bile *BVdR, Detl., Mayh.* ‖ introierit *Ba* : inproperet *VdR.*

92 centenum *BVR* : centum *d* ‖ fastigatae *B* : -giatae *VdRa* ‖ in *Bd*²*a, om. Vd*¹ *R* ‖ tintinabula *BVd* : tintinna- *Ra* ‖ dodonae *B* : eodone *d* eodene *VR.*

93 pyramides *VdRa* : pyramydes quarum *B* ‖ singulae *VdRa* : -las *B* ‖ stant *BVd* : stint *R* instant *a.*

pieds. Au-dessus, à nouveau, sur une seule plateforme
cinq pyramides ». De ces dernières, Varron eut honte
d'indiquer encore la hauteur ; en Étrurie, une tradition
fantaisiste leur attribue la même hauteur que celle de
tout le monument jusqu'à leur pied, folle démesure que
d'avoir recherché la renommée par des dépenses inutiles
à tous, et que d'avoir en outre affaibli les forces d'un
royaume pour une gloire dont la plus grande partie
devait pourtant revenir à l'architecte de l'ouvrage.

94   XX. On lit aussi qu'il y avait un jardin suspendu
ou plutôt que la cité égyptienne de Thèbes [1] tout entière
était suspendue, et que les rois avaient coutume de
faire sortir par en bas leurs armées tout équipées, sans
qu'aucun citadin ne s'en rendît compte ; encore ceci
est-il moins extraordinaire que le passage d'un fleuve
en plein centre de la ville [2]. Si de tels faits eussent été
exacts, nul doute qu'Homère en eût parlé, lui qui célèbre
les cent portes de cette cité.

95   XXI. C'est un sujet de réelle admiration [1] pour la
splendeur du génie grec que ce temple de Diane à Éphèse
que l'Asie tout entière mit cent vingt ans à construire.
On l'éleva sur un terrain marécageux, afin qu'il ne pût
ressentir les effets des tremblements de terre ni craindre
les crevasses du sol. Mais on ne voulut pas non plus que
les fondations d'une telle masse fussent logées dans un
terrain glissant et peu stable, aussi étendit-on un lit
fait de charbons tassés et ensuite de toisons de laine [2].
L'ensemble du temple a une longueur de quatre cent
vingt-cinq pieds, une largeur de deux cent vingt-cinq.
Il comporte cent vingt-sept colonnes élevées chacune
par un roi [3] ; trente-six parmi elles furent sculptées,
dont l'une par Scopas [4]. Ce fut l'architecte Chersiphron [5]

« altae pedum centenum. Supra quas uno solo quin-
« que pyramides. » Quarum altitudinem Varronem
puduit adicere ; fabulae Etruscae tradunt eandem
fuisse quam totius operis ad eas, uesana dementia
quaesisse gloriam inpendio nulli profuturo, praeterea fatigasse regni uires, ut tamen laus maior artificis esset.

XX. Legitur et pensilis hortus, immo uero totum 94
oppidum Aegyptiae Thebae, exercitus armatos subter educere solitis regibus nullo oppidanorum sen-
tiente ; etiamnum hoc minus mirum quam quod flumine medium oppidum interfluente. Quae si fuissent,
non dubium est Homerum dicturum fuisse, cum
centum portas ibi praedicaret.

XXI (14). Graecae magnificentiae uera admiratio 95
exstat templum Ephesiae Dianae CXX annis factum a tota Asia. In solo id palustri fecere, ne terrae
motus sentiret aut hiatus timeret, rursus ne in lubrico
atque instabili fundamenta tantae molis locarentur,
calcatis ea substrauere carbonibus, dein uelleribus
lanae. Vniuerso templo longitudo est CCCCXXV
pedum, latitudo CCXXV, columnae CXXVII a singulis regibus factae LX pedum altitudine, ex iis
XXXVI caelatae, una a Scopa. Operi praefuit Cher-

altae *B* : alte *a* aliae *d* ale *R* ele *V* ‖ quinque *Bda* : quis neque
VR ‖ eandem *B* : eadem *VdR*.

94 subter *VdRa* : sub terra *B, Detl.* ‖ educere *BVd¹Ra* : redu-
cere *d²* ‖ ibi *Bda* : ubi *VR*.

95 dianae *Bda* : -na *VR* ‖ CXX *Bda* : CCXX *VR* ‖ a *B, om.*
VdRa ‖ palustri *Ba* : plaustri *VdR* ‖ locarentur *Ba* : cola- *VdR* ‖
calcatis *B* : catis *a* tante (-tae *R*) calcatis *VdR* ‖ CCCCXXV *VdRa* :
CCCXXV *B* ‖ CCXXV *B* : CCXX *a* CXX *VdR* ‖ singulis —
XXXVI *Ba, om. VdR* ‖ iis *uett.* : is *B* his *a* ‖ una a *B* : una *VdR*
a *a* ‖ chersiphron *Gel.* : cheresi- *B* cresiphro *VR* -pheon *d* -chon *a*.

96 qui présida à l'ouvrage. Le plus merveilleux de l'affaire est qu'il ait pu faire hisser la masse énorme de l'architrave. Il obtint ce résultat en faisant entasser des paniers pleins de sable, de façon qu'au-dessus des sommets des colonnes courût un plan incliné de pente légère, puis, en faisant vider peu à peu les paniers situés le plus bas. De la sorte, par une progression insensible, l'ouvrage se mit en place. La plus grande difficulté qu'il rencontra concerna le linteau même qu'il voulait faire reposer sur la porte. La masse en était, en effet, très grande et ne reposait pas sur son assise. L'ingénieur désespéré pensa

97 à se suicider. Selon la tradition, alors que, fatigué et occupé par ces pensées, il prenait un repos nocturne, la déesse à qui était destiné le temple se présenta à lui et l'exhorta à vivre : elle avait mis la pierre en place. C'est en effet ce qu'on put voir le lendemain. Il semblait que le propre poids du bloc lui eût fait prendre la bonne place. Pour les autres ornements de ce monument, il faudrait plusieurs livres pour les décrire et ils ne visent en rien à prendre la nature pour modèle.

98   XXII (15). Il existe encore, à Cyzique [1], un sanctuaire dans lequel, sous tous les joints des blocs de pierre polie, l'architecte qui devait, à l'intérieur, consacrer un Jupiter d'ivoire couronné par un Apollon de marbre, a placé un cercle d'or. De la sorte, les joints laissent passer de très légers filaments de lumière qui viennent effleurer légèrement et donner de la chaleur aux statues. Quand on apprécie la valeur de l'ouvrage, l'on devine, à côté du génie même de l'ingénieur, la matière elle-même sur laquelle s'est exercé ce génie, si cachée soit-elle.

99   XXIII. Dans la même ville se trouve une pierre appelée

siphron architectus. Summa miraculi epistylia tan- 96
tae molis attolli potuisse. Id consecutus ille est eronibus harenae plenis, molli cliuo super capita columnarum exaggerato, paulatim exinaniens imos, ut
sensim opus in loco sederet. Difficillime hoc contigit
in limine ipso quod foribus inponebat. Etenim ea
maxima moles fuit nec sedit in cubili, anxio artifice
mortis destinatione suprema. Tradunt in ea cogita- 97
tione fessum nocturno tempore in quiete uidisse prae-
sentem deam, cui templum fieret, hortantem ut
uiueret : se composuisse lapidem. Atque ita postera
luce apparuit ; pondere ipso correctus uidebatur.
Cetera eius operis ornamenta plurium librorum instar
optinent, nihil ad specimen naturae pertinentia.

XXII (15). Durat et Cyzici delubrum, in quo mil- 98
lum aureum commissuris omnibus politi lapidis subie-
cit artifex, eboreum Iouem dicaturus intus coronante
eum marmoreo Apolline. Translucent ergo iuncturae
tenuissimis capillamentis lenique adflatu simulacra
refouent, et praeter ingenium artificis ipsa materia
ingenii quamuis occulta in pretio operis intellegitur.
XXIII. Eodem in oppido est lapis fugitiuus appel- 99

---

96 epistylia *uett.* : epys- *BV* epistilia *d* -tilla *R* ‖ ille est *B* :
est ille *VdR* ‖ eronibus *Bd* : hero- *VR* cro- *a* ‖ molli *Bda* : molle *R*
melle *V* ‖ opus *B* : otus *VR* motus *d* ‖ loco *B* : colo *dT* cole *VR* ‖
maxima *Bda* : -me *VR* ‖ anxio *Ba* : anoo *VdR* ‖ artifice *B* : -ci
VdR -ces *a*.

97 postera (postea *a*) luce *Ba* : post erat ut *V²d* posterat ait *R*
poterat ut *V¹* ‖ ipso *Ba* : in *VdR* ‖ correctus *B* : -eptus *Ra* -uptus
Vd ‖ *post* cetera *def. V* ‖ specimen *B²Ra* : -ciemen *B¹* -ciem *d*.

98 millum *Jan* : millium *B* illum *a* illud *R* in illud *d* filum *h*,
uett. tubulum *Eichholz* ‖ politi *dR* : -tis *a* posilici *B* ‖ lapidis *BdR* :
-dibus *a* ‖ coronante *dRa* : -tem *B* ‖ eum *uett.* : cum *B* eo *dRa* ‖
translucent *Ba* : -cet *dR* ‖ iuncturae *B* : punct- *R* pict- *a* pictura
d ‖ adflatu *Bda* : -tus *F* -tos *R* ‖ refouent et *B* : -te *dRa* -tem F.

« fugitive ». Les Argonautes s'en étaient servis comme d'ancre et l'avaient laissée là [1]. Comme à maintes reprises elle avait disparu du Prytanée [2] — tel est le nom du local —, on l'enchaîna avec du plomb. Toujours à Cyzique, tout près de la porte qui est nommée « Porte thrace », sept tours répercutent et multiplient les paroles qui les frappent. Les Grecs donnèrent le nom d'écho à ce

100 prodige. C'est la nature des lieux qui produit ce phénomène, le plus souvent dans les vallées encaissées ; ici, c'est le fruit du hasard ; à Olympie [1], c'est l'ingéniosité humaine qui, de façon remarquable, l'a suscité dans le portique qui a reçu le nom d'heptaphone, parce qu'il renvoie sept fois le même son. Les gens de Cyzique encore appellent Sénat un vaste édifice dont la charpente ne comporte aucun clou de fer et est construite en sorte que l'on peut, sans placer d'étais, enlever les poutres et les replacer. A Rome, ce même procédé de construction est appliqué avec un scrupule religieux au Pont Sublicius, depuis le jour où, tandis qu'Horatius Coclès [2] en assurait la défense, les Romains eurent tant de peine à le détruire.

101 XXIV. Mais il conviendrait aussi d'en venir aux merveilles de notre Ville, d'examiner la force docile manifestée au cours de ses huit cents ans d'existence, et de montrer que, dans ce domaine aussi, elle a vaincu le monde entier. Autant presque de victoires, on le verra, que de merveilles citées ; mais quand on les rassemble toutes et qu'on les réunit comme en un seul bloc, leur hauteur se dressera comme si on parlait d'un

latus. Argonautae eum pro ancora usi reliquerant
ibi. Hunc e prytaneo — ita uocatur locus — saepe
profugum uinxere plumbo. Eadem in urbe iuxta
portam quae Thracia uocatur turres septem acceptas
uoces numeroso repercussu multiplicant. Nomen huic
miraculo Echo est a Graecis datum. Et hoc quidem 100
locorum natura euenit ac plerumque conuallium;
ibi casu accidit, Olympiae autem arte, mirabili modo,
in porticu quam ob id heptaphonon appellant, quoniam septiens eadem uox redditur. Cyzici et buleu-
terium uocant aedificium amplum, sine ferreo clauo
ita disposita contignatione ut eximantur trabes sine
fulturis ac reponantur. Quod item Romae in ponte
sublicio religiosum est, posteaquam Coclite *H*oratio
defendente aegre reuolsus est.

XXIV. Verum et ad urbis nostrae miracula trans- 101
ire conueniat DCCCque annorum dociles scrutari
uires et sic quoque terrarum orbem uictum ostendere.
Quod accidisse totiens paene, quot referentur miracula, apparebit; uniuersitate uero aceruata et in
quendam unum cumulum coiecta non alia magnitudo exurget quam si mundus alius quidam in uno

99 argonautae (ergo- *a*) B^2a : -te B^1 -tarum *d* -na ut *R* ‖ reliquerant *Bda* : relinqu- *R* ‖ plumbo *Bda* : -bam *R* -bum *F* ‖ numeroso *BR* : -siore *d* -so sono *a* ‖ repercussu *d* : -ssum *R* ore percussu
B^2 -ssum B^1 percussu *a* ‖ nomen *Ba* : numen *d* uocem nomen *R*.

100 ac *Ba* : at *d* ad *R* ‖ ob id *Ba* : opid *R* ibi *d* ‖ heptaphonon
B^1 : epta- B^2 depta- *d* eita- *R* eptaponon *a* ‖ septiens B^1a : -ties
B^2d species *R* ‖ eximantur *B* : existimantur *Ra* : -mentur *d* ‖ fulturis *dRa* : futu- *B* ‖ in ponte *Ba* : in pontem *R* imponente *d* ‖
sublicio B^1a : supli- B^2 publicanio *dR* ‖ religiosum *Ba* : regio- dR^2
regeo- R^1 ‖ coclite *dRa* : -ti *B* ‖ horatio *uett.* : ora- *codd.*

101 DCCCque *BR* : DCCCCque *d* DCCC *a* ‖ et *Ba* : id *dR* ‖ quot
B^2d : quod B^1Ra ‖ aceruata B^2dR : -tae B^1 -tam *a* ‖ coiecta B^1R :
coni- B^2da ‖ exurget *B* : -git *dR* exsurgit *a*.

102 autre monde. Et si nous ne rangeons pas parmi les grands
ouvrages le Grand Cirque que César fit élever au cours
de sa dictature [1], de trois stades de long, d'un de large,
couvrant avec les bâtiments adjacents quatre arpents
et comportant deux cent cinquante mille places, ne
reconnaîtrons-nous pas la magnificence de la basilique
de Paulus [2] avec ses merveilleuses colonnes phrygiennes [3],
du Forum du divin Auguste [4], et du temple de la Paix
élevé par l'empereur Auguste Vespasien [5], les plus beaux
ouvrages qu'ait jamais vus le monde ? Et la toiture
aussi contruite par Agrippa pour le décompte des votes [6] ?
L'architecte Valérius d'Ostie avait déjà auparavant
recouvert le théâtre pour les jeux de Libon [7].

103 Nous sommes pleins d'admiration pour les pyramides
royales, alors que, le simple terrain nécessaire à la
construction de son Forum, César [1], au cours de sa dictature, l'a payé cent millions de sesterces. Et si quelqu'un,
cédant à l'esprit d'avarice qui règne, s'émouvait de la
dépense, qu'il songe que la demeure de Clodius, le meur-
trier de Milon [2], lui coûta quatorze millions huit cent mille

104 sesterces, ce qui n'excite pas moins mon étonnement
que les folles prodigalités royales. C'est pourquoi je
mets aussi au rang des extravagances humaines que
Milon lui-même ait pu avoir soixante dix millions de
dettes. Mais, alors, c'était la vaste étendue de l'agger [1],
les substructions du Capitole [2] qui emplissaient les vieilles
gens d'admiration et aussi les égouts [3], l'ouvrage le
plus important de ceux qu'on peut citer ; il fallut percer
les collines, et, comme nous l'avons rapporté un peu
plus haut, Rome devint une ville suspendue et au-des-

loco narretur. Nec ut circum maximum a Caesare 102
dictatore exstructum longitudine stadiorum trium,
latitudine unius, sed cum aedificiis iugerum quater-
num, ad sedem CCL, inter magna opera dicamus, non
inter magnifica basilicam Pauli columnis e Phrygi-
bus mirabilem forumque diui Augusti et templum
Pacis Vespasiani Imp. Aug., pulcherrima operum
quae umquam uidit orbis ? Non et tectum diribitori
ab Agrippa facti, cum theatrum ante texerit Romae
Valerius Ostiensis architectus ludis Libonis ?

Pyramidas regum miramur, cum solum tantum 103
foro exstruendo HS ⌐M̅⌐ Caesar dictator emerit et, si
quem inpensa moueat captis auaritia animis, HS
⌐CXLVIII⌐ domo empta Clodius, quem Milo occidit,
habitauerit. Quod equidem non secus ac regum 104
insaniam miror ; itaque et ipsum Milonem HS ⌐DCC⌐
aeris alieni debuisse inter prodigia animi humani
duco. Sed tum senes aggeris uastum spatium, subs-
tructiones Capitolii mirabantur, praeterea cloacas,
opus omnium dictu maximum, subfossis montibus

narretur *Ba* : narraretur *dR.*

102 nec *dRa* : ne *B* ‖ C̅C̅L *B* : CCL *dRa* ‖ inter *B²a* : ter *B¹dR* ‖
magnifica *BR* : -cam *da* ‖ e *Ba* : et *dR* ‖ forumque *dR* : eorum- *B*
forum *a* ‖ templum *Ba* : diui *dR* ‖ uidit — tectum *B, om. dRa* ‖
et *Sill.* : ut *B* ‖ diribitori *Sill.* : dilibi- *B* ultori *dRa* ioui ultori
uett. ‖ facti *Ra* : -tis *B* -tum *d* ‖ cum *BRa, om. d* ‖ ostiensis *B* :
osten- *dRa.*

103 HS⌐M̅⌐ *Jan* : he ∞ *B* hs LI *dR* H̅S̅ *a* ‖ quem *B* : quidem *dR*
quis *a* ‖ inpensa *B* : -sae *dR* inspiciente *a* ‖ moueat *Mayh.* : -uent
BdR -uet *a* ‖ HS ⌐CXVIII⌐ *B* : HS CXLVIII *dR* H̅S̅ CXLVIII *a* ‖
empta *B* : emit a *dR* ‖ clodius *B* : clonius *dR.*

104 et *dRa, om. B* ‖ HS ⌐DCC⌐ *Detl.* : H.D̅C̅C̅ *B* HS DCC *dRa* ‖
duco *d* : dico *Ba* duo *R* ‖ tum *B* : tunc *dRa* ‖ capitolii *B* : cap-
tiosi *dRa* ‖ mirabantur *dRa* : -buntur *B* ‖ cloacas *Ba* : clacas *R*
calcas *d* ‖ opus *B* : opum *a* opumum *dR* ‖ omnium *Ba* : omnibus
dR ‖ dictu *B²a* : -tum *B¹dR* ‖ subfossis *dRa* : -fossa *B.*

sous de laquelle on navigua, au cours de l'édilité de
105 M. Agrippa [4] qui suivit son consulat. Sept rivières ame-
nées la traversent et leur cours rapide comme celui des
torrents les force à entraîner et emporter tout avec elles.
De plus, quand l'eau amassée des pluies accélère leur
course, elles ébranlent les fonds et les voûtes latérales.
Quelquefois, elles reçoivent le Tibre qui y reflue et, à
l'intérieur des conduits, les courants fougueux et opposés des eaux se livrent bataille, et pourtant la construc-
106 tion continue à résister inébranlablement ferme. Au-dessus, l'on traîne d'énormes charges sans que cela fasse
écrouler les galeries de l'ouvrage. Elles sont frappées
par les bâtiments qui s'écroulent d'eux-mêmes ou que
les incendies jettent bas ; les tremblements de terre
ébranlent le sol, et pourtant elles demeurent à peu près
invincibles depuis les sept cents ans qui nous séparent
de Tarquin l'Ancien [1]. Et n'oublions pas de mentionner
une particularité même plus mémorable, car les plus
107 célèbres historiens l'ont omise. Tarquin l'Ancien faisait
exécuter cet ouvrage par les mains de la plèbe [1] et, ne
sachant ce qui l'emportait de la grandeur du travail
ou de sa durée, de toutes parts, pour échapper à la lassi-
tude les citoyens se donnaient la mort. A cela, le roi
trouva un remède nouveau et que nul n'imagina avant
lui ni ne reprit : il fit clouer sur une croix le corps de
tous ceux qui s'étaient donné la mort, pour en faire à
la fois un spectacle pour les citoyens et une proie à
108 déchirer pour les bêtes sauvages et les oiseaux. Dans
ces conditions, le sentiment d'honneur qui s'attache
en propre au nom de Romain, sentiment qui souvent
dans les combats redressa des situations désespérées,

atque, ut paullo ante retulimus, urbe pensili subter-
que nauigata M. Agrippae in aedilitate post consu-
latum. Permeant conriuati septem amnes cursuque 105
praecipiti torrentium modo rapere atque auferre
omnia coacti, insuper imbrium mole concitati uada
ac latera quatiunt, aliquando Tiberis retro infusus
recipitur pugnantque diuersi aquarum impetus intus,
et tamen obnixa firmitas resistit. Trahuntur moles 106
superne tantae non succumbentibus cauis operis,
pulsant ruinae sponte praecipites aut inpactae incendiis, quatitur solum terrae motibus, durant tamen a
Tarquinio Prisco annis DCC prope inexpugnabiles,
non omittendo memorabili exemplo uel magis, quoniam celeberrimis rerum conditoribus omissum est.
Cum id opus Tarquinius Priscus plebis manibus face- 107
ret essetque labor incertum maior an longior, passim
conscita nece Quiritibus taedium fugientibus, nouum,
inexcogitatum ante posteaque remedium inuenit
ille rex, ut omnium ita defunctorum corpora figeret
cruci spectanda ciuibus simul et feris uolucribusque
laceranda. Quam ob rem pudor Romani nominis 108
proprius, qui saepe res perditas seruauit in proeliis,

agrippae *Bd*[1] : -ppa *d*[2]*Ra*.

105 permeant *B* : -meanti *da* -maneanti *R* ∥ conriuati *d* : corri-
B conriuatis *Ra* ∥ insuper *Ba* : super *dR* ∥ latera *dRa* : -re *B*[1]
-res *B*[2] ∥ recipitur *Bd* : -pitis *R* -piunt *a* ∥ pugnantque *BRa* :
pugnant *d* ∥ intus *dRa*, *om.B* ∥ resistit *dRa* : restitit *B*.

106 superne *Jan* : -nae *B* internae *dRa* ∥ cauis *Reines.* : cautis *B*
causis *dRa* ∥ DCC *BRa* : DCCC *d* ∥ omittendo *BRa* : -dum *d* ∥
memorabili *B*[2] : -bile *B*[1]*a* -bile in *d* -bilem *R* ∥ quoniam *BRa* :
quoniam in *d*.

107 faceret *B* : fecerit *dRa* ∥ maior an *B* : maior ac *a* an *dR* ∥
conscita *B* : concita *da* eonc- *R* ∥ nouum *B*[2]*dR* : -uom *B*[1] -uum
et *Ra* ∥ remedium *Ba* : -dii usum *d* -diis *R* ∥ inuenit *Bda* : menienit
R meminit *F* ∥ figeret *Bd* : -re *R* ingeret *a* ∥ ciuibus simul *dR* :
simul ciuibus *Ba*.

108 proprius *dRa* : -pius *B*.

intervint à ce moment aussi. Mais, en l'occurrence,
chacun rougissait de l'affront à subir après la mort et
les vivants en avaient honte tout comme si, une fois
trépassés, ils eussent dû en avoir honte encore. On rapporte que Tarquin fit donner aux galeries souterraines
une largeur telle qu'on pût y faire passer une charrette
largement chargée de foin [1].

109　　Tout ce que nous venons de dire est peu de chose et
ne doit, avant que je n'aborde de nouveaux sujets,
être considéré comme l'équivalent que d'une seule
merveille. Sous le consulat de M. Lepidus et de Q. Catulus [1], le fait est établi par les auteurs les plus sûrs, il
n'y eut point à Rome de maison plus belle que celle de
Lépidus lui-même, mais, par Hercule, trente-cinq ans
ne s'étaient pas écoulés que cette demeure n'était pas
110　au centième rang. Et, dans une telle estimation, si l'on
veut, que l'on fasse rentrer en compte la masse des marbres employés, les œuvres des peintres, les dépenses dignes
de rois et cent maisons qui rivalisaient avec l'édifice
le plus beau et le plus admiré de Rome et ensuite le
nombre infini de celles qui jusqu'à aujourd'hui vinrent
surpasser ces dernières. Assurément, les incendies châ-
tient ce goût du luxe, mais rien ne peut faire comprendre
aux mœurs qu'il est quelque chose de plus mortel que
l'homme lui-même.

111　　Mais deux maisons vinrent surpasser toutes celles-ci.
Par deux fois nous avons vu la Ville entourée tout
entière par les résidences des empereurs Caius [1] et Néron,
celle de ce dernier, à la vérité, étant dorée, pour qu'il
ne lui manquât rien [2]. Telles avaient été sans doute
les demeures des grands hommes qui avaient rendu
si grand notre empire, qui quittaient leur charrue et
leur foyer pour aller vaincre les peuples et remporter

tunc quoque subuenit, sed illo tempore *ui* post uitam erubescens, cum puderet uiuos, tamquam puditurum esset extinctos. Amplitudinem cauis eam fecisse proditur ut uehem faeni large onustam transmitteret.

Parua sunt cuncta quae diximus, et omnia uni 109 comparanda miraculo, antequam noua attingam. M. Lepido Q. Catulo cos., ut constat inter diligentissimos auctores, domus pulchrior non fuit Romae quam Lepidi ipsius, at, Hercules, intra annos XXXV eadem centensimum locum non optinuit. Computet 110 in hac aestimatione qui uolet marmorum molem, opera pictorum, inpendia regalia et cum pulcherrima laudatissimaque certantes centum domus posteaque ab innumerabilibus aliis in hunc diem uictas. Profecto incendia puniunt luxum, nec tamen effici potest ut mores aliquid ipso homine mortalius esse intellegant.

Sed omnes eas duae domus uicerunt. Bis uidi- 111 mus urbem totam cingi domibus principum Gai et Neronis, huius quidem, ne quid *de*esset, aurea. Nimirum sic habitauerant illi qui hoc imperium fecere tantum, ad deuincendas gentes triumphosque refe-

ui post uitam *Mayh.* : in post uitam *B*[1] post uitam *B*[2] imposuit iam *R*, *uett.*, *Eichholz* -sui iam *d* -suit tamen *a* ‖ erubescens *codd.*, *uett.* : -scentibus *Eichholz* ‖ uiuos *Ba* : uiros *dR* ‖ eam *B* : ea *dR* ‖ faeni *B* : feni *dR*.

109 uni *B*[2]*d* : una *B*[1]*R* uno *a* ‖ at *da* : ad *BR* ‖ hercules *B* : -le *dR* -lem *a* ‖ optinuit *Ba* : continuit *dR*.

110 hac *dRa* : haec *B* ‖ incendia *B*[2]*dRa* : -dio *B*[1] ‖ effici *dRa* : offici *B* ‖ mortalius *B* : mora- *dR* mortalibus *a*.

111 omnes *R* : -nis *Bd* ‖ bis *Bd* : his *R* ‖ totam *Bd* : tutam *R* ‖ deesset *uett.* : esset *Bd* esse *R* ‖ aurea — gentes *B* : repertum *dR*.

leurs triomphes [3] et dont les champs mêmes occupaient
une moindre étendue que le boudoir de ces mauvais
112　empereurs ! Et on se met à songer à quelle part de ces
palais occupait le terrain octroyé par l'état aux généraux invaincus pour qu'ils y élevassent leurs maisons.
Et leur plus haut signe d'honneur — et ce fut le cas pour
celle de P. Valérius Publicola [1], le premier consul aux
côtés de L. Brutus, en récompense de tant de services
rendus, et pour celle de son frère, qui par deux fois au
cours de la même magistrature avait vaincu les Sabins
— fut que, selon une clause additionnelle du décret
public, leurs entrées puissent s'ouvrir vers l'extérieur,
les battants de leurs portes pivoter du côté de la rue.
Telle était la marque d'honneur la plus insigne pour
distinguer certaines des demeures triomphales elles-
mêmes.

113　Je ne souffrirai pas que ces deux mauvais princes
jouissent même de cette sorte de gloire et nous allons
montrer que leur folle prodigalité a été surpassée grâce
à la fortune privée de M. Scaurus [1], dont l'édilité sans
doute fut ce qui contribua le plus à ruiner les mœurs
et Sylla fit plus de mal encore en donnant une telle puissance à son beau-fils qu'en proscrivant tant de milliers
114　de citoyens. Au cours de son édilité, Scaurus fit exécuter le plus grand ouvrage de tous ceux qui aient jamais
été faits de main d'homme, non pour un temps limité,
mais avec l'intention de le faire durer éternellement.
Ce fut son théâtre ; la scène comportait trois étages et
trois cent soixante colonnes ; cela dans une ville qui
n'avait pas supporté six colonnes faites en marbre
de l'Hymette sans en faire grief à un citoyen si important [1]. La partie la plus basse de la scène était de marbre,

rendos ab aratro aut foco exeuntes, quorum agri quoque minorem modum optinuere quam sellaria istorum ! Subit uero cogitatio, quota portio harum **112** fuerint area illae, quas inuictis imperatoribus decernebant publice ad exaedificandas domos ; summusque illarum honos erat, sicut in P. Valerio Publicola, primo consule cum L. Bruto, post tot merita et fratre eius, qui bis in eodem magistratu Sabinos deuicerat, adici decreto, ut domus eorum fores extra aperirentur et ianua in publicum reiceretur. Hoc erat clarissimum insigne inter triumphales quoque domos.

Non patiar istos duos ne hac quidem gloria famae **113** frui docebimusque etiam insaniam eorum uictam priuatis opibus M. Scauri, cuius nescio an aedilitas maxime prostrauerit mores maiusque sit *Su*llae malum tanta priuigni potentia quam proscriptio tot milium. In aedilitate hic sua fecit opus maximum **114** omnium quae umquam fuere humana manu facta, non temporaria mora, uerum etiam aeternitatis destinatione. Theatrum hoc fuit ; scaena ei triplex in altitudinem CCCLX columnarum in ea ciuitate quae sex Hymettias non tulerat sine probro ciuius amplissimi. Ima pars scaenae e marmore fuit, media e

aratro — modum *B, om. dR.*

112 subit uero *uett.* : subiit uero *B* subitu quo *d* -tuque *R* ‖ exaedificandas *B* : aedificandas d^2R -dos d^1 ‖ domos *B* : -mus *dR* ‖ P *F* : L *BdR* ‖ L *B* : M *dRF* ‖ post tot *Bd* : posito *R* ‖ fratre *R* : -tri *d* -ter *B* ‖ publicum *Bd* : -co R^2 pulico R^1 ‖ clarissimum — triumphales *B, om. dR.*

113 patiar istos *B* : patiaris post *dR* ‖ duos *Jan, Mayh.* : duos nerones *B* duos gaios uel duos nerones *dR, uett.* ‖ opibus *B* : operibus *dR* ‖ m.scauri *B* : ysauri *d* isauri *R* ‖ maiusque sit B^2 : malusque sit B^1 maius ciues id *dR* ‖ sullae : syllae *BR* scyllae *d* ‖ priuigni *Bd* : -gnae *R.*

114 sua *Bd* : suae *R* ‖ uerum *Bd* : uero *R* ‖ destinatione B^2d : -nem B^1 -nes *R* ‖ in *B, om. dR* ‖ altitudinem *B* : -ne *dR* ‖ ima *B* : imam *F* iam *dR* ‖ e *dR, om. B*

le milieu, de verre, matière que le luxe n'osa jamais
utiliser à cette fin, même après cet exemple, le haut,
de bois doré. Comme nous l'avons dit [2], les colonnes
115 du bas mesuraient trente-huit pieds de haut. Les statues
de bronze des entrecolonnements étaient, comme nous
l'avons indiqué [1], au nombre de trois mille ; l'enceinte
elle-même du théâtre contenait quatre-vingt mille
personnes, alors que celle du théâtre de Pompée [2] est
amplement suffisante aujourd'hui pour quarante mille
spectateurs dans une ville dont pourtant l'étendue
s'est tant multipliée et qui compte une population tellement plus nombreuse. Telle fut l'ampleur des autres
fournitures, étoffes attaliques [3], tableaux et autres
décors scéniques, que la villa de Tusculum, où l'on avait
transporté les somptueux objets d'usage courant qui
étaient de reste, subit, quand des esclaves irrités l'eurent
livrée aux flammes, une perte de trente millions de
sesterces.

116   A contempler une telle prodigalité, l'esprit est entraîné
et forcé de quitter la route prévue et associe une extra-
vagance encore plus grande concernant le bois. C. Curion [1],
qui mourut au cours de la guerre civile dans les rangs
du parti césarien, ne pouvait à l'occasion des jeux
funèbres en l'honneur de son père surpasser Scaurus
en somptuosité et en pompe — comment eût-il pu avoir
en effet pour beau-père un Sylla, pour mère une Métella [2]
acheteuse de biens des proscrits, comment, pour père,
un M. Scaurus [3], tant de fois le premier de la cité et le
recéleur des rapines provinciales du parti marianiste ?
Et du reste Scaurus ne put même plus rester égal à lui-

uitro, inaudito etiam postea genere luxuriae, summa
e tabulis inauratis ; columnae, ut diximus, imae
duodequadragenum pedum. Signa aerea inter colum- 115
nas, ut indicauimus, fuerunt III numero ; cauea ipsa
cepit hominum LXXX, cum Pompeiani theatri
totiens multiplicata urbe tantoque maiore populo
sufficiat large XXXX sedere. Reliquus apparatus
tantus Attalica ueste, tabulis pictis, cetero choragio
fuit ut in Tusculanam uillam reportatis quae super-
fluebant cotidiani usus deliciis incensa uilla ab iratis
seruis concremaretur HS ⌈CCC⌉.

Aufert animum et a destinato itinere degredi 116
cogit contemplatio tam prodigae mentis aliamque
conectit maiorem insaniam e ligno. C. Curio, qui
bello ciuili in Caesarianis partibus obiit, funebri
patris munere cum opibus apparatuque non posset
superare Scaurum — unde enim illi uitricus Sulla
et Metella mater proscriptionum sectrix ? unde
M. Scaurus pater, totiens princeps ciuitatis et
Mariani sodalicii rapinarum prouincialium sinus ?
Cum iam ne ipse quidem Scaurus sibi par esse posset,

summa *dR* :-mam *B*.

115 III *Sill.* : III *B* tres *dR* ‖ numero *B²* : -rum *B¹dR* ‖ LXXX
Sill. : LXXX *BdR* ‖ XXXX *B* : XL *dR* ‖ sedere *codd.* : sede *Jan*
sedi *Barb.* ‖ choragio *Col.* : corago *dR* chora *B* ‖ iratis *dR* : aera- *B* ‖
HS ⌈CCC⌉ *Jan* : HS CCC *B* HS M *d* hy M *R*.

116 aufert *B²d* : -ferat *B¹* aut fert *R* ‖ a destinato *B¹* ab esti- *B²*
ab aesti (esti- *R*) mato *dRF* ‖ degredi *B¹* : digredi *B²* -credi *d*
decredi *F* -creti *R* ‖ aliamque *Bd* : alia- *RF* ‖ maiorem *dR* : -re *B* ‖
c.curio *h* : cicurio *dRF* curio *B* ‖ obiit *uett.* : obit *B* ob id *dR* ‖
funebri *B* : -bris *dR* ‖ posset *Bd* : possit *RF* ‖ sulla *B¹dR* : sylla *B²*
‖ metella *uett.* : metalla *Bd* mit- *R* ‖ proscriptionum *Bd* : -ne *R* ‖
sectrix *B* : -tris *d* -tis *R* ‖ mariani *Bd²* : -nis *d¹* maritani *R* ‖ sodalicii *uett.* : -ci *codd.* ‖ rapinarum *B* : -rumque *dR* ‖ prouincialium
B : -cia itum *dR* ‖ iam ne *B* : lane *dR* ‖ par esse *B* : parasse *dR* ‖
posset *B* : posse *dR*.

même du jour où l'incendie qui consuma des biens amenés de toute la terre lui donna cet avantage de ne plus
avoir jamais après lui personne qui égalât sa folie.

117 Curion avait dû donc faire appel à son esprit d'invention
et imaginer quelque chose. Il vaut la peine de savoir
ce qu'il inventa, et nous devrions nous réjouir de nos
mœurs actuelles et, retournant l'expression, nous appeler nous-mêmes des Anciens [1]. Il fit construire, juxta-
posés, deux théâtres très vastes de bois, qui étaient
suspendus chacun sur des pivots mobiles : ceux-ci
étaient adossés quand on donnait la représentation théâ-
trale des jeux le matin de manière qu'il n'y eût pas
gêne réciproque entre les bruits des deux scènes ; d'un
coup, on les faisait pivoter — après l'expérience des
premiers jours, certains spectateurs restaient même assis,
le fait est sûr —, et les deux extrémités des deux théâtres
se rejoignant, Curion obtenait un amphithéâtre où il
donnait des combats de gladiateurs, à qui il faisait courir
moins de risques qu'au peuple romain en le faisant

118 tourner. Que faut-il admirer le plus ici, l'inventeur ou
la chose inventée, l'architecte ou l'inspirateur, l'audace
qu'il y eut à imaginer cela ou à l'entreprendre ou à le
commander ? Mais rien ne dépassera jamais la folie d'un
peuple qui osa se tenir sur un siège aussi incertain et
instable. Et voyez ce glorieux vainqueur de la terre,
ce dompteur du monde tout entier, celui qui distribue
peuples et royaumes, donne des lois aux peuples étrangers et représente pour le genre humain comme une
fraction des dieux immortels, voyez-le suspendu en l'air
sur une plate-forme et applaudissant à son propre péril !

119 Comme on faisait bon marché des vies humaines !
Pourquoi se plaindre de Cannes ? Quelle catastrophe
était possible [1] ! C'est une source de douleurs publiques

quando hoc certe incendi illius praemium habuit
conuectis ex orbe terrarum rebus, ut nemo postea
par esset insaniae illi — ingenio ergo utendum suo
Curioni et aliquid excogitandum fuit. Operae pre- 117
tium est scire quid inuenerit et gaudere moribus
nostris ac uerso modo nos uocare maiores. Theatra
iuxta duo fecit amplissima ligno, cardinum singulorum uersatili suspensa libramento, in quibus utrisque
antemeridiano ludorum spectaculo edito inter sese
auersis, ne inuicem obstreperent scaenae, repente
circumactis — ut constat, post primos dies etiam
sedentibus aliquis —, cornibus in se coeuntibus facie-
bat amphitheatrum gladiatorumque proelia edebat,
ipsum magis auctoratum populum Romanum cir-
cumferens. Quid enim miretur quisque in hoc pri- 118
mum, inuentoren an inuentum, artificem an aucto-
rem, ausum aliquem hoc excogitare an suscipere an
iubere ? Super omnia erit populi sedere ausi furor
tam infida instabilique sede. En hic est ille terrarum
uictor et totius domitor orbis, qui gentes, regna diribet, iura exteris mittit, deorum quaedam immorta-
lium generi humano portio, in machina pendens et
ad periculum suum plaudens ! Quae uilitas animarum 119
ista aut quae querella de Cannis ! Quantum mali
potuit accidere ! Hauriri urbes terrae hiatibus publicus

---

117 ergo *BT* : erat *dR* ‖ utendum *B* : puten- *dRF* ‖ aliquid *B²* :
-quit *B¹* -quo *dR* ‖ uerso *B* : uestro *d* uestrum *R* ‖ amplissima *B* :
-ma e *d* -me *R* ‖ uersatili *dR* : -sitali *B* ‖ edito *B* : -tio *R* edicto *d* ‖
obstreperent *Bd* : -pere *R* ‖ scaenae *B* : gere *R, om. d* ‖ post primos
B : pot trinos *d* positrimos *R* ‖ etiam *Bd* : et etiam *R*.

118 ausi *B* : aut si *dR* ‖ diribet *B¹* : -riget *B²* -riperet *dR* ‖
mittit *Bd, om. R*.

119 quae querella *uett.* : quae querela *d* que querella *R* quaeque
rella *B¹* quaerela *B²* ‖ publicus *BR* : -cos *d*

pour les mortels que l'engloutissement de cités dans les gouffres qui s'ouvrent dans la terre ; et voici que le peuple romain tout entier, comme embarqué sur deux vaisseaux, ne se trouve plus soutenu que par deux pivots, et se voit lui-même en aussi grand danger que les combattants, car il va périr si à un moment ou un autre se dérange 120 le mécanisme. Et celui qui va demander aux assemblées tribuniciennes la permission de secouer avec un tel appareil les tribus suspendues dans les airs, que n'osera-t-il du haut des rostres auprès de ceux à qui il aura fait accepter une telle proposition ! Car il faut le reconnaître, en toute vérité, aux jeux funèbres offerts auprès du tombeau du père de Curion, c'est le peuple romain tout entier qui s'est battu. Comme les pivots s'étaient fatigués et déréglés, Curion varia l'aspect de sa magnificence ; le dernier jour, en effet, en conservant la forme de l'amphithéâtre, il donna sur les deux scènes opposées par le milieu une représentation de jeux athlétiques, et, le même jour, faisant retirer soudain les planches, il présenta ceux de ses gladiateurs qui avaient été victorieux. Et Curion n'était pas roi ni empereur des nations, sa richesse n'était pas remarquable, c'était un homme qui n'avait pour toute fortune que la discorde des premiers citoyens.

121   Mais parlons d'ouvrages qu'un jugement équitable [1] fait reconnaître comme des merveilles jamais surpassées. Q. Marcius Rex [2], ayant reçu du Sénat l'ordre de restaurer le cours des trois aqueducs, l'Aqua Appia [3], l'Aqua Anio [4] et l'Aqua Tepula [5], durant sa préture, fit creuser des galeries souterraines à travers les montagnes et construire un nouvel aqueduc [6] auquel il donna son nom. Agrippa, au cours de son édilité, ajouta l'Aqua Virgo [7], fit rassembler les eaux des autres aqueducs et les répara, fit construire sept cents réservoirs, établir

mortalium dolor est : ecce populus Romanus
uniuersus, ueluti duobus nauigiis inpositus, binis
cardinibus sustinetur et se ipsum depugnantem
spectat, periturus momento aliquo luxatis machi-
nis ! Et per hoc quaeritur tribuniciis contionibus 120
gratia ut pensiles tribus quatiat, in rostris quid non
ausurus apud eos quibus hoc persuaserit ! Vere
namque confitentibus populus Romanus funebri munere ad tumulum patris eius depugnauit uniuersus.
Variauit hanc suam magnificentiam fessis turba-
tisque cardinibus et amphitheatri forma custodita
nouissimo die diuersis duabus per medium scaenis
athletas edidit raptisque e contrario repente pulpi-
tis eodem die uictores e gladiatoribus suis produxit.
Nec fuit rex Curio aut gentium imperator, non opibus insignis, ut qui nihil in censu habuerit praeter
discordiam principum.

Sed dicantur uera aestimatione inuicta miracula. 121
Q. Marcius Rex, iussus a senatu aquarum Appiae,
Anienis, Tepulae ductus reficere, nouam a nomine
suo appellatam cuniculis per montes actis intra prae-
turae suae tempus adduxit. Agrippa uero in aedilitate adiecta Virgine aqua ceterisque conriuatis atque
emendatis lacus DCC fecit, praeterea salientes D,

---

dolor est *B* : -rem *R* -res *d*.
120 quaeritur *B* : queri- *d* peri- *R* ǁ tribuniciis *B*² : -cis *B*¹ in
tribunicis *dR* ǁ quatiat *B* : qualia et *dR* ǁ in rostris *BR* : nostris *d* ǁ
tumulum *dR* : -multum *B* ǁ amphitheatri *dR* : -tum *B* ǁ diuersis
dR : uersis *B* ǁ edidit *BR* : edit *d* ǁ e *B*, *om. dR* ǁ e *Bd* : se *R*.
121 uera *B* : uero *dR* ǁ Q *F* : que *R* quae *Bd* ǁ appiae *B* : nithe
R nita est *d* ǁ anienis *B* : alie- *dR* ǁ tepulae *B* : tegu- *dR* ǁ reficere
dR : refugere *B* ǁ conriuatis *Bd* : non riu- *R* ǁ salientes *Col.* :
psallentes *B* sapientes *dR* ǁ D *B* : cui *dR*

cinq cents fontaines d'eau vive, élever cent trente châ-
teaux d'eau et maints de ses ouvrages furent d'un luxe
rare. Sur eux, il fit dresser trois cents statues de bronze
ou de marbre, quatre cents colonnes de marbre, et tout
cela en l'espace d'un an. En commémoration de son
édilité, lui-même, il ajouta des jeux [8] d'une durée de
cinquante-neuf jours et ouvrit cent soixante-dix éta-
blissements de bains gratuits dont le nombre à présent
122 à Rome a crû jusqu'à l'infini. Les dépenses exigées par
l'aqueduc, le dernier en date [1], que commença C. César
et qu'acheva Claude, dépassèrent celles des précédents
ouvrages : il commence à quarante milles de Rome et
s'élève jusqu'à une hauteur telle qu'il fournit de l'eau
à toutes les collines de la Ville : y coulent les eaux des
sources Curtia [2] et Caerulea et celles du nouvel Anio [3].
Trois cent cinquante millions de sesterces ont été débour-
123 sés pour sa construction. Que si on évalue avec exacti-
tude le volume des eaux qu'il déverse sur les places
publiques, dans les bains, les piscines, les canaux, les
maisons, les jardins, les propriétés de banlieue, et si on
considère aussi les distances parcourues par le courant
d'eau, les arcs élevés, la percée des montagnes, le com-
blement des vallées, on conviendra que jamais le monde
124 entier n'a présenté plus grande merveille. Je rangerais,
pour ma part, parmi les œuvres du même Claude les
plus dignes de mémoire, bien que la haine éprouvée à
son égard par son successeur ait fait abandonner l'ouvrage,
la percée qui, pratiquée à travers la montagne, servit
à évacuer l'eau du lac Fucin [1], travail réalisé avec des
frais véritablement immenses et par une multitude
d'ouvriers ; là où la montagne était faite de terre, des
machines faisaient monter l'eau jusqu'à son sommet ;
le rocher, lui, était tranché et l'immensité du travail

castella CXXX, complura et cultu magnifica, operibus iis signa CCC aerea aut marmorea inposuit, columnas e marmore CCCC, eaque omnia annuo spatio.
Adicit ipse aedilitatis suae conmemoratione et ludos
diebus undesexaginta factos et gratuita praebita
balinea CLXX, quae nunc Romae ad infinitum
auxere numerum. Vicit antecedentes aquarum duc- 122
tus nouissimum inpendium operis incohati a C. Caesare et peracti a Claudio, quippe a XXXX lapide ad
eam excelsitatem, ut omnes urbis montes lauarentur,
influxere Curtius atque Caeruleus fontes et Anien
nouus, erogatis in id opus HS $|\overline{\text{MMM}}|$ D. Quod si quis 123
diligentius aestumauerit abundantiam aquarum in
publico, balineis, piscinis, euripis, domibus, hortis,
suburbanis uillis, spatia aquae uenientis, exstructos
arcus, montes perfossos, conualles aequatas, fate-
bitur nil magis mirandum fuisse in toto orbe terrarum. Eiusdem Claudi inter maxime memoranda equi- 124
dem duxerim, quamuis destitutum successoris odio,
montem perfossum ad lacum Fucinum emittendum
inenarrabili profecto impendio et operarum multitudine per tot annos, cum aut conriuatio aquarum,
qua terrenus mons erat, egereretur in uerticem machi-
nis aut silex caederetur quantaque intus in tenebris

CXXX *Bd* : CXX *R* ‖ complura *Bd* : conclu- *R* ‖ columnas e
dR : -mnate *B* ‖ nunc *B, om. dR.*

122 a *BR, om. d* ‖ C *B* : gaio *dR* ‖ peracti a *Bd* : -acta *R* ‖ lauarentur *Bd* : -retur *R* ‖ anien *B* : ante *dR* ‖ nouus *Brot.* : nouos
codd. ‖ erogatis *Detl.* : -gatos *B* -gat *dR* ‖ $\overline{\text{MMM}}$ D *Jan:* $\overline{\infty\infty\infty}$
D *B* .LV.D *dR.*

123 aquarum *Bd* : quarum *R* ‖ balineis *B¹R* : balneis *B²d* ‖ euripis *B* : -pidis *dR* ‖ aquae *Mayh.* : quae *F* que *dR, om. B* ‖ perfossos
Bd : -ssum *R.*

124 maxime *Gel.* : -ma *codd.* ‖ profecto *B¹dR* : -tu *B²* ‖ inpendio
et *dR* : impendio det *B²* -di det *B¹* ‖ caederetur *B¹* : ced- *B²dR* ‖
quantaque *B* : omniaque *dR.*

accompli dans les ténèbres des galeries ne peut être
conçue que par ceux qui l'ont vu et les mots sont trop
125 faibles pour le pouvoir décrire. Car je passe sous silence
l'aménagement du port d'Ostie [1], les routes taillées à
travers les montagnes, la mer Tyrrhénienne séparée
du lac Lucrin [2] par des levées de terre, la construction
de tant de ponts à si grands frais. Et parmi d'autres
prodiges que présente la seule Italie, Papirius Fabianus [3], naturaliste très averti, nous apprend que les carrières de marbre voient le marbre s'accroître, et des
carriers eux-mêmes affirment que ces excavations des
montagnes se comblent d'elles-mêmes. Si de telles affir-
mations sont vraies, il y a espoir que jamais l'appétit
de luxe ne manquera de cette matière.

126   XXV (**16**). Si l'on quitte le sujet des marbres pour
celui des autres pierres remarquables, comment douter
que la magnétite [1] se présente tout d'abord à l'esprit ?
Quoi, en effet, de plus merveilleux, dans quel domaine
naturel trouver une plus grande impudence ? Les rochers,
nous l'avons dit [2], avaient reçu une voix répondant à
celle de l'homme, et, mieux encore, l'interrompant.
Qu'y a-t-il de plus inerte que la rigidité de la pierre ?
Et voici que la nature lui a accordé des sens et des
127 mains. Quoi de plus tenace que la dureté du fer ? Et la
nature lui a donné en partage des pieds et des volontés [1].
Car il se laisse attirer par la magnétite, et cette glorieuse
matière qui triomphe de toute chose court vers je ne
sais quel vide [2] et, quand elle s'est approchée davantage,
elle saute sur la pierre, y est retenue et y demeure étroitement attachée. C'est la raison pour laquelle on désigne
aussi la magnétite du nom de *sidéritis*. Certains l'appellent

fierent, quae neque concipi animo nisi ab iis qui
uidere neque enarrari humano sermone possunt !
Nam portus Ostiensis opus praetereo, item uias per 125
montes excisas, mare Tyrrhenum a Lucrino molibus
seclusum, tot pontes tantis inpendiis factos. Et
inter plurima alia Italiae ipsius miracula marmora
in lapicidinis crescere auctor est Papirius Fabianus,
naturae rerum peritissimus, exemptores quoque adfir-
mant compleri sponte illa montium ulcera. Quae si
uera sunt, spes est numquam defutura luxuriae.

XXV (15). A marmoribus degredienti ad reliquo- 126
rum lapidum insignes naturas quis dubitet in primis
magnetem occurrere ? Quid enim mirabilius aut
qua in parte naturae maior inprobitas ? Dederat
uocem saxis, ut diximus, respondentem homini,
immo uero et obloquentem. Quid lapidis rigore pi-
grius ? Ecce sensu manusque tribuit illi. Quid ferri 127
duritia pugnacius ? Pedes *ei* inpertiuit et mores.
Trahitur namque magnete lapide, domitrixque illa
rerum omnium materia ad inane nescio quid currit
atque, ut propius uenit, adsilit, tenetur amplexuque
haeret. Sideritim ob id alio nomine uocant, quidam

---

125 ostiensis *B* : hosten- *d* ostensus *R* ‖ praetereo *dR* : -rea *B*
‖ item *F* : inter *BdR* ‖ per *B* : et *dR* ‖ excisas *B* : -citas *R* exitas *d*
‖ tyrrhenum *B* : tyrrenium *dR* ‖ tantis *BR* : tantis et *d* ‖ miracula marmora *B* : marmora miracula *dR* ‖ lapicidinis *uett.* :
-dicinis *codd.* ‖ peritissimus *B* : -mum *R* -mi *d* ‖ luxuriae *Bd* :
de luxoria *R*.

126 a *h* : E *B* de *d*, *om. R* ‖ degredienti *B*[1] : digr- *B*[2]*d* degrediente
R ‖ lapidum *Bda* : -de *R* ‖ magnetem *dRa* : -nitem *B* ‖ naturae
dRa : -ra eo *B* ‖ immo uero *Bda* : im more *R* ‖ obloquentem *Ba* :
ob id loqu- *R* obsoloqu- *d*.

127 pedes ei *Sill.* : pedes et *B* cedet sed *dR* cedet sed et *a* ‖
inpertiuit *R* : imp- *da* pertiuit *B* ‖ mores *dRa* : -ris *B* ‖ ad *B*,
om. dRa ‖ ut *B*[2]*dR* : aut *B*[1] in *a* ‖ adsilit *B* : assistit *da* adsis- *R*.

héraclion [3]. Le nom de magnétite lui vient, nous apprend Nicandre, de celui qui l'a découverte et l'a trouvée sur le mont Ida [4] ; en réalité on en trouve aussi un peu partout et également en Espagne [5]. Un berger faisant paître son troupeau la découvrit, dit-on, parce que les clous de ses sandales et la pointe de son aiguillon y adhéraient.

128 Sotacus [1] enseigne qu'il y a cinq sortes de magnétite, l'une d'Éthiopie, la seconde de la Magnésie qui est limitrophe de la Macédoine, sur la droite du lac de Boebeis en allant à Iolcos, la troisième d'Hyettos en Béotie, la quatrième des environs d'Alexandrie de Troade, la cinquième enfin de la Magnésie d'Asie [2]. Ces catégories diffèrent d'abord selon le caractère mâle ou femelle [3], ensuite par la couleur. Car les magnétites qu'on trouve en Magnésie de Macédoine sont rousses et noires [4], en Béotie, il y en a plus de rousses que de noires ; celle qu'on trouve en Troade est noire, de sexe féminin, et, par conséquent, sans forces. Celle de Magnésie d'Asie [5] est la plus mauvaise : blanche, elle n'attire pas le fer et rappelle la pierre ponce. L'on a reconnu qu'elles sont 129 d'autant meilleures qu'elles sont plus bleues [6]. Remporte la palme la magnétite éthiopienne qui est payée son pesant d'argent. On la trouve en Éthiopie, dans la région de Zmiri ; tel est le nom de cette contrée sablonneuse. Là aussi se trouve l'aimant hématite, de la couleur du sang, qui, si on l'écrase, rend un liquide couleur de sang, mais aussi de safran. L'hématite [1] n'a pas, en ce qui concerne l'attirance du fer, les mêmes qualités que l'aimant. Ce qui fait reconnaître l'aimant éthiopien,

Heraclion. Magnes appellatus est ab inuentore, ut auctor est Nicander, in Ida repertus — namque et passim inueniuntur, in Hispania quoque —. Inuenisse autem fertur clauis crepidarum, baculi cuspide haerentibus, cum armenta pasceret. Quinque genera 128 magnetis Sotacus demonstrat : Aethiopicum et a Magnesia Macedoniae contermina a Boebeïde Iolcum petentibus dextra, tertium in Hyetto Boeotiae, quartum circa Alexandriam Troadem, quintum in Magnesia Asiae. Differentia prima mas sit an femina, proxima in colore. Nam qui in Magnesia Macedonica reperiuntur rufi nigrique sunt, Boeoti uero rufi coloris plus habent quam nigri ; is qui ⟨in⟩ Troade inuenitur niger est et feminei sexus ideoque sine uiribus, deterrimus autem in Magnesia Asiae, candidus neque attrahens ferrum similisque pumici. Conpertum tanto meliores esse quanto sint magis caerulei. Aethiopico 129 palma datur pondusque argento rependitur. Inuenitur hic in Aethiopiae Zmiri ; ita uocatur regio harenosa. Ibi et haematites magnes sanguinei coloris sanguinemque reddens, si teratur, sed et crocum. In adtrahendo ferro non eadem haematiti natura quae magneti. Aethiopici argumentum est quod

heraclion *Ba* : -cleon *d* eraclem en *R* ‖ in ida *BR* : unda *d* india *a* ‖ repertus *h, uett.* : -to *BdRa* ut reperio *Mayh.* ‖ in *Bd* : ut in *Ra*.

128 et a *B* : et *dRa* ‖ a boebeide *ego* : abo ebone *BR* abebome *d* ebone *a* a boebeida *Barb.* a boebe *Sill.* ab euboea *Mayh.* ‖ iolcum *Sill.* : iolanum *B* locatum *dRa* ‖ hyetto *B* : hyetio *R* hyrtio *d* ethio *a* ‖ differentia *B²a* : -tiam *B¹dR* -tia est *Mayh.* ‖ prima *B* : -mam *dRa* ‖ mas sit *B* : masite *a* an sit *d¹R* an sit mas *d²* ‖ proxima *B* : -mam *dRa* ‖ nam qui *d* : namque *BR* anqui *a* ‖ boeoti *B* : boetius *dR* obedientis *a* ‖ habent *BRa* : -bet *d* ‖ is qui *Ba, om. dR* ‖ in *uett., om. codd.* ‖ asiae *B, om. dRa* ‖ conpertum *dR* : -to *a* confertum *B*.

129 aethiopico *d* : aethip- *B* aethiopia *Ra* ‖ palma *B* : in summa *dRa* laus summa *uett.* ‖ ferro *Ba* : ferrum *dR* ‖ haematiti *B* : hiema them- *d* emathiti *R*.

130 c'est qu'il attire aussi à lui un autre aimant [2]. Toutes
ces espèces, par ailleurs, chacune selon la dose propre,
servent à la médication des yeux et arrêtent surtout les
larmoiements [1]. Calcinées et broyées, ces pierres guérissent aussi les brûlures. Il existe en Éthiopie encore
une autre montagne à courte distance, qui rejette et
repousse toute espèce de fer [2]. Nous avons souvent parlé
déjà de cette double nature [3].

XXVI. On rapporte qu'une pierre originaire de l'île
de Syros flotte sur l'eau, mais qu'une fois broyée, elle
coule [4].

131   XXVII (17). A Assos, en Troade, l'on fend la pierre
sarcophage et on en opère le clivage. C'est un fait établi
que les corps des morts que l'on y renferme s'y réduisent
à rien en moins de quarante jours, excepté les dents [1].
Mucien nous apprend aussi que miroirs, strigiles, vêtements et chaussures que l'on ensevelit avec les défunts
s'y pétrifient [2]. Il y a en Lycie également et en Orient
des roches de même nature qui, attachées à des corps
même vivants, les rongent [3].

132   XXVIII. Servent à conserver de façon plus douce
les corps, non à les réduire à néant le *chernites* [1], très
semblables à l'ivoire, qui, selon la tradition, renfermait
le corps de Darius, et la pierre dite *porus*, semblable au
marbre de Paros par sa blancheur et sa dureté, sauf
qu'elle est moins pesante [2]. Théophraste enseigne l'existence en Égypte d'une pierre translucide qu'il dit semblable à celle de Chio [3]. Sans doute, aura-t-elle existé
à son époque, car des pierres disparaissent et on en
découvre de nouvelles.

La pierre d'Assos, qui est salée au goût, soulage la
goutte, si l'on met les pieds dans un bassin taillé en cette
matière [4]. De plus toutes les affections des jambes se

magneta quoque alium ad se trahit. Omnes autem 130
hi oculorum medicamentis prosunt ad suam quisque
portionem, maximeque epiphoras sistunt. Sanant
et adusta cremati tritique. Alius rursus in eadem
Aethiopia non procul mons ferrum omne abigit respuitque. De utraque natura saepius diximus.

XXVI. Lapidem e Syro insula fluctuari tradunt,
eundem comminutum mergi.

XXVII (17). In Asso Troadis sarcophagus lapis 131
fissili uena scinditur. Corpora defunctorum condita
in eo absumi constat intra XL diem exceptis dentibus. Mucianus specula quoque et strigiles et uestes
et calciamenta inlata mortuis lapidea fieri auctor
est. Eiusdem generis et in Lycia saxa sunt et in
oriente quae uiuentibus quoque adalligata erodunt
corpora.

XXVIII. Mitiores autem seruandis corporibus nec 132
absumendis chernites ebori simillimus, in quo Darium
conditum ferunt, Parioque similis candore et duritia, minus tantum ponderosus, qui porus uocatur.
Theophrastus auctor est et tralucidi lapidis in Aegypto, quem Chio similem ait. Fortassis tunc fuerit, quoniam et desinunt et noui reperiuntur.

Assius gustatu salsus podagras lenit, pedibus in
uas ex eo cauatum inditis. Praeterea omnia crurum

130 suam *Bd* : euam *R* ea *a* ‖ maximeque *Ba* : maxime *dR* ‖ in
eadem *Bda* : in eadem in *RF* ‖ mons *BdRa*, cf. 2, 211 : mons
gignit lapidem theamedem qui *h*, *uett.* magnes *Url.*, *Mayh.* ‖
respuitque *dR* : -puit *a* reposuitque *B*.
131 asso *Bd* : asa *R* ‖ quoque et *Bd* : quoque *R* ‖ inlata *B* :
in lana *dR* ‖ eiusdem *B* : eius *dR* ‖ in oriente *Bd* : oriente *R*.
132 mitiores *BR* : mitior est *d* ‖ chernites *Barb.* : chemites
BdR chiritis *a* ‖ ponderosus *dRa* : -sum *B* ‖ porus *Ba* : torus *dR* ‖
tralucidi *B*[1]*R* : transl- *B*[2]*da* ‖ quem *Bda* : quam *R* ‖ chio *Ba* : phio *d*
phito *R* ophitae *Barb.* ‖ similem *Bda* : -le *RF* ‖ assius *B* : asyus *d*
asius *R* asium uocant *a* ‖ uas *Ba* : uase *dR* ‖ omnia *BRa* : ad omnia *d*.

guérissent dans les carrières de cette pierre, alors qu'en
règle générale les mines ont un effet pernicieux sur les
133 jambes. On appelle « fleur » de cette même pierre [1] une
poudre moelleuse, efficace comme elle contre certaines
affections. Elle rappelle la pierre ponce rougeâtre.
Mélangée à de la cire de Chypre, elle guérit les affections
des seins ; mêlée à de la poix ou de la résine, elle fait
se résorber écrouelles et tumeurs. Elle est recommandée
aussi aux phtisiques en électuaire. Mêlée au miel, elle
amène les ulcères anciens à cicatrisation. Elle ronge les
excroissances causées par la morsure des bêtes et refu-
sant de guérir, et sèche les plaies purulentes. On en fait,
en la mélangeant à de la farine de fève, des cataplasmes
pour les goutteux.

134   XXIX (18). Le même Théophraste et Mucien croient
qu'il y a des pierres qui en engendrent d'autres [1]. Théophraste pense aussi que l'on trouve un ivoire fossile
d'une couleur blanche et noire [2], que des os naissent de
la terre et que l'on rencontre des pierres osseuses. Autour
de Munda, en Espagne, qui a vu la victoire du dictateur
César sur Pompée, on trouve des pierres en forme de
135 palmes [3], et cela chaque fois qu'on les brise. Il y a aussi
des pierres noires dont le renom a atteint celui des
marbres, comme celle de Ténare [1]. Varron rapporte que
les pierres noires d'Afrique sont plus solides que celles
d'Italie et qu'au contraire les pierres blanches de Cora [2]
sont plus dures que celles de Paros et encore que la pierre
dure de Luna [3] se laisse couper à la scie, celle de Tusculum éclate au feu, celle de la Sabine, noirâtre, addition-
née d'huile, jette même une lueur [4]. Varron ajoute qu'à
Volsinies on a découvert des meules susceptibles de

uitia in iis lapicidinis sanantur, cum in metallis omnibus crura uitientur. Eiusdem lapidis flos appellatur, 133
in farinam mollis ad quaedam perinde efficax. Est
autem similis pumici rufo. Admixtus cerae Cypriae
mammarum uitia sanat, pici autem resinaeue strumas et panos discutit. Prodest et *ph*thisicis linctu.
Cum melle uetera ulcera ad cicatrices perducit, ex-
crescentia erodit et a bestiarum morsu repugnantia
curationi suppurata siccat. Fit cataplasma ex eo
podagricis mixto fabae lomento.

XXIX (18). Idem Theophrastus et Mucianus esse 134
aliquos lapides qui pariant credunt ; Theophratus
et ebur fossile candido et nigro colore inueniri et
ossa e terra nasci inuenirique lapides osseos. Palmati circa Mundam in Hispania, ubi Caesar dictator
Pompeium uicit, reperiuntur idque quotiens fregeris. Sunt et nigri, quorum auctoritas uenit in mar- 135
mora, sicut Taenarius. Varro nigros ex Africa firmiores esse tradit quam in Italia, e diuerso albos
Coranos duriores quam Parios, idem Luniensem sili-
cem serra secari, Tusculanum dissilire igni, Sabinum
fuscum addito oleo etiam lucere, idem molas uersa-

iis *B* : his *dRa* ‖ uitientur *uett.* : uicien- *a* uitian- *B* uiden- *dR*.

133 phthisicis *uett.* : pthi- *B* pti- *da* hitiscis *R* ‖ linctu *B*¹*d* :
-tus *a* unctu *B*² linetu *R* ‖ a B : ad *dRa* ‖ morsu *B* : -sus *dRA* ‖
curationi *dRa* : -nis *B*.

134 pariant *Bda* : -rient *R* ‖ et *BR* : auctor est et *d* ‖ candido
BRah : -dum *d* e candido *Mayh.* ‖ nigro *BRah* : -grum *d* ‖ colore *h*,
uett., om. BdRa, Mayh. ‖ inueniri — nasci *dRa, om. B* ‖ e terra *h*,
uett. : terra *BdRa* ‖ circa *B*²*dR* : cir *B*¹ circi *a* ‖ mundam *B*¹*a* :
myn- *d* min- *R* mutinam *B*².

135 taenarius *B* : ten- *d* gen- *R* ianuarius *a* ‖ e *Bda* : et *R* ‖
coranos *B* : coronas *dRa* ‖ duriores *dRa* : duritiores *B* ‖ luniensem
Ba : lunen- *dR* ‖ serra secari *dRa* : serra seri *B*¹ serrari *B*² ‖ tusculanum *Bd* : tiscu- *R* tusculano *a* ‖ idem *BR* : item *da*.

tourner. Nous lisons même dans des relations de prodiges que certaines se sont mues d'elles-mêmes.

136　　XXX. En nulle région ne se trouve une pierre meulière
qui présente plus d'avantage qu'en Italie et il s'agit
de pierre, non de rocher[1]. Dans certaines provinces, il
ne s'en rencontre absolument pas. Cette catégorie
comprend des pierres assez tendres qui se laissent polir
même par une pierre à aiguiser, en sorte qu'à les regarder
de loin, on peut les prendre pour de l'ophite[2]. Aucune
autre pierre n'est plus résistante, car les pierres, aussi,
d'une espèce ou d'une autre, par nature, comme le
bois, ne supportent pas la pluie, le soleil ou le froid.
Certaines encore ne peuvent supporter les rayons de
lune, sous l'effet de la vieillesse se couvrent de rouille,
ou sous l'action de l'huile prennent une couleur blanche.

137　　(19). Certains appellent la meulière « pyrite »[1], parce
qu'elle a beaucoup de feu, mais il est une autre sorte
de pyrite qui est seulement plus poreuse et une autre
encore qui a l'aspect du cuivre. On prétend que l'on
trouve à Chypre, dans des mines voisines d'Acamante,
une sorte de pyrite de couleur argentée, et une seconde
de couleur dorée. Ses modes de cuisson sont divers[2] ;
les uns la font cuire deux et trois fois dans du miel
jusqu'à ce que le liquide se résorbe, d'autres font l'opération d'abord avec du charbon ardent, puis dans du
miel et ensuite on les lave comme on fait le cuivre. On
les emploie en médecine pour chauffer, sécher, dissoudre,
138　arrêter les écoulements et faire mûrir les abcès. Non

tiles Volsinis inuentas ; aliquas et sponte motas inuenimus in prodigiis.

XXX. Nusquam hic utilior quam in Italia gignitur 136 lapisque, non saxum, est. In quibusdam uero prouinciis omnino non inuenitur. Sunt quidam in eo genere molliores, qui et cote leuantur, ut procul intuentibus ophites uideri possit, neque est alius firmior, quando et lapidis natura ligno similiter imbres solesque aut hiemes non patitur in aliis generibus atque aliis. Sunt et qui lunam non tolerent et qui uetustate robiginem trahant coloremue candidum oleo mutent.

(19). Molarem quidam pyriten uocant, quoniam 137 plurimus sit ignis illi, sed est alius spongiosior tantum et alius etiamnum pyrites similitudine aeris. In Cypro eum reperiri uolunt metallis quae sint circa Acamanta, unum argenteo colore, alterum aureo. Coquuntur uarie, ab aliis iterum tertiumque in melle, donec consumatur liquor, ab aliis pruna prius, dein ⟨in⟩ melle, ac postea lauantur ut aes. Vsus eorum in medicina excalfacere, siccare, discutere, extenuare et duritias in pus uertere. Vtuntur et crudis tusisque ad strumas atque furunculos.

uolsinis *BR* : uulsinis *d* -nos *a*.

136 italia *Bda* : -lias *R* ‖ gignitur *Bda* : signi- *R* ‖ prouinciis *Ba* : -tiis *d* -cias *R* ‖ molliores *Bda* : meli- *R* ‖ leuantur *B²dRa* : lau- *B¹* ‖ ophites *BRa* : -tus *d* ‖ natura *B²Ra* : -rae *B¹* ‖ imbres *Bda* : imbre *R* ‖ tolerent *Bd* : tulerunt *a* telerin' *R* ‖ robiginem *B¹R* : rub- *B²da* ‖ trahant *BRa* : sentiant *d* ‖ coloremue *B* : -remue et *dR* -remque *a* ‖ oleo mutent *Ba* : oleum uitent *d* oleum utenus *R*.

137 alius *Bda* : alnus *R* ‖ spongiosior tantum et alius *B, om. dRa* ‖ etiamnum *B* : -nunc *dRa* ‖ sint *Ba* : sunt *dR* ‖ acamanta *dRa* : -menta *B* -mania *a* ‖ uarie *Bda* : uiriae *R* ‖ in *Jan, om. codd.* ‖ excalfacere *BRa* : -facit *d* ‖ discutere *Bda* : disumere *R* ‖ in pus *B* : in ius *d* in inius *R* intus *a* ‖ et *dRa* : e *B* ‖ tusisque *dRa* : tussis *B¹* tunsis- *B²*.

cuite et broyée, la pyrite sert à guérir écrouelles et
furoncles. Certains considèrent encore comme une sorte
de pyrite une pierre très riche en feu. Celles que nous
appelons vives sont les plus lourdes et sont indispen-
sables aux éclaireurs de l'armée. Frappées par un clou
ou par une autre pierre, elles produisent une étincelle,
qui, reçue par du soufre, de l'amadou [1] ou des feuilles
sèches, produit un feu plus vite qu'on ne saurait le dire.

139   XXXI. Les ostracites rappellent la terre cuite. On
les utilise en guise de pierre ponce pour polir la peau.
En boisson, elles arrêtent l'écoulement du sang ; appli-
quées avec du miel, elles guérissent les ulcères et les
douleurs aux seins. L'amiante [2], semblable à l'alun,
ne perd rien au feu, il résiste à tous les maléfices, en
particulier à ceux des Mages.

140   XXXII. Son propre caractère a valu son nom au
géode [1], car la terre y est enrobée ; il est extrêmement
utile à la médication des yeux et aussi pour les affections
des seins et des testicules.

XXXIII. La pierre mélitine [2] rend un suc doux et
mielleux. Pilée et mélangée à de la cire, elle sert à com-
battre l'écoulement nasal dû au rhume, les plaques
cutanées et l'ulcération de la gorge ; elle fait disparaître les boutons nocturnes et en pessaire dans de la
laine, supprime les douleurs de la vulve.

141   XXXIV. Le jais tire son nom du lieu et du fleuve
lyciens « Gagis » [1]. On dit aussi que la mer le rejette à
Leucolla [2] et qu'on le ramasse sur une étendue de moins
de douze stades. Il est noir, uni, poreux, léger, ne diffé-
rant pas beaucoup du bois, fragile, et, si on l'écrase,
d'une odeur pénétrante. Les inscriptions qu'on fait

Pyritarum etiamnum unum genus aliqui faciunt 138
plurimum ignis habentis. Quos uiuos appellamus,
ponderosissimi sunt, hi exploratoribus castrorum
maxime necessarii. Qui clauo uel altero lapide per-
cussi scintillam edunt, quae excepta sulpure aut
fungis aridis uel foliis dicto celerius praebet ignem.

XXXI. Ostracitae similitudinem testae habent. 139
Vsus eorum pro pumice ad leuandam cutem. Poti
sanguinem sistunt et inliti cum melle ulcera dolo-
resque mammarum sanant. Amiantus alumini similis
nihil igni deperdit. Hic ueneficiis resistit omnibus,
priuatim Magorum.

XXXII. Geoden ex argumento appellant, quoniam 140
conplexus est terram, oculorum medicamentis utilis-
simum, item mammarum ac testium uitiis. XXXIII.
Melitinus lapis sucum remittit dulcem melleumque.
Tunsus et cerae mixtus eruptionibus pituitae macu-
lisque corporis medetur et faucium exulcerationi,
epinyctidas tollit, uuluarum dolores inpositus uellere.
XXXIV. Gagates lapis nomen habet loci et amnis 141
Gagis Lyciae. Aiunt et in Leucolla expelli mari atque
intra XII stadia colligi. Niger est, planus, pumi-
cosus, leuis, non multum a ligno differens, fragilis,
odore, si teratur, grauis. Fictilia ex eo inscripta non

138 etiamnum B : -nunc dR ‖ unum Bd : una R ‖ habentis d^2 : -ti
d^1 hapenti R habent ii B ‖ hi Ra : hii B^3d ii B^2 is B^1 ‖ praebet Ba :
trahent dR.
139 leuandam BRa : lau- dT ‖ poti B^2dRa : potii B^1 ‖ igni BRa :
igne d ‖ ueneficiis B^2d : bene- Ra ueneficis B^1.
140 geoden B : ceoden a geomen d geomer R ‖ melleumque Ba :
mellium- R melleus- d ‖ tunsus B : tusus da tussus R ‖ uellere B :
uelleri dRa.
141 gagis Bd : gacis R gangis a ‖ leucolla d : -colli a -cocolla
dR ‖ mari atque B : mariaque dR maria a ‖ intra B : in pra d
infra R, *om.* a ‖ grauis Ba : granis dR ‖ inscripta Bd : in inscr- R
scripta a.

avec lui sur les poteries sont indélébiles [3]. Quand il
brûle, il dégage une odeur sulfureuse ; chose étonnante,
142 l'eau attise sa combustion, l'huile l'éteint [4]. Il met alors
en fuite les serpents et guérit les suffocations utérines.
En fumigation, il permet de reconnaître l'épilepsie et la
virginité [1]. Cuit dans le vin, le jais sert encore de remède
pour les dents et, mêlé à de la cire, pour les écrouelles.
Les Mages s'en servent, dit-on, dans ce qu'ils appellent
la divination par la hache [2], et ils prétendent qu'il ne
brûle pas complètement si le souhait en question doit
se réaliser.

143   XXXV. Les spongites [1] se trouvent dans les éponges
et sont des pierres marines. Certains les appellent téco-
lithes [2] parce qu'elles guérissent la vessie et, prises dans
du vin, dissolvent les calculs.

XXXVI. La pierre phrygienne porte le nom de la
nation [3] ; elle se présente sous forme de masse spon-
gieuse. Après avoir répandu sur elle du vin, on la brûle,
en activant la combustion avec des soufflets, jusqu'à
ce qu'elle prenne une teinte rouge, puis on l'éteint avec
du vin doux ; l'opération est faite trois fois et le produit sert uniquement à la teinture des vêtements.

144   XXXVII (20). Il y a parenté entre le schiste et l'hématite [1]. On trouve l'hématite dans des mines ; une fois
brûlée, elle imite la couleur du minium. On la brûle
comme de la pierre phrygienne, mais sans l'éteindre
avec du vin. Des veines rouges et une nature friable
145 font reconnaître l'hématite [2] falsifiée. Elle convient

delentur ; cum uritur, odorem sulpureum reddit ; mirumque, accenditur aqua, oleo restinguitur. Fugat 142 serpentes ita recreatque uuluae strangulationes. Deprendit sonticum morbum et uirginitatem suffitus. Idem ex uino decoctus dentibus medetur strumisque cerae permixtus. Hoc dicuntur uti Magi in ea quam uocant axinomantiam, et peruri negant, si euenturum sit quod aliquis optet.

XXXV. Spongitae lapides inueniuntur in spongeis 143 et sunt marini. Quidam eos tecolithos uocant, quoniam uesicis medentur, calculos rumpunt in uino poti.

XXXVI. Phrygius lapis gentis habet nomen ; est autem glaeba pumicosa. Vritur ante uino perfusus, flatur follibus, donec rufescat, ac rursus dulci uino extinguitur ternis uicibus, tinguendis uestibus tantum utilis.

XXXVII (20). Schistos et haematites cognationem 144 habent. Haematites inuenitur in metallis, ustus minii colorem imitatur ; uritur ut Phrygius, sed non restinguitur uino. Adulteratum haematiten discernunt uenae rubentes et friabilis natura. Oculis cruore 145

---

delentur *Bda* : -letur *R* ‖ oleo *dRa* : oleo ex *B*[1] oleo ex eo *B*[2].
142 idem *Ba* : item *dR* ‖ ea *B* ; eam *dRa* ‖ axinomantiam *Bd* : -manciant *R* axianoman *a* ‖ et *Ba* : id *dR* ‖ euenturum *dRa* : uent- *B*.
143 spongitae *Bd* : span- *a* spongiae *R* ‖ tecolithos *Gel.* : tegolithos *d* : -thus *R* -tos *B* thegolitas *a* ‖ perfusus *Bd* : -so *Ra* ‖ flatur *B* : -turque *da, uett.* -tusque *R* flatus *Mayh.* ‖ ternis *Ba* : externis *dR*.
144 schistos *B* : scis- *a* scysthos *d* scisiohos *R* ‖ haematites *uett.* : hem- *Bda* hemathites *R* ‖ habent *Bd* : -bet *Ra* ‖ haematites *uett.* : hem- *codd.* ‖ ustus *Bda* : hostus *R* ‖ minii *B*[2]*da* : mini *B*[1]*R* ‖ ut *Ba* : et *dR* ‖ adulteratum *Hard.* : -tur *BdRa* ‖ haematiten *B*[2] : -tite *B*[1] hematite *Ra* -tes *d* ‖ friabilis *B*[1] : -biles *dR* fragilis *B*[2] feriabilis *a*.

admirablement pour les yeux injectés de sang. En boisson, elle arrête les menstrues des femmes. Mélangée au suc de la grenade, elle est aussi administrée en potion dans l'hémoptysie [1]. En boisson, elle est efficace dans les maladies de la vessie et, mêlée au vin, contre les morsures de serpents. Toutes ces vertus se retrouvent à un moindre degré dans la pierre qu'on appelle schiste [2]. Parmi ces pierres, celle dont la couleur rappelle le safran est la plus indiquée [3] ; dans du lait de femme, c'est le spécifique pour combler les ulcères des yeux et elle arrête de façon remarquable [4] l'exorbitation. Telle est l'opinion des auteurs les plus récents.

146   XXXVIII. Sotacus [1], un des plus anciens auteurs, distingue cinq sortes d'hématites, l'aimant étant mis à part. Il met au premier rang celle d'Éthiopie, la plus indiquée pour les remèdes pour les yeux et pour ceux qu'on appelle panacées et aussi contre les brûlures. En second lieu vient celle qu'on appelle, dit-il, *andro-damas* [2], de couleur noire, d'un poids et d'une dureté remarquables, ce qui lui a valu son nom ; elle se trouve surtout en Afrique. Elle attire à elle l'argent, le cuivre 147 et le fer [3]. On la reconnaît sur une pierre à aiguiser en pierre basanite — elle rend en effet un liquide couleur de sang [1] — et c'est un excellent remède des maladies de foie. Sotacus accorde la troisième place à l'hématite d'Arabie, qui est d'une dureté analogue, ne rend que peu de liquide au contact de la pierre à eau et possède parfois la couleur du safran. Il donne à la quatrième espèce le nom d'hépatite [2] tant que la pierre n'est pas cuite, mais après cuisson, celui de miltite, pierre utile contre les brûlures, plus utile dans tous les emplois que l'ocre rouge. La cinquième espèce est le schiste qui,

suffusis mire conuenit. Sistit profluuia mulierum
potus. Bibunt et qui sanguinem reiecerunt cum suco
Punici mali. Et in uesicae uitiis efficax bibitur et in
uino contra serpentium ictus. Infirmiora omnia
eadem in eo quem schiston appellant ; in iis commo-
dior croco similis, peculiaris explendis oculorum
lacunis in lacte muliebri procidentesque oculos prae-
clare cohibet. Haec est sententia eorum qui nuper-
rime scripsere.

XXXVIII. Sotacus e uetustissimis auctoribus 146
quinque genera haematitarum tradit praeter magnetem. Principatum dat ex iis Aethiopico, oculorum
medicamentis utilissimo et iis quae panchresta appellat, item ambustis. Alterum androdamanta dicit
uocari, colore nigrum, pondere ac duritia insignem,
et inde nomen traxisse praecipueque in Africa repertum ; trahere autem in se argentum, aes, ferrum.
Experimentum eius esse in cote ex lapide basanite 147
— reddere enim sucum sanguineum —, et esse ad
iocineris uitia praecipui remedii. Tertium genus
Arabici facit, simili duritia, uix reddentis sucum ad
cotem aquariam, aliquando croco similem. Quarti
generis hepatiten uocari, quamdiu crudus sit, coc-
tum uero miltiten, utilem ambustis, ad omnia uti-
liorem rubrica ; quinti generis schiston, haemorroi-

145 profluuia *Bda* : -iam *R* ‖ potus — sanguinem *Ba*, *om. dR* ‖
quem *dT* : que *B* quam *Ra* ‖ schiston *B*[1] : scis- *B*[2] scys- *a* scisthon
R scys- *d* ‖ in iis *B*[1] : in his *B*[2]*dRa* oculorum uitiis *Mayh.* ‖ com-
modior *Ba* : commotior *d* como- *R* ‖ explendis *B* : -dit *dR* expen-
dit *a* ‖ oculorum *codd.* : ulcerum *Url.*, *Detl.*, *Mayh.* ‖ scripsere
BRa : -runt *d.*
146 iis *B*[1] : his *B*[2]*dRa* ‖ iis *B*[1] : his *B*[2]*dRa* ‖ panchresta *B*[2] :
-cresta *dRa* -charesta *B*[2] ‖ appellat *BR* : -ant *da* ‖ dicit *dRa* :
-citur *B* ‖ nigrum *B* : nigro *dRa.*
147 praecipui *Bd* : -pue *Ra* ‖ hepatiten *B* : hela- *dR* ‖ crudus
dR : -dum *B* ‖ miltiten *Bd* : militen *R* ‖ rubrica *R* : -cae *B* -cam *d.*

148 en boisson, supprime les hémorroïdes. On combat les affections du sang en buvant à jeun une hématite quelconque, broyée dans trois drachmes d'huile. Sotacus rapporte encore qu'il existe un schiste d'un autre genre que l'hématite qu'il appelle anthracite [1]. Il apparaît en Afrique et sa couleur est noire. Frotté sur la pierre à eau du côté de sa base, il rend une couleur noire, de l'autre côté, une couleur de safran. Il sert à la médication des yeux.

149   XXXIX (21). Les aétites, du fait de leur nom, jouissent d'une grande réputation. On les trouve dans les nids d'aigles, comme nous l'avons indiqué dans notre dixième livre [1]. Ces pierres, dit-on, se présentent par couples, un mâle et une femelle et, sans elles, avons-nous dit, les aigles ne se reproduisent pas, et c'est pourquoi on ne rencontre ces pierres que deux par deux. Il y en a quatre espèces : l'aétite qui provient d'Afrique est petite et tendre et porte en elle comme en son sein une argile douce et blanche. Elle est friable et on lui attribue le sexe féminin ; l'espèce mâle, que produit l'Arabie, est dure, semblable à la noix de galle ou bien rougeâtre

150 et renferme en elle-même une pierre dure. La troisième espèce se trouve dans l'île de Chypre et sa couleur rappelle celle de l'aétite africaine, mais elle est plus grosse et aplatie. Les autres catégories ont en effet une forme sphérique. Elle recèle en son sein un sable d'un plaisant aspect et de petits cailloux ; elle-même est si tendre qu'elle s'effrite même sous les doigts. La quatrième espèce a pour nom « aétite de Taphiusa », elle apparaît près de Leucade dans la contrée de Taphiusa qui se trouve

das reprimentem in potu. Omnes autem haemati- 148
tas tritos in oleo trium drachmarum pondere a ieiu-
nis bibendos ad uitia sanguinis. Idem schiston et
alterius generis quam haematiten tradit, quem uocat
anthraciten ; nasci in Africa nigrum, attritum aquariis cotibus reddere ab ea parte quae fuerit ab radice
nigrum colorem, ab altera parte croci. Ipsum utilem esse oculorum medicamentis.

XXXIX (21). Aëtitae lapides ex argumento nomi- 149
nis magnam famam habent. Reperiuntur in nidis
aquilarum, sicut in decumo uolumine, diximus.
Aiunt binos inueniri, marem ac feminam, nec sine
iis parere quas diximus aquilas, et ideo binos tantum.
Genera eorum quattuor : in Africa nascentem pusil-
lum ac mollem, intra se uelut in aluo habentem
argillam suauem, candidam. Ipsum friabilem feminei sexus putant, marem autem, qui in Arabia nascatur, durum, gallae similem aut subrutilum, in
aluo habentem durum lapidem. Tertius in Cypro 150
inuenitur colore illis in Africa nascentibus similis,
amplior tamen atque dilatatus ; ceteris enim globosa
facies. Habet in aluo harenam iucundam et lapillos,
ipse tam mollis ut etiam digitis frietur. Quarti generis Taphiusius appellatur, nascens iuxta Leucada in

potu *B* : totum *dR*.
148 tritos *B* : -tas *dR* ‖ quem *Bd* : quam *R* ‖ uocat *B* : uocant
dR ‖ anthraciten *h* : antrachiten *R* andracithen *B* -chiten *d* ‖
attritum *Bd* : atercium *R* ‖ aquariis *B²d* : -ris *B¹R* ‖ quae —
parte *B²* *in marg. inf.*, *om.* *B¹dR* ‖ oculorum *Bd* : eucolorem *R*.
149 aetitae *Hard.* : -te *B* aethites *R* eti- *d* ‖ decumo *R* : deci- *d*,
om. *B* ‖ marem ac *Bd* : marmae *R* ‖ iis *uett.* : is *B¹* his *B²dR* ‖
binos *Bd* : -nas *R* ‖ quattuor *R* : qua bibitur *dR* ‖ se *B* : semet *d* sent
et *R* ‖ in *Bd*, *om.* *R* ‖ aluo *B* : albo *dR* ‖ friabilem *B¹dR* : fragi- *B²* ‖
nascatur *B* : -scitur *dR* ‖ gallae *dR* : galle *B²* galliae *B¹*.
150 frietur *dR* : frige- *B¹* frice- *B²* ‖ taphiusius *uett.* : thapi-
BdR taphius *a* ‖ leucada *dRa* : -chaba *B* -cadem *uett.*

à main droite pour qui navigue d'Ithaque vers Leucade. Elle se trouve dans les rivières et est blanche et
ronde. En son sein, elle porte une pierre du nom de
151　*callimus* [1], mais point de terre. Les aétites attachées
aux femmes enceintes ou aux femelles pleines des qua-
drupèdes dans la peau d'animaux sacrifiés maintien-
nent en place le fruit de la conception, et on ne doit les
ôter qu'au moment de l'enfantement. Autrement, il
y a ptose de la vulve. Mais si on ne les enlevait pas lors
de la mise au monde, celle-ci ne pourrait absolument
pas avoir lieu [1].

152　XL. A Samos, dans la même île dont nous avons déjà
dit les qualités de la terre, il y a aussi une pierre, dite
samienne [1] qui sert au polissage de l'or et, en médecine,
avec du lait, pour les ulcérations des yeux, de la façon
que nous avons signalée plus haut [2], ainsi que contre
les larmoiements chroniques. En boisson, elle combat
aussi les maladies de l'estomac, calme les vertiges, remet
les esprits ébranlés. Selon certains, elle est également
indiquée contre l'épilepsie et la dysurie. Elle entre aussi
dans la composition des médicaments dits acopes [3].
Elle se reconnaît à sa pesanteur, à sa blancheur. On
prétend aussi qu'en amulette, elle maintient en place
le fœtus.

153　XLI. La pierre arabique [1], semblable à l'ivoire, est
employée après combustion en dentifrice. C'est un spécifique des hémorroïdes qu'elle guérit avec de la charpie
ou recouverte d'un linge.

154　XLII. Je ne dois pas non plus passer sous silence les

Taphiusa, qui locus est dextra nauigantibus ex Ithaca Leucadem. Inuenitur in fluminibus candidus ac
rotundus. Huic est in aluo lapis, qui uocatur callimus, nec quicquam terren*i*. Aëtitae grauidis adalligati mulieribus uel quadripedibus pelliculis sacrifi- 151
catorum animalium continent partus, non nisi parturiant remouendi ; alioqui uuluae excidunt. Sed
nisi parturientibus auferantur, omnino non pariant.

XL. Est et lapis Samius in eadem insula ubi ter- 152
ram laudauimus, poliendo auro utilis, in medicina
oculorum ulceribus cum lacte quo supra dictum est
modo et contra ueteres lacrimationes. Prodest et
contra uitia stomachi potus, uertigines sedat mentesque commotas restituit. Quidam et morbis comitialibus utiliter dari putant et ad urinae difficultates.
Et acopis miscetur. Probatur grauitate, candore.
Volunt et partus contineri adalligato eo.

XLI. Arabus lapis, ebori similis, dentifriciis adcom- 153
modatur crematus. Priuatim haemorroidas sanat
cum lanugine linteorum aut super linteolis inpositis.

XLII. Non praetermittenda est et pumicum 154

taphiusa qui *d* : thaphiusa qui *R* taphius aeque *B, om. a* ‖
dextra *dR* : extra *B* dextera *a* ‖ ithaca *Sill.* : itacha *B* hac ad
dRa, uett. ‖ leucadem *Bd* : -dam *Ra* ‖ in *om. B*[1] ‖ callimus *Bda* :
calamus *R* ‖ terreni *Mayh.* : terrent *BdR* torrent *a* tenerius *h, uett.*

151 aetitae *uett.* : etithae *R* aetite *B* etite *d* ite *a* ‖ pelliculis
Ba : -la *R* fellicolis *d* ‖ sacrificatorum *B* : -cat eorum *a* -cato
uerum *d* -cate uene *R* ‖ continent *dRa* : -net *B* ‖ alioqui *B*[1]*R* :
-quin *B*[2]*da* ‖ excidunt *BRa* : -dium fit *d* ‖ omnino *Bd*[2]*a* : omni *d*[1]*R*
‖ pariant *B*[2] : -reant *B*[1] -riunt *dRa.* ‖

152 samius *BRa* : samis *d* ‖ lacrimationes *dRa* : lacru- *B* ‖ acopis
BR : ad copis *d* a copiis *a*.

153 adcommodatur *B* (-como-), *da* : -datus *R* ‖ aut super *B* :
insuper *dRa* ‖ inpositis *BRo* : -tus *d*.

caractères de la pierre ponce [1]. On appelle bien ainsi
les pierres érodées suspendues dans les édifices nommés « musées » pour imiter artificiellement des grottes [2] ;
mais les pierres ponces avec lesquelles les femmes, et,
il est vrai, à présent aussi les hommes se lissent la peau,
et qui, comme dit Catulle [3], servent à polir les livres,
pour les plus appréciées, se trouvent à Mélos, Nisyros
155 et dans les îles éoliennes [4]. Elles sont bonnes quand
elles sont blanches, très légères, aussi spongieuses et
sèches que possible, friables et ne donnant pas de sable
au frotter. En médecine, elles ont des vertus atténuatives
et siccatives, après triple combustion opérée avec du
charbon pur [1] et arrêtée chaque fois avec du vin blanc.
On les lave ensuite comme on lave la cadmie [2] et, après
séchage, on les enferme dans un local le moins humide
156 possible. La poudre qu'on en tire sert surtout à la médication des yeux ; ses produits en nettoient doucement
et font se combler les ulcères, ils en font disparaître les
cicatrices. Certains, après la troisième combustion, pré-
fèrent les piler dans du vin, après les avoir fait refroidir
plutôt qu'après les avoir éteintes. On incorpore aussi
avec avantage ces pierres à des emplâtres pour les ulcères
de la tête et des parties. On en fait aussi des dentifrices.
Selon Théophraste [1], dans des concours de boisson,
les buveurs commencent par absorber de cette poudre,
mais courent grand danger ensuite s'ils ne boivent pas
à se remplir le corps et telle est la force réfrigérante de
la pierre ponce que, si on en jette dans du moût, celui-ci
s'arrête de fermenter.

natura. Appellantur quidem ita erosa saxa in aedificiis quae musaea uocant dependentia ad imaginem
specus arte reddendam, sed ii pumices qui sunt in
usu corporum leuandorum feminis, iam quidem et
uiris atque, ut ait Catullus, libris, laudatissimi sunt
in Melo, Nisyro et Aeoliis insulis. Probatio in candore 155
minimoque pondere et ut quam maxime spongiosi
aridique sint, teri faciles nec harenosi in fricando.
Vis eorum in medicina extenuare, siccare, trina
ustione ita uti torreantur carbone puro, totiens
uino restinguantur albo. Lauantur deinde ut cadmia
et siccati conduntur quam minime uliginoso loco.
Vsus farinae eius oculorum maxime medicamentis : 156
ulcera purgant eorum leniter explentque, cicatrices
emendant. — Quidam a tertia ustione refrigeratos
potius quam restinctos terere malunt ex uino. —
Adduntur et in malagmata capitum uerendorumque
ulceribus utilissimi. Fiunt ex *i*is et dentifricia. Theophrastus auctor est potores in certamine bibendi
praesumere farinam eam, sed, nisi uniuerso potu
inpleantur, periclitari, tantamque refrigerandi naturam esse ut musta feruere desinant pumice addito.

154 quidem *Ba* : quidam *dR* ‖ erosa *BR* : rosa *d* morosa *a* ‖ saxa
in *Ba* : samin *R* sami *d* ‖ aedificiis *B²a* : -cis *B¹* ae diffusis *dR* ‖
musaea *B* : musea *dR, om. a* ‖ reddendam *B* : -da *dRa* ‖ ii *Sill.* :
hii *d* hi *Ba* hic *R* ‖ leuandorum *BRa* : lau- *d* ‖ laudatissimi *dRa* :
-mis *B* ‖ sunt *Bda, om. R* ‖ nisyro *B* : nissiro *R²* nissoro *R¹* in
syro *d* syro *a*.
155 et ut *B* : et *dRa* ‖ aridique *B²dR* : arique *B¹* aridi *a* ‖ teri
Bda : eri *R* ‖ faciles *B²da* : -le *B¹* ‖ fricando *codd.* : friando *Mayh.*
e *Theophr. in app.* ‖ trina ustione *B* : tur (cum *d*) in austri natione
dR ‖ torreantur *dR* : -eant *B* ‖ albo *d* : aluo *B, om. R* ‖ lauantur
Bd : alban- *R* ‖ siccati *dRa* : -tis *B* ‖ minime *Ba* : nichil *d* igi *R*.
156 eius *codd.* : ex iis *Mayh.* ‖ purgant *Bda* : pugnant *R* ‖
a *B, om. dRa* ‖ et in *Bda* : etiam *R* ‖ utilissimi *BRa* : -ma *d* ‖
iis *uett.* : is *B¹* his *B²dR* ‖ et *BR, om. d* ‖ auctor *Ba* : autem auctor
dR ‖ bibendi *B²dRa* : -do *B¹* ‖ tantamque *d²Ra* : tantum- *Bd¹*.

157　　XLIII (22). Les auteurs se sont également occupés
des pierres dont on fait les mortiers [1] et ne se sont pas
bornés aux mortiers à usage médicinal ou servant à
la confection des fards. Dans cette catégorie, ils ont
placé la pierre étésienne [2] avant toutes les autres, puis
la pierre de Thèbes que nous avons désignée du nom
de *pyrropoecile* [3] — certains la nomment *psarane* —
en troisième rang le *chrysite* qu'on tire du *chalazios*,
pour les médecins, celui qu'on tire du basanite [4] ; ce
dernier, en effet, ne rend aucun liquide. Les pierres qui
en rendent [5] sont, pense-t-on, très utiles pour les médi-
cations destinées aux yeux ; c'est pourquoi celles d'Éthio-

158　pie [6] sont les plus prisées pour cet usage. Les pierres
de Ténare, de Phénicie [1] et l'hématite servent, rapporte-
t-on, pour les médicaments à base de safran. Le suc
d'une autre pierre de Ténare [2], qui est noire, et de la
pierre de Paros n'est pas aussi utile aux médecins et
celui de l'alabastrite d'Égypte [3] ou de l'ophite blanc
est préférable. Telle est en effet une espèce d'ophite avec
laquelle l'on fait aussi des vases et des jarres.

159　　XLIV. L'île de Siphnos [1] possède une pierre que l'on
creuse et façonne au tour pour en tirer des vases dont
on se sert pour la cuisson des aliments ou la table, et
nous savons [2] qu'il en est de même pour la pierre verte
de Côme en Italie. Mais la particularité de la pierre
siphnienne réside dans le fait que, chauffée dans l'huile,
elle noircit et durcit [3], alors que, de nature, elle est très
tendre. Si différents les uns des autres sont les caractères des pierres, car c'est au-delà des Alpes que l'on
trouve les principaux échantillons de pierre tendre.
Dans la province de Belgique [4], il est une pierre blanche
que l'on coupe avec la même scie que le bois et avec plus

XLIII (22). Auctoribus curae fuere lapides morta- 157
riorum quoque, nec medicinalium tantum aut ad
pigmenta pertinentium. Etesium lapidem in iis
praetulere ceteris, mox Thebaicum, quem pyrropoecilon appellauimus — aliqui psaranum uocant —,
tertium ex chalazio chrysiten, medicis autem ex
basanite. Hic enim lapis nihil ex sese remittit. Ii
lapides qui sucum reddunt oculorum medicamentis
utiles existimantur ; ideo Aethiopici ad ea maxime
probantur. Taenarium lapidem et Phoeniceum et 158
haematiten iis medicamentis prodesse tradunt quae
ex croco componantur ; ex alio Taenario, qui niger
est, et ex Pario lapide non aeque medicis utilem,
potioremque ex alabastrite Aegyptio uel ex ophite
albo. Est enim hoc genus ophitis ex quo uasa et
cados etiam faciunt.

XLIV. In Siphno lapis est qui cauatur tornaturque 159
in uasa uel coquendis cibis utilia uel ad esculentorum usus, quod et in Comensi Italiae lapide uiridi
accidere scimus, sed in Siphnio singulare quod excal-
factus oleo nigrescit durescitque natura mollissimus.
Tanta qualitatium differentia est, nam mollitiae
trans Alpis praecipua sunt exempla. In Belgica
prouincia candidum lapidem serra, qua lignum, faci-

---

157 nec *dRa* : ne *B* ‖ iis *B*[1] : is *R* his *B*[2]*da* ‖ psaranum *B* :
-ronum *dR* sparon *a* ‖ ex *dR* : et *B* ‖ chrysiten *R* : -tem *B* -te *d* ‖
post basanite *def. R* ‖ ii *B*[1] : hii *d* hi *B*[2] ‖ lapidem *B*[2]*d* : -des *B*[1] ‖
phoeniceum *B* : penicum *d* ‖ taenario *uett.* : ten- *d* taenareo *B* ‖
et *d, om. B* ‖ potioremque *B* : potior est *d* ‖ alabastrite *B* : -scrite
d ‖ aegyptio *B* : -pto *d* ‖ ophite *h* : opithe *B* phite *d* ‖ ophitis *B* :
ophotis *d* ‖ ex *B* : eo *d*.
158 siphno *d* : sipno *B* syphino *a* ‖ esculentorum *da* : -lentos *B* ‖
et *B, om. da* ‖ comensi *uett.* : conm- *B* comm- *da* ‖ uiridi *B* : -de *a*
iendi *d* ‖ siphnio *h* : sipnio *B* sitnio *d* sithinio *a* ‖ qualitatium *B*[1] :
-tum *B*[2]*d, om. a* ‖ alpis *B*[1]*a* : alpes *B*[2] latis *d*.

de facilité même, pour faire maintenant des tuiles ordi-
naires ou des tuiles creuses ou encore, si l'on préfère,
ces genres de revêtements qu'on appelle revêtements en
queue de paon.

160   XLV. Et ces pierres, assurément, sont susceptibles
d'être clivées, mais la pierre spéculaire [1], puisqu'elle
aussi reçoit le nom de pierre, se laisse fendre, en raison
de sa nature qui s'y prête beaucoup plus facilement, en
lames aussi minces que l'on veut. Autrefois, l'Espagne
citérieure [2], seule, en fournissait, et même pas la province tout entière, mais la contrée qui s'étend dans
un rayon de cent mille pas autour de la ville de Ségo-
brige, maintenant aussi Chypre, la Cappadoce et la
Sicile, et, naguère, l'on en a découvert en Afrique. Toutes
cependant doivent être rangées après celles d'Espagne,
celles de Cappadoce [3] sont d'une très grande taille, mais
de couleur sombre.

161   On trouve aussi en Italie, dans la région de Bologne,
de petites traînées, enrobées dans du silex, sans que,
pour autant, leur nature apparaisse différente. En
Espagne, on retire la pierre spéculaire dans des puits
creusés à une grande profondeur, on la trouve aussi
enchâssée dans le roc, sous terre, d'où on l'arrache ou
on l'extrait par la taille. Mais, le plus souvent c'est un
minéral fossile, formant un tout par lui-même, comme
le moellon, et n'ayant jamais jusqu'ici dépassé cinq
pieds de long. Il apparaît clairement que, en vertu
d'un certain principe [1], l'humidité de la terre se congèle,
comme le cristal de roche [2] et se pétrifie, car, quand des
bêtes sauvages tombent dans de tels puits, la moelle
de leurs os, après un seul hiver, se transforme en pierre
162 de cette espèce. On trouve quelquefois aussi du noir [1]

liusque etiam secant iam ad tegularum et imbricum uicem uel, si libeat, quae uocant pauonacea tegendi genera.

XLV. Et hi quidem sectiles sunt, specularis uero, 160 quoniam et hic lapidis nomen optinet, faciliore multo natura finditur in quamlibeat tenues crustas. Hispania hunc tantum citerior olim dabat, nec tota, sed intra C̄ passuum circa Segobrigam urbem, iam et Cypros et Cappadocia et Sicilia et nuper inuentum Africa, postferendos tamen omnes Hispaniae, Cappadocia amplissimos magnitudine, sed obscuros.

Sunt et in Bononiensi Italiae parte breues maculae 161 complexu silicis alligatae, quarum tamen appareat natura similis. Puteis in Hispania effoditur e profunda altitudine, nec non et saxo inclusus sub terra inuenitur extrahiturque aut exciditur, sed maiore parte fossili natura, absolutus in se caementi modo, numquam adhuc quinque pedum longitudine amplior. Vmorem hunc terrae quadam anima crystalli modo glaciari et in lapidem concrescere manifesto apparet, quod cum ferae decidere in puteos tales, medullae in ossibus earum post unam hiemem in eandem lapidis naturam figurantur. Inuenitur et niger ali- 162

---

secant iam *ego* : secantium *Bda* secant tantum *Mayh.* secari aiunt *Eichholz* ‖ ad *da* : at *B* ‖ tegularum *Bd* : reg- *a* ‖ tegendi *a* : -ti *d* legendi *B* ‖ genera *Ba* : igne *d*.

160 lapidis *B* : lapis *da* ‖ finditur *B²da* : fund- *B¹* ‖ quamlibeat *Bd* : -libet *a* ‖ C̄ *Mayh.* : C *Bda* ‖ passuum *h* : -ssum *B¹* -ssus *B²d* milia passuum *a* ‖ segobrigam *B* : -bricam *d* sebogicam *a* ‖ amplissimos *B* : -mae *a* mellissimos *d* ‖ magnitudine *Bd* : -nis *a*.

161 et *Bd, om. a* ‖ maculae *Bailey* : -la *B, Mayh.* -losae *da* ‖ alligatae *Bd, Bailey* : -te *a* -ta *Mayh.* -ti *uett.* ‖ quarum *Bda, Bailey* : quorum *h, uett., Mayh.* ‖ e *B* : et *a, om. d* ‖ extrahiturque aut exciditur *d, om. Ba* ‖ maiore *B²d* : -rae *B¹* -re ex *Mayh.* ‖ se caementi *B* : sementi *d* ‖ eandem *B* : eadem *d* ‖ naturam *B* : -ra *d* ‖ figurantur *B* : -rarunt *d*.

mais le blanc a cette caractéristique remarquable, bien
que sa mollesse soit connue, de supporter parfaitement
l'action du soleil et du froid et de ne pas vieillir, si du
moins on ne lui fait pas subir d'atteinte, alors que le
vieillissement atteint même bien des catégories de pierres
brutes. On en a découvert un autre usage pour les rognures
et les paillettes dont on jonche le sol du Grand Cirque [2]
au moment des jeux, afin d'obtenir une blancheur qui
plaise.

163   XLVI. Sous le principat de Néron, on découvrit en
Cappadoce une pierre aussi dure que le marbre, blanche
et translucide même aux endroits où elle est striée de
veines fauves, ce qui a fait lui donner le nom de *phen-
gite* [1]. C'est elle que le prince avait utilisée pour faire
construire le temple de la Fortune, celui qu'on appelle
temple de Séjan, sanctuaire qui avait été consacré par
le roi Servius et qui fut enfermé dans la Maison Dorée
de Néron [2] ; c'est la raison pour laquelle, même les
portes fermées, il y régnait le jour la clarté du dehors,
mais de façon différente, cependant, que celle que procure la pierre spéculaire : la lumière y semble enfermée et
non pas transmise. En Arabie aussi se trouve une pierre
translucide comme le verre et dont on se sert à la place
de la pierre spéculaire, comme Juba nous l'apprend [3].

164   XLVII. Il conviendrait à présent de passer au chapitre
des pierres dont se servent les ouvriers et d'abord des
pierres à aiguiser le fer. Il y en a bien des sortes : longtemps celles de Crète ont été les plus prisées, après
quoi venaient celles de Laconie provenant du Taygète ;
les unes et les autres exigent de l'huile. Parmi les pierres
à eau, celle de Naxos était la plus appréciée, puis celle
d'Arménie ; nous avons parlé de l'une et de l'autre [1].
Les pierres de Cilicie sont très efficaces à l'huile et à

quando, sed candido natura mira, cum sit mollitia nota, perpetiendi soles rigoresque, nec senescit, si modo iniuria absit, cum hoc etiam in caementis multorum generum accidat. Inuenere et alium usum in ramentis squamaque, Circum maximum ludis Circensibus sternendi ut sit in commendatione candor.

XLVI. Nerone principe in Cappadocia repertus est 163 lapis duritia marmoris, candidus atque tralucens etiam qua parte fuluae inciderant uenae, ex argumento phengites appellatus. Hoc construxerat aedem Fortunae, quam Seiani appellant, a Seruio rege sacratam, amplexus aurea domo ; quare etiam foribus opertis interdiu claritas ibi diurna erat alio quam specularium modo tamquam inclusa luce, non transmissa. In Arabia quoque esse lapidem uitri modo tralucidum, quo utantur pro specularibus, Iuba auctor est.

XLVII. Nunc ad operarios lapides transisse conue- 164 niat primumque cotes ferro acuendo. Multa earum genera : Creticae diu maximam laudem habuere, secundam Laconicae e Taygeto monte, oleo utraeque indigentes. Inter aquarias Naxiae laus maxima fuit, mox Armeniacae, de quibus diximus. Ex oleo

---

162 candido *d* : -da *B* || iniuria *B* : -ria in *d* || absit *B* : arsit *d* || squamaque *uett.* : -ma quae *B* quamque *d*.

163 tralucens *B*[1] : transl- *B*[2]*da* || construxerat *B* : -rant *da* || seiani *B* : seiam *d* || opertis *Bd* : ap- *a* || tralucidum *B*[1]*a* : transl- *B*[2]*d*.

164 e taygeto *uett.* : et auge te *B* et aggeto *d* et ayeto *a* || utraeque *B* : utraque *da* || naxiae *B* : noxiae *d* -ias *a* || maxima *Ba* : -marum *d*.

l'eau, et de même celles d'Arsinoé [2] à l'eau seulement.

165 On en a trouvé aussi en Italie qui, avec de l'eau, permettent d'obtenir un tranchant extrêmement acéré, et de
semblables au-delà des Alpes, ces dernières ayant pour
nom *passernices* [1]. Une quatrième espèce comprend les
pierres qu'avant d'utiliser on humidifie avec de la salive
et dont on se sert dans les échoppes de barbiers. Dans
cette catégorie, les meilleures sont celles des Laminitani [3]
en Espagne citérieure.

166   XLVIII. Parmi la foule restante des pierres, le tuf
ne peut servir à la construction, parce qu'il est tendre
et peu durable. Cependant certaines régions ne connais-
sent pas d'autres matériaux, ainsi Carthage en Afrique [1].
L'haleine de la mer le ronge, le vent l'effrite, la pluie
l'use de ses coups. Mais on y protège avec soin les murs
en les enduisant de poix, car le tuf est rongé même par
un revêtement de chaux et l'on a fait cette plaisante
remarque que les Carthaginois se servent de poix pour
leurs maisons et de chaux pour les vins, car ils traitent

167 les vins avec cette substance. Autour de Rome [1], sur
le territoire de Fidènes et d'Albe [2], il y a d'autres espèces
de pierres tendres. En Ombrie également et en Vénétie,
une pierre blanche se laisse découper à la scie dentée [3].
Ces tufs, qui se laissent aisément travailler, supportent
aussi la fatigue pourvu qu'ils soient à couvert [4] ; ils
se brisent en morceaux sous l'effet du ruissellement,
du gel et des frimas et ils ne résistent pas non plus à
l'air marin. Ceux de Tibur [5], résistants par ailleurs,
se fendent à la chaleur.

168   XLIX. Les meilleurs silex [1] sont noirs, en certains
lieux aussi rouges, quelquefois encore blancs comme dans

et aqua Ciliciae pollent, ex aqua Arsinoiticae.
Repertae sunt et in Italia aqua trahentes aciem acer- 165
rimae effectu, nec non et trans Alpis, quas passernices
uocant. Quarta ratio est saliua hominis proficientium
in tonstrinarum officinis. Laminitanae ex Hispania
citeriore in eo genere praecipuae.

XLVIII. E reliqua multitudine lapidum tofus 166
aedificiis inutilis est mortalitate, mollitia. Quaedam
tamen loca non alium habent, sicuti Carthago in
Africa. Exestur halitu maris, friatur uento, euerberatur imbri. Sed cura tuentur picando parietes, quoniam et tectorii calce eroditur, sciteque dictum est
ad tecta eos pice, ad uina calce uti, quoniam sic
musta condiunt. Alia mollitia circa Romam Fide- 167
nati et Albano. In Vmbria quoque et Venetia albus
lapis dentata serra secatur. Hi tractabiles in opere
laborem quoque tolerant, sub tecto dumtaxat ;
aspergine et gelu pruinisque rumpuntur in testas,
nec contra auram maris robusti. Tiburtini, ad reliqua fortes, uapore dissiliunt.

XLIX. Nigri silices optimi, quibusdam in locis et 168
rubentes, nonnusquam uero et albi, sicut in Tar-

arsinoiticae *Ba* : exinoitice *d*.

165 repertae *a* : -ta *Bd* ‖ acerrimae *a*, *Detl.* : -me *d* -ma *B*
-mo *h*, *uett.* ‖ alpis *Ba* : alpes *d* ‖ in *Bd*, *om. a* ‖ tonstrinarum *B²* :
tostri- *B¹* lustri- *d* ‖ officinis *B* : -ciis *d* -cinas *a* ‖ laminitanae *B* :
flaminitante *d*.

166 tofus *B* : totus *dT* ‖ mollitia *Ba* : -tiae *Gel.*, *om. dT* ‖
in africa — uento *B*, *om. dT* ‖ exestur *B¹* : -tus *B²* ‖ friatur *B¹* :
frica- *B²* ‖ euerberatur *B* : uerb- *d* ‖ tectorii *Gel.* : -ri *B¹d* -ria *B²* ‖
eroditur *B²* : rod- *B¹* prod- *d* ‖ tecta eos *B* : tecteos *d* ‖ condiunt *B* :
-dunt *d*.

167 fidenati *B* : -narti *d* ‖ umbria *B* : -bri *d* ‖ opere *B* : -ra *d* ‖
pruinisque *B* : prunis- *d*.

168 optimi — locis *B*, *om. d* ‖ albi *B* : ibi *d* ‖ in *B*, *om. d*.

les carrières d'Anicius [2] qui se trouvent sur le territoire
de Tarquinies, près du lac de Volsinies et sur le territoire de Statonia. A ces derniers, le feu lui-même ne fait
aucun mal. Les mêmes aussi, quand on les sculpte dans
des monuments [3], durent sans que la vieillesse les altère ;
on en fait des moules dans lesquels on fond les bronzes [4].

169 Il existe aussi une pierre verte [1] qui résiste vigoureusement au feu, mais qui n'est nulle part abondante, et,
là où on la trouve, c'est une pierre, non un rocher [2]. Parmi
les autres, le silex jaune pâle est rarement bon pour le
moellon, le silex rond résiste aux injures du temps,
mais la construction qu'il permet est peu sûre s'il n'est
assujetti par une bonne assise de mortier, et l'on ne peut
compter davantage sur le silex fluvial, car il semble
toujours humide.

170   L. Le remède, en cas de pierre douteuse, est de l'extraire
en été et de ne pas l'incorporer à une construction avant
deux ans, après que les intempéries ont réduit ses
défauts [1]. Les pierres de ce genre qui sont endommagées,
on fera bien de les consacrer à la partie souterraine de
la maçonnerie. Celles qui auront résisté peuvent sans
crainte être exposées même à l'air libre.

171   LI. Les Grecs [1] font leurs constructions en pierre dure
ou en silex taillés toujours d'égale dimension, comme
les murs en briques. Ils désignent ce genre de construction du nom d'*isodomon* [2]. Mais quand les couches sont
d'épaisseur inégale, la construction est appelée *pseudisodomon*. Le troisième procédé est celui de l'*emplecton* :
seules les façades sont unies ; ailleurs, les matériaux

172 sont placés au gré du hasard. Il faut que les assemblages

quiniensi Anicianis lapicidinis circa lacum Volsi-
niensem et in Statoniensi, quibus ne ignis quidem
nocet. I*i*dem et in monimentis scalpti contra uetus-
tatem quoque incorrupti permanent ; ex iis formae
fiunt, in quibus aera funduntur. Est et uiridis lapis 169
uehementer igni resistens, sed nusquam copiosus et,
ubi inuenitur, lapis, non saxum, est. E reliquis palli-
dus in caemento raro utilis, globosus contra iniurias
fortis, sed structurae infidelis, nisi multa suffrenatione
deuinctus. Nec certior fluuiatilis, semper ueluti
madens.

L. Remedium est in lapide dubio aestate cum 170
eximere nec ante biennium inserere tecto, domitum
tempestatibus. Quae ex eo laesa fuerint, subterraneae structurae aptentur utilius ; quae restiterint,
tutum est uel caelo committere.

LI. Graeci e lapide duro aut silice aequato struunt 171
ueluti latericios parietes. Cum ita fecerunt, isodomon uocant genus structurae ; at cum inaequali
crassitudine structa sunt coria, pseudisodomon. Tertium est emplecton ; tantummodo frontibus politis
reliqua fortuita conlocant. Alternas coagmentationes 172

---

lapicidinis *d* : lapidici- *B* ‖ statoniensi *T* : -tionensi *B* -conensem
d ‖ ignis *B*¹ : ignes *B*²*d* ‖ nocet *h*, *uett.* : -cent *Bd* -ceat *Mayh.* ‖
iidem *uett.* : idem *B*, *om. d* ‖ scalpti *B*¹*d* : scul- *B*² ‖ iis *B*¹ : his
*B*²*d*.

169 uiridis lapis *Ba* : lapis uiridis *d* ‖ e *a* : et *d*, *om. B* ‖ reliquis
*B*¹*da* : -quiis *B*² ‖ caemento *Ba* : crem- *d* ‖ sed *B* : sed contra *d*
sed contra in *a* ‖ structurae B : -ra *a* -ras *d* ‖ nisi *da*, *om. B*.

170 aestate *Ba* : est ante *d* ‖ subterraneae *a* : -naeae *B* -nae
in *d*¹ -nea in *d*² ‖ structurae *B* : -ra *d* tracturae *a* ‖ aptentur *Ba* :
capt- *d* ‖ quae *h*, *uett.* : que *Bda* ‖ restiterint *d* : -runt *a* resiste-
rent *B*.

171 graeci e *uett.* : greci e *B* gratie *d* ‖ aequato *B* : equ- *a* equo
d ‖ isodomon *B* : isidomos *da* ‖ coria *B* : cona *d* ‖ pseudisodomon
uett. : ///eudiso- *B* pseudipso- *d* ‖ fortuita *B*² : -to *B*¹*d*, *uett.* -tu *a*.

172 coaugmentationes *B*¹*d* : coaug- *B*² aug- *a*.

soient alternés de façon que le milieu des pierres corres-
ponde aux points de jonction de celles de la rangée
précédente et qu'il en soit de même au milieu de la paroi,
si la chose est possible, sinon, au moins sur les deux
faces. Le procédé qui consiste à remplir l'intérieur du
mur avec des débris de moellons a pour nom *diatonicon* [1]
La maçonnerie réticulée [2], fréquente dans les constructions de Rome, court le risque de se lézarder. Il convient en ce cas de construire à l'équerre et au niveau
et de se laisser guider par le fil à plomb.

173 LII (23). Les citernes [1] doivent être construites avec
cinq parties de sable pur et granuleux, deux de chaux
la plus vive et avec des fragments de silex ne dépassant
pas le poids d'une livre ; ainsi fait, il faut en marteler
également le fond et les parois avec des pilons ferrés.
Il est préférable que les citernes soient accouplées de
façon que les impuretés se déposent dans la première
et que, par un filtre, l'eau arrive pure dans la suivante.

174 LIII. Caton le censeur [1] condamne la chaux tirée de
pierres de couleurs différentes. La meilleure est extraite
de la pierre blanche. Celle provenant de pierre dure
est davantage indiquée pour la construction, celle issue
de pierres poreuses davantage pour les enduits. Pour
l'un et l'autre usage, on rejette celle provenant de la
silice. Préférable est la chaux faite de pierres extraites
à celle provenant de pierres ramassées sur les rives
des cours d'eau. La meulière fournit une chaux meilleure parce que sa nature est plus grasse. Il est singulier qu'une substance, après avoir été calcinée, soit
rendue brûlante par l'eau [2].

175 LIV. Il existe trois sortes de sable [1] : le sable fossile
auquel on doit ajouter un quart de chaux, le sable
fluvial ou le sable marin auxquels on doit en ajouter un

fieri ut commissuras antecedentium medii lapides optineant necessarium est, in medio quoque pariete, si res patiatur ; si minus, utique a lateribus. Medios parietes farcire fractis caementis diatonicon uocant. Reticulata structura, qua frequentissime Romae struunt, rimis opportuna est. Structuram ad normam et libellam fieri, ad perpendiculum respondere oportet.

LII (23). Cisternas harenae purae asperae quinque 173 partibus, calcis quam uehementissim*ae* duabus construi, fragmentis silicis non excedentibus libras ; ita ferratis uectibus calcari solum parietesque similiter. Vtilius geminas esse, ut in priore uitia considant atque per colum in proxima*m* transeat pura aqua.

LIII. Calcem e uario lapide Cato censorius inpro- 174 bat ; ex albo melior. Qua*e* ex duro, structurae utilior ; quae ex fistuloso, tectoriis ; ad utrumque damnatur ex silice. Vtilior eadem effosso lapide quam ex ripis fluminum collecto, utilior e molari, quia est quaedam pinguior natura eius. Mirum aliquid, postquam arserit, accendi aquis.

LIV. Harenae tria genera : fossicia, cui quarta 175 pars calcis addi debet, fluuiatili aut marinae tertia.

patiatur *B* : patitur *da* ‖ caementis *Bd* : crem- *a* ‖ diatonicon *Jan* : -nichon *B* diemechon *d* diothecon *a* ‖ reticulata *Ba* : -cula *d* ‖ qua *B* : que *d* ‖ libellam *B*¹*da* : -lla *B*².

173 uehementissimae *uett.* : -me *Bda* ‖ duabus (duobus *a*) construi fragmentis *Ba*, *om. d* ‖ excedentibus *a* : excid- *B* ced- *d* ‖ calcari *Bd* : -cati *a* ‖ in *da*, *om. B* ‖ proximam *Col.* : -mas *Ba* -ma *d*.

174 melior quae *Hard.* : melior quam *Bda* ‖ fistuloso *Ba* : pistu- *d* ‖ natura eius *B* : -rae uis *d* -ra est *a*.

175 cui *B*²*da* : qui *B*¹ ‖ marinae *Ba* : -na *d*.

tiers. Si l'on adjoint encore au mélange un tiers de
brique pilée, le produit sera meilleur [2] ; depuis l'Apen-
nin jusqu'au Pô, l'on ne trouve pas de sable fossile, non
plus qu'au delà des mers [3].

176   LV. L'effondrement des édifices à Rome vient essentiellement de ce que, par suite du vol de la chaux, les
moellons sont disposés sans la substance qui les soude.
Le mortier [1] est d'autant meilleur qu'il est plus ancien.
Parmi les lois réglant autrefois la construction des édifices, l'on en trouve une interdisant à l'entrepreneur
d'utiliser une chaux de moins de trois ans. C'est pourquoi aucune fente n'a enlaidi leurs enduits. L'enduit,
s'il n'a pas été recouvert par trois fois d'un mélange
de chaux et de sable, et par deux fois de poussière de
marbre, ne possède jamais assez de lustre [2]. Dans les
constructions humides et gâtées par le sel, il est préférable de faire une sous couche avec de la brique pilée [3].

177 En Grèce, toujours pour le revêtement, on commence
par travailler dans un mortier, avec des pilons de bois,
l'enduit au sable que l'on doit appliquer. On reconnaît
que l'enduit au marbre a été bien travaillé quand il
n'adhère plus à la truelle ; au contraire, s'il s'agit du
stuc [1], quand la chaux humidifiée y adhère comme de
la glu. Il ne faut l'humidifier que par motte [2]. Il est
à Elis un temple de Minerve [3] dans lequel le frère de
Phidias, Panaenus, a appliqué aux murs un enduit
qu'il avait travaillé, dit-on, avec du lait et du safran ;
c'est pourquoi si, aujourd'hui, on le frotte avec son
pouce, humecté de salive, il donne odeur et saveur de
safran.

178   LVI. Les mêmes colonnes [1], disposées de façon plus
serrée semblent plus épaisses. Il y a quatre catégories
de colonnes [2]. Celles qui, à leur base, ont un diamètre

Si et testae tusae tertia pars addatur, melior materia erit. Ab Appennino ad Padum non inuenitur fossicia, nec trans maria.

LV. Ruinarum urbis ea maxume causa, quod 176 furto calcis sine ferumine suo caementa componuntur. Intrita quoque ea quo uetustior, eo melior. In antiquorum aedium legibus inuenitur, ne recentiore trima uteretur redemptor ; ideo nullae tectoria eorum rimae foedauere. Tectorium, nisi quod ter harenato et bis marmorato inductum est, numquam satis splendoris habet. Vliginosa et ubi salsugo uitiat testaceo sublini utilius. In Graecia tectoriis etiam 177 harenatum, quo inducturi sunt, prius in mortario ligneis uectibus subigunt. Experimentum marmorati est in subigendo, donec rutro non cohaereat ; contra in albario opere, ut macerata calx ceu glutinum haereat ; macerari non nisi ex glaeba oportet. Elide aedis est Mineruae, in qua frater Phidiae Panaenus tectorium induxit lacte et croco subactum, ut ferunt ; ideo, si teratur hodie in eo saliua pollice, odorem croci saporemque reddit.

LVI. Columnae eaedem densius positae crassiores 178 uidentur. Genera earum quattuor : quae sextam par-

si *B* : sit *da.* ‖ padum *Ba* : earum *d* ‖ non *da, om. B* ‖ maria *Ba* : marina *d.*

176 furto *B* : fulto *d* ‖ ea *B* : et a *d* ‖ quo B^2d : quod B^1 ‖ antiquorum *B, Sill.* : -quarum *d, uett.* ‖ ne *B* : nec *d* ‖ recentiore *d* : recensi- *B* ‖ trima *B* : -mo *d* ‖ ideo B^2 : indeo B^1 idem *d* ‖ nullae *B* : nulla *da* ‖ tectoria eorum B^1d : -riorum B^2 -ria *a* ‖ nisi quod *B* : quod nisi *da* ‖ ter *da* : per *B* ‖ et bis marmorato *Ba, om. d* ‖ numquam *B* : non *da* ‖ uliginosa et ubi *Ba* : -sae pubi *d* ‖ uitiat *Barb.* : uitia at *B* uitia *d* uitiet *Mayh.* ‖ testaceo sublini *B* : -ceosum limi *d* testa sublimi *a.*

177 graecia *uett.* : grecia *da* -ciae *B* graeciae *Sill.* ‖ tectoriis *Bd* : -ris *a* ‖ rutro *B* : rubro *a* ultro *d* ‖ glutinum *d* : -na *B* ‖ ex *d, om. Ba* ‖ lacte et *da* : late e *B* lacte e *Jan* ‖ ferunt *Bd* : -rent *a.*

178 eaedem B^1 : eadem B^2 heedem *d* aedem *a.*

correspondant au sixième de leur hauteur sont appelées doriques, au neuvième, ioniques, au septième, toscanes. Pour les corinthiennes, le rapport est le même que pour les ioniques, avec cette différence que les chapiteaux corinthiens ont une hauteur égale à leur diamètre mesuré à leur naissance, aussi donnent-ils une impression de plus grande minceur ; la hauteur du chapiteau ionique

179 est en effet égale au tiers de son diamètre de base. Suivant les règles anciennes, la hauteur des colonnes était égale au tiers de la largeur du temple. Ce fut dans le premier sanctuaire de Diane à Éphèse [1] que, pour la première fois, l'on sculpta des tores [2] à la base des colonnes et on ajouta à leur sommet des chapiteaux : selon les rapports qui y furent appliqués, le diamètre des colonnes était le huitième de leur hauteur, l'ensemble des tores avait une hauteur égale à la moitié du diamètre et le sommet des colonnes était plus mince d'un septième que leur base. Il existe, en outre, des colonnes dites attiques, quadrangulaires, à faces égales [3].

180 LVII (24). La médecine, elle aussi, fait grand usage de la chaux. Elle la choisit jeune et vive [1]. La chaux sert à brûler, dissoudre, extraire, elle arrête à leur début les inflammations des ulcères serpigineux [2]. Mêlée de vinaigre et d'huile rosat, et appliquée, incorporée ensuite à de la cire et de l'huile rosat, elle amène les plaies à cicatrisation. Mélangée à de la résine liquide ou à de la graisse de porc dans du miel, elle guérit aussi les luxations et aussi, après même préparation, les écrouelles [3].

181 LVIII. Le mastic [1] se fait avec de la chaux jeune. On éteint une motte de chaux avec du vin, puis on la pile avec de la graisse de porc et des figues, double

tem altitudinis in crassitudine ima habent, Dori-
cae uocantur ; quae nonam, Ionicae ; quae septi-
mam, Tuscanicae ; Corinthiis eadem ratio quae
Ionicis, set differentia, quoniam capitulis Corinthia-
rum eadem est altitudo quae colligitur crassitudine
ima, ideoque graciliores uidentur ; Ionicis enim capi-
tuli altitudo tertia pars est crassitudinis. Antiqua 179
ratio erat columnarum altitudinis tertia pars latitudinum delubri. In Ephesiae Dianae aede, quae
prius fuit, primum columnis spirae subditae et capi-
tula addita, placuitque altitudinis octaua pars in
crassitudine et ut spirae haberent crassitudinis dimi-
dium septimaeque partes detraherentur summarum
crassitudine. Praeter haec sunt quae uocantur Atticae columnae quaternis angulis, pari laterum inter-
uallo.

LVII (24). Calcis et in medicina magnus usus. 180
Eligitur recens nec aspersa aquis. Vrit, discutit,
extrahit incipientesque serpere ulcerum impetus coercet. Aceto et rosaceo mixta atque inlita, mox cera ac
rosaceo temperata perducit ad cicatricem. Luxatis
quoque cum liquida resina aut adipe suillo ex melle
medetur, eadem compositione et strumis.

LVIII. Maltha e calce fit recenti. Glaeba uino 181
restinguitur, mox tunditur cum adipe suillo et fico,

---

crassitudine *da* : -nem *B* ‖ ima *Ba* : nimia *d* ‖ corinthiis *d* : -thi
Ba ‖ set *Dal.* : et *Bda, uett.* ‖ capitulis *B* : -laris *da* ‖ ima *uett.* :
imae *Ba* nimia *d* ‖ altitudo *B* : alti ut *d* ‖ pars e st *B* ; prestet *d*.
179 quae *B* : qua *d* ‖ spirae *B* : spinae *d* ‖ octaua *d* : occulta ua
B ‖ ut *d, om. B* ‖ partes *B* : -tis *d* ‖ detraherentur *B* : -hentibus *d* ‖
crassitudine *Bd* : -dini *Barb.*
180 serpere *Bda* : -pentium *Mayh.* ‖ mixta — rosaceo *B, om. da* ‖
perducit *a* : -duxit *d* -dulcta *B* ‖ luxatis *B*[1]*da* : laxa- *B*[2].
181 maltha *Ba* : malta *d*.

moyen de l'adoucir. Le produit est la chose du monde la plus tenace et dépasse la pierre en dureté. On commence par frotter avec de l'huile ce que l'on enduit de mastic.

182 LIX. Le gypse [1] est matière apparentée à la chaux. Il en existe plusieurs sortes, car on l'obtient aussi par cuisson de la pierre, comme en Syrie et à Thurii [2] ; on l'extrait de la terre, comme à Chypre et en Perrhébie ; et celui de Tymphée se trouve aussi à la surface du sol [3]. La pierre que l'on cuit ne doit pas différer de l'albâtre ou du marbre [4]. En Syrie, on choisit les pierres les plus dures à cet effet et on les cuit avec du fumier de vache [5], afin que la combustion soit plus rapide. C'est un fait d'expérience que le gypse le meilleur de tous s'obtient avec la pierre spéculaire [6] ou toute pierre qui se sépare 183 aussi en éclats. Il faut utiliser sur le champ le gypse détrempé, car il se durcit avec la plus grande rapidité ; pourtant, il se laisse piler à nouveau et réduire en poudre [1]. On utilise avec le plus de faveur le gypse pour les stucs [2], les figurines d'ornementation des édifices et les corniches. Il est un cas bien connu, celui de C. Proculeius [3] qui jouissait de la faveur de César Auguste et qui, souffrant d'une maladie d'estomac, se donna la mort en absorbant du gypse.

184 LX (25). Les pavements [1] ont leur origine en Grèce [2] et leur art se perfectionna à la façon de la peinture jusqu'au moment où celui-ci fut éliminé par les *lithostrota*. Dans ce genre, la plus grande célébrité fut acquise par Sosus qui, à Pergame, fit le pavage qu'on nomme *asaroton oecon* [3], parce qu'il y avait représenté les reliefs

duplici lenimento. Quae res omnium tenacissima et
duritiam lapidis antecedens. Quod malthatur, oleo
perfricatur ante.

LIX. Cognata calci res gypsum est. Plura eius 182
genera. Nam et e lapide coquitur, ut in Syria ac
Thur*ii*s, et e terra foditur, ut in Cypro ac Perrhae-
bia ; e summa tellure et Tymphaicum est. Qui coquitur lapis non dissimilis alabastritae esse debet aut
marmoroso. In Syria durissimos ad id eligunt cocunt-
que cum fimo bubulo, ut celerius urantur. Omnium
autem optimum fieri compertum est e lapide speculari squamamue talem habente. Gypso madido sta- 183
tim utendum est, quoniam celerrime coit ; tamen
rursus tundi se et in farinam resolui patitur. Vsus
gypsi in albariis, sigillis aedificiorum et coronis gratissimus. Exemplum inlustre, C. Proculeium, Augusti
Caesaris familiaritate subnixum, in stomachi dolore
gypso poto consciuisse sibi mortem.

LX (25). Pauimenta originem apud Graecos habent 184
elaborata arte picturae ratione, donec lithostrota
expulere eam. Celeberrimus fuit in hoc genere Sosus,
qui Pergami strauit quem uocant asaroton oecon,

lenimento *Sill.* : lenam- *B* liniam- *da* linim- *Hard.* ‖ tenacissima
da : -me *B* ‖ malthatur *uett.* : -tatur *da* -tharum *B* ‖ perfricatur
Ba : -ficitur *d.*

182 cognata *B* : -nita *da* ‖ et e *da* : et *B* ‖ in *Bd* : si in *a* ‖ thu-
riis *uett.* : thuris *B* turis *da* ‖ et *B, om. da* ‖ ut *Ba, om. d* ‖ per-
rhaebia *d* : perrae- *B* ‖ tymphaicum *B* : ymeicum *d* thimeialicum
a ‖ durissimos *da* : -mus *B* ‖ ad *B¹d* : at *B²* ‖ eligunt *B* : flig- *d* frig-
F ‖ cum *B, om. d* ‖ speculari *B¹d* : -liari *B²* -laris *a.*

183 coit *Bd* : coqui *a* ‖ tundi se *B²* : -dis *B¹* -di *B³da* ‖ albariis *B²da* : -ris *B¹* ‖ coronis *Ba* : cornis *d* ‖ inlustre *a* : -trem *Bd*
-tre est *Mayh.* ‖ C *uett.* : C̄ *a* gaium *Bd* ‖ caesaris *B²a* : -ris in *d* cae-
ris *B¹.*

184 arte *codd.* : ante *Detl.* ‖ lithostrota *Ba* : lythostrotata *d* ‖
expulere *Bd* : -puluere *a* ‖ genere sosus *Bd* : generosus *a* ‖ oecon
B : decon *d* de quo *a.*

du repas et tout ce qu'il est coutume de balayer, comme
si cela y avait été laissé, et cela grâce à de petits cubes
peints de couleur variée. Là, se trouve une admirable
colombe buvant [4], et obscurcissant l'eau de l'ombre de
sa tête ; d'autres, qui se chauffent au soleil, se nettoient
en se grattant sur le rebord d'un canthare.

185   LXI. Je crois que les premiers pavements effectués
furent ceux que nous appelons à présent barbares et
pavements sous couvert. Ces sols battus furent en
Italie faits à l'aide de hies, c'est ce qui du moins peut
s'entendre du nom même [1]. A Rome, un pavement
losangé [2] fut établi pour la première fois dans le temple
de Jupiter Capitolin, après le début de la troisième
guerre punique [3]. Mais que les pavements aient été
employés fréquemment avant la guerre cimbrique [4]
et aient acquis une grande faveur, c'est ce qu'indique
ce vers de Lucilius [5] :

Par l'art du pavement et par le motif de fine mosaïque [6].

186   LXII. Les Grecs ont trouvé les terrasses [1] dont ils
couvrent leurs demeures, système aisé dans les pays
chauds, mais décevant partout où le froid fait con-
geler les pluies [2]. Il est nécessaire de disposer un double
assemblage de planches [3] en sens inverse et d'en clouer
les extrémités afin qu'elles ne s'infléchissent pas ; à
du hourdis récent [4], on ajoute un tiers de brique pilée,
puis on tasse à la hie sur un pied d'épaisseur du béton
187   auquel on mêle deux cinquièmes de chaux ; ensuite on
étend une couche très dure [1] épaisse de six doigts et

quoniam purgamenta cenae in pauimentis quaeque
euerri solent uelut relicta fecerat paruis e tessellis
tinctisque in uarios colores. Mirabilis ibi columba
bibens et aquam umbra capitis infuscans ; apricantur
aliae scabentes sese in canthari labro.

LXI. Pauimenta credo primum facta quae nunc 185
uocamus barbarica atque sub*t*egulanea, in Italia
festucis pauita. Hoc certe ex nomine ipso intellegi
potest. Romae scutulatum in Iouis Capitolini aede
primum factum est post tertium bellum Punicum
initum, frequentata uero pauimenta ante Cimbri-
cum magna gratia animorum indicio est Lucilianus
ille uersus :

Arte pauimenti atque emblemate uermiculato.

LXII. Subdialia Graeci inuenere talibus domos 186
contegentes, facile tractu tepente, sed fallax ubi-
cumque imbres gelant. Necessarium binas per diuer-
sum coaxationes substerni e*t* capita earum praefigi,
ne torqueantur, et ruderi nouo tertiam partem testae
tusae addi, dein rudus, in quo duae quintae calcis mis-
ceantur, pedali crassitudine festucari, tunc nucleo 187

pauimentis *B* : -mento *da* ‖ euerri *B* : uerri *da* ‖ e tessellis
Sill. : et esellis *B* set esse utilis *d* ‖ apricantur *B*[1]*d* : aplic- *B*[2]
aprineantur *a* ‖ scabentes *Gel.* : sta- *B*[1] scabantes *d* statuentes
B[2] esca *a* ‖ sese *Bd* : esse *a*.

185 subtegulanea *Barb.* : subregulanea *Bd* -lanica *a* ‖ pauita *B* :
pauimenta *a* cautia *d* ‖ certe *Ba* : a parte *d* ‖ scutulatum *Sill.* :
scutol- *B* scalturatum *d*[1] scalpt- *d*[2] scalpturam *a* ‖ post *Ba*, om. *d* ‖
indicio *Ba* : indicto *d* ‖ lucilianus *Ba* : uirgilia- *d* ‖ uersus *da* :
-sus est *B* ‖ arte *Bd* : ante *a* ‖ pauimenti *Bd* : -menta *a* ‖ emblemate *Bd* : -mati *a* ‖ uermiculato *d* : -tos *B* -ta *a*.

186 facile *Ba* : om. *d* genus facile *Url., Mayh.* ‖ tractu *d* :
-tus *B* tractatu *a* ‖ tepente *a* : -tes *B* repente *d* ‖ coaxationes
Detl. : coat- *B* taxat- *da* ‖ substerni *da* : subter- *B* ‖ et *Sill.* : e *B*,
om. *da*.

187 tunc *da* : nunc *B*.

on assemble de grands carreaux dont l'épaisseur n'est jamais inférieure à deux doigts. On conserve une pente d'un pouce et demi par dix pieds et l'on polit la surface soigneusement à la pierre dure [2]. On juge dangereux de planchéier avec des poutres de chêne parce qu'elles s'infléchissent [3]. En revanche, on estime préférable d'étendre une couche de fougère ou de paille de façon que l'action de la chaux se fasse moins sentir. Il est nécessaire aussi de disposer une couche de pierres rondes [4]. On construit de même les pavements de brique disposés en épi [5].

188   LXIII. Il ne faut pas négliger non plus le genre unique du pavement à la grecque [1]. Sur le sol tassé à la hie, on dispose un hourdis ou bien un lit de tessons, puis, sur une couche épaisse de charbon pilé, on dispose un produit fait de sable, de chaux et de cendre mêlés d'une épaisseur d'un demi-pied, l'on mesure à la règle et au niveau et cela prend l'apparence de la terre. Mais si l'ensemble est poli à la pierre dure, cela prend l'apparence d'un pavement noir.

189   LXIV. La construction des *lithostrota* commença déjà sous Sylla [1] ; celui qu'il fit faire du moins en toutes petites plaques [2] dans le sanctuaire de la Fortune à Préneste subsiste encore aujourd'hui [3]. Puis, chassés de terre, les pavements passèrent jusques aux voûtes grâce à l'emploi du verre [4] ; c'est là aussi une invention récente. Agrippa [5], en tout cas, dans les thermes qu'il fit à Rome, fit peindre à l'encaustique les revêtements de terre cuite dans les salles chaudes ; il décora le reste de stucs et, à coup sûr, il eût fait élever des voûtes de verre si

crasso sex digitos induci, tessella grandi non minus alta duos digitos strui, fastigium uero seruari in pedes denos sescunciae ac diligenter cote despumari. Quernis axibus contabulari, quia torquentur, inutile putant, immo et felice aut palea substerni melius esse, quo minor uis calcis perueniat. Necessarium et globosum lapidem subici. Similiter fiunt spicata testacea.

LXIII. Non neglegendum est etiamnum unum **188** genus Graecanici. Solo festucato inicitur rudus aut testaceum pauimentum, dein spisse calcatis carbonibus inducitur ex sabulo et calce ac fauilla mixtis materia crassitudine semipedali, ad regulam et libellam exigitur, et est forma terrena. Si uero cote depolitum est, nigri pauimenti usum optinet.

LXIV. Lithostrota coeptauere iam sub Sulla ; **189** paruolis certe crustis exstat hodieque quod in Fortunae delubro Praeneste fecit. Pulsa deinde ex humo pauimenta in camaras transiere uitro. Nouicium et hoc inuentum. Agrippa certe in thermis, quas Romae fecit, figlinum opus encausto pinxit in calidis, reliqua albario adornauit, non dubie uitreas facturus

---

induci tessella *Sill.* : -cit essella B^1 -cite e sella B^2 -cit esse illa d indicit esse et stella a ‖ grandi B : -de da ‖ alta B : alia da ‖ sescunciae B : sesun- a secuntie d ‖ despumari B : -re da ‖ quernis B : quae uernis a uernisque d ‖ axibus B : anxi- da ‖ contabulari B : contribu- da ‖ felice B^1a : fil- B^2d ‖ et Ba : est d.

188 non neglegendum a : nonnec leg- B^1 nonne leg- B^2 nonne elig- d ‖ rudus B^1a : rudis B^2d ‖ ex Bd : et a ‖ depolitum Ba : polytum d.

189 lithostrota B : -stroata d^1 -strata d^2a ‖ coeptauere B^1 : coapt- B cept- a accept- d ‖ sulla d : silla B^2 se illa B^1 sella a ‖ camaras B : -ra d cameras a ‖ transiere hL : -sire Bd ‖ uitro *Mayh.* : utro B utrio d^1 ut pro d^2a e uitro *Gel.* ‖ figlinum da : figil- B^1 figul- B^2 ‖ encausto d : ench -B^1 inch- B^2 ‖ pinxit B : finxit d ‖ in — albario Ba, *om.* d ‖ reliqua B : -quas a ‖ albario B : -riae a ‖ uitreas B^2da : -trias B^1.

la chose eût déjà été inventée ou si le verre eût déjà passé des murs de la scène de Scaurus, comme nous l'avons dit [6], jusques aux voûtes. Telles sont les raisons qui nous poussent à indiquer aussi la nature du verre.

190   LXV (26). La région de la Syrie qui a pour nom Phénicie et qui est voisine de la Judée comprend, au pied du mont Carmel, un marais appelé Candebia. De là naît, croit-on, une rivière, le Bélus [1], qui, après un cours de cinq mille pas, débouche dans la mer, tout près de la colonie de Ptolémaïs [2]. Son cours est lent, son eau malsaine à boire, mais il est consacré pour les cérémonies religieuses ; il est riche en limon, son lit est profond et ne montre ses sables qu'au reflux de la mer.

191 A ce moment, ils se mettent à briller, roulés par les flots qui éliminent les impuretés [3]. C'est alors aussi croit-on, que les sables, auparavant inutilisables, se contractent sous l'effet de l'astringence de l'eau de mer. L'étendue du rivage ne dépasse pas cinq cents pas et ce n'est que cela qui, durant tant de siècles, fournit le corps nécessaire à la formation du verre. Selon la tradition, un navire portant des marchands de nitre vini y aborder, et, comme les marchands, dispersés sur le rivage, préparaient leur repas et ne trouvaient pas de pierres pour rehausser leurs marmites, ils les remplacèrent par des mottes de nitre tirées de leur cargaison. Quand celles-ci se furent embrasées, mêlées avec le sable du rivage, des ruisseaux translucides d'un liquide inconnu se mirent à couler et telle fut l'origine du verre [1].

192 LXVI. Bientôt le savoir-faire humain dans son ingéniosité ne se contenta plus de mêler à ce sable du nitre. On se mit à y ajouter aussi de la pierre d'aimant [1], parce que, croit-on, ce corps attire à lui le verre liquide comme

camaras, si prius inuentum id fuisset aut a parietibus scaenae, ut diximus, Scauri peruenisset in camaras. Quam ob rem et uitri natura indicanda est.

LXV (26). Pars Syriae, quae Phoenice uocatur, 190
finitima Iudaeae intra montis Carmeli radices palu-
dem habet, quae uocatur Candebia. Ex ea creditur
nasci Belus amnis quinque milium passuum spatio
in mare perfluens iuxta Ptolemaidem coloniam.
Lentus hic cursu, insaluber potu, sed caerimoniis
sacer, limosus, uado profundus, non nisi refuso mari
harenas fatetur ; fluctibus enim uolutatae nitescunt
detritis sordibus. Tunc et marino creduntur adstringi 191
morsu, non prius utiles. Quingentorum est passuum
non amplius litoris spatium, idque tantum multa per
saecula gignendo fuit uitro. Fama est adpulsa naue
mercatorum nitri, cum sparsi per litus epulas para-
rent nec esset cortinis attollendis lapidum occasio,
glaebas nitri e naue subdidisse, quibus accensis,
permixta harena litoris, tralucentes noui liquoris
fluxisse riuos, et hanc fuisse originem uitri.

LXVI. Mox, ut est ingeniosa sollertia, non fuit 192
contenta nitrum miscuisse ; coeptus addi et magnes
lapis, quoniam in se liquorem uitri quoque ut ferrum

fuisset *B²da* :fuisse *B¹*.
190 phoenice *F* : poen- *B²* paen- *B¹* phenica *d* -cae *a* ‖ intra
montis *Bd* : infra montes *a* ‖ habet *Ba* : -bens *d* ‖ candebia *B¹* :
-deuia *B²a* -debea *d* cendebia *Sill.* ‖ ex ea *Ba, om. d* ‖ spatio in
B²da : spatium *B¹* ‖ hic cursu insaluber potu *B* : hic currit insa-
lubri potu *a, om. d* ‖ uado *Ba* : e uado *d* ‖ profundus *B* : -das *da* ‖
refuso *B* : -fulso *d* rufo *a* ‖ fatetur *Ba* : -tentur *d* ‖ uolutatae *h* : -te
B¹a uolubilitate *B²* uoluptate *d*.
191 morsu *Ba* : manu *d* ‖ nec esset *B* : necesse est *da* ‖ glaebas
hL : gleb- *d* graeb- *B* ‖ tralucentes *B¹* : transl- *B²d* tralucentis *a*.
192 nitrum *Bd* : nigrum *a*.

le fer. De même façon, l'on commença aussi à brûler diverses sortes de pierres brillantes [2], puis des coquillages et des sables fossiles [3]. Selon certaines sources, l'on fait aussi dans l'Inde du verre avec du cristal de roche concassé [4] et c'est la raison pour laquelle le verre 193 indien est incomparable. On emploie pour la fonte des bois légers et secs après addition de cuivre [1] et de nitre, surtout du nitre d'Ophir [2]. Comme le cuivre, le verre se liquéfie dans une série de fours contigus [3] et l'on obtient des masses noirâtres d'un aspect luisant. Sa puissance de pénétration est telle, en toutes ses parties, que, sans qu'on le sente, il entaille jusqu'à l'os toute partie du corps qu'il a effleurée. A nouveau, l'on fond ces masses dans les ateliers, l'on teint le verre ; puis, tantôt on le souffle [4], tantôt on le façonne au tour [5], tantôt on le cisèle comme de l'argent [6]. De tels ateliers firent jadis la gloire de Sidon [7], s'il est vrai qu'elle avait 194 inventé même les miroirs. Tel fut l'ancien procédé de fabrication du verre. Mais à présent on utilise aussi un sable blanc venant du fleuve du Volturne en Italie et que l'on trouve entre Cumes et Literne, sur six mille pas du rivage côtier, là où il est le plus tendre, et on le broie au mortier ou à la meule. Ensuite on le mêle à un poids ou à un volume triple de nitre, puis, une fois liquéfié, on transvase le mélange dans d'autres fours [1]. Là se constitue une masse que l'on appelle *hammonitrum* [2]. On la recuit et on obtient du verre pur et une masse de verre blanc [3]. Aujourd'hui aussi dans les Gaules et les Espagnes, on traite le sable de la même 195 façon. On raconte qu'après l'invention, sous le principat de Tibère, d'un mélange donnant un verre ductile [1], l'atelier tout entier de l'artisan fut supprimé de façon à empêcher des métaux comme le cuivre, l'argent et

trahere creditur. Simili modo et calculi splendentes
multifariam coepti uri, dein conchae ac fossiles harenae. Auctores sunt in India et crystallo fracta fieri
et ob id nullum conparari Indico. Leuibus autem ari- 193
disque lignis coquitur addito cypro ac nitro, maxime
Ophirio. Continuis fornacibus ut aes liquatur, mas-
saeque fiunt colore pingui nigricantes. Acies tanta
est quacumque ut citra sensum ullum ad ossa conse-
cet quidquid adflauerit corporis. Ex massis rursus
funditur in officinis tinguiturque, et aliud flatu figu-
ratur, aliud torno teritur, aliud argenti modo caela-
tur, Sidone quondam his officinis nobili, siquidem
etiam specula excogitauerat.

Haec fuit antiqua ratio uitri. Iam uero et in 194
Volturno amne Italiae harena alba nascens sex milium
passuum litore inter Cumas atque Liternum, qua
mollissima est, pila molaue teritur. Dein miscetur
tribus partibus nitri pondere uel mensura ac liquata
in alias fornaces transfunditur. Ibi fit massa quae
uocatur hammonitrum, atque haec recoquitur et fit
uitrum purum ac massa uitri candidi. Iam uero et
per Gallias Hispaniasque simili modo harena temperatur. Ferunt Tiberio principe excogitato uitri 195
temperamento, ut flexile esset, totam officinam
artificis eius abolitam, ne aeris, argenti, auri metal-

trahere *Ba* : -ret *d* ‖ coepti uri *B* : cepturi *da* ‖ et *B* : ex *d* ‖
crystallo *uett.* : cris- *d* chris- *a* chrystallus *B* ‖ fracta *d* : -to *a*
facta *B*.

193 cypro *Bd* : cyprio *a* ‖ ophirio *hL*, *Sill.*, *Bailey* : ofirio *dT*
cyprio *B* aegyptio *Jan* aphronitro *Hard.* ‖ adflauerit *B* : -fluerit
d ‖ aliud — aliud *B, om. ad.*

194 amne *B²* : mane *B¹* mare *da* ‖ liternum *B* : litorum *da* ‖
qua *Ba* : quae *d* ‖ molaue *d* ‖ molaue *B²* : mola uel *B¹* molaque *da* ‖ liquata
da : -tas *B¹* -tis *B²* ‖ harena *B* : -nae *d* ‖ temperatur *B* : -rantur *d*.

195 flexile *B* : -xibile *d* ‖ artificis *B¹d* : -ciis *B²* ‖ abolitam *d* :
oboli- *B*.

l'or de perdre de leur valeur, mais c'est là un bruit longtemps plus répété que bien fondé. Du reste qu'importe,
puisque, sous le principat de Néron, l'on découvrit une
technique du travail du verre qui fit vendre au prix
de six mille sesterces deux modestes coupes de verre
que l'on appelait « coupes pétrifiées » [2].

196   LXVII. Dans la même catégorie que le verre, on peut
ranger les produits obsiens nommés d'après leur ressemblance avec la pierre qu'Obsius découvrit en Éthiopie [1].
C'est un minéral d'une couleur très noire, quelquefois
aussi translucide, qui donne une vision plus mate que
le verre, et, dans les miroirs accrochés aux cloisons,
ne rend en guise d'images que des ombres. Beaucoup
taillent dans cette matière des pierres précieuses. Nous
avons vu aussi, faites en obsidienne, des statues mas-
sives du divin Auguste, la matière permettant une telle
épaisseur, et le Prince dédia lui-même dans le temple
de la Concorde [2], comme des merveilles, quatre élé-
197   phants d'obsidienne. Tibère César, à son tour, rendit
au culte des habitants d'Héliopolis une statue en obsidienne de Ménélas qu'il avait trouvée dans l'héritage
du Séius qui avait été préfet d'Égypte [1] ; d'où il res-
sort que la connaissance de cette matière est plus ancienne
qu'on ne le pense, sa ressemblance avec le verre étant
à présent source d'erreur. Xénocrate [2] rapporte que
l'on trouve de l'obsidienne dans l'Inde, en Italie, dans
198   le Samnium et en Espagne, sur les rives de l'Océan. Par
le moyen d'une teinture, on obtient une obsidienne
pour la vaisselle de table et un verre entièrement rouge,
non translucide, nommé *hematinum* [1]. On fait aussi
du verre blanc, du verre qui imite les vases myrrhins [2],

lis pretia detraherentur, eaque fama crebrior diu quam certior fuit. Sed quid refert, Neronis principatu reperta uitri arte quae modicos calices duos, quos appellabant petrotos, HS $\overline{VI}$ uenderet ?

LXVII. In genere uitri et obsiana numerantur ad 196 similitudinem lapidis quem in Aethiopia inuenit Obsius, nigerrimi coloris, aliquando et tralucidi, crassiore uisu atque in speculis parietum pro imagine umbras reddente. Gemmas multi ex eo faciunt. Vidimus et solidas imagines diui Augusti capaci materia huius crassitudinis, dicauitque ipse pro miraculo in templo Concordiae obsianos IIII elephantos. Remisit et Tiberius Caesar Heliopolitarum caeri- 197 moniis repertam in hereditate ⟨Sei⟩ eius qui praefuerat Aegypto obsianam imaginem Menelai, ex qua apparet antiquior materiae origo, nunc uitri similitudine interpolata. Xenocrates obsianum lapidem in India et in Samnio Italiae et ad oceanum in Hispania tradit nasci. Fit et tincturae genere obsianum 198 ad escaria uasa et totum rubens uitrum atque non tralucens, haematinum appellatum. Fit et album et murrina aut hyacinthos sappirosque imitatum et

pretia *F* : praetia *B* praeterea *d* ∥ detraherentur *B* : -hentur *d* ∥ certior *B²d* : cerptior *B¹* ∥ reperta uitri (uitria *B*) arte *Ba* : reportauit triarte *d* ∥ petrotos *codd.* : pterotos *Barb.* ∥ $\overline{VI}$ *Ba* : VI *d.*

196 genere *da* : -ra *B* ∥ obsiana *Ba* : -sina *d* ∥ obsius *B* : obsidius *a* opsi- *d* ∥ tralucidi *B¹* : transl- *B²da* ∥ speculis *Ba* : speluncis *d* ∥ capaci *B* : -cior *a* capti *d, uett.* ∥ crassitudinis *Ba* : -dine *d* ∥ obsianos *B* obsidianos *da* ∥ IIII *B* : VII *d* quatuor *a.*

197 heliopolitarum *d* : helyo- *a* heliopoliorum *B* ∥ sei eius *M. Hertz* : eius *Bda* ∥ obsianam *B* : obsidianam *da* ∥ obsianum *d* : opsi- *B* obsidianum *a* ∥ in india *B²* : et in india *da* india *B²* ∥ samnio *a* : samio *B* camnio *d.*

198 genere *B²d* : -ra *B¹a* ∥ obsianum *da* : opsi- *B* ∥ murrina *L* : -nam *da* murianam *B* ∥ hyacinthos *L* : iac- *B* iach- *d* iacinctos *a* ∥ sappirosque *B* : aut saphyros *d* saphyros *a.*

l'améthyste, le saphir [3], et des verres de toutes les autres
couleurs ; il n'est pas maintenant de matière plus ductile ni plus apte à recevoir la peinture [4]. Cependant la
plus grande faveur va au verre blanc et transparent,
199 rien ne rappelant de plus près le cristal de roche. Mais
son usage pour boire a éliminé celui des métaux d'argent
et d'or. Le verre, par ailleurs, supporte mal la chaleur,
à moins qu'au préalable on n'y verse un liquide froid.
Au contraire, les boules de verre, remplies d'eau, s'échauf-
fent à tel point exposées au soleil qu'elles brûlent les
étoffes [1]. Une fois chauffés, les fragments de verre se
ressoudent et ne peuvent être à nouveau fondus entièrement, si ce n'est en gouttes séparées les unes des autres,
comme lorsque l'on fait des pièces de jeux que certains
désignent du nom des yeux, qui sont parfois multico-
lores [2]. Le verre fondu avec du soufre se soude en
formant une pierre [3].

200   LXVIII. Et lorsqu'on a parcouru tout ce que crée
le génie, grâce à l'art qui reproduit la nature, on se sent
gagné par l'étonnement à l'idée qu'il n'est presque rien
que le feu ne puisse réaliser [1] (**27**). Quand il reçoit du
sable, il produit ici du verre, là de l'argent, là du minium [2],
là des variétés de plomb [3], là des matières colorantes,
là des médicaments. Le feu fait se résoudre les pierres
en cuivre, le feu produit et dompte le fer, le feu purifie
l'or, le feu calcine une pierre qui permet d'unir les moel-
201 lons dans les constructions [4]. Pour d'autres matières,
il est utile de les passer au feu plus d'une fois, et un
même élément donne un produit à la première combustion, un autre à la seconde et un autre à la troisième ;
ne voit-on pas le charbon commencer à posséder ses
forces une fois qu'il est éteint et être doué d'une effi-
cacité plus grande alors qu'il est tenu pour mort ? Le

omnibus aliis coloribus, neque est alia nunc sequa-
cior materia aut etiam picturae accommodatior.
Maximus tamen honos in candido tralucentibus,
quam proxima crystalli similitudine. Vsus uero ad 199
potandum argenti metalla et auri pepulit. Est autem
caloris inpatiens, ni praecedat frigidus liquor, cum
addita aqua uitreae pilae sole aduerso in tantum
candescant ut uestes exurant. Fragmenta teporata
adglutinantur tantum, rursus tota fundi non queunt
praeterquam abruptas sibimet in guttas, ueluti cum
calculi fiunt, quos quidam ab oculis appellant, aliquos et pluribus modis uersicolores. Vitrum sulpuri
concoctum feruminatur in lapidem.

LXVIII. Et peractis omnibus quae constant inge- 200
nio arte naturam faciente, succurrit mirari nihil
paene non igni perfici. (27). Accipit harenas, ex quibus aliubi uitrum, aliubi argentum, aliubi minium,
aliubi plumbi genera, aliubi pigmenta, aliubi medi-
camenta fundit. Igni lapides in aes soluuntur, igni
ferrum gignitur ac domatur, igni aurum perficitur,
igni cremato lapide caementa in tectis ligantur. Alia 201
saepius uri prodest eademque materia aliud gignit
primis ignibus, aliud secundis, aliud tertiis, quando
ipse carbo uires habere incipit restinctus atque inte-
risse creditus maioris fit uirtutis. Immensa, inproba

in *Ba*, *om. d* || tralucentibus *B¹* : transl- *B²da*.
   199 uero *Bd* : tamen *a* eorum *Mayh.* || candescant *B* : -cat *d*
-cet *a* || abruptas *Mayh.* : -ta *B* -to *da* || in guttas *B* : tinguit has *d*
tingui *uett.* || ab oculis *Bda* : abaculos *uett.*
   200 constant *B* : -tat *d* || arte naturam *Bd* : artem natura *cod.*
Poll., uett. || igni *B* : igne *da* || accipit *Bd* : accepit *a* || aliubi *Sill.* :
aliube *B¹* alibi *B²da* (*sic sexies*) || uitrum aliubi *Ba*, *om. d* || igni
Sill. : igne *Bd* igneo *a* || lapides *Bd* : -de *a* || aurum perficitur
igni *B*, *om. da*.
   201 gignit *Ba* : gignitur *dT* || maioris *B²da* : maris *B¹*.

feu, part immense et déchaînée de la nature et dont on
ne sait s'il détruit ou engendre davantage.

202   LXIX. Les feux ont eux-mêmes aussi une vertu
médicinale. Il est avéré qu'en beaucoup d'endroits
l'on combat, en allumant des feux, la peste qui provient lors de l'éclipse du soleil. Empédocle et Hippo-
crate l'ont démontré en plusieurs passages. Pour les
convulsions ou les contusions des viscères, M. Varron
— je me sers de ses propres termes — indique ce remède :
203   « Que l'âtre serve de boîte de pharmacie. On y prend
en effet de la lessive de cendre qui guérit, prise en boisson [1]. Vous pouvez voir les gladiateurs, à la fin de leurs
combats, se réconforter avec ce breuvage ». J'ajouterai
même que la maladie du charbon qui, nous l'avons
signalé, causa naguère la mort de deux consulaires [2],
se guérit au moyen du charbon de bois de chêne broyé
avec du miel. Tant il est vrai que même les choses au
rebut et désormais nulles présentent quelques avantages,
comme justement le charbon et la cendre.

204   LXX. Je ne passerai pas non plus sous silence un
exemple unique de foyer que la littérature romaine a
rendu célèbre : sous le règne de Tarquin l'Ancien, appa-
rurent brusquement, rapporte-t-on, dans son foyer
des parties sexuelles mâles faites de cendres, et la femme
qui se trouvait assise là, la captive Ocrésia, servante
de la reine Tanaquil, se releva enceinte. C'est ainsi
que naquit Servius Tullius qui reçut la succession de
la royauté [1]. Un jour aussi qu'enfant il dormait dans
la maison royale, sa tête s'embrasa [2] et l'on pensa qu'il
était le fils du Lare domestique. C'est pour cela qu'il
fut le premier à faire célébrer les Compitalia [3], jeux
donnés en l'honneur des Lares.

rerum naturae portio et in qua dubium sit plura absumat an pariat.

LXIX. Est et ipsis ignibus medica uis. Pestilen- 202 tiae quae obscuratione solis contrahitur, ignes si fiant, multifariam auxiliari certum est. Empedocles et Hippocrates id demonstrauere diuersis locis. Ad conuolsa interiora uiscera aut contusa, M. Varro — ipsis enim uerbis eius utar — « Pyxis sit, inquit, 203 focus. Inde enim cinis lixiuus potus medetur. Licet uidere gladiatores, cum deluserunt, hac iuuari potione. » Quin et carbunculum, genus morbi, quo duos consulares nuper absumptos indicauimus, quer- neus carbo tritus cum melle sanat. Adeo in rebus damnatis quoque ac iam nullis sunt aliqua commoda, ut carbone ecce atque cinere.

LXX. Non praeteribo et unum foci exemplum 204 Romanis litteris clarum : Tarquinio Prisco regnante tradunt repente in foco eius comparuisse genitale e cinere masculi sexus eamque, quae insederat ibi, Tanaquilis reginae ancillam Ocresiam captiuam con- surrexisse grauidam. Ita Seruium Tullium natum, qui regno successit. Inde et in regia cubanti ei puero caput arsisse, creditumque Laris familiaris filium. Ob id Compitalia ludos Laribus primum instituisse.

an *Bd* : ac *a.*

202 ignes *d* : in ignes *B* igni *a* ‖ fiant *B* : fiunt *da* ‖ multifa- riam *Detl.* : multiformia *Bda* -formiter *TL, uett.* ‖ demonstrauere *da* : -uerat *B.*

203 pyxis *B²d* : pyxsis *B¹* pixis *a* ‖ querneus *B¹d* : -nus *B²* -neis *a* ‖ carbo *Bd* : -bonibus *a* ‖ iam *da* : tam *B* ‖ ut *B* : et *da* ‖ carbone *B* : -nem *da* ‖ cinere *B* : -rem *da.*

204 exemplum *B* : -plar *da* ‖ e *Ba, om. d* ‖ ocresiam *B* : -stam *da* ‖ tullium *Bd* : tullum *a* ‖ ei *B* : et *da.*

COMMENTAIRE

COMMENTAIRE*

LISTE

DES PRINCIPAUX OUVRAGES AUXQUELS IL SERA RENVOYÉ :

G. BECATTI, *Problemi Fidiaci*, Milan-Florence, Electa Editrice, 1951.

—, *Letture pliniane : le opere d'arte nei monumenta Asini Pollionis e negli Horti Seruiliani*, in *Studi in onore di A. Calderini e R. Paribeni*, III, Milan, Casa editrice Ceschina, 1956, pp. 199-210.

R. BIANCHI BANDINELLI, *Rome, le centre du pouvoir*, Paris, Gallimard, 1969.

M. BIEBER, *The sculpture of hellenistic age* [2], New York, Columbia University Press, 1961.

H. BLÜMNER, *Technologie und Terminologie der Gewerbe und Künste bei Griechen und Römern*, Leipzig, Teubner, 1875-1887.

J. CHARBONNEAUX, R. MARTIN, F. VILLARD, *Grèce Archaïque*, Paris, Gallimard, 1968.

—, *Grèce Classique*, Paris, Gallimard, 1969.

—, *Grèce Hellénistique*, Paris, Gallimard, 1970.

F. COARELLI, *Guida Archeologica di Roma*, Milan, Mondadori, 1974.

S. CLARKE-R. ENGELBACH, *Ancient Egyptian Masonry*, Oxford University Press, 1930.

G. DUMÉZIL, *La religion romaine archaïque* [2], Paris, Payot, 1974.

* Je tiens à exprimer ma vive reconnaissance à M. R. Bloch qui a bien voulu me confier cette étude et m'a permis de la mener à bien, m'aidant de ses conseils à toutes les étapes de sa réalisation. Je voudrais dire toute ma gratitude à M. J. André dont les commentaires critiques m'ont permis de modifier et d'enrichir sur bien des points le travail initial et à M. P. Gros dont les suggestions précieuses m'ont guidée tout au long de cette recherche.   A. R.

E.A.A., *Enciclopedia dell'arte antica, classica e orientale*, Rome, Istituto della Enciclopedia Italiana, 1958-1966, 7 vol. *Supplemento*, 1973, *Atlante*, 1973.

R. J. FORBES, *Studies in Ancient Technology*, vol. VII, (*Ancient Geology*), Leiden, Brill, 1963.

R. GNOLI, *Marmora Romana*, Rome, Edizioni dell'Elefante, 1971.

P. GROS, *Aurea Templa. Recherches sur l'architecture religieuse à l'époque d'Auguste*, B.E.F.A.R., n⁰ 229, École Française de Rome, Rome, 1976.

W. HELBIG, *Führer durch die offentlichen Sammlungen Klassischer Altertümer in Rom*, réédition en 4 vol. par B. Andreae, T. Dohrn, W. Fuchs, H. von Heintze, E. Meinhardt, K. Parlasca, H. Sichtermann, E. Simon ; H. von Steuben, P. Zanker, Tübingen, Verlag Ernst Wasmuth, I, 1963, II, 1966, III, 1969, IV, 1972.

Hellenismus in Mittelitalien. Kolloquium in Göttingen vom 5 bis 9 Juni 1974, Abhandlungen der Akademie der Wissenschaften in Göttingen, Philologisch-historische Klasse, Dritte Folge, Nr 97, 1976.

A. KALKMANN, *Die Quellen der Kunstgeschichte des Plinius*, Berlin, Weidmannsche Buchhandlung, 1898.

G. LIPPOLD, *Die Griechische Plastik, Handbuch der Archäologie*, III, 1, Munich, C. H. Beck'sche Verlagbuchhandlung, 1951.

E. LOEWY, *Inschriften griechischer Bildhauer*, Leipzig, Teubner, 1885.

A. LUCAS, *Ancient Egyptian Materials and Industries*, 4ᵉ éd. revue par J. HARRIS, Londres, Edwards Arnold and Co, 1962.

G. LUGLI, *La tecnica edilizia romana*, Rome, Bardi, 2 vol., 1957.

—, *Roma Antica. Il centro monumentale*, Rome, Bardi, 1946.

—, *Fontes ad topographiam veteris urbis Romae pertinentes*, 7 vol. Rome, Istituto di Topografia, 1952-1969.

J. MARCADÉ, *Recueil des signatures de sculpteurs grecs*, Paris, De Boccard, I, 1953, II, 1957.

R. MARTIN, *Manuel d'Architecture Grecque*, I. *Matériaux et techniques*, Paris, Picard, 1965.

F. MUNZER, *Beiträge zur Quellenkritik der Naturgeschichte des Plinius*, Berlin, Weidmannsche Buchhandlung, 1897.

E. NASH, *Bildlexicon zur Topographie des Antike Rom*, Tübingen, Verlag Ernst Wasmuth, I, 1961, II, 1962 ; éd. anglaise, Londres, Thames and Hudson, 1968.

J. Overbeck, *Die antiken Schriftquellen zur Geschichte der bildenden Kunst bei den Griechen*, Leipzig, W. Engelmann, 1868, rééd. Hildesheim-New York, 1971.

Ch. Picard, *Manuel d'Archéologie grecque, la sculpture*, I. *Période archaïque* ; II. *Période classique, Ve s.* ; III, 1. *Période Classique IVe s.*, Paris, Picard, 1935-1948.

S. Platner, *A Topographical Dictionary of Ancient Rome*, revu par Th. Ashby, Oxford, The Clarendon Press, 1929.

J. J. Pollitt, *The ancient view of Greek art, criticism, history and terminology*, New Haven and London, Yale University Press, 1974.

R.E., Pauly-Wissowa-Kroll, *Real Encyclopädie der classischen Altertumswissenschaft*, Stuttgart, 1894 sq.

A. Reinach, *Recueil Milliet. Textes grecs et latins relatifs à l'histoire de la peinture ancienne*, I, Paris, C. Klincksieck, 1921.

B. Schweitzer, *Zur Kunst der Antike, Ausgewählte Schriften*, Tübingen, Verlag Ernst Wasmuth, 1963.

Storia e Civiltà dei Greci, sous la direction de R. Bianchi Bandinelli, V, 10 : *La cultura ellenistica, le arti figurative*, Milan, Bompiani, 1977.

J. M. C. Toynbee, *Some Notes on Artists in the Roman World*, in *Collection Latomus*, 6, Bruxelles-Berchem, 1961.

L. Urlichs, *Chrestomathia Pliniana*, Berlin, Weidmannsche Buchhandlung, 1857.

Abréviations utilisées pour des éditions et commentaires.

Bailey : K. C. Bailey, *The Elder Pliny's chapters on chemical subjects*, II, Londres, Edward Arnold and Co, 1932.

Caley-Richards : E. R. Caley, J. F. C. Richards, *Theophrastus. On Stones, Introduction, text, translation and commentary*, Colombus, Ohio State Univ., 1956.

Callebat, Vitruve 8 : Vitruve, *De l'architecture*, livre VIII, texte établi, traduit et commenté par L. Callebat, Paris, Les Belles Lettres, 1973.

Eichholz : D. E. Eichholz, *Pliny, Natural History*, vol. X, Books 36-37, Londres, coll. Loeb, W. Heinemann, 1962.

—, *Theophrastus, De Lapidibus*, introduction, translation and commentary, Oxford, The Clarendon Press, 1965.

Ferri : S. Ferri, *Plinio il Vecchio, Storia delle arti antiche*, Rome, Palombi, 1946.

—, *Vitruvio, Architettura dai Libri I-VII*, Rome, Palombi, 1960.

F. Gr. H. : F. Jacoby, *Die Fragmente der gr. Historiker²*, Leiden, Brill, 1954.

Gallet de Santerre-Le Bonniec, Pline 34 : Pline, *Histoire Naturelle*, livre XXXIV, texte établi et traduit par H. Le Bonniec, commenté par H. Gallet de Santerre, Paris, Les Belles Lettres, 1953.

Grimal, Frontin : Frontin, *Les aqueducs de la ville de Rome²*, texte établi, traduit et commenté par P. Grimal, Paris, Les Belles Lettres, 1961.

Mayhoff : C. Mayhoff, Pline, *Histoire Naturelle*, vol. V, 31-37, Leipzig, éd. Teubner, 1897.

de Saint Denis, Pline, 37 : Pline, *Histoire Naturelle*, livre XXXVII, texte établi, traduit et commenté par E. de Saint Denis, Paris, Les Belles Lettres, 1972.

Sellers, *The Elder Pliny's Chapters* : *The Elder Pliny's chapters on the history of art*, translated by K. Jex-Blake with commentary and historical introduction by E. Sellers, Londres, 1896, rééd. et mise à jour du commentaire par R. V. Schoder, Chicago, Argonaut Inc., 1968.

Pour la *bibliographie*, on pourra se reporter en outre à :

H. Le Bonniec, *Bibliographie de l'Histoire Naturelle de Pline l'Ancien*, Paris, Les Belles Lettres, 1946.

K. Sallmann, *Plinius der Ältere 1938-1970*, in *Lustrum*, 18, 1975, pp. 5-299.

F. Römer, *Plinius der Ältere. III Bericht*, in *Anzeiger für die Altertumswissenschaft*, 31, 3-4, 1978, c. 129-205.

§ 1.

1. *sucinis* : cf. *H.N.* 37, 30-51. — *crystallinis* : cf. *H.N.* 37, 23-29, et note 3, § 194. — *murrinis* : cf. *H.N.* 37, 18-22. A l'époque de Pline, le terme « vase myrrhin » renvoie à plusieurs réalités différentes : *a)* dans son acception la plus étroite, il s'applique à des coupes de verre, fabriquées à Alexandrie à l'époque hellénistique, selon une technique particulière (coupes « a millefiori ») (cf. R. J. Forbes, *Studies in Ancient Technology*, 5, pp. 153-154, fig. 27-28). — *b)* d'une manière plus générale, il désigne des objets fabriqués dans une roche appelée *murra* (cf. *H.N.*, 37, 18-22) pour laquelle on a proposé plusieurs identifications (cf. R. J. Forbes, *op. cit.*, p. 168). On cite surtout l'agathe (solution adoptée par R. Gnoli, *Marmora Romana*, Rome, 1971, p. 197, note 2) et le spathfluor ou fluorine (cf. I. Loewenthal-

D. B. Harden, *Vasa Murrina*, in *J.R.S.*, 39, 1949, pp. 31-37 ;
D. B. Harden, *Vasa Murrina Again*, in *J.R.S.*, 44, 1954, p. 53).
— *c)* à l'époque romaine, on prit l'habitude d'imiter les
vases myrrhins définis en premier lieu, d'où l'existence
d'un troisième type de *murrina* en verre, imitant la production d'Alexandrie (cf. *H.N.* 36, 198 et R. J. Forbes,
op. cit., p. 173). Les vases myrrhins d'Alexandrie repre-
naient eux-mêmes une technique ancienne mise au point
dans l'Égypte pharaonique (R. J. Forbes, *op. cit.*, p. 125),
dont le but primitif était de fournir une imitation en verre
de pierres du type de celles définies dans la deuxième
catégorie de *murrina*. On se servait de *murrina* pour boire
chaud et de *crystallina* pour boire froid, cf. Martial, 14,
113.

2. C'était l'idée la plus répandue chez les Anciens (R.
J. Forbes, *op. cit.*, 7, p. 34).

§ 2.

1. *ab Hannibale* : le passage des Alpes eut lieu en 218 av.
J.-C. — *Cimbris* : Les Cimbres, tribu germanique originaire
du Jutland, furent, avec les Teutons, les Helvètes, les
Ambrons, les acteurs de la grande migration qui, à la fin
du IIe s. av. J.-C., finit par menacer la province romaine
de Narbonnaise et la Gaule transpadane. Après plusieurs
défaites graves subies par les Romains, ils furent défaits
à leur tour par Marius en 102 av. J.-C., à Aix et en 101 av.
J.-C., à Verceil.

2. *mille genera marmorum* : la reprise actuelle de l'étude
des marbres d'origine alpine permet de souligner l'exagération rhétorique dont fait preuve Pline ; cf. F. Braemer,
Les marbres à l'époque romaine, in *R.A.*, 1971, 1, pp. 167-
174, plus spécialement p. 172 et note 1.

3. Ce thème est un lieu commun de la littérature d'inspiration moralisante. On trouve chez Salluste (*Cat.*, 13) une
remarque analogue : *Nam quid ea memorem quae nisi eis
qui uidere nemini credibilia sunt, a priuatis compluribus
subuorsos montis, maria constrata esse.* Le rapprochement
le plus intéressant est offert par Tacite, *Ann.*, 1, 79, compte-
rendu d'une séance du Sénat, en 15 ap. J.-C., à propos
d'un détournement des affluents du Tibre, pour éviter les
inondations : *optume rebus mortalium consuluisse naturam,
quae sua ora fluminibus, suos cursus, utque originem, ita
finis dederit ; spectandas etiam religiones sociorum, qui sacra
et lucos et aras patriis amnibus dicauerint ; quin ipsum
Tiberim nolle prorsus accolis fluuiis orbatum minore gloria
fluere.*

4. Des *naues lapidariae* (Pétrone, *Sat.*, 117, 12 ; Vell.
Paterculus 2, 33), avec leurs cargaisons de marbres, ont
été dégagés dans les fouilles sous-marines ; cf. J. Rougé,

Recherches sur l'organisation du commerce maritime en Méditerranée sous l'Empire romain, Paris, S.E.V.P.E.N., 1966, p. 76, avec bibliographie *ad loc.*, J. Ward-Perkins, *E.A.A.*, IV, *art. marmo*, pp. 867-868 ; W. Fuchs, *Der Schiffsfund von Mahdia, Bilderhefte des deutschen archäologischen Instituts*, Rom., 2, Tübingen, Verlag E. Wastmuth, 1963. J. Ward Perkins-P. Throckmorton, *New light on the Roman marble trade, the San Pietro wreck*, in *Archaeology*, vol. 18, n° 3, 1965, pp. 201-209 ; G. Käpitan, *Esplorazioni su alcuni carichi di marmo e pezzi architettonici davanti alle coste della Sicilia orientale, in Atti del III Congresso internazionale di archeologia sottomarina* (Barcelone, 1961), Bordighera, Istituto di Studi Liguri, 1971, pp. 296-309, ainsi que la bibliographie établie par F. Braemer in *R.A.*, 1971-1, *art. cit.*, note 2.

5. *Crystallus* désigne à la fois la glace et le cristal de roche. Les Romains pensaient que le cristal de roche était de la glace qui avait subi un excès de froid (cf. *H.N.*, 37, 23-26). Pline (*H.N.*, 19, 55) s'élève contre l'emploi excessif de boissons glacées à Rome. Pour l'usage et le commerce de la glace à Rome, on se reportera à l'article de M. Turcan-Deléani, *Frigus amabile*, in *Hommages à J. Bayet, Collection Latomus*, vol. 70, Bruxelles, 1964, pp. 691-696, ainsi qu'à R. J. Forbes, *op. cit.*, 6, pp. 110-114.

§ 4.

1. Cf. *H.N.*, 8, 209 : *Hinc censoriarum legum paginae interdictaque cenis abdomina, glandia, testiculi, uuluae, sincipita verrina* et *H.N.*, 8, 223 : *sicut glires quos censoriae leges princepsque M. Scaurus in consulatu non alio modo cenis ademere quam conchylia aut ex alio orbe conuectas aues.* Sur l'élevage des loirs et leur faveur auprès des Romains, cf. J. André, *L'Alimentation et la cuisine à Rome*, Paris, Klincksieck, 1961, pp. 122-123 ; sur les *glandia* (languier), *ibid.*, p. 140, n. 40 ; les lois somptuaires, p. 148. Le consulat de M. Aemilius Scaurus date de 115 av. J.-C. La lecture *glandia* a été préférée à celle de *Claudianae* qui figure sur le mss B. et que soutiennent Detlefsen, Urlich et Eichholz. *Glandia* pose, en effet, un problème d'ordre des mots et de coordination (*glandia in cenis glires et alia dictu minora*) ; on peut noter cependant que les trois termes ne sont pas sur le même plan et que la coordination relie précisément d'un côté, *glandia, glires* (deux rubriques particulières des lois somptuaires) et une abréviation d'autres rubriques, *alia dictu minora*. Les arguments en faveur de la lecture *glandia* sont apparus plus nombreux que ceux en faveur de *Claudianae* : 1) à cause des deux passages parallèles en 8, 209 et 8, 223 ; 2) parce que les lois somptuaires ne sont pas, en général, éponymes et que l'éponymie prendrait plutôt la

forme *Claudia* que *Claudiana*. On remarque en outre que le passage de 8, 223, permet de préciser au moins une des lois auxquelles penserait Pline, celle votée sous le consulat de M. Aemilius Scaurus, père du M. Aemilius Scaurus cité immédiatement après (§ 5), comme exemple négatif d'homme public responsable d'importation de marbres étrangers. On pourrait considérer que les deux exemples, celui du père et celui du fils sont présentés en antithèse. Chez Cicéron aussi, défenseur du fils (cf. n. 1, § 5), Scaurus le père est présenté comme un modèle (*Pro Murena*, 36 ; *ad Fam.*, 1, 4, 16 ; *De Off.* 1, 76, 108 ; *Pro Rab.*, 26) ; contra Salluste, *Iug.*, 15, 4. Le parallèle du père et du fils revient en 36, 116. Enfin, l'exemple de Crassus (§ 7) permet de placer dans les toutes premières années du Ier s. av. J.-C., le début de l'importation de marbres étrangers à Rome. Même si la donnée plinienne est sujette à caution (cf. n. 1, § 7), on remarque que dans le système chronologique qui est propre à l'auteur, elle concorde, à une dizaine d'années près, avec la date de la loi somptuaire votée sous le consulat de Scaurus en 115 av. J.-C. Le cadre plinien semble ainsi parfaitement cohérent.

2. On notera la création en 1965 d'un « Comité d'Étude des marbres et autres pierres de l'Antiquité » sous l'égide de l'Association Internationale d'Archéologie Classique. Le comité s'est fixé une double direction de recherches : — l'identification des gisements (qui a déjà permis des mises au point capitales), et — l'étude du commerce des marbres (cf. J. Ward-Perkins in *P.B.S.R.*, 34, 1966, p. 79, et F. Braemer, *art. cit.*, pp. 167-174). Les travaux du comité ont abouti également à l'établissement d'une bibliographie, cf. S. E. Patton in *P.B.S.R.*, 39, 1971, pp. 88-89, à laquelle on ajoutera les deux études de L. Robert, *Lettres Byzantines. Les Kordakia de Nicée, le combustible de Synnada et les poissons-scies. Sur les lettres d'un métropolite de Phrygie au X^c siècle. Philologie et réalités II*, in *Journal des Savants*, 1962, pp. 13-55 et dans *Hellenica*, XI-XII, Paris, Adrien-Maisonneuve, 1960, chap. 4 (Décret d'Andros), pp. 118-119, ainsi que A. Dworakowska, *Quarries in Ancient Greece*, Polish Academy of Sciences, Institute of the history of material culture, vol. 14, Bratislava, Ossolineum, 1975.

§ 5.

1. M. Aemilius Scaurus, fils du précédent (note 1 § 4), beau-fils de Sylla depuis le remariage de sa mère en 87 av. J.-C., édile curule en 58 av. J.-C. ; il aurait dissipé sa fortune pour donner des jeux fabuleux et aurait cherché à la reconstituer en pressurant la Sardaigne, d'où un procès pour concussion où Cicéron fut son défenseur, en 54 av. J.-C. ; cf. *Pro Aemilio Scauro*, éd. et trad. de P. Grimal,

Cicéron, *Discours*, t. 16, 2ᵉ partie, Paris, Les Belles Lettres, 1976, cf. également T. R. S. Broughton, *The Magistrates of the Roman Republic*, II, New York, The American Philological Association, 1952, p. 195. Les détails sur la construction et l'ornementation du théâtre se trouvent dans les livres 34 (§ 36) et 36 (§§ 50, 114, 115 et 189).

§ 6.

1. Cf. § 49. Pour R. Gnoli, *op. cit.*, p. 149, il s'agit de l' « africano », marbre qui doit son nom à sa teinte sombre et non à son origine, et dont les carrières ont été récemment identifiées à Téos (à 45 km au SO de Smyrne) ; cf. M. H. Ballance, *The origin of Africano*, in *P.B.S.R.*, 34, 1966, pp. 79-81.

§ 7.

1. L. Licinius Crassus, consul en 95 av. J.-C., censeur en 92 av. J.-C., maître de Cicéron et principal interlocuteur du *De Oratore*. Pline (*H.N.*, 17, 1-6) fait mention des reproches que lui avait adressés son collègue à la censure Cn. Domitius Ahenobarbus et mentionne déjà les colonnes en marbre de l'Hymette : *iam columnas quattuor Hymettii marmoris aedilitatis gratia ad scaenam ornandam aduectas in atrio eius domus statuerat quum in publico nondum essent ullae marmoreae.* Sur la valeur historique que l'on peut attribuer au passage, cf. les remarques critiques de P. Gros, *Aurea Templa. Recherches sur l'architecture religieuse de Rome à l'époque d'Auguste*, Rome, 1976, p. 70. — *Hymettias* : marbre gris-bleu, à cristaux fins (*E.A.A.*, *art. marmo*, IV, p. 860, n° 2, planche en couleur), dont les carrières se trouvaient à 8 km au SE d'Athènes, à mi-hauteur et sur les pentes inférieures du mont Hymette ; cf. R. Martin, *Manuel*, I, p. 139.

2. Fils de M. Iunius Brutus, le juriste cité parmi les fondateurs du droit civil romain. Cicéron a laissé de lui un portrait très défavorable : il le présente comme un personnage déréglé qui faisait de l'accusation un métier (*Brutus*, 130 ; *Cluent.*, 140-141 ; *De Off.*, 2, 50) et que ses qualités d'orateur rendaient redoutable. Peut-être l'expression « Vénus Palatine » provient-elle du luxe de ce décor, pouvant faire penser aux sanctuaires d'Aphrodite (cf. celui de Cnide, Pline, 36, 21).

§ 9.

1. La classification par mérite respectif et progressif, ainsi que la place privilégiée réservée à la ville de Sicyone indiquent la présence, à l'origine de la notice, du théoricien et sculpteur Xénocrate ; cf. *Introduction*, p. 20. — *Dipoenus et Scyllis* : cf. Overbeck, n°ˢ 320-327 ; d'après Pausanias

(2, 15, 1), les deux frères étaient considérés soit comme les disciples de Dédale, soit comme ses fils. Sur la réalité historique de Dédale et des Dédalides, cf. B. Schweitzer, *Xenocrates von Athen*, in *Schriften der Königsberger Gelehrten Gesellschaft, Geistwissenschaftliche Klasse*, 9, 1932, pp. 1-52, Appendice I, réédité dans *Zur Kunst der Antike, Ausgewählte Schriften*, Verlag Ernst Wasmuth, Tübingen, 1963, pp. 127-141 ; Ch. Picard, *Manuel*, pp. 77 sq. ; P. Demargne, *La Crète Dédalique*, Paris, De Boccard, 1947, pp. 253 sq.

2. L'avènement de Cyrus eut lieu en 557 av. J.-C. D'après l'historien arménien Moïse de Chorène, Cyrus aurait pris à Crésus trois statues de Dipoenus et Scyllis (*Histoire des Arméniens*, 2, 12). La 50ᵉ olympiade correspond aux années 580-577.

3. La double activité des frères, en Crète, puis dans le Péloponnèse, indique, dans la tradition, une priorité de la Crète dans la constitution de la grande sculpture de pierre. Les découvertes archéologiques confirment en partie ce point de vue. La grande sculpture de pierre n'est pas attestée avant la deuxième moitié du VIIᵉ siècle av. J.-C. Les statues « dédaliques » se trouvent dans l'ensemble du monde grec ; cependant, les découvertes de l'acropole de Gortyne (D. Levi, *Annuario Atene*, 1955-56, pp. 207 sq.) confirment, semble-t-il, la priorité de la Crète dans l'élaboration des types statuaires. Sur la plastique « dédalique » et le rôle de la Crète, cf. Ch. Picard, *Manuel*, I, p. 446, fig. 124, p. 451 ; P. Demargne, *op. cit.*, pp. 252-267 ; G. Lippold, *Handb.*, III, 1, 1950, pp. 18-23, pl. 2 (1, 2, 3) ; G. Cressedi, *E.A.A.*, III, p. 135.

§ 10.

1. Cf. Clément d'Alexandrie, *Protrept.*, 4, 47, 8 : « Il y eut encore deux autres sculpteurs, Crétois si je ne me trompe, nommés Skyllis et Dipoinos ; ce sont eux qui firent les statues des deux Dioscures à Argos, la statue d'Héraklès à Tyrinthe et le xoanon d'Artémis Mounychia à Sicyone ».

§ 11.

1. Cf. A. Plassart, *I.D.*, I, 1950, pp. 6-7, nᵒ 9 ; J. Marcadé, *Recueil des signatures de sculpteurs grecs*, II, Paris, 1957, pp. 21-22 ; *Au Musée de Délos*, Paris, 1969, pp. 42-43. L'inscription, actuellement au Musée National d'Athènes (inv. 21 α), est gravée sur une base rectangulaire de marbre blanc, brisée en deux, et provenant du Hieron d'Apollon ; on y lit les noms de Mélas, Archermos et Micciadès :

Μιϰϰιά[δηι τόδ' ἄγα]λμα ϰαλὸν [ἐργασμένον ηυιõ] 'Α]ρχέρμο σο[φ]ίεισιν ηεϰηθό[λε δέξαι ἄνασσα] τ]õι Χίωι, Μέλα[ν]ος πατρώιον ἄσ[τυ λιπόντι].

Mélas serait plutôt le héros mythique, fondateur de l'île ;
cf. Ch. Picard, *Manuel*, I, p. 565 ; G. Lippold, *Handbuch*,
III, 1, pp. 62-64. Le nom de Micciadès apparaît sur un
fragment de base du Pythion de Paros, *I G*, *XII*, 5, 147.
Sur l'Acropole d'Athènes, Archermos de Chio se dit l'auteur
de l'offrande consacrée à Athéna par Iphidikè (*I G*, *I²*, 487).
Cette inscription est manifestement plus récente que celles
des bases de Paros et Délos, mais, si l'on place la base délienne
vers le milieu du VIᵉ s. av. J.-C., il n'est pas inadmissible
qu'Archermos ait pu encore signer vers 500 le monument
de l'Acropole. Pour E. Sellers, *op. cit.*, *Introduction*, p. 26),
il y a, dans ce passage, un conflit entre une notice de Xénocrate, accordant la primauté à la Crète dédalique, et un
texte d'Antigone, donnant la priorité aux îles de la mer
Égée. Pour F. Brommer, *Beiträge zur griechischen Bild-
hauergeschichte*, in *M.D.A.I.*, 1950, 3, pp. 80-98 (p. 81), Pline
présente Dipoenus et Scyllis non comme les fondateurs de
la grande sculpture grecque, mais comme les premiers
artistes qui introduisirent la grande sculpture en Argolide ;
voir une autre interprétation dans l'*Introduction*, p. 21.
Sur l'école de Chio, on signalera les deux statues publiées
par J. Boardman, *Two archaic Korai in Chios*, in *Antike
Plastik*, I, 1962, pp. 43-45, pl. 38-44, datées par l'auteur
de 580-570 av. J.-C.

2. Cf. O. Masson, *Hipponax*, *Fragments poétiques*, Paris,
Klincksieck, 1962, surtout pp. 14 sq. L'essentiel de la docu-
mentation biographique provient de la Souda (*s.u.* Ἱππῶναξ,
éd. Adler, II, p. 665, n° 588 et 591) : fils de Pythès et de
Protis, éphésien, iambographe, il vint habiter à Clazo-
mènes, ayant été banni par les tyrans Athénagoras et Komas.
Il écrivit contre les sculpteurs Boupalos et Athénis parce
qu'ils avaient fait de lui des images destinées à l'outrager.
C'est lui qui a écrit le premier une parodie et le choliambe
et d'autres choses. (Traduction O. Masson, p. 11). Son acmè,
datée de 540 av. J.-C. par le marbre de Paros (*F. Gr. H.*,
239 § 42), se concilie bien avec les dates établies pour les
deux artistes. La querelle, célèbre dans l'Antiquité (βουπάλειος
μάχη, cf. Callimaque, *Iambes*, I, fr. 191. 3. 4.), a pu naître,
plutôt que de la laideur d'Hipponax (cf. Métrodore de
Skepsis dans Athénée, 552 c), d'une rivalité amoureuse
pour la belle Arété (O. Masson, *op. cit.*, p. 14). La cible
des attaques est Boupalos, mentionné en 1, 2 ; 12, 2 ; 15 ;
77, 4 ; 79, 12 ; 84, 18 ; 95, 15 ; 120, 1. Athénis est mentionné en 1, 2 et 70, 11. L'histoire du suicide est calquée
sur la légende d'Archiloque et Lycambe (O. Masson, *op.
cit.*, p. 15). La 60ᵉ olympiade correspond aux années 540-
537 av. J.-C., la première aux années 776-773 av. J.-C.

§ 12.

1. Les liens de la sculpture archaïque délienne avec l'ionisme et l'art insulaire sont soulignés par H. Gallet de Santerre, *Délos primitive et archaïque*, Paris, E. De Boccard, 1958, pp. 288 sq. Sur l'épigramme cf. J. Beazley, *The epigram of Boupalos and Athenis*, in *J.H.S.*, 59, 1939, p. 282.

2. Iasos (gr. Ἴασσος) est une ville de Carie ; cf. Pline, 9, 27.

§ 13.

1. Pour W. Deonna, *Le masque à double expression de Boupalos et d'Athenis*, in *R.E.G.*, 40, 1927, pp. 224-233 ; *Dédale*, I, Paris, E. de Boccard, 1930, p. 570, la sculpture, qui ornait un lieu de passage, serait un Gorgoneion. On pourrait suggérer l'exemple du fronton du temple d'Artémis à Corfou, cf. J. Charbonneaux, R. Martin, F. Villard, *Grèce archaïque*, Paris, Gallimard, 1968, fig. 24, p. 26.

2. Auguste fit le vœu de bâtir le temple en 36 av. J.-C., durant les campagnes contre Sextus Pompée, et le dédia le 9 octobre 28 av. J.-C. La construction est mentionnée dans les *Res Gestae*, 19, 1. Il s'agit du deuxième temple d'Apollon bâti à Rome (le premier est celui du Champ de Mars ; cf. § 28). Les fouilles systématiques entreprises depuis 1958 dans la zone sud de la Maison de Livie, entre le palais des Flaviens et les *Scalae Caci*, ont confirmé la localisation du temple et de la maison d'Auguste déjà proposée par G. Lugli. Cf. G. Carettoni, *I problemi della zona augustea del Palatino alla luce dei recenti scavi*, in *Rendiconti della Pontificia Accademia di Archeologia*, 39, 1966-67, pp. 55 sq. ; ainsi que F. Coarelli, *E.A.A.*, supplément 1973, s.u. *Roma*, p. 663 et bibliographie, p. 669 ; *id.*, *Guida Archeologica di Roma*, Milan, Mondadori, 1974, p. 145 ; Platner-Ashby, pp. 16-19 ; E. Nash, p. 31, fig. 22, 23, 24. La fréquence des œuvres de Boupalos à Rome avait suggéré l'hypothèse d'un homonyme récent (IIe s. av. J.-C.) ; cf. Heidenreich, in *Arch. Anzeiger*, 1935, pp. 668-701, réfuté aussitôt par A. Rumpf, *ibid.*, 1936, pp. 52-64. Quoi qu'il en soit, la tonalité « archaïque » ou « archaïsante » de la décoration est confirmée par la découverte, à partir de 1968 d'une série de plaques de terre-cuite, appartenant au groupe « Campana ». Pour G. Carettoni, elles faisaient partie de la décoration même du temple d'Apollon Palatin (*Terracotte « Campana » dallo scavo del tempio di Apollo Palatino*, in *Rendiconti della Pontificia Accademia di Archeologia*, 44, 1971-72, pp. 123-139 ; *Nuova serie di grande lastre fittili « Campana »*, in *Boll. d'Arte*, série 5, 58, 1973, 2-3, pp. 75-87) ; pour F. Coarelli, il s'agit de la décoration du portique des Danaïdes qui entourait la place où se trouvait

le temple, *Guida Archeologica*, p. 145. Les plaques sont datées entre 36 et 28 av. J.-C. Il s'agit de figures d'acrotères et non des statues du fronton (cf. Pline, 36, 6 ; 35, 152, 157, ainsi que Vitruve, 3, 3 et Cicéron, *De diuin.*, 1, 10).

3. Une scholie d'Aristophane, *Oiseaux*, 573 (*Recueil Milliet*, n° 90, pp. 80-81), attribue à Archermos l'invention du type statuaire de la victoire ailée. En 1877, la découverte, à Délos, d'une statue de ce type, non loin de la base portant le nom de Micciadès, entraîna l'attribution de l'œuvre à ce sculpteur. Depuis, l'examen de la base et de la statue a suscité réserves et discussions ; cf. Ch. Picard, *Manuel*, I, p. 565 ; M. T. Amorelli, *E.A.A.*, I, p. 568, fig. 749.

§ 14.

1. Pausanias précise qu'il s'agissait : à Cléones (2, 15, 1) d'une Athéna, à Argos (2, 22, 5) d'un groupe des Dioscures. D'après la description de ce groupe, on pourrait penser que les frères avaient introduit en Grèce la technique chryséléphantine.

2. Les textes fondamentaux sur les marbres blancs grecs se trouvent dans H. Blümner, *Technologie und Terminologie der Gewerbe und Künste bei Griechen und Römern*, Leipzig, 1875-1912, III, pp. 26 sq. ; cf. également J. Papageorgakis, Τὰ εἰς τὴν μαρμαρικὴν τέχνην χρήσιμα πετρώματα τῆς Ἑλλάδας, Athènes, 1966 ; Γεωλογικῶν χρονικῶν τῶν Ἑλληνικῶν χωρῶν, 18, 1967, pp. 193-210 ; Colin Renfrew-J. Springer-Peacey, *Aegean Marble, a petrological study*, *B.S.A.*, 63, 1968, pp. 45-66. L'île de Paros appartient au groupe méridional des Cyclades. Son marbre est « blanc, mat, à grain fin, homogène, souple au ciseau, dégageant une odeur sulfureuse sous les coups d'un ciseau métallique » (R. Martin, *Manuel*, I, pp. 137-138). Il fut le marbre par excellence de la statuaire antique. Les plus belles carrières se trouvaient dans la zone du Mont Marpessa (Stéphane de Byzance, *Ethnikà*, pp. 434, 6, réédition de 1958 par l'Akademische Druch V. Verlagsanstalt, Graz, de l'édition de 1849). Une partie de l'exploitation était en galeries souterraines, la qualité de certains bancs, épais de deux à quatre mètres seulement, ayant entraîné les exploitants à descendre dans les profondeurs de la colline ; cf. Ch. Dubois, *Etudes sur l'administration et l'exploitation des carrières dans le monde romain*, Paris, 1908, pp. 109-111 ; R. Martin, *op. cit.*, p. 147 ; R. J. Forbes, *op. cit.*, p. 214 ; contra J. Ward-Perkins, *E.A.A.*, IV, p. 861.

3. Du grec λυχνίτης. Le terme a été diversement interprété par les commentateurs modernes. On se reportera à l'étude de L. Robert in *Hellenica*, XI-XII, pp. 118-119 et note 7. L'explication varronienne est reprise par un certain nombre d'auteurs qui citent, à l'appui de leur

interprétation, l'existence effective de galeries souterraines dans les carrières de Paros. Mais ce point de vue paraît peu fondé. Louis Robert, au contraire, préfère reprendre l'hypothèse de Neumann-Partsch (*Phys. Geogr. von Griechenland*, p. 217) et mettre le nom en rapport avec une particularité du marbre (c'est aussi l'interprétation de S. Ferri, *op. cit.*, p. 226, note 14). On peut, en effet, rapprocher le mot de deux autres termes : — Λυχνεὺς (Hésychius : Λυχνίας καὶ λυχνεύς ὁ διαυγὴς λίθος ; inscription d'Andros, *IG*, XII, suppl. 250, éd. de F. Hiller von Gaertringen (1939) ; Athénée, V, 205 f) et — λύγδινος λίθος ou λυγδὸς, qui désigne un marbre de Paros (cf. Pline, 36, 62 ; Isidore, *Orig.*, 16, 5, 8, *Parius candoris eximii, lygdinus cognomento*, ainsi que O. Rubensohn, *R.E.* (1947), col. 1794, *s.u. Paros*, et L. Robert, note 7, *art. cit.*).

4. Le marbre de Carrare, blanc, brillant, à grain fin. Les carrières fournissent également plusieurs marbres colorés (*bardigli, fior di pesco, pavonazzo...*), cf. J. Ward-Perkins, *E.A.A.*, IV, p. 861. Les Étrusques ne semblent pas avoir tiré parti de ces marbres qui furent largement utilisés par les Romains, à partir de la deuxième moitié du [er] siècle av. J.-C. (la première mention de colonnes en marbre de Luni se trouve dans Pline, 36, 48, à propos de Mamurra) ; sur la faveur du marbre de Luni, à la fin de la République et au début de l'Empire, cf. Strabon, 5, 222. Les carrières, d'un approvisionnement moins coûteux que les lointaines exploitations grecques, permirent à Auguste les aménagements de Rome, d'où le mot célèbre (Suétone, *Aug.*, 28) qu'il avait trouvé Rome de brique et l'avait laissée de marbre. On voit, encore aujourd'hui, de nombreuses traces du travail romain dans les carrières de Carrare (blocs, fragments de colonnes, bas-reliefs, inscriptions, outils), dont la richesse permet de reconstituer l'organisation et la vie des esclaves employés dans les carrières ; cf. Ch. Dubois, *op. cit.*, pp. 3-17 ; L. Banti, *Antiche lavorazioni nelle cave lunensi*, *S.E.*, 5, 1931, pp. 475 sq. et Ch. Klapisch-Zuber, *Les maîtres du marbre, Carrare 1300-1600*, Paris, 1969.

5. Une anecdote similaire est rapportée par Cicéron, à propos de Chio, *De Diu.*, 1, 23 : *Fingebat Carneades in Chiorum lapidicinis saxo diffiso caput exstitisse Panisci.*

§ 15.

1. *Statuaria* désigne la sculpture de bronze, *sculptura*, celle de pierre ; *toreutice* la sculpture en général ; cf. Le Bonniec-Gallet de Santerre, *op. cit.*, p. 217 (note 12 au § 54). En 34, 49, Pline, reprenant les classements de Xénocrate, place Phidias au point de départ de la sculpture en bronze. Le jugement sur la peinture est plus surprenant et se distingue de la position de Xénocrate qui faisait d'Apollodore

(420-417 av. J.-C.) (cf. Pline, 35, 60) l'initiateur de la peinture. D'ailleurs, Pline lui-même (35, 54) réfute ce classement et donne comme argument l'activité de peintre de Phidias et de son frère (ou de son neveu, cf. Strabon, 8, 354) Panainos ; cf. B. Schweitzer, *op. cit.*, appendice III, pp. 159-164. Sur Phidias, cf. Overbeck, n° 618-807 ; Picard, *Manuel*, II, 1, pp. 308 sq. ; G. Lippold, *Handbuch*, III, 1, pp. 141 sq. ; G. Becatti, *E.A.A.*, III, pp. 649-660. — La 83e olympiade (448-445 av. J.-C.) correspond au début des travaux du Parthénon.

2. Le terme *tradunt* indique que Pline n'est pas certain que Phidias ait travaillé le marbre ; cf. également Sénèque, *Epist.*, 85, 40 ; contra, Aristote, *Eth. Nicom.*, 1141 a, qui oppose Phidias, sculpteur de marbre (λιθουργός) à Polyclète, sculpteur de bronze (ἀνδριαντοποιός). Bien que les textes anciens ne lui en attribuent pas explicitement la paternité, on doit citer l'ensemble des sculptures du Parthénon, même si l'expression de Plutarque (*Périclès*, 31) a suscité bien des controverses. On se reportera à la mise au point critique de B. Schweitzer qui réagit contre les attitudes hypercritiques, *Prolegomena zur Kunst des Parthenon-Meisters*, I, in *J.D.A.I.*, 53, 1938, pp. 1-89 ; *Prolegomena*, II, in *J.D.A.I.*, 54, 1939, pp. 1-96 ; *Pheidias, der Parthenon-Meister*, in *J.D.A.I.*, 55, 1940, pp. 170-241. Cf. également J. Charbonneaux, *Grèce Classique*, pp. 146-160 et fig. 157-170.

3. G. Becatti (*Problemi Fidiaci*, Milan-Florence, Electa Editrice, 1951, p. 201) propose d'identifier cette Aphrodite avec le type de l'Olympia de la Villa Albani (Helbig, IV, n° 3229) ; on se reportera aussi à la statue conservée au Musée du Capitole (Helbig, II, n° 1326). D'autres exemples se trouvent aux Offices à Florence, à Vérone ainsi qu'à Ostie (*op. cit.*, pl. 97-98, fig. 295-298). Ce type fut repris pour les statues funéraires des dames romaines. La tête serait la Sappho ou Aspasie de Naples (*op. cit.*, pl. 99, fig. 299-300 ; à Rome, Villa Borghèse, Helbig, II, n° 1979) ; cf. également G. Becatti, *Restauro dell'Afrodite seduta fidiaca*, in *Studi Miscellanei*, 15, *Omaggio a R. Bianchi Bandinelli*, Rome, 1969-1970, pp. 35-44 et fig. 6-16. Pour E. Langlotz, *Aphrodite in der Gärten*, in *Sitzungsb. Heidelberg Akad. Wiss.*, 1953, p. 54, ce type serait celui de l'Aphrodite aux jardins d'Alcamène, cf. le commentaire de G. Becatti, *E.A.A.*, I, p. 258 et en dernier lieu, A. Delivorrias, *Das Original der Sitzenden « Aphrodite-Olympias »*, in *M.D.A.I.*, 93, 1978, pp. 1-23. — *in Octauiae operibus* : cf. Pline, 36, 24 ; 34, 35. Il s'agit du complexe architectural du Champ de Mars dont l'élément principal était un portique entourant les temples de Jupiter Stator et de Junon Regina (Pline, 36, 42). Le portique, commencé par Q. Cecilius Metellus

Macedonicus en 146 av. J.-C. (Velleius Paterculus, 1, 11, 3), sans doute inauguré en 131 av. J.-C., fut remplacé, sous le règne d'Auguste, par la *Porticus Octauiae*, édifiée avec une participation financière de la sœur d'Auguste (cf. P. Gros, *Aurea Templa*, p. 58, note 42) et achevée entre 27 et 23 av. J.-C. L'ensemble brûla, une première fois, en 80 (Dion Cassius, 66, 24, 2), fut restauré par Domitien et, après un deuxième incendie en 203, par Septime Sévère et Caracalla (*C.I.L.*, 6, 1034). L'expression de Pline (cf. aussi 34, 31 et 35, 139) peut renvoyer soit à l'ensemble des bâtiments, soit à une partie d'entre eux, la bibliothèque d'Octavie, que Pline appelle tantôt *curia* (36, 28 ; 36, 29), tantôt *schola* (35, 114 ; 36, 22). Ce bâtiment unique doit être identifié avec la grande exèdre semi-circulaire, orientée vers le nord, indiquée par la Forma Urbis (cf. P. Gros, in *M.E.F.R.*, 79, 1967, p. 508 ; *M.E.F.R.A.*, 85, 1973, note 4, p. 143 ; *Aurea Templa*, p. 81 et p. 114). Le complexe servait de Musée (fonction héritée du Portique de Metellus), cf. *H.N.*, 34, 31 ; Cicéron, *De Signis*, 126. Sur ses collections, cf. *H.N.*, 34, 31 ; 35, 114, 139 ; 36, 15, 22, 24, 28, 34, 35. Le portique est représenté sur le Plan de Marbre (*F.U.R.*, pl. 29 s. Circus Flaminius I, 268, Hercules Musarum I, 578). Les parties qui subsistent aujourd'hui appartiennent, pour la plupart, aux bâtiments élevés par Septime-Sévère, en 203. Cf. Platner-Ashby, pp. 427 sq. ; E. Nash, pp. 254-258, fig. 1004-1009. — Le temple de Junon Regina (le seul dont restent quelques éléments) fut dédié en 179 av. J.-C. par le censeur P. Emilius Lepidus, et le temple de Jupiter Stator fut le premier de Rome a être bâti entièrement en marbre. Il fut construit par Hermodoros de Salamine (Vitruve, 3, 2, 5) ; cf. A. M. Palchetti-L. Quilici, *Il tempio de Giunone Regina nel Portico di Ottavia*, in *Quaderni dell'Istituto di Topografia*, 5, 1968, pp. 77 sq. ; M. S. Boyd, *The Porticus of Metellus and Octavia and their two temples*, in *P.B.S.R.*, 21, 1953, pp. 152-sq. ; Gwyn Morgan, *The Portico of Metellus, a reconsideration*, in *Hermes*, 99, 1971, pp. 480 sq. et P. Gros, *M.E.F.R.A.*, 1973, *art. cit.*, *Aurea Templa*, pp. 84, 114, 123, 198, note 13.

§ 16.

1. Cf. Pline, 34, 49 et 72 ; Overbeck, n° 808-828 ; Ch. Picard, *Manuel*, II, 2, p. 551 ; G. Lippold, *Handbuch*, pp. 184-187 ; *E.A.A.*, I, pp. 255-260 (G. Becatti) ; L. Capuis, *Alkamenes, Fonti storiche e archeologiche*, Padoue-Florence, 1968 ; J. Charbonneaux, in *Grèce Classique*, p. 162. Élève et « rival » (*aemulus*, Pline, 34, 49) de Phidias, son activité a donné lieu à des controverses. Pausanias lui attribue, en effet, à la fois l'exécution d'une partie du fronton ouest du temple de Zeus à Olympie et, d'autre part (9, 11, 6), affirme qu'il

sculpta un groupe d'Athéna et d'Héraclès, dédié par Thra-
sybule dans l'Héracleion de Thèbes, après 403 av. J.-C.
Les deux notices peuvent se concilier, si l'on admet une
réfection de certaines statues du fronton d'Olympie. L'activité du sculpteur se situe donc à la fin du Ve s. av. J.-C.,
dans le cercle de Phidias. On doit à Alcamène plusieurs
statues de culte : l'Arès de l'Agora d'Athènes (Pausanias,
I, 8, 4) qu'on a identifié avec l'Arès Borghèse (Lippold,
pl. 68, 1 ; *E.A.A.*, I, fig. 375, p. 254), un Dionysos chrysélé-
phantin dans le sanctuaire près du théâtre (Pausanias,
1, 20, 3) reproduit sur des monnaies (cf. L. Lacroix, *Les
reproductions de statues sur les monnaies grecques*, Paris,
1949, pp. 291-293, pl. 26, 2 et 3) ; dans l'Héphaisteion, un
groupe d'Athéna et d'Héphaistos en bronze (Pausanias,
1, 14, 6) qu'on a rapproché du type dit de Cherchell (cf.
E.A.A., I, fig. 374). On a conservé un original, le groupe
de Procné et Itys découvert sur l'Acropole (Pausanias, I,
24, 3 ; *E.A.A.*, I, fig. 371 ; Lippold, pl. 66, 1). Son Hermès
Propylaios est connu par deux copies du IIe s. ap. J.-C.,
une, découverte à Pergame, actuellement au musée d'Istam-
boul, l'autre, trouvée à Éphèse, conservée au musée de
Smyrne cf. *E.A.A.*, I, fig. 370 ; Lippold, pl. 67, 3). Son
Hécate Epipyrgidia (Pausanias, 2, 30, 2) se trouvait sur
l'Acropole, devant le temple d'Athéna Nikè.

2. L'Aphrodite aux jardins est la statue d'Alcamène la
plus célèbre (Pausanias, 1, 19, 2 ; Lucien, *Imag.*, 4 et 6).
L'expression ἐν κήποις et l'identification du type statuaire
ont soulevé de nombreuses controverses qui sont loin d'être
closes. L'expression de Pline, comme celle de Pausanias,
montre que ἐν κήποις désigne un lieu-dit. On situe le sanctuaire d'Aphrodite en deux endroits : — 1) près de l'Ilissos,
à l'est de l'Olympeion (J. Travlos, *Bildlexicon zur Topographie des antiken Athen*, Tübingen, E. Wasmuth, 1971,
p. 228, fig. 379, n. 190), — 2) sur la terrasse nord de l'Acropole où un temple d'Éros et d'Aphrodite, lié aux pratiques
des Arrhéphores (Pausanias, 1, 27, 3) a été dégagé par
O. Broneer (*Hesperia*, 1, 1932, pp. 31-55 ; J. Travlos, *ibid.*,
pp. 228 sq., bibliographie *ad loc.* et fig. 91, p. 137). L'exiguïté
du deuxième lieu fait préférer la première identification ;
cf. Ch. Picard, *R.A.*, 48, 1956, p. 98. On a proposé de nombreux types pour la statue. On se reportera à la recension
critique de G. Becatti in *E.A.A.*, I, pp. 257-258 : — 1)
identification avec l'Aphrodite de Fréjus (*Grèce Classique*,
n° 397, p. 343), attribuée maintenant au cercle de Callimaque ; — 2) identification avec le type dit Euterpe
(H. Schrader, *Phidias*, Francfort, 1924, pp. 206-207, fig. 185,
188, 189). Cette œuvre représente une femme appuyée sur
un tronc d'arbre ou un pilier et serait plutôt la statue de
culte de l'Aphrodision de Daphni sur la voie sacrée d'Eleu-

sis (cf. l'étude de A. Delivorrias, *Die Kultstatue der Aphrodite von Daphni* in *Antike Plastik*, VIII, 1968, pl. 7-9, pp. 19-31, et plus spécialement p. 27). — 3) en se fondant sur le texte de Pausanias (1, 19, 2) qui mentionne l'existence d'un Hermès dans les jardins du sanctuaire, et parce qu'une tête, découverte à Leptis Magna, se trouvait sur un Hermès, *E.A.A.*, I, fig. 272, p. 257, Musée de Tripoli), G. Guidi (*Afrodite del Mercato*, in *Africa Italiana*, 4, 1931, pp. 1 sq.) et G. Gullini (*Afrodite en kepois*, in *Rend. Pont. Acc.*, 21, 1945-46, pp. 151 sq.) ont émis l'hypothèse qu'il pouvait s'agir d'un Hermès. — 4) E. Langlotz a proposé le type que G. Becatti a identifié à la Vénus assise de Phidias (cf. note 2 du § 15).

§ 17.

1. Sur Agoracrite, cf. Overbeck, n° 829 à 843 ; Picard, *Manuel*, II, 2, pp. 531 à 543, Lippold, *Handb.*, pp. 187-189 ; *E.A.A.*, I, pp. 146-148. Disciple bien aimé de Phidias (Pausanias, 9, 34, 1 ; Zenobios, *Paroemiographi graeci*, éd. Leutsch-Schneidewin, I, p. 135), son œuvre la plus célèbre est la Némésis de Rhamnonte, que Pausanias (1, 33, 3) attribuait à Phidias lui-même, comme aussi Pomponius Méla, 2, 4, 6, tandis que Strabon, 11, 1, 17, doute de son auteur. D'après Zénobios (*op. cit.* = Overbeck, 834), Antigone de Carystos aurait relevé sur la statue la signature d'Agoracrite. Un petit fragment de la tête est conservé au British Museum (Picard, *Manuel*, II, fig. 222, p. 537) et des éléments de la base (40) se trouvent au Musée d'Athènes (Picard, *ibid.*, p. 538 ; Lippold, *Handb.*, pl. 69, 1 ; *E.A.A.*, I, fig. 208-210). La décoration rappelle les « Naissances » dont Phidias avait fait orner les bases de ses statues chryséléphantines. Sur la base d'Agoracrite, Hélène, fille de Némésis d'après la légende locale, était conduite devant la déesse de Rhamnonte par sa mère adoptive, Léda, en présence des héros grecs qui jouèrent un rôle dans son mythe (Pausanias, 1, 33, 7). La statue est décrite par Pausanias (1, 33, 3). L'anecdote de Pline (compétition puis transformation de l'Aphrodite en Némésis) peut s'expliquer par le fait que la statue avait certains attributs (végétation et fertilité) plus conformes aux fonctions d'Aphrodite. On a cru retrouver le type statuaire sur un statère de Chypre, frappé vers 374 av. J.-C. par les rois de Salamine, Timocharis et Nicoclès, mais L. Lacroix adopte une position négative, *op. cit.*, pp. 287-289 (pl. 26, 1). Des rapprochements ont été proposés avec la Déméter du Musée du Vatican (*E.A.A.*, I, fig. 206) et avec l'Héra Borghèse de Copenhague (Picard, *op. cit.*, II, 2, p. 537 ; Lippold, *op. cit.*, pl. 66, 2).

2. Les Anciens appréciaient beaucoup les compétitions

entre artistes ; cf. les concours mémorables entre Polyclète, Phidias, Crésilas, Lydon et Phradmon pour l'Amazone d'Éphèse (Pline, 34, 53 ; éd. Le Bonniec-Gallet de Santerre, commentaire *ad loc.*, note 1, p. 214). Tzétzès évoque également un conflit entre Alcamène et Phidias (*Chiliades*, 8, 353).

3. Cf. Pausanias, 1, 3, 5. La statue se trouvait dans le Metroon de l'Agora d'Athènes (J. Travlos, *op. cit.*, pp. 352, 356, fig. 31, 34, 37). Le culte de Cybèle n'y fut installé qu'après la peste de 430 av. J.-C. La déesse était assise sur un trône flanqué de deux lions (cf. Picard, *op. cit.*, II, 2, p. 543 ; Lippold, *op. cit.*, pl. 67, 2).

§ 18.

1. Cf. Pline, 34, 49 et 54. Description de la statue dans Pausanias, 5, 10, 2. Les Anciens y voyaient le chef-d'œuvre de Phidias (Overbeck, 692-754 ; Picard, *op. cit.*, pp. 346-369). La statue est connue essentiellement par des répliques sur des monnaies d'Elis de l'époque impériale (surtout du règne d'Hadrien) ; cf. L. Lacroix, *op. cit.*, pp. 259-266 (pl. 22, 7-9). — *argumenta parua et ingenii tantum* : sur la valeur de ces termes dans le domaine de la critique d'art, cf. *Introduction*, p. 22.

2. Cf. Pline, 34, 54 ; Pausanias, 1, 24, 5 ; Overbeck, n° 645-690 ; Picard, *Manuel*, II, 1, p. 374 ; J. Charbonneaux, in *Grèce Classique*, pp. 141-160. L'Athéna Parthénos consacrée en 438 av. J.-C. Si l'on possède peu de répliques du Zeus d'Olympie, le type de l'Athéna Parthénos est, par contre, fort bien connu par un ensemble de copies. La plus complète est la statuette du Varvakeion (cf. W. H. Schuchhardt, *Athena Parthenos*, in *Antike Plastik*, II, 1963, pp. 31-53 ; pl. 20 à 37). Pour les autres témoignages, cf. Picard, *op. cit.*, pp. 375 sq. ; G. Becatti, *E.A.A.*, III, p. 656 ; Helbig, II, n° 1980, avec bibliographie *ad loc.* Le visage surmonté du casque est particulièrement bien représenté sur la gemme d'Aspasion du Musée des Thermes (G. Becatti, *Problemi Fidiaci*, pl. 63, fig. 188), sur la tête du Louvre, celle de la Ny Carlsberg Glyptotek, deux médaillons de terre-cuite de l'Agora d'Athènes et ceux en or de Koul Oba (cf. G. Becatti, *op. cit.*, p. 110 et pl. 63, pp. 184 à 189). Cf. également S. Nocentini, *Sintassi decorativa nell' elmo della Parthenos fidiaca*, in *La Parola del Pass.*, 20, 1965, p. 246. — La statue mesurait douze mètres, autant que le Zeus d'Olympie sans sa base. — D'après Thucydide, 2, 13, quarante talents d'or, soit cent-cinq kilos avaient été employés. Un chiffre identique se trouve dans Plutarque, *De vit. aere al.*, 2, 828b ; Diodore de Sicile (12, 40) indique cinquante talents et Philochore (*F. Gr. H.*, 328, F. 121), quarante-quatre. G. Donnay, *Les comptes de l'Athéna*

chryséléphantine du Parthénon, in *B.C.H.*, 91, 1967, pp. 50-86, remarque que le texte officiel mentionne la quantité d'or et non celle d'ivoire ; ce qui pourrait expliquer l'origine du procès intenté à Phidias (pour détournement d'ivoire). — A l'extérieur du bouclier, autour du Gorgoneion (dont une réplique est conservée dans la Méduse Rondanini, cf. E. Buschor, *Medusa Rondanini*, Stuttgart, Kohlham, mer, 1958, Helbig, II, nᵒ 1140, avec bibliographie *ad loc.*)- se déroulait l'Amazonomachie (qui répondait aux métopes ouest du temple) ; à l'intérieur, la Gigantomachie rappelait le décor des métopes est. L'Amazonomachie est connue par le bouclier Strangford (*E.A.A.*, III, p. 651, fig. 796-797), par les boucliers de certaines statuettes (cf. W. H. Schuchhardt, *Antike Plastik*, II, 1963, p. 49 et pl. 34-36 a), par des fragments de terre-cuite trouvés sur l'agora, par les reliefs néo-attiques provenant d'une épave du Pirée, de la Villa Albani (Helbig, IV, nᵒ 3219), de la Ny Carlsberg Glyptotek, de Berlin, Chicago (cf. G. Becatti, *op. cit.*, pl. 64-67 et 103-110 et pp. 111 sq. ; *E.A.A.*, III, p. 656 et plus récemment, V. M. Strocka, *Piräusreliefs und Parthenosschield*, Berlin, Wasmuth, 1967, ainsi que E. Harrison, *The composition of the Amazonomachy on the shield of Athena Parthenos*, in *Hesperia*, 36, 1966, pp. 107-133). — Sur la Gigantomachie, les opinions divergent : la scène était-elle peinte, incisée dans l'or ou traitée en relief, comme l'Amazonomachie ? Cf. G. Becatti, *op. cit.*, p. 120 et bibl. *ad loc.* Le motif est connu surtout par des répliques sur les vases (cf. A. von Salis, *Die Gigantomachie am Schilde der Athena Parthenos*, in *J.D.A.I.*, 55, 1940, pp. 90-169 ; G. Becatti, *op. cit.*, p. 120, pl. 70 et pp. 211-214). — Sur les sandales « étrusques » de la Parthénos, cf. Pollux, 7, 92. Un parallèle possible est offert par le vase en marbre de Madrid, cf. G. Becatti, *Problemi Fidiaci*, p. 122, pl. 69, fig. 1-5.

§ 19.

1. Les inventaires concernant la réfection du socle de la Parthénos confirment que la base était également de technique chryséléphantine, cf. G. Donnay, *L'Athéna chryséléphantine dans les inventaires du Parthénon*, in *B.C.H.*, 92, 1968, pp. 21-28. Elle mesurait 1,20 m (Lippold, *op. cit.*, p. 146). Sur sa décoration, cf. Pausanias, 1, 24, 7. Ces sculptures sont évoquées par quelques figures sur la statue Lenormant (cf. W. H. Schuchhardt, *op. cit.*, pl. 36 b), sur la réplique de Pergame (Picard, *op. cit.*, fig. 166), ainsi que sur quatre des reliefs néo-attiques du Palais del Drago à Rome et sur la base du Latran (G. Becatti, *op. cit.* ; *E.A.A.*, III, p. 657).

2. La victoire que la déesse tenait dans sa main droite

mesurait, d'après Pausanias (1, 4, 7), quatre coudées. Grâce
aux inventaires, dont l'établissement et la publication furent
décrétés en 434/33 av. J.-C. (*I.G.*, I, 2, 91), on sait que la
Nikè fut coiffée en 428/7, d'une « couronne d'olivier en or »
(cf. G. Donnay, *art. cit.*, *B.C.H.*, 92, 1968, p. 22 et note 2).
— D'après Pausanias (1, 24, 7), le serpent symbolisait
Erechthée, héros fondateur d'Athènes ; il était lové au creux
du bouclier. — Le sphinx se trouvait sous la crête du casque ;
or *cuspis* désigne la pointe de la lance. D'autre part,
aeream ne convient pas pour une statue chryséléphantine. Ces problèmes de texte ont été résolus différemment :
— 1) Urlichs transfère *ac* devant *aeream sphingem* et corrige
en *auream*, de fait, d'après Pausanias (1, 24, 7), le serpent
était à côté de la lance : καὶ πλησίον τοῦ δόρατος δράκων
ἐστίν. — 2) Pour Sillig, il s'agit d'une erreur de Pline.
— 3) Pour Sellers, il faut garder *aeream* : s'il s'agissait
d'or, Pline n'aurait pas mentionné la matière, qui allait
de soi. S. Ferri ajoute que l'usage du bronze pouvait être
lié à des raisons rituelles. Mais l'*Hippias Majeur* (290 b)
ne mentionne, pour la statue, que l'ivoire, l'or et le marbre.
Pour le problème de *cuspis*, nous adoptons l'interprétation
de S. Ferri, *Plinio il Vecchio, Storia delle arti antiche*, Rome,
Palombi, 1946, p. 229, note 1, selon qui *cuspis* est une
mauvaise traduction du grec ἄκρον, équivalent de λόφος et
qui aurait dû être traduit par le latin *apex*.

§ 20.

1. Sur Praxitèle, cf. Pline, 7, 127 ; 34, 69-71 (*marmore
felicior*) ; Overbeck, nᵒ 1190-1300 ; Picard, *Manuel*, III,
2, pp. 406 sq. ; Lippold, *Handb*, pp. 234 sq., G. Becatti,
E.A.A., VI, p. 423 ; G. Charbonneaux in *Grèce Classique*,
pp. 207-214. Praxitèle était un des sculpteurs les plus appréciés des Romains (cf. Varron *ap.* Gell., 13, 17, 3), ce qui
explique le grand nombre de copies parvenues jusqu'à
nous. Sur les dates de Praxitèle, cf. Pline, 34, 50 (la 104ᵉ olympiade = 364-361 av. J.-C.) et note 17, p. 207, éd. Le Bonniec-Gallet de Santerre.

2. La nécropole du Céramique, en usage depuis la fin
du XIIᵉ siècle av. J.-C., s'étendait au nord de la cité ; il
semble qu'à partir du VIᵉ s. av. J.-C., les sépultures aient
été installées obligatoirement à l'extérieur des murailles
(cf. Cicéron, *Ad Familiares*, 4, 12, 3). Les tombes s'éten-
daient le long de la voie sacrée, de la route menant à l'Académie et de celle du Pirée. Entre 430 et 338 av. J.-C., les
Athéniens élevèrent une série de monuments funéraires
très élaborés dont beaucoup sont encore conservés sur
place. Après Chéronée, de nombreuses tombes servirent
de réemploi pour l'édification des murailles. Le décret de
Démétrios de Phalère (317/307 av. J.-C.) mit fin à ce luxe

des sépultures. Praxitèle aurait ainsi sculpté plusieurs monuments funéraires (cf. Pausanias, 1, 2, 3). On peut citer également le monument élevé à Leuca, près de Thespies, en Béotie, par un fils pour son père (*C.I.G.*, V, 1604). Sur l'état des fouilles et l'histoire du Céramique, cf. W. Johannowsky, *E.A.A.*, I, pp. 853-854 ; L. Beschi, *Supplément*, p. 90 ; J. Travlos, *op. cit.*, pp. 299-322, fig. 391 et 417, pp. 421-422 et 410-411 ; D. C. Kurtz-J. Boardman, *Greek Burial Customs*, Londres, Thames and Hudson, 1971, pp. 91 à 141.

3. La Vénus de Cnide était considérée par les Anciens comme le chef-d'œuvre de Praxitèle (Lucien, *Imag.*, 4 ; Overbeck, 1236-1240). Le nombre de copies conservées (une cinquantaine, cf. G. Becatti, *E.A.A.*, VI, p. 423), atteste la renommée de la statue dans le monde romain. Les meilleures répliques se trouvent au Vatican (Helbig, I, n° 207 avec bibliographie *ad loc.*) ; cf. également, la tête de l'Antiquarium du Palatin (Helbig, II, n° 2095) et le torse, provenant de la Villa d'Hadrien à Tivoli (Helbig, IV, n° 3206). La mauvaise qualité des copies s'explique par le fait que le marbre peint empêchait toute possibilité de moulage direct. La statue apparaît également sur des monnaies de Cnide de l'époque de Caracalla (L. Lacroix, *op. cit.*, p. 311, pl. 27, 9-11). — Sur l'Aphrodite de Cos, cf. Cicéron, *Or.*, 5. Le type n'en est pas identifié. Pour la tête, cf. Picard, *op. cit.*, III, 2, p. 611, fig. 262 : tétradrachme d'argent de Cos frappé après 166.

§ 21.

1. Nicomède III de Bithynie (cf. Pline, 7, 127 ; Val. Max., 8, 11, 4). Après la guerre contre Mithridate (84 av. J.-C.), quand Nicomède fut remis sur le trône de Bithynie, de lourds tributs furent imposés aux cités d'Asie Mineure par Sylla. Quelques-unes offrirent en paiement des théâtres, gymnases, murs, portes (cf. Appien, *Mithr.*, 63). Sur les objections à l'identification avec Nicomède 1er (278-250 av. J.-C.), cf. Picard, *op. cit.*, III, 2, p. 561, note 4 et bibliographie *ad loc.*

2. Le temple rond monoptère est décrit en détail par le Pseudo-Lucien, *Amores*, 2, 13. Dans les fouilles actuelles du sanctuaire d'Aphrodite Euploia à Cnide, une inscription qui pourrait appartenir au temple a été dégagée. Le nom de Praxitèle y apparaît ainsi que les trois premières lettres du mot ΓΥΜΝΗ. L'inscription serait du IIIe/IIe s. av. J.-C, ce qui n'est point étonnant, puisque la construction du temple est postérieure à celle de la statue ; cf. I. C. Love, *A preliminary report of the excavations at Knidos*, 1970, in *A.J.A.*, 74, 1972, pp. 61 sq., pl. 18, fig. 24 et pl. 19, fig. 29, ainsi que fig. 7-9.

3. Cf. Val. Max., 8, 11, ext., 4 ; Pline, 7, 127 ; Lucien, *Imag.*, 4 ; Ps.-Lucien, *Amores*, 2, 15, 16. L'anecdote viendrait de Posidonius (cf. A. M. Harmon, commentaire de Lucien, t. IV, p. 262, note 2, éd. Loeb). Une anecdote identique est rapportée à propos de l'Éros de Parion (Pline, 36, 22-23). Peut-être ces historiettes sont-elles inspirées par le type nouveau de l'Aphrodite nue et non plus voilée par des draperies. Cf. également note 2, § 39.

§ 22.

1. Sur Bryaxis, cf. § 30 ; sur Scopas, cf. § 25.
2. Cf. Overbeck, n° 1249-1262 ; Picard, *Manuel*, III, 2, pp. 439 sq. L'Éros avait été dédié à Thespies par Phryné (Pausanias, 1, 20 ; Athénée, 13, 591b). La statue fut emportée à Rome par Caligula, rendue par Claude, reprise par Néron qui la plaça dans le portique d'Octavie et lui fit dorer les ailes. Elle disparut dans un incendie sous le règne de Titus (Pausanias, 9, 27, 3). A l'époque de Pausanias, il y avait à Thespies une copie exécutée par l'Athénien Ménodoros. Parmi les meilleures répliques, on relève l'Éros du Musée du Louvre (Picard, *op. cit.*, III, 2, fig. 175), provenant des jardins Farnèse au Palatin et celui de Parme (*ibid.*, fig. 177) ; cf. également L. Laurenzi, *Il prassitelico Eros di Parion*, in *R.I.A.*, V-VI, 1956-57, pp. 111-118 ; *Hesperia*, 26, 1957, p. 201. — Verrès avait volé à Heius de Messine (*De Signis*, 4 ; 135) un Éros de Praxitèle ; plus vraisemblablement une copie de l'Éros de Thespies. Pline fait allusion au passage de Cicéron (*De Signis*, 4) : *cupidinem fecit illum qui est Thespiis propter quem Thespiae uisuntur*. — Thespies se trouve au sud-ouest de Thèbes, au pied de l'Hélicon, la colline des Muses. Sur le culte d'Éros, dont on n'a pas retrouvé aucune trace archéologique (M. Cristofani, *E.A.A.*, VII, p. 761), cf. Pausanias, 9, 27, 2.
3. Sur ces bâtiments, cf. note 3 du § 15.
4. En Mysie, sur la Propontide, Parion était le siège d'un culte d'Éros, très ancien (Pausanias, 9, 27, 1). La statue apparaît seulement sur des monnaies locales de l'époque d'Antonin le Pieux à celle de Gallien (L. Lacroix, *op. cit.*, p. 315 et pl. 28, 1-4). On doit renoncer à voir une réplique de la statue dans le très médiocre Génie Borghèse du Louvre (Picard, *op. cit.*, III, 2, p. 624).

§ 23.

1. Il s'agit des divinités d'Éleusis. Pausanias (1, 2, 4) avait vu dans un temple des divinités éleusiniennes, proche du Dipylon, un groupe de Déméter, Corè et Iacchos de Praxitèle. Sur l'iconographie des divinités d'Éleusis au IVe s. av. J.-C., on se reportera à l'étude de A. Peschlow Bindokat, *Demeter und Persephone in der Attischen Kunst*

des 6 *bis* 4 *Jahrunderts*, in *J.D.A.I.*, 87, 1972-73, pp. 60 sq. ;
sur le groupe de Praxitèle, p. 135 et note 318 ; ainsi que
Helbig, I, 138 et 507 (Corè) ; I, 403 (Triptolème). — Situés
probablement entre la *Via Ardeatina* et la *Via Ostiensis*,
à l'intérieur de l'enceinte d'Aurélien, les *Horti Seruiliani*
ne sont pas mentionnés avant le début de l'Empire. Cf.
P. Grimal, *Les Jardins Romains*, 1re édition ; 1943, nouvelle
éd. Paris, P.U.F., 1969, pp. 155-156 et p. 312, note 6.

2. Le latin traduit les termes grecs : Ἀγαθὸς Δαίμων,
Ἀγαθὴ Τύχη. Ἀγαθὸς Δαίμων est une appellation générique
de divinités salutaires (Zeus, Asclépios, etc...). Ce dieu
tardif reste une abstraction tout comme Ἀγαθὴ Τύχη avec
qui il est souvent associé. Sur l'iconographie, cf. Ph. Bruneau, *Recherches sur les cultes de Délos à l'époque hellénistique
et à l'époque impériale*, Paris, De Boccard, 1970, p. 641 ;
G. Bermond Montanari, *E.A.A.*, I, p. 134 et J. Gy. Szilàgyi,
VII, p. 1038, Cf. également A. Effenberger, *Die drei Tyche-
statuen des Praxiteles*, in *Klio*, 53, 1971, pp. 125-128. — Les
Thyiades prennent leur nom de Thyia, nymphe éponyme
d'un lieu de culte de Delphes. D'après Pausanias (10, 4, 3
et 6, 4), elle avait, la première, sacrifié à Dionysos, à Delphes,
et y avait conduit les danses orgiastiques. Sur l'iconographie, cf. C. Saletti, *E.A.A.*, *Supplément*, p. 846. Sur les
Caryatides, cf. W. H. Plommer, *Vitruvius and the origin
of Caryatids*, in *J.H.S.*, 99, 1979, pp. 97-102.

3. C. Asinius Pollion (76 av. J.-C.-4 ap. J.-C.), de vieille
souche italique, se rendit vite illustre par ses interventions
devant les tribunaux de Rome. Ami personnel de César,
il rejoignit son camp et participa à toutes ses campagnes,
du passage du Rubicon à la dernière bataille en Espagne.
Consul en 40, il célébra en 39 av. J.-C., un triomphe sur
les Parthini, peuplade de l'arrière pays de Dyrrachium
(dans l'actuelle Albanie). Fidèle à César, tout en procla-
mant son attachement aux institutions républicaines, il
devait se retirer de la vie politique, peu après, pour se
consacrer à ses travaux d'écrivain et d'avocat. Sur Asinius
Pollion, on se reportera à l'ouvrage de J. André, *La vie
et l'œuvre de C. Asinius Pollion*, Paris, Klincksieck, 1949,
et au portrait de R. Syme, *La Révolution Romaine*, éd.
française, Paris, Gallimard, 1967, pp. 19 et 93. — Sur ses
Monumenta, cf. Pline, 7, 30, 7 ; 7, 115 ; 35, 10 ; 36, 33-34.
Pline désigne sous ce nom la bibliothèque et la galerie
d'œuvres d'art établies par Asinius Pollion dans l'*Atrium
Libertatis* qu'il restaura avec le butin de sa campagne contre
les Parthini en 39 av. J.-C. Avec cette construction, la
première bibliothèque publique de Rome, Asinius Pollion voulait sans doute réaliser un projet de César. Celui-ci
avait, en effet, chargé Varron de rassembler et de classer
les bibliothèque grecques et latines (Suétone, *Iul.*, 44, 2).

Le monument se trouvait en bordure du Forum de César,
dans la dépression qui joignait le Capitole au Quirinal.
L'*Atrium Libertatis* fut détruit lors de l'édification du Forum
de Trajan. Cf. F. Coarelli, *Guida Archeologica di Roma*,
Milan, Mondadori, 1974, pp. 103, 104, 106, 112, 116. Sur
les collections, cf. G. Becatti, *Letture Pliniane : le opere
d'arte nei Monumenta Asini Pollionis e negli Horti Seruiliani*, in *Studi in onore di A. Calderini e R. Paribeni*, III,
Milan, 1956, pp. 199-210 (avec bibliographie *ad loc.*). Le
groupe des Silènes de Praxitèle est évoqué dans *Anthol.
Pal.*, 9, 756.

§ 24.

1. Sur Céphisodote, cf. Overbeck, n° 1331-1341 ; Lippold., p. 299 ; D. Mustilli, *E.A.A.*, IV, p. 344. Pline place
son acmè en 296-293, av. J.-C. (cf. 34, 51 et 87). On considère que l'artiste, qui travaillait souvent avec son frère
Timarchos, sculpteur fécond, aux dires des Anciens et
d'après les nombreuses bases portant sa signature, qui
ont été retrouvées (cf. J. Marcadé, *op. cit.*, I, pp. 57-59),
fut actif entre 345 et 280 av. J.-C.

2. Cf. Pan et Olympos, Pline, 36, 29 et 35. Le terme
aurait une signification érotique (Soph., *frag.*, 556 ; Platon, *Symp.*, 191 ; Martial, 12, 43 ; Arnobe, 7, 33) ou serait
employé avec un sens technique pour désigner un groupe
complexe de personnages (position de W. Klein, *Studien
zum antiken Rokoko*, in *Jahreshefte des österr. Instituts in
Wien*, 19-20, 1919, p. 262). On considère que le groupe
d'un silène et d'un hermaphrodite, connu par une vingtaine
de copies, dont la meilleure se trouve à Dresde (M. Bieber,
The Sculpture of the Hellenistic Age, New York, Columbia
University Press, 2e éd. 1961, fig. 626), pourrait renvoyer
à ce groupe célèbre (Lippold, *Hanbd.*, pl. 113, 1 et p. 299 ;
B. M. Felletti Maj, *Not.*, *Scavi*, 1947, p. 76), contra : M. Bieber, *op. cit.*, p. 146 (bibliographie, note 86), qui compare
le monument avec le groupe d'un silène et d'une nymphe
(sept copies dont la meilleure se trouve au Museo Nuovo
de Rome, n° 627 ; Helbig, II, 1715 avec bibl. *ad loc.*) et
considère que Céphisodote se situe à une date trop haute
pour qu'on lui attribue cette œuvre.

3. Depuis Hülsen (*R.M.*, 9, 1894, p. 198), on a reconnu
dans le relief de la base de Sorrente, la représentation des
trois statues du temple d'Apollon Palatin : Apollon de
Scopas (Pline, 36, 25), Latone de Céphisodote, Artémis
de Timothée (Pline, 36, 32) ; cf. également la description
de Properce, 2, 31. Sur l'ensemble, cf. l'étude de M. G. E.
Rizzo, *La Base di Augusto*, in *Bull. Com.*, 60, 1933, pp. 7-109.
On ne sait rien des autres statues mentionnées par Pline.

Sur la *Porticus Octauiae* et le temple de Junon, cf. note 3 au § 15.

§ 25.

1. Sur Scopas, cf. Overbeck, 1149-1189 ; Lippold, *Handb.*, p. 249 ; Picard, *Manuel*, III, 2, p. 633 ; P. E. Arias, *E.A.A.*, VII, p. 364 ; J. Charbonneaux in *Grèce Classique*, p. 224 ; Pline, 36, 22 et 30. Originaire d'une famille d'artistes de Paros, Scopas s'illustra, avant tout, comme sculpteur en marbre. Il était également architecte. Un *terminus post quem* est fourni par l'incendie du temple d'Athéna Aléa à Tégée en 395 av. J.-C. Le Mausolée (cf. § 30) fut érigé aux alentours de 350 av. J.-C. Scopas travailla en de nombreux points du monde grec (Athènes, Rhamnonte, Mégare, Thèbes, Argos, Elis, Sicyone, Gortyne, Samothrace, Éphèse, Pergame, Cnide, Halicarnasse et en Bithynie). Les seuls restes authentiques de son œuvre sont les figures mutilées retrouvées dans le temple d'Athéna Aléa à Tégée. — Il avait sculpté pour Mégare (Pausanias, 1, 43, 6) un groupe d'Éros, Himéros et Pothos. Ces allégories reprennent les distinctions platoniciennes entre l'amour actif (ἔρως), le désir (ἵμερος), l'attente insatisfaite, la langueur amoureuse (πόθος). On peut rapprocher ces sculptures du groupe de Praxitèle, Aphrodite, Peithô et Pandoros ; cf. Picard, *op. cit.*, III, 2, p. 653. Sur les répliques du Pothos, cf. Helbig, II, n° 1644 (Palais des Conservateurs), avec bibliographie *ad loc.* ; pour le groupe de Samothrace, cf. K. Kerényi, *Das Werk des Skopas für Samothrake*, in *Symbolae Osloenses*, 31, 1955, pp. 141-154. — Sur les mystères du sanctuaire des Cabires à Samothrace cf. N. Lewis, *Samothrace 1, the ancient literary sources*, éd. K. Lehman, New York, *Bollinger Series 60, 1*, Parthenon Books, 1958, pp. 63 sq. Sur l'Apollon cf. § 24. Scopas l'avait sculpté à Rhamnonte, il fut installé par Auguste sur le Palatin, après la victoire d'Actium. Les statues du temple d'Apollon Palatin étaient regroupées, comme à Mantinée, dans le temple décoré par Praxitèle, le dieu siégeant au centre. Le type de l'Apollon citharède, représenté sur la base de Sorrente (cf. note 3 du § 24), figure également sur des monnaies de 10 av. J.-C. dont le motif fut repris ensuite sur des sesterces et des deniers d'Antonin Le Pieux (Picard, *op. cit.*, III, 2, p. 643 et bibliographie *ad loc.*). Sur l'identification d'une nouvelle réplique cf. H. Marwitz, *Antiken der Sammlung Herman Büneman*, in *Antike Plastik*, VI, pp. 475 sq. et pl. 28-29, fig. 31-32.

2. *Vestam inter duos campteras* est la lecture courante (maintenue par S. Ferri, *op. cit.*, p. 233), mais les manuscrits Vossianus, Riccardianus, Monacensis et les quatre Parisini portent *camiteras*. Sur l'ensemble des discussions

cf. Picard, *op. cit.*, III, 1, p. 667. G. Becatti (*Letture Pliniane*, pp. 199 à 201) préfère la lecture *lampteras* proposée par L. von Jan et soutenue par B. Stark, *Arch. Zeit.*, 17, 1959, n. 127 col. 73-80, par Lippold, *R.E.*, *s.u. Skopas* (1927), col. 572, Picard, *op. cit.* et Arias, *Skopas*, Rome, « L'Erma » di Breitschneider, 1952, p. 62, note 2 ; contra, Rizzo, *Bull. Com.*, 60, 1932 (1933), pp. 46 à 50, qui adopte la lecture *camiteras* parce que, sur la base de Sorrente, Hestia est entourée de deux femmes. Si l'on adopte la leçon *lampteras*, on remarquera avec G. Becatti que le détail serait une remarque personnelle de Pline. Quant au type d'objet, il s'agirait des candélabres néo-attiques que les ateliers athéniens envoyaient à Rome (cf. par exemple l'épave du navire de Mahdia, note 2 du § 2).

3. Pour G. Becatti, *ibid.*, p. 209, les statues sont aussi néo-attiques, comme celles du Panthéon d'Agrippa. F. Coarelli (*Dial. di Archeologia*, II, 3, 1968, note 175, p. 264) a proposé l'identification avec l'artiste néo-attique Scopas *Minor*.

§ 26.

1. Le temple de Neptune qui fut construit, ou, plus vraisemblablement restauré par Cn. Domitius Ahenobarbus, amiral d'Antoine, est représenté sur une monnaie de la *gens Domitia* de 42/41 av. J.-C. (H. A. Grueber, *Coins of the Roman Republic in the British Museum*, II, Londres, 1910, p. 487, pl. 112, 14 ; Nash, p. 122, pl. 834). Depuis le xixe s. (première identification par V. Baltard en 1837), le temple était mis en rapport avec les restes découverts sous l'église de San Salvatore in Campo ; pour une démonstration complexe, appuyée sur une étude topographique qui se fonde sur la localisation véritable du *Circus Flaminius*, établie par G. Gatti (*Dove erano situati il teatro di Balbo e il Circo Flaminio*, in *Capitolium*, 35, 7, 1960, pp. 3 sq.), on se reportera à l'étude de F. Coarelli, *l'Ara di Domizio Enobarbo e la cultura artistica in Roma nel II sec. a. C.*, in *Dial. di Arch.*, II, 3, 1968, pp. 302-368 (et compte-rendu de P. Gros, *R.A.*, 1971, 1, pp. 143-144). Sur le plan du temple, cf. P. Gros, *M.E.F.R.A.*, 85, 1973, p. 148 et fig. 3. Contra, F. Zevi, *L'identificazione del tempio di Marte « in circo » e altre osservazioni*, in *Mélanges offerts à J. Heurgon*, École Française de Rome, Rome, 1976, pp. 1047-1064, qui identifie le temple sous San Salvatore in Campo comme celui de Mars *in circo* (mais ne propose pas de solution pour le temple de Neptune). Pour M. Torelli, *Rilievi storici romani* (Studi e materiali del Museo dell'Impero Romano, 9), Rome, « L'Erma », 1977, le temple sous S. Salvatore serait bien celui de Mars, et il faudrait supposer l'existence d'un

temple jumeau (non encore identifié) dédié à Neptune et d'où proviendrait le relief du thiase marin.

2. La description s'inspire de Virgile, *Aen.*, 5, 239 et suivants : *Dixit, eumque imis sub fluctibus audiit omnis / Nereidum Phorcique chorus Panopeaque uirgo / et pater ipse manu magna Portunus euntem /.* On doit rapprocher le texte de Pline des deux reliefs du lustrum censorial (Louvre) et du thiase marin (Munich) de l'autel de Domitius Ahenobarbus, qui se trouvaient au XVIIᵉ s. dans le Palais Santacroce à Rome. La publication la plus récente est celle de H. Kähler, *Seethiasos und Census. Die Reliefs aus dem Palazzo Santa Croce in Rom* (*Monumenta Artis Romanae*, VI), Berlin, 1966. — F. Coarelli (*art. cit.*) indique comment les reliefs ont pu y être transportés depuis l'église San Salvatore, toute proche. L'étude fait le point de toutes les controverses sur la datation et l'attribution des sculptures, ainsi que leur rapport avec le groupe de Scopas décrit par Pline. Les reliefs de Paris et de Munich constitueraient non pas un autel mais la base du groupe statuaire. Comme il paraît peu vraisemblable qu'une seule base ait supporté dix-huit statues (nombre qui se dégage de la description de Pline), l'auteur propose de placer les figures les plus importantes (Neptune, Amphitrite, Achille (?)) sur la base que nous avons conservée (placée au centre de la cella), tandis que les autres groupes se seraient trouvés sur d'autres socles, disposés le long des parois. En outre, peut-être faudrait-il reprendre l'hypothèse de P. Mingazzini (*Arti Figurative*, II, 1946, p. 146) et voir dans l'auteur des sculptures non pas le sculpteur du IVᵉ s. av. J.-C., mais Scopas *Minor*, artiste grec qui travailla à Rome, à la fin du IIᵉ s. av. J.-C. Pline semble, en effet, confondre sans cesse les deux sculpteurs (cf. par exemple le Mars du temple de Mars *in Campo* (Arès Ludovisi, § 26) ou les candélabres de l'*Atrium Libertatis* ou des *Horti Seruiliani* (§ 25)). La base pourrait être du même atelier et avoir été commandée par Marcus Antonius, censeur en 97 av. J.-C. et vainqueur des pirates (*art. cit.*, pp. 339-340). Le nom de *delubrum Cn. Domitii* viendrait de la restauration à l'époque augustéenne.

3. D'après F. Coarelli (*art. cit.*), l'Arès Ludovisi (Rome, Musée des Thermes, Helbig, III, nº 2345, avec bibliographie *ad loc.*) est bien une réplique de taille réduite de la statue de culte, mais l'œuvre doit être attribuée également, à Scopas *Minor* (fin du IIᵉ s. av. J.-C.). Il s'agit, en fait, d'un groupe (Arès et Aphrodite). En effet, sur la réplique de l'Arès Ludovisi, le côté gauche de la statue porte les traces évidentes d'une deuxième figure debout (cf. Picard, *Manuel*, III, 1, pp. 726 sq.). Or F. Coarelli remarque que dans la collection Santa Croce, il y avait une Aphrodite de type hellénistique (dérivée de la Cnidienne). La statue se trouve

aujourd'hui à Munich (cf. M. Bieber, *Sculpt. of hellenist.*
Age, p. 20, fig. 29). — Le temple de Mars au Champ de
Mars fut construit par D. Junius Brutus Callaecus, consul
en 138 av. J.-C., dont le triomphe sur les Callaeci de Galice
eut lieu en 133-132 av. J.-C. L'architecte était Hermodoros de Salamine ; cf. P. Gros, *M.E.F.R.A.*, 85, 1973, 1,
pp. 137-161 ; *id.*, *Les premières générations d'architectes
hellénistiques à Rome*, in *Mélanges offerts à J. Heurgon*,
p. 397 et note 43, ainsi que F. Coarelli, *art. cit.*, pp. 311-316
et fig. A, p. 310, fig. B, p. 311, qui situe le temple dans la
Porticus Octauia, à l'emplacement de l'actuel Palais Santa
Croce « a diamanti ». Contra : F. Zevi, *art. cit.*, qui place
le temple sous l'église San Salvatore in Campo (cf. note 2).

4. Sur l'Aphrodite de Scopas, identifiée avec la « Vénus
du Capitole », cf. J. Charbonneaux, *Grèce Classique*, pp. 224-
225 et fig. 402. G. Becatti (*Letture Pliniane*, p. 203) voit
dans ce jugement, contraire à toute la tradition, une
remarque personnelle de Pline.

§ 27.

1. L'appellation *Forum Pacis* n'apparaît pas avant
l'époque de Constantin. Le complexe architectural fut
édifié par Vespasien après la fin de la guerre de Judée
en 71. L'élément principal était le temple de la Paix, dédié
en 75 (Suét., *Vesp.*, 9 ; Flavius Josèphe, *B. Iud.*, 7, 5, 7
(158) ; Dion Cass., 65, 15, 1 ; Aur. Vict., *Caes.*, 9, 7 ; *Ep.*,
9, 8). La bibliothèque, située à l'intérieur ou à proximité
du temple (Gell., 5, 21, 9 ; 16, 8, 2), contenait le butin de
Jérusalem ainsi que de nombreuses œuvres d'art grecques ;
cf. Platner-Ashby, pp. 386-388 ; Nash, p. 439.

§ 28.

1. Il s'agit du premier temple d'Apollon, construit au
Champ de Mars, en dehors du *pomerium*, immédiatement
au nord du théâtre de Marcellus, voué en 433 et dédié en
431 av. J.-C. Cf. Platner-Ashby, pp. 15-16 ; Nash, pp. 28-29,
fig. 19-20. Selon P. Gros, la désignation *templum Apollinis
Sosiani* ne signifie nullement que le sanctuaire fut restauré
par C. Sosius comme on le dit souvent. Ce nom indique
que la statue de culte était une statue en bois de cèdre,
ramenée de Séleucie par C. Sosius, cf. Pline, 13, 53 : *quidam
cedrelaten uocant. Ex hac resina laudatissima. Materia uero
ipsi aeternitas, itaque et simulacra deorum ex ea factitaue-
runt. Cedrinus est Romae in delubro Apollo Sosianus Seleu-
cia aduectus.* Cette statue devait rappeler le vénérable
βρέτας,, l'idole, probablement de bois, qui fut détruite en
126 av. J.-C. (Dion Cass. *frag.*, 84, 2 du livre 24). La statue
de culte n'est donc pas, comme le proposait G. Becatti,
l'Apollon Citharède de Timarchidès (cf. § 34-35). Sur l'en-

semble de cette démonstration, cf. P. Gros, *Aurea Templa*, pp. 161-163. — Sur le groupe des Niobides, cf. Picard, *Manuel*, III, 2, pp. 750 sq., fig. 333-344 ; Lippold, *Handb.*, pp. 308-309, pl. 111, 1-3 ; G. A. Mansuelli, *E.A.A.*, V, pp. 523 sq. ; Helbig, I, nᵒ 139, avec bibliographie *ad loc.*, 572, 598 et II, 1236, 1783, avec bibliographie *ad loc*. Les éléments essentiels du groupe (copies en marbre du Penté-lique, découvertes au voisinage du Vatican) se trouvent à Munich, au Vatican et, surtout, aux Offices, à Florence. G. Mansuelli refuse l'identification des *Niobae liberos morientes* avec le groupe de Florence, parce que la mère ne figure pas dans l'évocation de Pline et qu'elle forme l'essentiel du groupe de Florence.

2. Le sanctuaire construit par C. Duilius, après la vic-toire de Naples en 260 av. J.-C., fut restauré en 17 par Tibère. Dans les sources anciennes, il est situé *ad theatrum Marcelli*, il correspond aux restes d'un temple fouillé en 1932-1933, immédiatement à l'est du temple d'Apollon Sosien ; cf. Platner-Ashby, p. 277 ; Nash, p. 500 et fig. 616-617.

3. Sur la *curia Octauiae*, cf. § 15, note 3.

4. Sur la beauté d'Alcibiade, cf. Plutarque, *Alc.*, 1, 4. L'anecdote peut être née de l'emblème du bouclier d'Alci-biade, Plut. 16 (interprétation d'E. Sellers, *The Elder Pliny's Chapters*, p. 199, note 14).

§ 29.

1. Pour l'identification de ces types de satyres, cf. W. Klein, *Studien zum antiken Rokoko*, in *Jahreshefte des österr. Instituts in Wien*, 19-20, 1919, le partie : *Zum dem Satyr-quartett bei Plinius*, 36, 29, pp. 253 sq. (Réplique du Vati-can, fig. 177, *art. cit.*) et au commentaire de J. Six, *Zum ersten Satyrpaar bei Plinius, 36, 29*, *ibid.*, 21-22, 1924, pp. 251-252, qui proposait, en outre, de corriger le texte par interversion en : *Liberum patrem umeris praefert, alter Liberam palla uelatam*. — *Liber* ou *Liber Pater*, dieu romain d'origine italique, qui fut plus tard assimilé à Dionysos. Son culte et celui de sa parèdre *Libera* paraît très ancien. Ce couple ne survécut guère comme groupe qu'associé à Cérès. Leur fête, les *Liberalia* était célébrée le 17 mars. Cf. A. Bruhl, *Liber Pater, origine et expression du culte dionysiaque à Rome et dans le monde romain*, Paris, De Boccard, 1953 (1ᵉʳ chapitre, pp. 13-29 : « le problème du *Liber Pater* italique »).

2. Cf. l'étude fondamentale de G. M. E. Rizzo, *Aurae Velificantes*, in *Bull. comm.*, 67, 1939, pp. 141 sq. Elles personnifient les brises qui agitent les flots (Aristote, *De mundo*, 4, 394 b 13). Pour l'iconographie, cf. également, G. Bermond Montanari, *E.A.A.*, I, p. 928 et fig. 1164.

3. Vaste enceinte destinée originellement à la réunion des comices centuriates. Après les aménagements luxueux entrepris par César (Cicéron, *Att.*, 4, 16, 14) et achevés par Auguste (Dion Cass., 52, 23), l'ensemble fut dédié par Agrippa en 26 av. J.-C. Les recherches de G. Gatti ont permis d'affirmer que les *Saepta* se trouvaient au Champ de Mars entre le Panthéon et le temple d'Isis. La place mesurait 300 m de long, sur 95 m de large, elle était bordée, à l'est, par la *Porticus Meleagri* et, à l'ouest, par la *Porticus Argonautorum*, cf. Platner-Ashby, pp. 460-461 ; Nash, pp. 290-293, fig. 1052-1054 ; Coarelli, *Guida Archeologica di Roma*, pp. 240-241, 262-263. Sur les œuvres d'art disposées par Agrippa en 26 av. J.-C., cf. Pline, 34, 64 ; Strabon, 13, 500 ; Martial, 2, 14, 5 (si l'on corrige, dans ce dernier texte, *Aesonides* en *Aeacides*, on aurait une allusion au groupe de Chiron et d'Achille, cf. Klein, *op. cit.*, p. 261). — *Olympum et Pana, Chironem cum Achille* : on a rapproché ces expressions du § 35 : *Heliodoros Pana et Olympum luctantes*. Le couple des *Saepta* se retrouve dans des peintures, en particulier de la Basilique d'Herculanum où le groupe avait pour pendant celui d'Olympos et Marsyas (cf. B. T. Maiuri, *Museo Nazionale, Napoli*, Istituto Geografico De Agostini, Novara, 1971, pl. 70). Le texte de Pline est d'interprétation difficile. La plupart des commentateurs admettent une erreur et proposent de voir le couple Pan/Daphnis (sculpture dont la meilleure réplique est celle du Museo Nazionale Romano, cf. M. Bieber, *op. cit.*, fig 628 ; Lippold, *Handb.*, pl. 113, 2 (copie de Naples)). Cette statue est un autre exemple du style roccoco de la fin de l'époque hellénistique (vers 100 av. J.-C.) ; cf. Klein, *art. cit.*, 2e partie, *Zum Symplegma des Meisters Heliodoros*, pp. 260 sq. ; *Antike Rokoko*, Vienne, 1921, p. 14 ; Lippold, *Handb.*, p. 323, note 14 ; J. Marcadé, *Au Musée de Délos*, Paris, De Boccard, 1969, p. 488 ; G. Cressedi, *E.A.A.*, III, pp. 1135-1136. Le principe de ces groupes est d'opposer la fraîcheur d'un adolescent, ou d'une déesse, à la bestialité (on retrouve ainsi les deux sens possibles de *symplegma*, technique de représentation d'un groupe mais aussi atmosphère de jeu érotique). Héliodorus appartient à une famille d'artistes rhodiens (Loewy, *I.G.B.*, 193-195). Pour l'école rhodienne, et ce groupe d'artistes en particulier, cf. L. Laurenzi, *Problemi della scultura ellenistica, la scultura rodia*, in *R.I.A.*, VIII, 1, 1940-1941, pp. 25 sq. Pour l'iconographie du groupe de Chiron et d'Achille, cf. H. Sichtermann, *Zur Achill und Chiron Group*, in *M.D.A.I.*, 64, 1957, pp. 98-110 ; *id.*, *E.A.A.*, II, p. 559 ; Helbig, III, n° 2385.

4. Naturellement, il s'agit des gardiens. Cf. Pline, 34, 38.

§ 30.

1. Sur Bryaxis, cf. Pline, 34, 73 et 36, 22 ; Picard, *Manuel*, IV, 2, pp. 854-915, 1193-1194 ; Lippold, *Handb.*, p. 257 ; L. Vlad Borelli, *E.A.A.*, II, pp. 196-199 ; A. Adriani, *Alla Ricerca di Briasside, Mem. Lincei*, 8, 1, fasc. 10, 1948, pp. 434 sq. ; J. Charbonneaux, in *Grèce Hellénistique*, pp. 201-202. Ce sculpteur de nom carien, mais sans doute atticisé, travailla avant tout en Asie Mineure (Carie, Lycie, Rhodes, Cnide). A sa jeunesse athénienne, doit appartenir une base de marbre, portant sa signature (Musée National d'Athènes, nᵒ 1733, *Grèce Hellénistique*, nᵒ 210), datée de 360-350. Pour le style, Bryaxis s'inscrit dans la lignée des sculpteurs, héritiers de Phidias, dont le représentant le plus illustre, était Timothée. Cette parenté rend délicate la délimitation de sa participation aux sculptures du Mausolée d'Halicarnasse. On croit reconnaître sa main dans les plaques 1045 à 1047 du British Museum. On lui attribue, souvent la statue dite de Mausole et, à son école, celle d'Artémise (*Grèce Classique*, nᵒ 252 ; *E.A.A.*, fig. 1118). L'œuvre la plus célèbre de sa maturité est le Sérapis qu'il sculpta pour le temple d'Alexandrie (Clément d'Alexandrie, *Protrept.*, 4, 48, 5-6). — Sur Timothée, cf. Pline, 34, 91 ; Picard, *Manuel*, III, 1, pp. 322-387 ; III, 2, pp. 7-108 ; Lippold, *Handb.*, p. 219 ; L. Vlad Borelli, *E.A.A.*, VII, pp. 862-865. C'était le plus vieux sculpteur de l'équipe. Il avait travaillé auparavant au temple d'Asclépios à Épidaure (vers 375 av. J.-C.) et avait aussi sculpté un groupe de Léda et du cygne dont la copie la plus célèbre se trouve au Musée du Capitole à Rome (Lippold, pl. 79, 3). Dans les sculptures du Mausolée, il représente le courant le plus conservateur, d'inspiration attique et maniérée. On lui attribue les plaques 1006, 1016, 1017 du British Museum. La plaque 1022 est rattachée à son école. — Sur Léocharès, cf. Pline, 34, 50 ; Picard, *Manuel*, IV, 2, pp. 443-444 ; Lippold, *Handb.*, p. 268-272 ; P. E. Arias, *E.A.A.*, pp. 565-566. Essentiellement bronzier ; ses œuvres principales se trouvaient en Attique (liste dans Lippold, p. 269), mais il travailla également à la cour des princes hellénistiques. On lui attribue (mais l'identification est discutée), l'original de l'Apollon du Belvédère (Lippold, pl. 98, 3). Son Ganymède a été conservé dans une réplique du Musée du Vatican (Lippold, pl. 98, 1). On limite sa participation aux sculptures du Mausolée aux plaques 1007-1008, 1011, 1112, 1020-1031, 1037.

2. Le tombeau que Mausole commença à édifier de son vivant, et dont la construction fut poursuivie, après sa mort, par sa sœur et épouse Artémise, se dressait au centre d'Halicarnasse. Le monument fut démantelé au Moyen-Age par les chevaliers de Saint-Jean pour construire des forti-

fications. Les restes furent découverts par l'expédition anglaise de C. T. Newton, entre 1856 et 1858, et l'ensemble des sculptures fut emporté au British Museum. — Mausole était, en fait, un satrape de Carie. Il mourut en 353 av. J.-C. (Diodore, 16, 36) ; 351 est la date de la mort d'Artémise. — Les chiffres et les détails fournis par Pline et Vitruve (2, 8, 13-14 et 7, *praef.*, 12-13) ont donné lieu à de nombreuses conjectures pour la reconstitution du monument et la disposition des sculptures, d'autant que les fouilles de Newton, au XIXe s., visaient seulement à la récupération des éléments architectoniques et des sculptures. Cf. Picard, *Manuel*, IV, 1, pp. 1-108 ; Lippold, *Handb.*, p. 257, pl. 92-93 ; L. Vlad Borrelli, *E.A.A.*, IV, pp. 934-935 ; J. Charbonneaux, in *Grèce Classique*, p. 221 et fig. 429. La reprise des fouilles par la « Société Archéologique Danoise » et l'étude des parallèles offerts par d'autres monuments funéraires (Belevi, Mylasa, Lymira, Xanthos) ont permis de préciser et de corriger les reconstitutions plus anciennes, dont la dernière en date était celle de K. Jeppesen, *Paradeigmata*, Jutlund Archaeological Society Publications, 1958, pp. 1-67. Sur les travaux récents, cf. K. Jeppesen, *Explorations at Halicarnassus. Excavations at the site of the Mausoleum*, *Acta Archeologica*, 38, København, 1967 ; R. Martin, *R.A.*, 1971, 2, pp. 336-337 ; K. Jeppesen, *Neue Ergebnisse zur Wiederherstellung des Maussolleions von Halikarnassos*, in *Istanb. Mitteilungen*, 26, 1976, pp. 47-99 ; Id., *Zur Gründung und Baugeschichte des Maussolleions von Halikarnassos*, in *Istanb. Mitt.*, 27/28, 1977/78, pp. 169-211. Le podium était unique, mais très vaste (ce qui conduit à maintenir le chiffre de 440 pieds donné par Pline), il portait les frises de l'Amazonomachie et de la Centauromachie. La colonnade se composait de 36 colonnes ioniques (9 × 11), l'entablement à denticules était dépourvu de frise, selon la tradition micro-asiatique, la troisième frise (course de chars) devait appartenir à la cella funéraire, et plutôt à la paroi intérieure. Les statues (lions et effigies colossales) se dressaient dans l'entre-colonnement — à l'exception, peut-être de Mausole et d'Artémise qui venaient occuper le quadrige. Sur l'ensemble, cf. la dernière reconstitution que nous devons à la grande amabilité de K. Jeppesen. (cf. infra fig. 00). On notera, en particulier, les données nouvelles sur la chambre funéraire. Par contre, les corrections du texte de Pline proposées dans cette étude et dans la suivante (*Istanb. Mitt.*, 1977/78), nous paraissent nécessiter une discussion qui dépasse le cadre de cette note. L'attribution des sculptures (dont on a une illustration d'ensemble dans l'*E.A.A.*, *Atlante*, 1972, *s.u. Mausoleo*), est aussi très controversée. Scopas qui dirigea sans doute les travaux, sculpta le côté est, le plus important. On lui attribue généralement les

plaques 1013-1015, 1025 ainsi que les têtes 1054-1057 et la
plaque 1009. Pour les trois autres sculpteurs, cf. note précédente. Sur ces attributions, cf. également G. Donnay,
L'Amazonomachie du Mausolée d'Halicarnasse, in l'*Antiquité Classique*, 26, 1957, pp. 383-403, W. Schiering, *Zum
Amazonenfries des Mausoleums in Halikarnass*, in *J.D.A.I.*,
90, 1975, pp. 121 sq. Récemment, Ch. M. Havelock, *Round
Sculptures from the Mausoleum at Halikarnassos*, in *Studies
presented to G. M. A. Hanfmann*, Fogg Art Museum, Har-
vard University Monographs in art and archaeology, II, Verlag Ph. von Zabern, Mainz W., 1971, pp. 55-64, a proposé
de dater seulement du IIe s. av. J.-C., les statues colossales
du Mausolée. Il nous semble difficile de suivre cette position.

§ 31.

1. Pythis fut également l'architecte du Mausolée avec
Satyros de Paros (Vitruve, 7, *praef.*, 12 ; le mss. porte
Phiteus), cf. H. Riemann, *R.E.*, *s.u. Pytheos*, 24, 1963,
col. 429 sq. ainsi que Ch. M. Havelock, *art. cit.* et K. Jeppesen, *art. cit.*, *Istanb. Mitt.*, 1977/78.

§ 32.

1. *Diana* : cf. § 24 et 25. — *Auianius Evander* était un
sculpteur et orfèvre athénien, actif dans la deuxième moitié du Ier s. av. J.-C. Antoine l'aurait emmené depuis
Athènes en Égypte, à Alexandrie, d'où il serait venu à
Rome, comme prisonnier (cf. Porphyrion, *ad* Horace, *Sat.*,
1, 3, 90). L'artisan figure également dans la correspondance
de Cicéron (*Fam.*, 7, 23, 1-3). Cf. Lippold, *Handb.*, p. 381 ;
L. Guerrini, *E.A.A.*, I p. 936 ; J. M. C. Toynbee, *Some
notes on Artists in the Roman World*, coll. Latomus, vol. VI,
Bruxelles, 1951, p. 22 et p. 51.
2. Ménestratos était un sculpteur athénien du IVe s. av.
J.-C. ; cf. L. Guerrini, *E.A.A.*, IV, pp. 1022-1023. — *Post
aedem* ne signifie pas que la statue se trouvait dans l'opis-
thodome du temple, mais dans un autre bâtiment, situé
dans l'enclos sacré, derrière le sanctuaire (cf. déjà E. Sellers, *The Elder Pliny's Chapters*, pp. 203-204, note 15).
Ce point de vue nous paraît renforcé par les remarques
de P. Gros, *Aurea Templa*, p. 163 (cf. également § 28, note 1).
La statue de culte était une vénérable idole de bois ; cf.
Vitruve, 2, 9, 13 et Pline, 16, 214 (qui cite sa source Mucien).
Une copie de ce *xoanon*, rapportée de Marseille (dont l'effigie a été étudiée par C. Ampolo, l'*Artemide di Marsiglia
e la Diana dell'Aventino*, in *La Parola del Pass.*, 130-133,
1970, pp. 200 sq.) constituait aussi la statue de culte du
temple de Diane sur l'Aventin. On comprend ainsi pourquoi
« l'éclatante image de marbre d'Hécate se trouvait relé-
guée *in templo post aedem* » (P. Gros, p. 163).

3. Cf. Overbeck, 907-915 ; Lippold, *Handb.*, p. 112. On doit distinguer le Socrate, auteur du groupe des *Charites*, sculpteur thébain, à qui l'on attribue également la Mêter Dindymène, qui fut placée dans le sanctuaire édifié par Pindare, près de sa maison (Pausanias, 9, 25, 3 ; schol. Pindare, *Pyth.*, 3, 137 ; W. Fuchs, *E.A.A.*, VII, p. 397 et fig. 496), du peintre Socrate, de la deuxième moitié du IVe s. av. J.-C., cité par Pline comme un des meilleurs peintres à l'encaustique (35, 137) ; cf. P. Moreno, *E.A.A.*, VII, p. 398. Il est curieux de voir que Pline refuse l'identification, courante et populaire dans l'Antiquité, de l'artiste avec le philosophe (Pausanias, 1, 22, 8 ; 9, 35, 3 ; Diog. Läerce, 2, 19). Cette identification explique peut-être l'abondance des répliques du relief des *Charites*. — Le relief, fréquemment copié, représente trois figures féminines drapées qui se tiennent par la main. On date le style des années 470 av. J.-C. (cf. la copie du Musée du Vatican, Helbig, I, no 351, avec bibliographie *ad loc.* ; *E.A.A.*, VII, p. 398, fig. 496). — *In Propylo* : cf. Pausanias, 1, 22, 8.

4. Myron fut un sculpteur de Thèbes (à ne pas confondre avec le sculpteur homonyme du Ve s., Pline, 34, 57), actif à la cour des Attalides vers 240 av. J.-C., où il travailla aux statues commémorant la victoire sur les Galates. Cf. L. Guerrini, *E.A.A.*, V, p. 315 ; P. Mingazzini, *La statua di Ladas e la datazione di Mirone di Tebe*, in *Jahreshefte des österr. arch. Inst.*, 50, 1972-1973, pp. 13-22. La statue de la vieille femme ivre est connue par plusieurs répliques, la meilleure copie est celle de Munich (M. Bieber, *op. cit.*, fig. 284, p. 81 ; cf. également Helbig, II, no 1253 (Musée du Capitole), avec bibliographie *ad loc.*).

§ 33.

1. Sur les *Monumenta* d'Asinius Pollion, cf. § 23, note 3. Les œuvres sont citées ici par ordre alphabétique.

2. Sur la figure d'Arcésilaos, artiste de tout premier plan à l'époque de César, auteur également de la lionne (Pline, 36, 41) et de la *Venus Genetrix* du Forum de César, cf. M. Borda, *Arkesilaos*, in *Bull. Com.*, 73, 1949-1950, pp. 189 sq. On reconnaissait le motif des nymphes emportées par les Centaures dans une série de sculptures : e.g. Musée du Vatican (Helbig, I, no 100) ou la copie, signée par Aristéas et Papias du Musée du Capitole (Helbig, II, no 1398). On tiendra compte désormais de l'interprétation nouvelle, proposée par G. Ch. Picard, *M.E.F.R.A.*, 1973, 1, p. 172. L'auteur qui reprend la thèse de R. Bianchi Bandinelli selon laquelle Arcesilaos ne serait pas originaire de Grande Grèce, mais d'Asie Mineure (Rome, *Le Centre du Pouvoir*, Paris, Gallimard, 1969, p. 49) et serait venu à Rome avec Lucullus en 68 av. J.-C., propose de voir un écho du motif

sur une urne de Volterra, étudiée par R. Bianchi Bandinelli, *Studi Miscellanei*, 10, 1963-1964, p. 12, pl. II, 4.

3. Sur les Thespiades, cf. G. Becatti, *Letture Pliniane*, p. 205. Il s'agit probablement d'une œuvre de style néo-attique qui copie ou réélabore le groupe des Muses rapporté par Mummius de Thespies (Cicéron, *De Signis*, 4) et qui était exposé près du temple de la *Felicitas* à Rome. On doit distinguer ce groupe des statues en bronze de Praxitèle (Pline, 34, 69). Sur cette famille de sculpteurs ; cf. G. A. Mansuelli, *I Cleomeni ateniesi, una officina neo-attica nell'ambiente romano del I sec. a. C.*, in *Rendiconti delle sessioni dell' Accademia delle Scienze dell'Istituto di Bologna, Classe di Scienze morali*, série 6, vol. 6, 1954 (1955), pp. 1-56 ; *E.A.A.*, IV, pp. 369-370, et, plus récemment, J. Ch. Balty, *Notes d'iconographie julio-claudienne*, *IV. M. Claudius Marcellus et le « type B » de l'iconographie d'Auguste Jeune*, in *Antike Kunst*, 20, 1977, 2, pp. 102-118.

4. D'après G. Becatti, *Letture Pliniane*, p. 203 (qui retient la lecture *Antiochus* pour le nom de l'artiste), il s'agirait aussi d'un néo-attique du Ier s. av. J.-C.

5. Sur les *Appiades*, cf. Platner-Ashby, p. 20 ; Nash, I, p. 33 ; G. Becatti, *Letture Pliniane*, pp. 205-206. Ces statues de nymphes ornaient une fontaine du Forum de César, près du temple de *Venus Genetrix* ; l'endroit était fréquenté par les jurisconsultes et la belle société (cf. Ovide, *A.A.*, 1, 79-88 ; 3, 451-452 ; *Rem. Am.*, 660). Le groupe n'a pas été identifié avec certitude. On a proposé, d'une part, le type de la nymphe qui tend une coquille (E. Q. Visconti, *Museo Pio Clementino*, I, pl. 35, pp. 216-219 ; W. Amelung, *Die Skulpturen des Vaticanischen Museum*, II, n° 77, pl. 8, p. 213) et, d'autre part, un groupe de trois jeunes femmes nues (W. Klein, *Geschichte der griech. Künstler*, III, p. 340 ; M. Borda, *op. cit.*, p. 79, fig. 16). — Stephanus est un sculpteur néo-attique de la deuxième moitié du Ier s. av. J.-C. Sa signature (il était élève de Pasitélès) est incisée sur le soutien d'une statue d'athlète de la Villa Albani, à Rome (Helbig, IV, n° 3236, avec bibliographie *ad loc.*). Le groupe des Appiades dont parle Pline était sans doute une réplique des nymphes ornant la fontaine du Forum de César. On reconstruit la personnalité de Stephanus à partir de l'athlète Albani, œuvre élégante et savante (M. Bieber, *op. cit.*, p. 181).

6. On suppose que les *Hermerotes* sont des *Hermès* (statues-piliers) terminés par des têtes d'Éros. Le mot est un hapax mais on trouve, dans la correspondance de Cicéron, les termes équivalents d'*Hermathena* et d'*Hermeraklès* (*Att.*, 1, 1, 5 ; 1, 4, 3 ; 1, 10, 3). Les Hermès décoratifs étaient très appréciés des Romains. Un exemple d'*Hermerotes* est fourni par l'ornementation du nymphée d'Éphèse (J. Keil, *Jahreshefte österr. Inst.*, 23, 1936, col. 276-278), l'exemplaire de

Copenhague (F. Poulsen, *Catalogue of Ancient Sculpture in the Ny Carlsberg Glyptotek*, 1951, n° 182 et pl. 14) ainsi, que dans W. Klein, *Von Antiken Rokoko*, p. 22, cités par G. Becatti, *Letture Pliniane*, notes 24-25, p. 207 ; *Arte e Gusto negli scrittori latini*, Florence, Sansoni, 1951, pp. 91-92. — Pour le ciseleur du nom de *Tauriscus*, cf. Pline, 33, 156, pour le sculpteur, cf. note 4 du § 34.

§ 34.

1. Papylus est connu seulement par Pline, cf. V. Bartoletti, *E.A.A.*, V, p. 947. — K. L. von Urlichs propose de corriger *Praxitelis* en *Pasitelis*, la correction paraît également souhaitable à G. Becatti, *Letture Pliniane*, p. 204. Le contexte fournit un premier argument : l'ensemble des artistes cités jusqu'ici est formé de néo-attiques et d'asiatiques de l'époque hellénistique tardive. D'autre part, on voit apparaître, au Ier siècle av. J.-C., un nouveau type de *Zeus Xenios* (le dieu est à peine assis sur son trône, comme s'il allait se lever ; e.g. relief du Musée des Thermes, E. Paribeni, *Museo Naz. Romano. Sculture greche del V secolo. Originali e repliche*, Rome, 1953, n° 123, p. 68 et relief de Berlin, E. Preuner, *J.D.A.I.*, 35, 1920, p. 76 et fig. 1). Même si l'on ne peut pas faire un rapprochement précis avec la statue de Papylus, la reprise et la réélaboration du motif, attestées à l'époque, constituent un autre argument en faveur de la correction.

2. Sur Apollonius et Tauriscus, cf. Lippold, *Handb.*, p. 383, pl. 135, 1 : M. T. Amorelli, *E.A.A.*, I, p. 485 : P. Moreno, *E.A.A.*, VII, p. 628 ; M. Bieber, *op. cit.*, p. 133. Les deux frères appartiennent à une famillle de sculpteurs de Tralles et leur fortune commence avec leur activité à Pergame. Ils étaient fils d'Artémidore, mais ils avaient été adoptés par le sculpteur rhodien Ménécratès, qui travaillait au grand autel de Zeus, à Pergame (vers 180 av. J.-C.). Sur Ménécratès, cf. L. Guerrini, *E.A.A.*, IV, p. 1017. — On a conservé une copie du groupe de Zéthus, Amphion et Dircè avec le célèbre « Taureau Farnèse », cf. C. Caprino, *E.A.A.*, III, p. 136, fig. 1074. Dans un cadre escarpé, se déroule le supplice de Dircè, liée au taureau par Zéthus et Amphion qui veulent venger leur mère, Antiope, autrefois tourmentée par Dircè. Il s'agissait d'un groupe colossal, la réplique l'est aussi (hauteur 3,70 m, base quadrangulaire : 2,95 m de côté). La copie (200 ap. J.-C. environ) fut découverte dans les Thermes de Caracalla, en 1546 ; elle a été considérablement restaurée (Lippold, *R.E.*, V a, col. 15), l'original date seulement du milieu du Ier s. av. J.-C. ; pour d'autres (et nous préférons cette solution), le groupe se situe entre 160 et 130 av. J.-C. On doit le relier au domaine de la sculpture pergaménienne où le thème

était déjà bien constitué. Ainsi, le supplice de Dircè se trouve sur des reliefs qui décoraient le temple de Cyzique, dédié par Attale II et Eumène II, en 160 av. J.-C. On rapproche aussi du torse de Dircè le buste d'une nymphe (ou d'Aphrodite) de Rhodes, datée au IIe s. av. J.-C. (P. Moreno, *E.A.A.*, VII, p. 629, fig. 748). Un sujet identique figure dans la maison des Vettii à Pompéi (*E.A.A.*, III, p. 136). — Cf. 36, 36, 37 et 41. L'expression *ex eodem lapide* a suscité plusieurs interprétations, puisque ni le « Taureau Farnèse », ni le Laocoon (l'œuvre est l'original) ne sont faits d'un seul bloc. Pour S. Ferri (*op. cit.*, commentaire *ad loc.*), il s'agit de mettre en évidence la qualité identique du marbre. E. Sellers, *The Elder Pliny's Chapters*, p. 206, note 1, y voit une exagération rhétorique, destinée à souligner, par un trait propre à enflammer l'imagination populaire, l'exploit technique. Elle cite à l'appui, deux épigrammes de l'*Anthologie Palatine* (9, 759 et 760). Il est sans doute juste de voir dans cette expression une insistance sur la prouesse de la réalisation, mais il semble que l'on puisse la rattacher *avec précision* au domaine de la statuaire *colossale*, où elle constitue une appréciation traditionnelle qui met en relief le caractère monolithique de ces statues. C'est, en effet, le sens de l'inscription (fin du VIIe s. av. J.-C.) conservée sur la base du colosse des Naxiens, à Délos (dans ce cas cependant, la statue était, aussi dans son état final, effectivement d'un seul bloc), cf. A. Plassart, *I.D.*, I, 1950, pp. 3-4, n° 4 : Τ]ō αϝυτō λίθō ἔμι ἀνδριὰς καὶ τὸ σφέλας ; et l'interprétation de P. Courbin, *L'inscription archaïque du colosse naxien à Délos*, in *Mélanges helléniques offerts à G. Daux*, Paris, De Boccard, 1974, pp. 57-66 : « Je suis d'un (seul et) même bloc de marbre, (moi) la statue (et) la base aussi ». — De nombreuses œuvres d'art furent transportées de Rhodes à Rome, après la conquête de l'île par Cassius Longinus, en 43 av. J.-C. ; cf. Appien, 4, 60-74 ; 5, 2.

3. Eutychidès n'est pas ici l'élève de Lysippe (34, 78) qui travaillait le bronze (Pausanias, 6, 2, 6), mais, sans doute, un sculpteur hellénistique ; les statues signées d'un tel nom ne manquent pas ; cf. J. Marcadé, *op. cit.*, II, 1957, p. 46. (Ces signatures proviennent de Délos, pour l'essentiel).

4. Sur la *Porticus Octauiae*, cf. note 3, § 15. — *In delubro suo* désigne le temple d'Apollon Sosien, cf. § 28, note 1. — Sur Philiscos, cf. Lippold, *Handb.*, p. 333, n. 11 ; M. Bieber, *op. cit.*, p. 130 ; L. Laurenzi, *E.A.A.*, VI, pp. 122-123 ; J. Marcadé, *Au Musée de Délos*, Paris, De Boccard, 1969, p. 489 ; J. Charbonneaux, in *Grèce Hellénistique*, pp. 291-292 et fig. 317. Sculpteur rhodien de l'époque hellénistique dont la chronologie fait difficulté. On voit un écho de sa nouvelle imagerie des Muses dans deux reliefs du British Museum. L'un est une base d'Halicarnasse, l'autre le relief

dit de l'apothéose d'Homère, signé par Archélaos de Priène (D. Pinkwart, *Das Relief des Archelaos von Priene, Antike Plastik*, IV, 1965, p. 55, pl. 28-35 et bibliographie *ad loc.*). On se reportera aussi à la figure de Muse, conservée au Museo Nuovo de Rome (Helbig, II, n° 1717, avec bibliographie *ad loc.*). Ces sculptures indiquent une technique élaborée, d'un style maniériste dont les schémas se trouvent dans l'école de Pergame. D'après ces œuvres, on peut dater Philiscos de 150-100 av. J.-C. Mais on connaît, par ailleurs, l'œuvre d'un Philiscos, fils de Polycharme de Rhodes. Il s'agit de la partie inférieure de la statue de la prêtresse Arè qui se trouvait dans le sanctuaire d'Artémis Polos, à Thasos (*I.G*, XII, suppl., 383). Il faudrait, dans ce cas, situer Philiscos au Iᵉʳ s. av. J.-C. Les spécialistes se partagent donc. Ou bien ils abandonnent le parallèle du groupe des neuf Muses (c'est le cas de M. Bieber, *op. cit.*), ou bien ils introduisent une filiation entre les deux Philiscos. Le nom est fréquemment attesté à Rhodes et il y a eu certainement une lignée de sculpteurs ainsi dénommés, puisque Pline dit en 36, 35 que le père de Philiscos, Polycharme, sculpta une Aphrodite qui se trouvait dans le temple de Junon. Ce Philiscos serait le trisaïeul de l'autre. (Cf. L. Laurenzi, *Clara Rhodos*, V, 2, p. 115).

§ 35.

1. Timarchidès, Dionysius et Polyclès appartiennent à une famille de sculpteurs attiques, actifs au IIᵉ s. av. J.-C. La reconstitution de leur arbre généalogique s'avère très complexe et très controversée ; cf. H. Gallet de Santerre, Commentaire de Pline, 34, 52, note 9, pp. 213-214 ; J. Marcadé, *Recueil des signatures de sculpteurs grecs*, II, pp. 41, 131-134 ; *Au Musée de Délos*, p. 79 ; contra, F. Coarelli, *Dial. di Arch.*, 1968, n° 3, p. 331, *M.E.F.R.A.*, 81, 1969, pp. 137 sq. et *Polycles*, in *Studi Miscellanei 15, Omaggio a Ranuccio Bianchi Bandinelli*, Rome, 1969-1970, pp. 77-89 (bibliographie de la controverse, p. 77, note 1), qui reprend et soutient la chronologie de G. Becatti, *Timarchides e l'Apollo qui tenet citharam*, in *Bull. com.*, 63, 1935, pp. 111 sq. et in *Attikà, R.I.A.*, 7, 1940, pp. 16 sq. soit :

Timarchides I　　　　floruit 180 (Pline, 36, 34 ; 34, 91)

Polycles　　　　　　Dionysius floruerunt 150
　　　　　　　　　　　(Pline, 36, 35 ; 34, 52)

Timarchides II　Timocles　floruerunt 130 (Pline, 34, 52 ; *I.G.*, II, III, 4202-4209).

Le tableau proposé par J. Marcadé et H. Gallet de Santerre est le suivant :

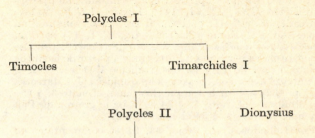

Nous nous rallions à la chronologie de Becatti et Coarelli en considérant que les trois arguments généralement opposés à cette reconstitution ont été réfutés de manière convaincante par F. Coarelli dans son article sur Polyclès, pp. 78-80. — Sur Timarchidès, on consultera, en outre, P. Moreno, *E.A.A.*, VII, p. 856. Il s'agit du Timarchidès I du tableau proposé par G. Becatti et F. Coarelli. G. Becatti (*art. cit.*) a étudié l'ensemble des répliques de l'Apollon. La meilleure provient de Cyrène et se trouve actuellement à Londres (Lippold, *Handb.*, p. 366 ; *E.A.A.*, VII, fig. 966, p. 857). Sur la réplique du Musée du Capitole, cf. Helbig, II, n° 1383 avec bibl. *ad loc.* La statue aurait été installée dans le temple lors de la réfection de 179 av. J.-C., soit que les artistes soient venus à Rome avec Métellus (Coarelli), soit que les œuvres proviennent du pillage (Becatti). P. Gros (*Aurea Templa*, pp. 162-163 ; cf. note 1, § 28) a montré de manière convaincante que l'Apollon *qui tenet citharam* n'était pas la statue de culte. — La lecture de la suite du texte proposée par F. Coarelli est séduisante. L'auteur coupe la phrase après *deam*, Timarchidès aurait fait une première statue de Junon en 179 av. J.-C., Dionysius et Polyclès en auraient réalisé une autre (*aliam*), en 149, lors de la construction du temple de Jupiter et du Portique de Métellus. P. Gros, *Aurea Templa*, p. 162, note 55, accepte aussi cette lecture, mais n'en tire pas les mêmes conséquences que F. Coarelli, car « la formulation de Pline interdit de placer les statues sur le même plan ». En effet, dans l'usage latin, *ipse* désigne de manière spécifique la statue de culte.

2. Polyclès est un des artistes du *reuixit ars* de Pline, c'est-à-dire la 156e olympiade (156-153 av. J.-C.) ; outre la bibliographie de la note 1, cf. L. Catterveccia, *E.A.A.*,

III, p. 118 ; L. Guerrini, VI, p. 298. On sait par Pausanias (6, 4-5) qu'il avait représenté à Olympie le lutteur Amyntas d'Éphèse. Son nom apparaît également sur une inscription d'Élatée (*I.G.*, IX, 1, 141 ; Loewy, *I.G.B.*, 241 a ; J. Marcadé, *op. cit.*, II, p. 108). Il est aussi l'auteur d'un Héraclès, situé à Rome (Cicéron, *Att.*, 6, 1, 17) et d'un *Hermaphroditus nobilis* (Pline, 34, 80). F. Coarelli propose de reconstituer sa personnalité artistique à partir de la statue d'Ofellius Ferus de l'Agora des Italiens à Délos, dont il est l'auteur avec son neveu Timarchidès (J. Marcadé, *op. cit.*, p. 132). — Sur le temple de Junon, cf. note 3, § 15 ; — sur Philiscos, cf. note 4, § 34 ; — sur le groupe de Pan et Olympe, cf. note 2, § 24 et note 3, § 29.

3. Sur Héliodoros, cf. Pline, 34, 91 et commentaire *ad loc.*, note 4, p. 280. Pour J. M. C. Toynbee (*op. cit.*, p. 20), l'artiste pourrait être originaire de Rhodes, comme Philiscos, d'après une inscription mentionnant un Plutarque, fils d'Héliodoros, datée entre 82 et 74 av. J.-C. (cf. *R.E.*, I, col. 737).

4. Le texte de Pline est très corrompu. L'ensemble des manuscrits donnent : *Venerem lauantem sesededalsa stantem Polycharmus* ; seul, le codex Bamberg., qui est en général le meilleur, porte *sesedaedalsas*. C'est de ce manuscrit que l'on a dégagé le nom propre de Daedalsas que l'on a mis en rapport avec le nom Doidalsas (attesté, mais jamais comme nom d'artiste). L'ensemble a été rapproché d'un commentaire d'Eustathe (*Ad Dionys. Perieg.*, 793, Overbeck, n° 2045) qui mentionne un Daidalos, auteur d'une Vénus accroupie. D'où la lecture : *Venerem lauantem sese Daedalsas, stantem Polycharmus*. Déjà E. Sellers, dans son commentaire de Pline (p. 239) avait souligné la fragilité de cette identification. A. Linfert, *Der Meister der « Kauernden Aphrodite »*, in *M.D.A.I.* (*A.A.*), 84, 1969, pp. 158-164, reprend cette position critique et propose de lire : *Venerem lauantem se sede alia stantem Polycharmus*. Si l'on accepte la correction, le sculpteur Doidalsas disparaît. Linfert maintient cependant l'identification avec la Vénus accroupie qu'il attribue à l'école rhodienne du IIe s. av. J.-C. Doidalsas est étudié comme personnalité artistique par M. Bieber, *op. cit.*, pp. 82-83 (IIIe s. av. J.-C.), par Lippold, *Handb.*, p. 319, par L. Laurenzi, *E.A.A.*, III, pp. 155-157. Il existe une quinzaine de copies de la Vénus accroupie ; parmi les meilleures, on notera celles de Vienne, du Louvre, du Museo Nazionale Romano (Helbig, II, 2292, avec étude *ad loc.*) du Vatican (Helbig, I, n° 205). Pour une illustration, cf. *Grèce Hellénistique*, n° 276. La statue apparaît également sur des monnaies (L. Laurenzi, *E.A.A.*, III, fig. 191).

5. Sur Polycharmus, cf. note 4, § 34 et l'article de A. Linfert, cité dans la note précédente.

§ 36.

1. Lysias est un sculpteur de Chio, actif entre 200 et 150 av. J.-C. On a conservé deux signatures (*Lindos*, II, 176-177) ; cf. Lippold, *Handb.*, p. 352. — L'arc faisait partie des propylées qui délimitaient l'aire consacrée à Apollon, cf. Platner-Ashby, p. 42. — Sur le père d'Auguste, cf. Suétone, *Aug.*, 3. — *ex uno lapide* : cf. note 2, § 34.

2. Sur les *Horti Seruiliani*, cf. note 1, § 23. — Calamis n'est pas le célèbre bronzier du ve s. av. J.-C. (34, 71), mais un sculpteur grec du ive s. av. J.-C. Certains spécialistes rejettent cependant la distinction des deux personnages, cf. P. Orlandini, *Calamide*, Bologne, 1950, pp. 28-46 ; *id.*, *E.A.A.*, IV, p. 294.

3. Dercylis est connu seulement par Pline.

4. Sur Amphistratus, cf. P. Orlandini, *E.A.A.*, I, p. 325. Ce statuaire est connu par le passage de Pline et par Tatien, Πρὸς Ἕλλην., 52, p. 34, éd. Schwartz. — Callisthène, originaire d'Olynthe, était l'élève et le neveu d'Aristote (Diodore, 14, 117). Il écrivit des *Hellenika* qui décrivaient la période 387-357 av. J.-C. Il accompagna Alexandre en Asie et fit le récit de ses campagnes. Impliqué dans une conspiration, il fut exécuté en 327 av. J.C. Les fragments d'une biographie de Callisthène ont été découverts récemment sur les murs d'un gymnase de Taormine, cf. G. Manganaro, *Una biblioteca storica nel ginnasio a Tauromenion nel II sec. a.c.*, in A. Alföldi, *Römische Fruhgeschichte*, Heidelberg, C. Winter Universitätverlag, 1976, pp. 83-96.

§ 37.

1. Sur le Laocoon, cf. Lippold, *Handb.*, p. 384, pl. 135, 2 ; M. Bieber, *op. cit.*, pp. 132-135 et 146 ; *Laocoon*, New York, Columbia University Press, 1942 ; G. Bertelli, *E.A.A.*, IV, pp. 467-472 ; J. Charbonneaux, in *Grèce Hellénistique*, pp. 333-334 et fig. 362. Le groupe, découvert en 1506 près des Thermes de Titus, se trouve au Musée du Vatican (Helbig, I, n° 219). La statue fut considérablement restaurée (en particulier par Michel-Ange). La version reconstituée le plus près possible de l'original est reproduite dans l'*E.A.A.*, IV, fig. 550, p. 469. L'œuvre des trois sculpteurs rhodiens est un original d'époque hellénistique. Les découvertes de la grotte de Sperlonga, située à 14 km de Terracine, sur un site que les sources littéraires donnent comme le lieu d'une somptueuse villa de Tibère (Suétone, *Tib.*, 39 ; Tacite, *Ann.*, 4, 59) enrichissent notre connaissance des auteurs de ce groupe. La grotte faisait bien partie d'une villa, mais qui fut construite dès la fin de l'époque républicaine (cf. G. Jacopi, *L'antro di Tiberio a Sperlonga*, Rome, Istituto di Studi Romani, 1963). Dans la grotte se trouvaient de nombreuses statues et, en particulier, deux

groupes à sujet épique (celui autour de Polyphème et l'attaque du navire d'Ulysse par Scylla) dont le style se rapproche
étroitement de celui du Laocoon. Les sculptures étaient
accompagnées d'une inscription où figurait le nom des
artistes mentionnés par Pline. Cette découverte essentielle
permet de réexaminer la chronologie qui avait été établie
jusqu'alors sur des calculs de généalogie (E. Sellers, *The
Elder Pliny's Chapters*, pp. 209-210) ; pour Jacopi (*op. cit.*),
l'inspiration mouvementée et pathétique de ces œuvres
s'inscrit dans la tradition du grand autel de Pergame ;
il faut donc la situer au IIe s. av. J.-C. (*id.*, *Gli autori del
Laocoonte e la loro cronologia alla luce delle scoperte dell'antro
« di Tiberio »*, in *Arch. Class.*, 10, 1958, pp. 160 sq.). G.
Säflund, *The Polyphemus and Scylla Groups at Sperlonga*,
Stockholm, 1972, propose la fin du IIe s. av. J-C. F. Coarelli,
Sperlonga e Tiberio, in *Dial. di Arch.*, 7-1, 1973, pp. 97-
122, donne un compte rendu très critique de l'étude de
R. Hampe, *Sperlonga und Vergil*, Mayence, Verlag Ph.
Von Zabern, 1972, et, avec une analyse de la bibliographie
la plus récente sur le sujet, propose le schéma suivant :

Athenodoros I ca 140 av. J.-C.

Hagesandros I ca 110 av. J.-C.

Athenodoros II Hagesandros II Paionios ca 80 av. J.-C.

Athenodoros III Hagesandros III Hagesandros IV
ca 50 av. J.-C.

Le troisième signataire de Sperlonga étant Polydoros, fils
de Polydoros. Pour F. Coarelli, le groupe de Scylla devrait
être daté entre 80 et 42 av. J.-C. et le Laocoon se placerait
dans le premier quart du Ier s. av. J.-C. Ses auteurs en seraient
Hagésandros I, Polydoros I, le père du signataire de Sperlonga, et Athénodoros II. Les sculptures de Sperlonga ont
été étudiées récemment par B. Conticello et B. Andreae,
Die Skulpturen von Sperlonga, in *Antike Plastik*, XIV,
Berlin, 1974.

§ 38.

1. Sur Pythodoros, cf. A. Stazio, *E.A.A.*, VI, p. 578.
On a retrouvé à Delphes une base de calcaire portant la

signature d'un Pythodoros, mais rien n'indique qu'il s'agisse d'un des sculpteurs de Pline (J. Marcadé, *op. cit.*, I, p. 91). — *Polydeuces, Hermolaos* : cf. E. Paribeni, *E.A.A.*, VI, p. 29. On ne sait rien en plus de la notice de Pline. — *Aphrodisius* : cf. P. Orlandini, *E.A.A.*, I, p. 461. Pour certains, il fut actif au Ier s. ap. J.-C., pour d'autres, il travailla avant l'époque d'Auguste.

2. Sur le Panthéon, cf. Pline, 34, 13 ; Platner-Ashby, p. 382 ; E. Nash, II, p. 170. Un *terminus post quem* pour sa construction est fourni par l'inscription dédicatoire, mentionnant le troisième consulat d'Agrippa, en 27 av. J.-C. On sait par Dion Cassius que le temple fut consacré en 25 av. J.-C. (53, 27, 1). Restauré par Domitien, après l'incendie de 80, il fut reconstruit par Hadrien, à partir de 118-119 et consacré entre 125 et 128 ; des restaurations, sans doute réduites, eurent lieu sous Septime Sévère et Caracalla (*C.I.L.*, VI, 896 ; 31 196 = Dessau, 129). Cf. également P. Gros, *Aurea Templa*, p. 36, note 141 et p. 146, F. Coarelli, *Guida archeologica di Roma*, p. 258-262. — *Diogenes* : on a retrouvé à Corinthe une base de statue portant le nom de Diogène, fils d'Hermolaos. Il peut s'agir de l'artiste de Pline, d'autant qu'il vient de mentionner un Hermolaos ; cf. G. Cressedi, *E.A.A.*, III, p. 106.

3. Ces figures féminines servant de colonnes n'étaient pas très répandues dans la Grèce classique, le nom n'apparaît d'ailleurs qu'au IVe s. av. J.-C. ; avant on se contentait d'appeler *Corai* de telles figures (*I.G.*, I, 86, 222). Elles se multiplient, au contraire, dans le monde romain. Il est possible que les Caryatides du Panthéon aient copié, comme celles retrouvées au Forum d'Auguste et dans la Villa d'Hadrien, le type des statues de l'Acropole d'Athènes ; cf. G. A. Mansuelli, *E.A.A.*, II, pp. 339-342, et E. Schmidt, *Die Kopien der Erechteionkoren*, in *Antike Plastik*, XIII, Berlin, 1973. Cf. également la tête conservée à Rome (Palazzo dei Conservatori), Helbig, II, n° 1645 (avec bibliographie *ad loc.*). Sur le terme de *Caryatide*, cf. Vitruve, 1, 1, 5 et W. H. Plommer, *art. cit.*, note 2, § 23.

§ 39.

1. Il s'agit sans doute d'une statue punique de Melqart, rapportée par Scipion Emilien en 146 av. J.-C. — *inhonorus* : même qualification pour le taureau de Phalaris, Pline, 34, 89. Sur la répugnance des Romains à l'égard des sacrifices humains, cf. R. Bloch, *Hannibal et les dieux de Rome*, in *Recherches sur les Religions de l'Italie Antique*, Genève, Droz, 1976, pp. 37-38. — Sur la *porticus ad Nationes*, cf. Servius, *Ad Aen.*, 8, 721 : *porticum Augustus fecerat in qua simulacra omnium gentium collocauerat, quae porticus*

adpellabatur ad nationes. Il ne s'agit pas du Portique des Quatorze Nations de Pompée, mentionné au § 41.

2. *Thespiades* ; cf. note 3, § 33. On sait par Varron, *L.L.*, 7, 20 que *Thespiades* est un nom des Muses. Cicéron rapporte que le groupe de Praxitèle, qui ne doit pas être confondu avec les statues, également de Praxitèle, *en bronze*, placées devant le temple de la Félicité (Pline, 34, 69 : *signa quae ante Felicitatis aedem fuere*), fut rapporté de Thespies par Mummius (*De Signis*, 4). La splendeur des collections de l'*aedes Felicitatis* est également évoquée par Cicéron, *De Signis*, 126. Cf. aussi P. Gros, *Aurea Templa*, p. 158, note 22. L'anecdote de Pisciculus rappelle celles sur l'Aphrodite de Cnide, et sur l'Éros de Parion, cf. note 3, § 21. — L'*aedes Felicitatis* fut construite par L. Licinius Lucullus pour commémorer ses campagnes d'Espagne (150-151 av. J.-C.). Le temple fut dédié en 142 av. J.-C. (Dion Cassius, fr. 75). Son emplacement est inconnu. Cf. également Pline, 34, 69, Platner-Ashby, p. 207.

3. Pasitélès, sculpteur, coroplaste et orfèvre, né dans une cité d'Italie méridionale, fut le contemporain de Pompée. Il devint citoyen romain par la *Lex Plautia Papiria* de 89 av. J.-C. Il occupait une place particulière parmi les sculpteurs du Ier s. av. J.-C., joignant à ses activités de sculpteur celle de théoricien. Il avait également l'habitude de modeler en terre-cuite les projets de ses statues (Pline, 35, 156). On connaît deux de ses élèves, Stéphanus, auteur de l'athlète de la Villa Albani (cf. note 5, § 33) et Colotès (Pausanias, 5, 20, 2). Sur l'ensemble de son œuvre et sur ses disciples, cf. M. Borda, *Pasiteles*, Bari, 1953 ; J. M. C. Toynbee, *op. cit.*, p. 21. Pasitélès est cité par Pline parmi ses sources des livres 33-36 ; cf. 1, 33, *Pasitele qui mirabilia opera scripsit.*

§ 40.

1. Il s'agit du temple de Jupiter (cf. § 35, note 1), construit par Metellus en 149 av. J.-C.

2. *Naualia* : le port militaire de Rome, situé le long du Tibre, au Champ de Mars, à hauteur de l'île tibérine, en amont du port commercial, le *Portus Tiberinus*, qui occupait l'emplacement des bureaux actuels de l'État Civil. L'événement peut se rapporter à l'année 55 av. J.-C., lorsque les bêtes sauvages furent apportées d'Afrique pour les jeux de Pompée (Pline, 8, 53, 64). Les *naualia*, œuvre de l'architecte Hermodoros de Salamine, étaient très proches du complexe pompéien ; cf. Platner-Ashby, pp. 358-359 ; Nash, pp. 117-119 ; F. Coarelli, *Quaderni dell'Ist. di Topogr.*, V, 1968, pp. 27 sq. F. Coarelli, reprenant une suggestion de M. Borda, propose d'attribuer, à titre d'hypothèse, à Pasitélès les statues d'animaux en

bronze qui se trouvaient à proximité du Portique de Pompée (Martial, 3, 19, 1), cf. F. Coarelli, *Rend. Pont. Acc.*, **44**, 1971-72, pp. 116-117, note 49 ; sur les *naualia*, cf. également J. Le Gall, *Le Tibre, fleuve de Rome, dans l'Antiquité*, Paris, P.U.F., 1963, pp. 103-106 et F. Coarelli, *Il Campo Marzio occidentale. Storia e topografia*, in *M.E.F.R.A.*, **89**, 1977 — 2, p. 823, avec bibliographie antérieure *ad loc.*

§ 41.

1. Sur Arcésilaos, cf. note 2, § 33 ; — *leaenea* : pour M. Borda, *Bull. com.*, 1949-1950, pp. 189 sq., le sujet s'apparente à l'iconographie de certaines mosaïques (Maison du Centaure à Pompéi, cf. O. Elia, *Pitture Murali e Mosaici nel Museo Nazionale di Napoli*, Roma, Liberia dello Stato, 1932, p. 146. n° 411 ; R. Hinks, *Catalogue of Greek, Etruscan and Roman Paintings and Mosaics in the British Museum*, London, The British Museum, 1933, p. 66, n° 1, pl. 25). — Sur les activités de collectionneur de Varron, cf. également Pline, 35, 154. Ses œuvres d'art furent dispersées lors des proscriptions de 43 av. J.-C.

2. Les statues personnifiaient les nations vaincues par Pompée dont le nom avait été porté sur des panneaux, lors de son troisième triomphe en 61 av. J.-C. La liste de ces nations nous a été transmise, avec des variantes, par Plutarque, *Pomp.*, 45, 2, Pline, 7, 98, Appien, *Mithr.*, 576. Sur la reconstitution du complexe architectural édifié par Pompée au Champ de Mars, après son triomphe de 61 av. J.-C., on se reportera à l'étude de F. Coarelli, *Il complesso pompeiano del Campo Marzio e la sua decorazione scultorea*, in *Atti della Pont. Acc. di Roma*, **44**, 1971-1972, pp. 99-122 ; *Guida Archeologica di Roma*, pp. 254-256, ainsi qu'à E. Nash, II, pp. 423-428, fig. 1216-1223. F. Coarelli propose en particulier une série d'identifications pour les statues des Nations (type hérité de la Tychè hellénistique). Cf. également, Helbig, II, 1437 avec bibliographie *ad loc.* Coponius ferait partie du même cercle qu'Arcésilaos et Pasitélès. — Sur la localisation des statues, cf. Suétone, *Nero*, 46, 2. — Le théâtre, bâti en 55 av. J.-C., pouvait contenir 10 000 spectateurs. Il s'agit du premier théâtre construit en pierre, de manière permanente, à Rome. Pour éviter les critiques, Pompée avait fait construire le temple de Vénus *Victrix* au sommet de la cavea, si bien que le tiers des sièges s'étendait devant le temple, constituant ainsi les escaliers du podium. Cf. E. Nash, II, pp. 423-428, fig. 1216-1223.

§ 42.

1. Cf. 34, 50 ; il ne s'agit pas du célèbre sculpteur archaïque, mais d'un artiste, originaire aussi de Sicyone, disciple

de Polyclète (Pausanias, 6, 13, 7), actif entre la fin du
V^e et le début du IVe siècle av. J.-C., cf. L. Guerrini, *E.A.A.*,
4, p. 310.

2. Le problème de Saura et Batrachus a été repris récemment par M. Gwyn Morgan, *The Portico of Metellus, a
reconsideration*, in *Hermes*, 99, Heft, 4, 1971, pp. 480 sq. ;
pp. 491-499. La notice de Pline soulève deux problèmes
majeurs : 1) l'existence, pour les temples de Junon et de
Jupiter Stator, du Portique de Métellus, de deux architectes,
Saura et Batrachus, alors qu'on sait par Vitruve (3, 2, 5)
qu'Hermodoros de Salamine fut le maître d'œuvre du
temple de Jupiter Stator. 2) la question de l'échange des
statues, qui paraît incompatible avec la notice de Pline,
36, 35. Gw. Morgan accepte, comme G. Lugli (*Roma Antica*,
Rome, 1946, p. 566) et M. J. Boyd (*P.B.S.R.*, 1953, p. 158),
l'idée d'une erreur dans la disposition des statues de culte,
mais à la différence de Boyd et de Lugli, il considère que
le changement eut lieu au IIe s. av. J.-C. et non lors d'une
hypothétique réfection sous Auguste, au moment de la
transformation du Portique de Métellus en Portique d'Octavie. — Les bases sculptées n'existent pas, à Rome, avant
l'époque d'Auguste, mais elles sont attestées en Grèce
depuis la fin du IVe s. av. J.-C. ; leur présence pourrait
être un signe d'hellénisation du temple, marquée à d'autres
égard. Un lézard et une grenouille apparaissent sur un
dessin de Piranèse, représentant une base, cf. H. Thiersch,
Zu Sauras und Batrachos, in *M.D.A.I., R.A.*, 23, 1908,
pp. 153 et 160. Gw. Morgan, *art. cit.*, accepte l'historicité
des deux personnages comme Lugli. D'autres (Fabricius,
R.E., 3, 145 ; Platner-Ashby, p. 305 ; Boyd, *art. cit.*, p. 157 ;
De Sanctis, *Storia dei Romani*, IV, 2, Florence, 1953, p. 133,
note 26) considèrent l'épisode comme purement étiologique.
Cette position nous paraît préférable. L'anecdote n'est
cependant pas dépourvue d'intérêt en ce qui concerne la
situation des architectes à Rome, comme le souligne P. Gros,
Aurea Templa, p. 53 et note 2 : c'est le magistrat chargé
de la construction et de la dédicace du temple (l'*auctor*)
qui avait le droit de laisser son nom à la postérité (cf. formule du *Digeste* (Macer, *Digest.*, 50, 10, 3, 2 : *inscribi autem
nomen operi publico alterius quam principis aut eius cuius pecu-
nia id opus factum sit, non licet* ; ainsi que I. Calabi Limen-
tani, *Studi sulla società romana : il lavoro artistico*, Milano-
Varese, 1958, pp. 89 sq., pp. 139 sq. et E. De Ruggiero,
Dizionario Epigrafico, I, Rome, 1895, p. 643). Pour cette
raison, Saura et Batrachus avaient assuré à leurs frais la
construction des temples, dans l'espoir, d'ailleurs trompé,
de figurer sur la dédicace des édifices. D'où leur subterfuge
(gr. σαύρα : le lézard et gr. βάτραχος : la grenouille).

§ 43.

1. Sur Myrmecidès et Callicratès, cf. également Pline, 7, 85 : *Callicrates ex ebore formicas et alia tam parua fecit animalia ut partes eorum a ceteris cerni non possent. Myrmecides quidem in eodem genere inclaruit quadriga ex eadem materia, quam musca integeret alis, fabricata et naue quam apicula pinnis absconderet.* On voit que, dans ce passage, Pline dit que ces miniatures étaient réalisées en ivoire. Cf. également, P. Mingazzini, *E.A.A.*, V, pp. 313-314. Myrmecidès, né à Millet, vécut à Athènes, Callicratès venait de Sparte. Ils sont mentionnés par Athénée parmi les meilleurs orfèvres (11, 782 b). Solin (1, 100) cite seulement Callicratès, et Cicéron, *Acad. prior.*, 2, 120, seulement Myrmecidès. Varron précise, à propos des œuvres de Myrmecidès, qu'il fallait les placer sur de la soie noire pour les voir. L'art de la miniature était une source de merveille dans l'Antiquité (Pline, 34, 83). L'autre chef-d'œuvre des deux artistes était deux vers d'Homère gravés sur un grain de sésame (Plutarque, *Adv. Stoicos*, 14, 15).

§ 44.

1. Pline s'engage de ce paragraphe jusqu'au paragraphe 64 dans une énumération des différentes sortes de marbres. Il faut remarquer que, sous le terme *marmor*, se trouvent regroupées non seulement des roches qui sont, géologiquement, des marbres, mais aussi des espèces improprement classées dans cette catégorie, comme les granits et les porphyres.

2. Le marbre des Cyclades désigne essentiellement celui de Paros, cf. 36, 14 ; sur les marbres de Naxos, Délos, Siphnos, cf. R. Martin, *Manuel d'architecture grecque*, I, pp. 137-138. — Le marbre de Thasos est un marbre blanc, proche du marbre de Carrare et peu différent également du marbre pentélique, ce qui rend son identification difficile, cf. R. Martin, *Manuel*, I, pp. 141-142 ; J. Ward-Perkins, *E.A.A.*, IV, p. 862.

3. Ménandre est le plus illustre représentant de la « Comédie Nouvelle ». Né à Athènes, vers 340 av. J.-C., il y mourut vers 292 av. J.-C.

§ 45.

1. Le temple de Zeus Olympien ou Olympeion fut commencé sous les Pisistratides, à l'emplacement d'un temple plus ancien et sur le schéma des grands sanctuaires ioniens d'Éphèse, Samos, Didyme. La construction, interrompue à la chute des tyrans, ne devait être achevée que par l'empereur Hadrien qui inaugura le temple en 131-132. Entre temps, les travaux avaient été repris en 174 av. J.-C., sur

l'initiative du roi de Syrie, Antiochos IV Épiphane ; l'architecte était le romain Cossutius (Vitruve, 6, *praef.*, 15-17).
De cette période restent trois colonnes de la partie occidentale. En 86 av. J.-C., Sylla aurait transporté certaines
colonnes à Rome, dans le temple de Jupiter Capitolin ;
contra, H. Abramson, *The Olympeion in Athens, Sulla and
the Capitolium*, in *A.J.A.*, 78, 1974, p. 160. L'Olympeion
(110,75 m × 43,68 m) était le plus grand temple corinthien
de l'Antiquité. Il fut construit en marbre pentélique. Cf.
W. Johannowsky, *E.A.A.*, I, p. 851, fig. 1071 et p. 853,
fig. 1073.

§ 46.

1. *marmoreo saxo percussum* : on trouve l'expression deux
fois, chez Homère (*Il.*, 12, 380 ; *Od.*, 9, 499, μαρμάρῳ ὀκριόεντι
βαλών. Μάρμαρος apparaît encore dans *Il.*, 16, 735, μάρμαρον
ὀκριόεντα). Partout il désigne non pas le marbre, mais
une *roche brillante* ; cf. μαρμαίρειν qui signifie « briller ».
— *domus* : On peut se reporter à la description du palais
d'Alcinoos (*Od.*, 7, 81 sq.). Cf. également, Pline, 33, 81 :
*Vetusta et electro auctoritas Homero teste, qui Menelai regiam
auro, electro, argento, ebore fulgere tradit.*

2. Cf. Théophraste, *Lap.*, 7 ; Strabon, 14, 645. Il s'agit
du marbre nommé « portasanta » qui ne doit pas être confondu avec l' « africano », dont les carrières ont été localisées
à Téos (cf. M. H. Ballance, *The Origin of Africano*, in
P.B.S.R., 34, 1966, pp. 79-81) ; contra A. Dworakowska,
Versicolores maculae, (Pline N.H. XXXVI, 6/5/46) in
Arch. Polon., 14, 1973 (= Mél. K. Majewski), pp. 131-146.
Le marbre de Chio fut introduit à Rome par Agrippa en
36 av. J.-C. et fut largement utilisé par la suite. Dès l'époque
classique, l'autel des habitants de Chio à Delphes était construit dans ce marbre. Les carrières de « portasanta » furent
retrouvées à Chio en 1887 ; cf. Gnoli, *op. cit.*, p. 145, note 2,
fig. 129-131 ; Ch. Dubois, *Études sur l'administration et
l'exploitation des carrières dans le monde romain*, pp. 125-126 ;
R. Martin, *Manuel*, p. 144, note 8 ; F. Coarelli, *Guida
Archeologica di Roma*, planche en couleur, p. 338. Il s'agit
d'un marbre tacheté de rouge sur fond sombre, allant du
gris au brun-couleur chair.

3. Le travertin est un tuf calcaire de couleur crème,
provenant de Tivoli, près de Rome, et encore exploité
aujourd'hui ; cf. Pline, 36, 167 ; F. Coarelli, *Guida Archeologica di Roma*, p. 341 et planche en couleur, p. 339. Son
usage est attesté à Rome, dans l'architecture monumentale,
à la fin du IIe s. av. J.-C. ; il fut très largement employé
à la fin de la République et sous l'Empire. On citera comme
exemples le théâtre de Marcellus et le Colisée. — *picturis
honos* : sur la décadence de la peinture liée à l'adoption des

revêtements de marbre, on se reportera aux réflexions de Pline, 35, 2. Cf. également, Sénèque, *Epist.*, 86, 4 : *nisi Alexandrina marmora Numidicis crustis distincta sunt, nisi illis undique operosa et in picturae modum uariata circumlitio praeteritur, nisi uitro absconditur camera.* Sur la technique particulière de l'*opus sectile* où les personnages et les décors sont créés par une marqueterie de fragments de marbre, on se reportera aux exemplaires de la *Domus Transitoria*, publiés, avec de nombreux parallèles, par T. Dohrn, *Crustae*, in *M.D.A.I.*, *R.A.*, 72, 1965, pp. 127-141. Ces décors, d'après Pline (35, 1-2), furent mis au point, à l'époque de Claude.

§ 47.

1. Le mot *crusta* désigne des plaques de marbre ou d'autres matériaux ; cf. Vitruve, 7, 3, 10 et 5, 1 ; Isidore, *Orig.*, 19, 13, ainsi que note précédente et note 1, § 51. Sur l'usage des *crustae* dans l'architecture romaine, cf. P. Gros, *Aurea Templa*, p. 73.

2. Sur Mausole, cf. note 2, § 30. Le renseignement provient de Vitruve, 2, 8, 10 : *item Halicarnasso potentissimi regis Mausoli domus, cum Proconnensio marmore omnia haberet ornata, parietes habet latere structos...* Le marbre de Proconnèse est un marbre blanc ou bleuté, avec des veines grises ou noirâtres, constamment utilisé, depuis l'époque classique, en Grèce, et provenant de l'île de Marmara, en Propontide. Cf. R. Martin, *Manuel*, I, p. 142 ; J. Ward-Perkins, *Roman garland sarcophagi from the quarries of Proconnesus*, in *Smithonian Report for 1957*, Washington, 1958, pp. 455-467 ; L. Robert, in *Bulletin Épigraphique*, 1960, p. 274 ; *Hellenica*, XI-XII, p. 26.

§ 48.

1. Chevalier romain, commandant du génie pendant la guerre des Gaules et assimilé de manière hasardeuse par P. Thielscher, *R.E.*, IX, A1, 1961, col. 487 sq., avec Vitruve. (Cf. P. Ruffel-J. Soubiran, *Vitruve ou Mamurra* ? in *Pallas*, 11 (1962), pp. 123-179 et P. Gros, *Aurea Templa*, note 6, p. 54, où l'on trouvera également la bibliographie récente sur la fonction de *praefectus fabrum*). Il possédait une fortune immense. Son faste et ses débauches l'avaient rendu célèbre. Catulle lui donne le sobriquet obscène de *Mentula* et le raille dans deux poèmes (29, 3-4 et 57,2). Pline fait allusion au premier de ces textes : *Mamurram habere quod Comata Gallia / habebat ante et ultima Britannia.*

2. Cf. Pline, 4, 64 (*notior tamen marmore Carystio*) ; Strabon, 10, 1, 6 ; Ch. Dubois, *op. cit.*, pp. 115 sq. ; R. Martin, *Manuel*, p. 144 et note 7 ; Ioh. Papageorgakis, Πρακτικά τῆς 'Ακαδ. 'Αθην. 39, 1964, pp. 262-284 ; V. Hankey, *A marble*

quarry at Karystos, *B.M.B.*, 18, 1965, pp. 53-59, fig. 1-20.
Il s'agit du marbre qu'on appelle cipolin, grisâtre avec des
veines ondulées qui rappellent la coupe de l'oignon (italien
cipollino, de l'italien *cipolla* « oignon »). Son nom antique
vient de Carystos, ville de l'extrémité sud de l'Eubée.
Les carrières sont encore actives de nos jours. Les Romains
exploitèrent ce marbre surtout pour l'architecture monumentale. D'autres variantes provenaient d'Italie septen-
trionale, cf. R. Gnoli, *op. cit.*, p. 156. Pour une illustration,
cf. F. Coarelli, *Guida Archeologica di Roma*, planche en
couleur, p. 338.

3. Cf. note 4, § 14.

§ 49.

1. M. Aemilius Lepidus, consul en 78 av. J.-C., mort,
exilé, en Sardaigne en 77 av. J.-C. Son fils, M. Aemilius
Lepidus est associé à Octave et Antoine dans le deuxième
triumvirat (43 av. J.-C.). Q. Lutatius Catulus, chef des
Optimates, était célèbre pour ses vertus, cf. R. Syme, *La
Révolution Romaine*, traduction française, Paris, Gallimard,
1967, p. 34. Cf. note 1, § 109.

2. Cf. Isid., *Orig.*, 16, 5, 16, *Numidicum marmor Numidia
mittit ; ad cutem sucum dimittit croco similem, unde et nomen
accepit, non crustis, sed in massa et liminum usu aptum.*
Le marbre dit « jaune antique » (J. Ward-Perkins, *E.A.A.*,
IV, fig. 1, p. 860) était un des marbres les plus utilisés dans
l'Antiquité et un des premiers introduits à Rome (cf. Fest.,
282, 4). Il était exploité en Tunisie, aux confins de la Numi-
die, près de Chemtou (Simitthus). Il est d'une belle couleur
jaune, parfois veinée de rouge. Cf. L. Robert, *art. cit.*, p. 15
et note 53 ; R. Gnoli, *op. cit.*, pp. 139 sq., fig. 123-125.

3. *L. Licinius Lucullus*, né avant 106 av. J.-C., mort
en 56 av. J.-C. Questeur de Sylla, consul en 74 av. J.-C.,
il combattit Mithridate, roi du Pont, puis fut remplacé
par Pompée. A partir de ce moment, il s'adonna à une vie
d'oisiveté, cf. Plutarque, *Lucullus*, 56 ; R. Syme, *op. cit.*,
pp. 35-36. — Sur le marbre « luculléen », cf. § 6, ainsi qu'Isid.,
Orig., 16, 5, 17, *Luculleum marmor nascitur in Melo insula ;
cui Lucullus consul nomen dedit, qui delectatus illo primus
Romam inuexit ; solumque paene hoc marmor ab amatore
nomen accepit.* Mélos est une île des Cyclades.

§ 50.

1. Le texte corrompu de Pline a fait naître les discussions sur la localisation de ces carrières. Pour une mise
au point, cf. M. Guarducci, *Bollettino Museo dell'Impero
Romano*, 12, 1940, pp. 44 sq. ; J. Ward-Perkins, *E.A.A.*,
IV, p. 869, et plus récemment R. Gnoli, *op. cit.*, p. 149,
qui considère ce marbre comme un type d'*Africano* (fig. 133,

134, 135) et propose de restituer *Teo* dans le texte de Pline ; cf. note 2, § 46.

2. Sur *Scaurus*, cf. note 1, § 5. — *solidus* : le terme a un sens technique ; il désigne une construction en *opus quadratum* de marbre, c'est-à-dire en blocs pleins et non avec un simple revêtement. A l'époque d'Auguste un seul autre temple paraît construit de cette manière, le temple d'Apollon Palatin (Virgile, *Énéide*, 6, 69 : *solido de marmore templum*). Cf. P. Gros, *Aurea Templa*, p. 73.

3. Le temple de *Juppiter Tonans*, voué au cours de la guerre des Cantabres, inauguré en 22 av. J.-C. (Suétone, *Diuus Augustus*, 29, 5) est classé par Suétone parmi les réalisations majeures (*opera praecipua*) augustéennes (*ibid.*, 29, 1). P. Gros, *Aurea Templa*, pp. 97-100 et pl. XII, propose de l'identifier avec le plus grand des deux temples conservés sur un fragment de la *Forma Vrbis Seueriana* (31, a, b, c), représentant la partie occidentale du Capitole. En conformité avec le texte de Suétone (91, 3), le temple gardait ainsi un des accès au Capitole, celui situé au sommet des *centum gradus*.

§ 51.

1. Le découpage des plaques de marbre servait à décorer les murs, puis les sols par une technique particulière de revêtement et d'incrustation (gr. πλάκωσις, σκούτλωσις, μαρμάρωσις, lat. *incrustatio marmorea* ; cf. également *opus sectile*). Les plaques découpées s'appelaient *crustae* ; cf. note 1, § 47, ainsi que Strabon, 5, 2, 5 et Isidore, *Orig.*, 19, 13. Sur la technique des scieurs de marbre, cf. L. Robert, *art. cit.*, p. 34 (et note 64) ; pp. 37-40. — Pour G. Becatti, *E.A.A.*, IV, pp. 130-133, l'anecdote de Pline sur le palais de Mausole (§ 47) renvoie à une date vraisemblable des premières incrustations de marbre. C'est à cette époque que les maisons individuelles commencent à prendre de l'importance. Les plaques de marbre auraient constitué une construction luxueuse, mais néanmoins beaucoup moins onéreuse que la construction en blocs de marbre réservée aux temples et à quelques édifices publics. Cf. aussi R. Martin, *Manuel*, I, pp. 445-447 : les exemples *attestés* remontent seulement *à la fin* de l'époque hellénistique.

2. Sur les perles de l'Inde dans Pline et sur son indignation devant ce luxe qu'on va chercher si loin, cf. 9, 106 ; 12, 84 ; 13, 20, etc.

§ 52.

1. Cf. § 54 ; l'émeri de Naxos (île des Cyclades) a toujours été exploité et l'est encore (cf. L. Robert, *art. cit.*, p. 37). Pour Eichholz (p. 40), la variété d'Inde serait aussi l'émeri,

mais le « sable » d'Égypte comme celui d'Éthiopie, seraient de la poussière de quartz. *Coptos* est une ville de la vallée du Nil, au nord de Thèbes.

§ 53.

1. Il s'agit de Thèbes, en Égypte. Le terme désigne probablement une poussière de quartz (Eichholz).

§ 54.

1. *Cotes Naxiae* : c'est l'ἀκόνη (pierre à aiguiser) Ναξία de Dioscoride, 5, 149 ; Pindare, *Isthm.*, 6, 73, évoque la « pierre de Naxos qui dompte l'airain et l'aiguise ».

§ 55.

1. *Lacedaemonium uiride* : cf. Isid., *Orig.*, 16, 5, 2 : *Lacedaemonium uiride cunctisque hilarius, repertum prius apud Lacedaemonios, inde et uocabulum traxit.* Il s'agit d'un porphyre vert (*Verde antico*), J. Ward-Perkins, *E.A.A.*, IV, fig. 4, p. 862. Les carrières étaient à Krokreai, en Laconie (entre Marathonisi et Levetsova) ; cf. Pausanias, 3, 21, 4 et 2, 3, 15. Les traces de l'exploitation ancienne sont encore visibles, cf. R. Martin, *Manuel*, p. 144 et note 5.

2. *Ophites* : gr. λίθος ὀφίτης (de ὄφις « serpent »). Cf. Isid., *Orig.*, 16, 5, 4. C'est un marbre de couleur sombre souvent verdâtre, portant parfois des filets de cristaux blancs de feldspath ; R. Martin, *Manuel*, I, p. 139 ; R. Gnoli, *op. cit.*, p. 128. L'ophite blanc et tendre (§ 56) doit être la stéatite.

§ 56.

1. Sur l'emploi de l'*ophites* en médecine, cf. Dioscoride, 5, 143 : « « Une variété est compacte et noire, une autre de couleur cendrée et tachetée, une autre est rayée de blanc. Toutes sont bonnes en amulette contre les morsures de serpents et les maux de tête. Celle à raies blanches guérit particulièrement, dit-on, la léthargie et la céphalée » ; Isid., *Orig.*, 16, 5, 3.

2. *Tephrias* : gr. τεφρίας (de τέφρα « cendre ») ; — *Memphites* : cf. Diosc., 5, 140 : « La pierre de Memphis (λίθος Μεμφίτης) se trouve en Égypte à Memphis, grosse comme une pierre précieuse, luisante et bigarrée. On dit que, broyée, en enduit sur les parties du corps à inciser ou cautériser, elle procure une anesthésie sans danger » ; Isid., *Orig.*, 16, 5, 18 : *Tephrias appellatus a colore cineris, cuius lapidis alligatio contra serpentes laudatur.* Peut-être une variété de dolomite.

§ 57.

1. *Porphyrites* : gr. πορφυρίτης ; cf. Isid., *Orig.*, 16, 5, 5, *Porphyrites in Aegypto est rubens, candidis interuenientibus punctis. Nominis eius causa quod rubeat ut purpura.* Le porphyre rouge, provenant de Haute Égypte (Gebel Dokhan), était très utilisé dans l'ornementation (J. Ward-Perkins, *E.A.A.*, IV, p. 862 ; 864, fig. 1-2 ; R. Gnoli, *op. cit.*, pp. 98 sq., fig. 90-91 et carte, p. 101 ; F. Coarelli, *Guida Archeologica di Roma*, planche en couleur, p. 338 ; M. L. Lucci, *Il porfido nell'Antichità*, in *Arch. Class.*, 16, 1964, pp. 226-271). — *Leptopsephos* : gr. λεπτόψηφος « qui a de petits cailloux (grains) », peut-être à cause de la délicatesse de ses taches (Eichholz).

2. *Vitrasius Pollio* : sur sa carrière, cf. R. Hanslik, *R.E.*, II, 9¹, 1961, col. 418, n° 7.

§ 58.

1. Gr. βασανίτης λίθος, Hésych. ; de βάσανος « pierre de touche ». Pour Eichholz (s'opposant à K. C. Bailey, *The Elder Pliny's chapters on chemical subjects*, II, Londres, Ed. Arnold, 1932), il n'y a pas ici référence à la pierre de touche, évoquée en 33, 126 et en 36, 147 et 157. *Basanites* serait la traduction de l'égyptien *bekhen* qui désigne le « greywacke » du Ouadi Hammamat, improprement décrit comme un schiste. Une interprétation identique se trouve dans R. J. Forbes, *op. cit.*, VII, p. 167, fig. 17 et p. 176, avec bibliographie, et dans R. Gnoli, *op. cit.*, p. 89 ainsi que T. Kraus, *Prolegomena ad un indagine sulle sculture in scisto verde del Uadi Hammamat*, in *Rend. Pont. Acc.*, 48, 1975-76, pp. 165-189.

2. Le temple de la Paix fut dédié en 75 ap. J.-C., § 102. — Les Anciens portaient une grande attention aux crues du Nil, facteur essentiel de la richesse du pays, que les Égyptiens considéraient comme un don du dieu Hâpy, représenté sous les traits d' « une sorte d'hermaphrodite, coiffé de joncs, les mamelles grasses et pendantes, le ventre replet et les bras chargés d'offrandes ». (F. Daumas, *La civilisation de l'Égypte Pharaonique*, Paris, Arthaud, 1965, p. 29). Ils avaient formulé à ce sujet une série d'hypothèses (cf. Hérodote, 2, 19-25 ; Diodore de Sicile, 1, 37-41 ; R. J. Forbes, *op. cit.*, VII, pp. 22-25 et surtout D. Bonneau, *La crue du Nil. I. Ses descriptions, ses explications, son culte, d'après les auteurs grecs et latins et les documents des époques ptolémaïque, romaine et byzantine*, Paris, Klinck-sieck, 1964). A Thèbes, Memphis, Philae, Assouan, se trouvaient des « nilomètres » (cf. Diodore, 1, 36 ; Strabon, 17, 1, 48 ; et sur les découvertes archéologiques, K. Michailowski, *L'art de l'Ancienne Égypte*, Paris, Mazenod, 1971, p. 546). Le nombre de seize *cubita* (environ 8,5 m) repré-

sentait, selon Pline (5, 58), le *iustum incrementum*. Douze coudées signifiaient la famine et un niveau supérieur à seize raccourcissait la saison des semailles (Pline, 18, 167-168). Ces coudées (*cubiti, cubita,* gr. πήχεις) avaient été personnifiées sous la forme de seize enfants, hauts chacun d'une coudée, qui entouraient le Nil, représenté comme un vieillard barbu, tenant une corne d'abondance et une gerbe de blé (Philostrate, *Imag.*, 1, 5 ; Lucien, *Rhet. praec.*, 6 ; cf. A. Reinach, *Recueil Milliet*, n° 548-549), imagerie qui rappelle celle du Tibre, cf. J. Le Gall, *Le Tibre, fleuve de Rome dans l'Antiquité*, Paris, P.U.F., 1953. On ignore l'origine de cette iconographie, attestée seulement à l'époque hellénistique. On possède au Musée du Vatican (*E.A.A.*, V, p. 491, fig. 628) une réplique datant du règne d'Hadrien de la statue dédiée par Vespasien. Cette dernière était un original alexandrin. Pausanias (8, 24, 12) explique que la statue du Nil, à la différence de toutes les autres, était faite dans une pierre noire qui symbolisait l'origine éthiopienne du fleuve : ποιεῖται δὲ πλὴν τοῦ Αἰγυπτίου Νείλου ποταμοῖς τοῖς ἄλλοις λίθου λευκοῦ τὰ ἀγάλματα · τῷ Νείλῳ δὲ ἅτε διὰ τῆς Αἰθιόπων κατιόντι ἐς θάλασσαν, μέλανος λίθου τὰ ἀγάλματα ἐργάζεσθαι νομίζουσιν.

3. Les deux statues colossales (hauteur : 15,60 m ; piédestal : 2,30 m), représentant le pharaon Aménophis III, se trouvaient à l'entrée de son temple funéraire à Thèbes. Elles furent ébranlées en 27 av. J.-C., lors d'un tremblement de terre. Le colosse nord fut fissuré au niveau du torse. Cette cassure entraînait une vibration de la pierre lors des changements brutaux de température et d'humidité de l'air qui avaient lieu au lever du soleil, lorsque les premiers rayons séchaient et réchauffaient la surface de la pierre. D'où la légende et l'assimilation du colosse au héros homérique Memnon, fils de Zeus et de l'Aurore, tué par Achille devant Troie (la légende voulait que son corps reprit vie sous les caresses de sa mère). Ce phénomène attira les touristes grecs et latins (cf. par exemple le célèbre voyage de Germanicus, Tacite, *Annales*, 2, 61) qui n'hésitèrent pas à couvrir d'inscriptions les statues (cf. A. et E. Bernand, *Les Inscriptions du colosse de Memnon*, Le Caire, 1960). Pour une illustration, cf. *E.A.A.*, IV, p. 998, fig. 1188 ; K. Michailowski, *op. cit.*, fig. 124 et p. 536.

§ 59.

1. Cf. § 60, *alabastrites*, et 36, 132 et 182. Il s'agit de l'albâtre calcaire ou « albâtre oriental » qui doit être distingué de certaines variétés compactes de gypse, improprement appelées « albâtres ». Leur nom d'*alabastrites* dérive d'Alabastra, ville d'Égypte où on les extrayait. Cf. *E.A.A.*, IV, p. 863, fig. 1 et 6 ; R. J. Forbes, *op. cit.*,

pp. 170 et 173. De nombreux objets en cette matière ont été mis au jour en Égypte, cf. A. Lucas, *Ancient Egyptian Material and Industries*, 4e éd. augmentée par J. R. Harris, Londres, 1962 ; R. Gnoli, *op. cit.*, p. 184 et fig. 276-278. Sur les autres espèces d'onyx, dont parle aussi Sudinès, cf. Pline, 37, 90. — Pour Eichholz, Pline avec *Arabia* transmet mal l'expression grecque Ἀράβιον ὄρος qui désigne les collines du côté est du Nil. Il s'agit de la même roche que celle du § 61 qui est située *circa Thebas Aegyptias*.

2. Sudinès est un astrologue qui écrivit sur les propriétés occultes des pierres, aux alentours de 240 av. J.-C. Il vivait à la cour d'Attale 1er de Pergame. Pline le donne comme une de ses sources pour les livres 9, 36 et 37 ; cf. F. H. Cramer, *Astrology in Roman Law and Politics*, Philadelphia, Amer. Philos. Soc., 1954. — La Carmanie est une province de l'empire perse, dans l'Iran actuel.

3. P. Cornélius Lentulus Spinther, consul en 57 av. J.-C., était intervenu, en 57-56, comme arbitre dans les conflits qui opposaient le roi Ptolémée XIV et ses sujets ; il s'était de ce fait rendu en Égypte ; cf. Plut., *Pomp.*, 49, 5 ; Dion Cassius, 39, 12 ; Münzer, *R.E.*, IV, col. 1395. — *cadus* est un emprunt au grec κάδος ; il s'agit d'une mesure des liquides, équivalente à dix conges, c'est-à-dire 32 litres environ.

§ 60,

1. L. Cornélius Balbus, d'origine espagnole (Gadès), reçut la citoyenneté romaine en même temps que son oncle, en 72 av. J.-C. Il accomplit diverses missions diplomatiques pour César en 49-48 av. J. C., fut proquesteur en Espagne Ultérieure, sous les ordres d'Asinius Pollion, en 43 av. J.-C., pontife sous Auguste, proconsul d'Afrique en 21-20 av. J. C. Il eut droit au triomphe en 19 av. J.-C. Il construisit une nouvelle ville et des docks à Gadès et un théâtre à Rome, en 13 av. J.-C. (Dion Cassius, 54, 25 ; Suét., *Aug.*, 29) ; cf. Platner-Ashby, p. 513. On doit l'identifier avec les restes de la grande *cavea*, situés sous le Palais Mattei Paganica, au Champ de Mars, interprétés à tort, jusqu'en 1960, comme les vestiges du *Circus Flaminius* ; cf. F. Coarelli, *Guida Archeologica di Roma*, p. 254 ; G. Gatti, *Il teatro e la crypta di Balbo in Roma*, *M.E.F.R.A.*, 91, 1979-1, pp. 237-313.

2. Sur la richesse de Callistus, affranchi de Claude, cf. 33, 134.

3. *Alabastrites* : gr. ἀλαβαστρίτης (λίθος) ; cf. Theophr., *Lap.* 65 ; cf. gr. ἀλάβαστος et ἀλάβαστρον « vase à parfum » (lat. *unguentarium*).

§ 61.

1. Théophraste, *Lap.*, 6, signale l'*alabastritès* de Thèbes d'Égypte et précise qu'on en coupe de gros blocs. Pline lui consacre encore une notice en 37, 143 : *Alabastrites nascitur in Alabastro Aegypti et in Syriae Damasco candore interstincto uariis coloribus*, avec des indications concernant son usage en médecine mentionné aussi par Dioscoride, 5, 135 (λίθος ἀλαβαστρίτης) ; cf. Isidore, *Orig.*, 16, 5, 7.

§ 62.

1. Sur les *lygdini lapides* (gr. λύγδινος, et λύγδος « marbre blanc »), cf. note 3, § 14, ainsi que Martial, 6, 13, 3 et 6, 42, 21.

2. *Coralliticus*, du gr. κοράλλιον « corail (rouge et blanc) ».

3. L'almandin est une variété de grenat rouge sombre ou brun foncé qui figure parmi les pierres précieuses en 37, 92. Alabandes est une ville de Carie.

§ 63.

1. D'après R. Gnoli, *op. cit.*, p. 121, note 7, et pp. 134-135, *Thebaicus lapis* désigne le jaspe noir et jaune ; cf. Isid., *Orig.*, 16, 5, 10.

2. Ville dans les environs d'Assouan. Il s'agit du granit rose, utilisé fréquemment pour les obélisques ; cf. Ward-Perkins, *E.A.A.*, IV, p. 861, fig. 6 ; R. Gnoli, p. 119, fig. 111. Les carrières de granit rose d'Assouan ont été étudiées récemment par J. Röder, *Zur Steinbrüchgeschichte des Rosengranits von Assuan*, in *A.A.*, 3, 1965, pp. 467-551, et par C. Nylander, *A.A.*, 6, 1968, 1, pp. 6-10 ; cf. Isid., *Orig.*, 16, 5, 11. *Pyrrhopoecilos* : gr. πυρροποίκιλος, « tacheté de rouge ».

§ 64.

1. De fait, l'égyptien *tekhen* désigne à la fois l'obélisque et le rayon du soleil. Sur le mot grec désignant l'obélisque (ὀβελίσκος, « petite broche »), on a remarqué (W. G. Waddell, *Herodotus*, II, p. 139, cité par I. E. S. Edwards, *Les Pyramides d'Égypte*, éd. française, Paris, Librairie Générale Française, 1962, p. 325), que le mot renvoyait au domaine culinaire, comme peut-être le terme πυραμίς qui désigne, en grec, un gâteau conique offert aux dieux. Au lieu d'emprunter un vocable étranger, les Grecs adaptent un terme descriptif de leur propre langue à un objet sans équivalent exact dans leur pays. Cf. H. Frisk, *Griech. etym. Wörterbuch*, II, 629.

2. Il s'agit de Thoutmosis III Menkheperrē de la XVIIIe dynastie (vers 1500 av. J.-C.). Le plus grand nombre d'obélisques furent construits entre la XVIIIe et la

XIXe dynastie (entre 1590 et 1200 av. J.-C.). *Héliopolis*, au nord-est du Caire, près du désert, centre du culte du soleil, la cité fut embellie par les rois, de Djeser à Ptolémée II, cf. J. Yoyotte, in *Dictionnaire de la civilisation égyptienne*, Paris, F. Hazan, 1959, p. 128.

§ 65.

1. *Sesothes* : Sésostris I de la XIIe dynastie (vers 2000 av. J.-C.) ou bien Ramsès II qui prit le surnom de Sésostris, de la XIXe dynastie (vers 1300 av. J.-C.). De Sésostris I on connaît un obélisque, à Héliopolis, de 20 m de haut, cf. D. Donadoni, *E.A.A.*, V, p. 617.

2. Ramsès II de la XIXe dynastie (vers 1300 av. J.-C.) — Mnevis n'était pas un roi mais un dieu adoré sous la forme d'un taureau ; cf. Strabon, 17, 1, 27 (à Héliopolis), τὸν βοῦν τὸν Μνεῦιν ἐν σηκῷ τινι τρεφομένον ὅς... νενόμισται θεός.

§ 66.

1. *machinae* : la description de Pline est anachronique. L'obélisque était sans doute dressé par une rampe de terre, puis planté dans une tranchée pleine de sable qui était ensuite enlevé pour que l'obélisque tienne sur sa base. Les obélisques étaient d'ailleurs très mal fondés ; cf. remarques de S. Clarke-R. Engelbach, *Ancient Egyptian Masonry*, Oxford University Press, 1930, p. 76 et fig. 70 (obélisque dévié à cause d'une mauvaise assise), fig. 71 (fondations du piédestal de l'obélisque de Thoutmosis III, à Karnak). Cf. également H. Chevier, *Techniques de construction de l'ancienne Égypte, II, le problème des obélisques*, in *Revue Égypt.*, 22, 1970-1971, pp. 15-39.

2. Cf. M. Malaise, *Pline l'Ancien, 36, 66 et un bas-relief du Musée de Leyde*, in *C.E.*, 44, 1969, pp. 237-240. Sur un bas-relief d'époque gréco-romaine figure un obélisque surmonté d'une tête osirienne ; l'auteur propose de le mettre en rapport avec l'anecdote de Pline, mais ce point de vue nous paraît peu fondé.

3. Cambyse, roi de Perse (529-521 av. J.-C.), fils de Cyrus le Grand et conquérant de l'Égypte (en 525 av. J.-C.).

§ 67.

1. *Zmarres* : Ramsès II Usermaatrē (XIXe dynastie), cf. note 2, § 65. — *Phius* : Pépi Ier de la VIe dynastie (vers 2500 av. J.-C.).

2. *Ptolémée II Philadelphe* : fils du fondateur de la dynastie des Lagides, ce prince (283-246 av. J.-C.) reçut le surnom de Philadelphe, à cause de son union avec sa sœur Arsinoé. Son œuvre politique et culturelle fut extrêmement importante. Cf. Ed. Will, in *Le Monde Grec et l'Orient*,

le IVe s. et l'époque hellénistique, Paris, P.U.F., 1975, pp. 461-480, avec bibliographie *ad loc.* — *Necthebis* : Nectanébo II, le dernier pharaon avant la conquête perse (342 av. J.-C.), puis celle d'Alexandre (330 av. J.-C).

3. Ce passage illustre bien une des fonctions de l'architecte, particulièrement attestée dans l'école d'Alexandrie, celle de μηχανοποιοί, constructeurs de machines. Sur les inventions remarquables qui furent réalisées, mais aussi sur leur incapacité à modifier le système technologique antique, cf. J. P. Vernant, *Remarques sur les formes et les limites de la pensée technique chez les Grecs*, in *Revue d'Histoire des Sciences*, 1957, pp. 205-225, repris dans *Mythe et Pensée chez les Grecs*, II, Paris, Maspero, 1971, pp. 44-64 (surtout pp. 48 sq.). Sur les travaux des ingénieurs antiques, cf. J. G. Landels, *Engineering in the Ancient World*, Londres, Chatto and Windus, 1978, avec bibliographie récente *ad loc.* ; sur les sciences à Alexandrie, cf. P. M. Fraser, *Ptolemaic Alexandria*, I, Oxford, The Clarendon Press, 1972, pp. 336-446.

4. *Callixenus*, d'origine rhodienne, décrivit certains grands travaux des Ptolémées, vers le milieu du IIe s. av. J.-C. ; cf. F. Jacoby, *R.E.*, 10, col. 1751 ; Satyros (P. Moreno, *E.A.A.*, VII, p. 83) et Phoenix (G. A. Mansuelli, *E.A.A.*, VI, p. 136) sont seulement connus par la notice de Pline.

§ 68.

1. Sur l'᾽Αρσινόειον d'Alexandrie, où ᾽Arsinoè, sœur de Ptolémée Philadelphe, était adorée comme une divinité, cf. Wilcken, *R.E.*, 2, *s.u. Arsinoé*, n° 25, col. 1285 ; sur sa construction, cf. Pline, 34, 148. La divinisation de Ptolémée II et de sa sœur comme Θεοὶ ᾽Αδελφοί, associés dans le culte royal d'Alexandre, à Alexandrie, eut lieu de leur vivant, peu avant la mort d'Arsinoé en 270 av. J.-C. A sa mort, cette dernière fut en outre assimilée à Aphrodite et reçut un culte spécial à Alexandrie ; cf. Z. Stewart, in *Storia e Civiltà dei Greci*, vol. 4, 8, *La Società Ellenistica, Economia, Diritto, Religione*, Milan, Bompiani, 1977, p. 572, 575.

§ 69.

1. Connu seulement par la mention de Pline.

2. *Alii duo* : l'un est aujourd'hui à Londres (« Cleopatra's Needle »), l'autre à New York. — Sur *Mesphres*, cf. note 2, § 64.

§ 70.

1. Sur le port de *Puteoli* (Pouzzoles), cf. A. Maiuri, *E.A.A.*, VI, p. 413. — Sur le transport de l'obélisque et le sort du navire, cf. Pline, 16, 201-202 ; Suétone, *Claude*, 20 ; Dio

Cassius, 60, 11. Les restes du port ont été dégagés lors de la construction de l'aéroport de Fiumicino. On a retrouvé l'épave du navire de Caligula ainsi que les traces du phare fondé sur elle ; cf. O. Testaguzza, *Portus*, Rome, 1970, p. 69 ; G. Schmiedt, *Il livello antico del Mar Tirreno*, Florence, 1972, p. 94. Sur la construction de ports à l'aide de navires coulés, cf. César, *Bell. Ciu.*, 3, 39 ; Dion Cassius, 42, 12. Sur le paysage portuaire romain inspiré du modèle d'Alexandrie, cf. note 1, § 83. — *Puluis* désigne la *pouzzolane*, d'origine volcanique, ingrédient principal d'un ciment durable et résistant ; cf. Pline, 35, 166.

§ 71.

1. Sur les mesures données dans ce paragraphe et les suivants, cf. W. Krebs, *Das Gewicht der Obelisken in Rom*, in *Altertum*, 14, 1967, pp. 205-213. Sur les monuments égyptiens à Rome, cf. A. Roullet, *The Egyptian and egyptianizing monuments of imperial Rome*, Leyde, 1972 ; sur les obélisques, en particulier, cf. C. d'Onofrio, *Gli obelischi di Roma*, Rome, 2e éd., 1967 ; E. Iversen, *Obelisks in exile*, vol. I, *The Obelisks of Rome*, Copenhague, 1968.

2. *Psemetnepserphreus* : d'après Eichholz, Pline a contaminé deux noms et confondu deux obélisques qui, tous deux, venaient d'Héliopolis et furent rapportés à Rome par Auguste en 10 av. J.-C. : *l'obélisque du Circus Maximus*, aujourd'hui sur la Piazza del Popolo (Platner-Ashby, p. 367 ; Nash, p. 137, fig. 855-856), de Seti 1er (XIXe dynastie) et de son fils Ramsès II (dont l'un des noms était Sessurā, d'où Sésothis ou Sésostris, cf. note 1, § 65). et de *l'obélisque du Champ de Mars*, actuellement Piazza Montecitorio (Platner-Ashby, p. 366) de Psammétichus II (XXVIe dynastie) (663-609 av. J.-C.). Le nom de Pline viendrait de la contamination de deux épithètes de ce pharaon, Psamtik et Neferibrē. L'obélisque du Circus Maximus mesure 23,91 m, et celui du Champ de Mars, 21,79 m.

§ 72.

1. En 10 av. J.-C., Auguste dédia cet obélisque au soleil (*C.I.L.*, VI, 702) et en fit l'aiguille d'un cadran solaire constitué par un pavement de marbre disposé au pied de l'obélisque. Des lignes dorées, incrustées dans le marbre, indiquaient midi aux différentes saisons de l'année. Des fragments du pavement avec les lignes dorées, ainsi que des figures exécutées en mosaïque et représentant les vents et les corps célestes, furent mis au jour à la fin du xve siècle et au cours du xvie siècle. Ils ont été recouverts par la suite. L'obélisque lui-même fut dégagé et redressé au xviiie siècle ; il se trouve aujourd'hui Piazza Montecitorio ; cf. E. Nash, p. 134, fig. 851-854. Pour une reconstitution de l'horloge

solaire et une hypothèse sur son orientation en rapport avec l'*Ara Pacis* (dans une symbolique plus générale regroupant, en plus de ces deux monuments, le Mausolée et l'*Vstrinum* d'Auguste, distants de 350 m de l'obélisque), cf. E. Buchner, *Solarium Augusti und Ara Pacis*, in *M.D.A.I.*, *R.A.* ; 83, 1976-2, pp. 319-365 et pl. 108-117 ; sur les horloges solaires, cf. Vitruve, 9, 7, 2-6 (éd. des Belles Lettres avec commentaire de J. Soubiran *ad loc.*), ainsi que E. Buchner, *Antike Reisheuren*, in *Chiron*, 1, 1971, pp. 457-482 ; en collaboration avec G. Dunst, *Aristomenes Urhen in Samos, ibid.*, 3, 1973, p. 129. On ne sait rien sur Facundus Novius, en dehors de la notice de Pline.

§ 74.

1. Cet obélisque se trouve aujourd'hui sur la Place Saint-Pierre et il ne porte aucune trace de fracture ; cf. Platner-Ashby, pp. 370-371. Il fut apporté à Rome par Caligula qui le plaça sur la *spina* du *Circus Gai et Neronis* (*C.I.L.*, VI, 882) ; cf. également Pline, § 70 et 16, 201 ; E. Nash, p. 161, fig. 882-883 ; G. Townend, *The Circus of Nero and the Vatican excavations*, in *A.J.A.*, 62, 1958, pp. 216-218 ; F. Magi, *Il circo Vaticano in base alle più recenti scoperte. Il suo obelisco e i suoi « carceres »*, in *Rend. Pont. Acc.* ; 45, 1972-73, pp. 37-73.

2. Peut-être, Amenemhet Nebkaure, fils de Sésostris 1er (XIIe dynastie, c. 1950 av. J.-C.) ; cf. § 65.

§ 75.

1. Sur les pyramides, cf. Hérodote, 2, 8 ; 124 sq. ; Diodore de Sicile (qui visita l'Égypte en 59 av. J.-C.), 1, 63, 64. Sur le sens du mot en grec, cf. note 1, § 64. — *ostentatio* : cf. le récit d'Hérodote, 2, 124 sq., selon lequel Chéops et Chéphren, pharaons cruels et débauchés, ruinèrent leur pays pour construire les pyramides. Chéops, à court d'argent, aurait même contraint sa fille à la prostitution pour pouvoir financer la suite des travaux. Sur la signification des pyramides, cf. I. E. S. Edwards, *op. cit.*, pp. 325-335 ; F. Daumas, *op. cit.*, pp. 71-72 et p. 631. Les pyramides, tombeaux des pharaons, représenteraient le moyen d'ascension vers le ciel par le symbole de l'escalier (pyramide à degré) et celui du rayon de soleil (pyramide lisse).

§ 76.

1. *uestigia incohatarum* : De fait, les fouilles révèlent que de nombreuses pyramides étaient inachevées (exemples tirés de I.E.S. Edwards, *op. cit.* : ensemble de Sekhemkhet (IIIe dynastie), (p. 81) ; pyramide de Zaouiet el Aryan (p. 85) ; pyramide de Mycérinos, achevée par son successeur (p. 176) et, au sud de celle-ci, trois pyramides inache-

vées (p. 184) ; ensemble de Neferikarē (V^e dynastie), (p. 210), inachevé à sa mort ; pyramide de Ibi (VIIIe dynastie) (p. 236). Mais il peut aussi s'agir de pyramides en ruines qui ont été prises, à tort, pour des structures incomplètes. Par exemple, Ounas, souverain de la Ve dynastie, se servit des pierres de l'ensemble de la pyramide de Djéser à Saqqara pour construire ses propres bâtiments. Ce qui indique que, dès la fin de la Ve dynastie, le célèbre monument de Djéser était déjà délabré (I. E. S. Edwards, *op. cit.*, p. 213). Par ailleurs, les pyramides bâties sous la cinquième dynastie sont d'une qualité bien inférieure à celle des pyramides antérieures. Elles ont gravement souffert et certaines ne sont guère plus que des amas de sable et de rocaille (*ibid.*, p. 198).

2. Le terme « nome » est la désignation grecque des circonscriptions administratives qui divisaient déjà l'Égypte pharaonique (Hérodote, 2, 164-165 ; Diodore de Sicile, 1, 73 ; Strabon, 17, 1, 3 ; Pline, 5, 9, *praefecturae oppidorum*). Ils différaient pour la Haute et la Basse Égypte. Anciennement, on en comptait trente-huit, mais, à l'époque grecque, il semble y en avoir eu quarante-deux. Chaque nome avait un emblème (crocodile, cobra, chien, couteau, etc...). Arsinoé est le nom que Ptolémée Philadelphe donna à l'ancienne cité égyptienne de Chedyt, la Crocodilopolis grecque, l'actuelle Medinet-el-Fayoum, en l'honneur de sa sœur. Au même moment, le nome prit ce nom ; auparavant, le Fayoum faisait partie du 22e nome « le Grattoir » ; cf. K. Michailowski, *op. cit.*, fig. 1040. Sur la liste des nomes de Pline, cf. H. Gauthier, *Les nomes d'Égypte depuis Hérodote jusqu'à la conquête arabe*, Le Caire, 1935, pp. 105-106. — Peut-être s'agit-il de la pyramide dont parle Diodore (1, 89, 3), qui aurait été faite par le pharaon Menas, fondateur de Crocodilopolis.

3. On pourrait évoquer, à propos de ces deux pyramides, les ouvrages d'Amenemhet III de la XIIe dynastie qui est lié, par ailleurs, à la construction des pyramides du lac Moeris (cf. suite de la note). Ce souverain fit construire en effet deux pyramides ; l'une se trouve dans l'ensemble de Dahchour, nécropole située sur la rive occidentale du Nil, entre Saqqara et Licht, l'autre à Haouara, au Fayoum. C'est précisément au sud de cette dernière que l'on localise les vestiges de ce qui fut le labyrinthe ; cf. I. E. S. Edwards, *op. cit.*, fig. 98-99 ; K. Michailowski, *op. cit.*, pp. 479-481 (fig. 845) et 513. — Sur le labyrinthe, cf. note 1, § 84. L'histoire de ces deux pyramides se trouve dans Hérodote, 2, 101 et 149 : « A peu près au milieu du lac (Moeris) se dressent deux pyramides ; toutes les deux dépassent le niveau de l'eau de cinquante orgyies, et elles ont sous l'eau une partie construite de pareille hauteur ; sur chacune est

un colosse de pierre assis dans un trône » (trad. Legrand, Les Belles Lettres, pp. 171-172 ; cf. aussi, Diodore, 1, 52, 4). Il s'agit en fait des piédestaux encore visibles de statues d'Amenemhat III de la XIIe dynastie (à Biahmou) ; cf. K. Michailowski, *op. cit.*, carte p. 506, no 872.

4. Sur le lac Moeris, cf. Hérodote, 2, 149-150 ; Diodore, 1, 51-52. Pomp. Méla, 1, 55 et Pline, 5, 50, qui cite Mucien comme source. Situé au Fayoum, le lac, aujourd'hui de proportions beaucoup plus restreintes, porte le nom arabe de Birket el Qaroun. Il est naturel et fut à l'origine de la prospérité de l'oasis. Les textes anciens, dont celui de Pline, mentionnent cependant de grands travaux entrepris par les pharaons de la XIIe dynastie. A l'aide de canaux, ils arrivèrent à régler le niveau de l'eau dans le grand lac qui devint un réservoir pour l'excédent fourni par les crues du Nil. « Le lac... remplissait pour la Moyenne et la Basse Égypte le rôle qu'assume maintenant le réservoir auprès du barrage d'Assouan » (K. Michailowski, *op. cit.*, p. 507). Ces travaux furent repris par Ptolémée Philadelphe lorsque l'assèchement du lac était déjà devenu sensible. Le nom de « lac Moeris » dérive sans doute de celui de la ville de Miour (probablement Medinet-Gurob), située à l'entrée du Fayoum. Par la suite, on confondit ce nom avec celui du roi Marès, c'est-à-dire Amenemhat III, à qui l'on attribua le creusement du lac ; cf. A. H. Gardiner, *The name of Lake Moeris*, in *Journ. Eg. Arch.*, 19, 1943, pp. 37-46. Pline le décrit à tort au passé (*fuit*) (contra, Pomp. Mela, 1, 55, *nunc lacus*) ; le lac Moeris existait en effet toujours et M. Malaise, *Pline l'Ancien a-t-il séjourné en Égypte ?*, in *Latomus*, 27, 1968, p. 859, utilise cette erreur comme une preuve contre le fait que Pline aurait été préfet de la légion en Égypte.

5. Il s'agit des célèbres pyramides de Guizeh, bâties par Chéops, Chéphren et Mycérinos, souverains de la IVe dynastie (c. 2700 av. J.-C.) ; cf. Hérodote, 2, 124-129 et 134 ; Diodore, 1, 63-64 ; Strabon, 17, 1, 33. Pour un plan d'ensemble, cf. K. Michailowski, *op. cit.*, fig. 847, p. 483 ; p. 150, fig. 58 ; F. Daumas, *op. cit.*, pp. 438-439 ; pp. 445-446. — *Pars Africae* : c'est-à-dire en face du côté « arabe », cf. note 1, § 59 ; — *quod appellari diximus Delta* : cf. Pline, 5, 48. — *Busiris* : localité du Delta, signifiant « la Maison d'Osiris », l'actuelle Abousir ; cf. F. Daumas, *op. cit.*, p. 585.

§ 77.

1. La notice paraît controuvée. Le sphinx représente plutôt le roi Chéphren en personne. Dans les croyances égyptiennes, le lion garde les portes du monde des morts sur les horizons est et ouest. Sous la forme du sphinx, il conserve ces fonctions de gardien, mais il prend les traits

humains du dieu-soleil Atoum, dieu auquel s'assimile le souverain défunt. Harmais pourrait être une déformation de Harmachis. Ce nom, qui désigne aussi le dieu-soleil, apparaît sur une dalle de granit placée entre les pattes du sphinx. Elle a été écrite pendant le règne de Thout-mosis IV de la XVIIIᵉ dynastie ; le pharaon y raconte un rêve qu'il fit, alors qu'il s'était endormi à l'ombre du sphinx. Ce dernier, que l'on regardait à l'époque comme l'incarna-tion du dieu-soleil Harmachis, lui était apparu en songe pour lui demander de faire déblayer le sable qui engloutis-sait presque son corps. La stèle commémore l'événement. Le sphinx fut à nouveau dégagé du sable à l'époque ptolé-maïque, ou même plus tard, d'où le silence d'Hérodote, de Strabon à son sujet, ainsi que des Égyptiens eux-mêmes (cf. l'étonnement de Pline) ; cf. K. Michailowski, *op. cit.*

2. Pline dit vrai : le sphinx fut sculpté sur place à partir d'un gros bloc rocheux qui subsistait dans les carrières qui avaient servi à édifier la pyramide de Chéops. Le reste fut modelé dans du plâtre coloré. Le colosse mesure 72 m de longueur, 20 m de hauteur, la largeur maximum de la tête est de 4,10 m, ce qui correspond aux indications de Pline. — *Rubrica facies* : cf. K. Michailowski, *op. cit.*, fig. 15, où les traces de peinture rouge sont bien visibles.

§ 78.

1. *Amplissima* : la pyramide de Chéops. — *ex Arabicis lapicidinis* : comme aux §§ 59 et 76 (cf. Hérodote, 2, 124), le terme désigne les contreforts rocheux, situés sur la rive orientale du Nil (cf. la description d'Hérodote, 2, 8). Seul, le revêtement de la pyramide était fait de ce calcaire extrê-mement blanc (Tourah). Le centre était formé de blocs de calcaire local (cf. S. Clarke-R. Engelbach, *op. cit.*, p. 14). On compte en tout 2 300 000 blocs, chacun pesant en moyenne, 2,5 tonnes (avec un poids maximum de 15 tonnes). — *construxisse* : Hérodote, 2, 124, dit que la pyramide fut construite en vingt ans, mais qu'il avait fallu dix ans pour édifier auparavant la chaussée qui servait à amener les blocs de pierre. Toujours selon lui, il aurait fallu 100 000 hommes travaillant à la fois et relevés tous les trois mois. Le chiffre de Pline se trouve aussi chez Diodore, 1, 63, 9. Il est intéressant de se reporter aux travaux de W. Kosinski : *The investment process organization of the Cheops pyramid*, Varsovie, 1969, qui, appliquant les méthodes de program-mation actuelles à la construction de la pyramide de Chéops, montre que les chiffres d'Hérodote correspondent aux solutions optimales que donnerait actuellement la program-mation d'une telle entreprise, eu égard aux quantités de matériaux employés, au finissage des blocs, à l'utilisation des équipes d'ouvriers.

§ 79.

1. Ces douze auteurs font partie des auteurs étrangers donnés comme sources du livre dans 1, 36. La description d'Hérodote se trouve en 2, 124-125. Evhémère, écrivain et philosophe du ive s. av. J.-C., avait montré dans son roman, l'*Inscription Sacrée* que les dieux n'étaient pas autre chose que de grands hommes divinisés. Douris de Samos, né vers 340 av. J.-C., élève de Théophraste, rassembla une série d'anecdotes significatives — dans la tradition péripatéticienne — pour ses enquêtes historiques. Il est une source importante de Pline, puisqu'il avait écrit une Vie des Peintres et une Vie des Sculpteurs, cf. E. Sellers, *The Elder Pliny's Chapters*, p. 46. Aristagoras de Milet, contemporain de Platon, est connu uniquement par son livre sur l'Égypte (E. Schwartz, *R.E.*, 2, 1895, no 12, col. 849-850) ; Dionysius, astronome du iiie s. av. J.-C. (F. Hultsch, *R.E.*, 5, 1905, col. 991, no 143) ; Butoridas est connu seulement par Pline ; Artemidorus, géographe du iie s. av. J.-C. (H. Berger, *R.E.*, 2, 1895, col. 1329, no 27) ; Alexander Polyhistor, historien du ier s. av. J.-C. (cf. *F. Gr. Hist.* (Jacoby) 273 F 108) ; Antisthénès de Rhodes est un historien du début du iie s. av. J.-C. (Pline, 16, 15) (E. Schwartz, *R.E.*, 1, 1894, no 9, col. 2537-2538) ; Démétrius de Magnésie, historien et compilateur du ier s. av. J.-C. (E. Schwartz, *R.E.*, 4, 1900, col. 2814, no 80) ; Démotélès, connu seulement par Pline (E. Schwartz, *R.E.*, 5, 1905, col. 193, no 5) ; Apion, grammairien et compilateur d'Alexandrie, il se rendit à Rome (Pline, 37, 19) et vécut au ier s. de notre ère (L. Cohn, *R.E.*, 1, 1894, col. 2803-2806, no 3). L'ordre suivi par Pline dans son énumération est chronologique.

2. Hérodote, 2, 125, dit qu' « on a mentionné sur la pyramide, en caractères égyptiens, le montant de la dépense en raiforts, oignons et ail, pour les ouvriers, et, si mes souvenirs sont exacts, d'après l'interprète qui m'a traduit l'inscription la somme s'est élevée à mille-six-cent talents d'argent » (trad. de A. Barguet et note *ad loc.*, édition de la Pléiade, pp. 193-194 et p. 1391). Diodore, 1, 64, ne parle que de légumes (λάχανα) et de raifort (συρμαία). Le raifort entrait dans la composition d'un laxatif, utilisé par les Égyptiens ; cf. Hérodote, 2, 77 : « ils se purgent pendant trois jours consécutifs chaque mois et cherchent à se maintenir en bonne santé par des émétiques et des lavements, dans l'idée que toutes nos maladies proviennent de la nourriture absorbée » (trad. A. Barguet, *op. cit.* et note *ad loc.*, confirmant les dires d'Hérodote, p. 1383).

3. Soit 175 ares. Le chiffre est insuffisant, la surface de base est d'environ 54 000 m². On a fait de nombreuses comparaisons pour évaluer l'étendue de la pyramide de

Chéops. On a calculé que le Parlement et Saint Paul de Londres, placés sur la superficie couverte par sa base y tiendraient en laissant un espace considérable inoccupé ; cf. le schéma de la page de garde de S. Clarke-R. Engelbach, *op. cit.*

§ 80.

1. Le chiffre de Pline pour le côté correspond aux 8 plèthres d'Hérodote (2, 124), c'est-à-dire 236 m environ. La mesure relevée aujourd'hui est 220 m. — La hauteur donnée par Pline est mesurée le long de la pente (même procédé pour la pyramide de Mycérinos). La hauteur réelle est de 146,59 m. — *Cacumen* désigne le pyramidion qui terminait la pyramide. Il a disparu ; on possède six pyramidions, le plus beau (au Musée du Caire) a appartenu à la pyramide d'Amenemhat IV, à Dahchour.

2. La pyramide de Chéphren. Elle mesure 215 m de côté ; sa hauteur à l'origine devait être de 144 m, elle est de 136 m aujourd'hui.

3. La pyramide de Mycérinos. Elle mesure 108,40 m de côté et 62 m de hauteur. — *Aethiopicis lapidibus* : cf. Hérodote, 2, 134. Les assises inférieures du parement étaient en granit rose (Assouan) ; cf. S. Clarke-R. Engelbach, *op. cit.*, fig. 99-100. Mais l'ensemble du revêtement devait être recouvert d'un enduit, d'où le nom de « Pyramide peinte » que les Arabes lui ont donné. On remarque aussi que lorsque la pyramide est employée comme signe hiéroglyphique sur les murs des mastabas de l'Ancien Empire, elle est peinte en blanc avec un bandeau rouge-brun pointillé de noir et parfois un pyramidion bleu ou jaune. Le bandeau paraît bien indiquer le granit rose.

§ 81.

1. Même remarque dans Diodore, 1, 63, 7.

2. Ce sont les nummulites, petits fossiles qui proviennent de la décomposition du calcaire revêtant la pyramide (Eichholz). Dans Strabon, 17, 1, 34, se trouve une autre tradition — fantaisiste — selon laquelle ces pierres seraient les restes de nourriture pétrifiés des ouvriers.

3. Les procédés de construction décrits par Hérodote, 2, 125, par levage des blocs à l'aide de machines en bois, suivant des plates-formes construites jusqu'au sommet, diffèrent du procédé par levées de terre transmis par Diodore, 1, 63. En absence de poulie, inconnue des Égyptiens, semble-t-il, avant l'époque romaine, il est possible qu'on se soit servi pour monter des poids très lourds, de rampes de briques et de terre qui s'élevaient du sol jusqu'à la hauteur désirée (pour des exemples réels ou figurés de telles

rampes, cf. S. Clarke-R. Engelbach, *op. cit.*, fig. 86-88).
Les pierres étaient hissées sur des traineaux qu'on a retrouvés, cf. S. Clarke-R. Engelbach, *ibid.*, fig. 89. Pour les détails
de la construction, cf. S. Clarke-R. Engelbach, *op. cit.*,
chap. X, pp. 117-129 ; I. E. S. Edwards, *op. cit.*, pp. 308-321 ; J. P. Lauer, *Le Mystère des Pyramides*, Paris, Presses
de la Cité, 1974, pp. 261-295. Le procédé général était
d'accumuler d'abord les couches du noyau central, sous
forme de gradins, ou bien en laissant à l'extérieur des rampes
obliques menant au sommet. C'est d'en haut que commençait la mise en place du revêtement en blocs de calcaire
soigneusement polis et ajustés.

4. Cette hypothèse est évoquée et réfutée par Diodore
de Sicile, 1, 63, 8-9.

5. Cette légende provient d'Hérodote, 2, 124 et 127 :
le tombeau de Chéops aurait été situé sur une île, placée
sous la pyramide, l'eau provenant du Nil par un canal.
Même si cette construction n'a pu être repérée, on notera
que la description d'Hérodote correspond à l'ensemble
de Séti 1er à Abydos, cf. Frankfort, *The Cenotaph of Seti I
at Abydos*, Londres, 1933, cité par A. Barguet, *op. cit.*,
p. 1391, note 2 de la page 193.

§ 82.

1. Thalès (640-562 av. J.-C.) est un des représentants
les plus prestigieux de l'école philosophique de Milet du
vie s. ; cf. G. E. R. Lloyd, *Les débuts de la science grecque,
de Thalès à Aristote*, Paris, Maspero, 1974, pp. 11-34.

2. *Rhodopis* : Hérodote, 2, 134-135, rapporte l'anecdote
pour la réfuter, Diodore, 1, 64, 14, mentionne rapidement
l'histoire, mais Strabon, 17, 1, 33, propose une version différente ; Rhodopis aurait épousé le pharaon (un Psammétique) tombé amoureux d'elle en voyant sa sandale.

§ 83.

1. Sur l'île de Pharos, située à 1 km du rivage d'Alexandrie, cf. Strabon, 17, 1, 6 ; Flavius Josèphe, *Bell. Jud.*,
4, 10-5 ; Lucien, *Hist. Conscrib.*, 62 ; ainsi que K. Michailowski, *op. cit.*, fig. 865, p. 502. Le phare, construit sous
Ptolémée II Philadelphe dans la première moitié du iiie s.
av. J.-C., fut détruit par un tremblement de terre en 796
ap. J.-C. Quelques éléments en subsistent dans le fort en
ruine de Qāit Bey (construit au xve siècle). De nombreux
documents figurés (monnaies romaines, lampes en argile,
trouvées à Alexandrie, verre de Begram, plat en argent,
actuellement au Musée de l'Ermitage de Léningrad, mosaïques, en particulier, celles de la basilique justinienne de
Qasr el Lebia en Cyrénaïque), permettent de se représenter
assez clairement la construction ; cf. Ch. Picard, *Sur quelques*

représentations nouvelles du Phare d'Alexandrie et sur l'origine alexandrine des paysages portuaires, in *B.C.H.*, 76, 1952, pp. 61-95 ; F. Castagnoli, *E.A.A.*, III, pp. 596-597. L'édifice se composait de trois parties superposées : une tour carrée de 30 m de côté et de 60-70 m de haut, une tour octogonale de 30-34 m de hauteur pourvue de fenêtres comme la précédente et d'une lanterne, haute de 9 m, terminée par un cône. Sur le toit se tenait une statue colossale, peut-être de Poséidon. La lumière provenait de la combustion de bois résineux ou d'huiles minérales, réfléchie par un système de miroirs. Le rayon de visibilité était de 50 km. Sur le phare, cf. Isid., *Orig.*, 15, 2, 37.

2. Sostratos de Cnide, l'architecte du phare, joua également un rôle politique, comme ambassadeur et confident de Ptolémée Philadelphe ; son nom apparaît sur des inscriptions de Délos et de Delphes, cf. *R.E.*, III 3 a, 1929, col. 1201 (Lippold), Thieme-Becker, 31, 1937, p. 303. Sur le caractère exceptionnel de la signature, dont la teneur est indiquée par Strabon, 17, 1, 6 et par Lucien, *Hist. conscrib.*, 62 ; cf. note 2, § 42.

3. Sur la liste et la forme des phares retrouvés, cf. F. Castagnoli, *art. cit.*, note 2. Sur l'influence déterminante d'Alexandrie dans la constitution du paysage portuaire romain, cf. Ch. Picard, *Pouzzoles et le paysage portuaire*, in *Latomus*, 18, 1959, pp. 23-51. On se reportera également à la description de l'île artificielle construite à Centumcellae (Civita Vecchia), dans le port édifié par Trajan, cf. Pline le Jeune, 6, 31, et commentaire *ad loc.*, de A. N. Sherwin White, *The Letters of Pliny. A historical and social commentary*, Oxford, The Clarendon Press, 1966. Sur le phare d'Ostie, construit par Claude, cf. Suét. *Claud.*, 20, 5 et note 1, § 70. Un relief célèbre, conservé au Musée Torlonia, représente le port et le phare, cf. également F. Castagnoli, *E.A.A.*, III, fig. 718, p. 597 et O. Testaguzza, *op. cit.*, p. 121. — Ravenne doit sa prospérité au fait qu'elle devint, sous Auguste, la base navale de la flotte opérant dans l'Adriatique et la Méditerranée orientale, Suét., *Aug.*, 49, 1 ; Tac., *Ann.*, 4, 5 ; Veget., *Epit. rei mil.*, 4, 31. On ne sait rien du site du port le plus ancien.

§ 84.

1. Sur les labyrinthes en général, cf. W. H. Matthews, *Mazes and Labyrinths*, Londres, 1922. L'origine du mot n'est pas claire. La finale -ινθος le signale comme préhellénique. Il est intéressant de noter que le terme semble attesté dans les tablettes de Cnossos par la forme *da-pu₂-ri-to* ; cf. H. Frisk, *Gr. et. Wörterbuch*, II, 67 ; P. Chantraine, *Dict. étym. de la langue grecque*, pp. 610-611. Ensuite, le mot n'est attesté qu'à partir d'Hérodote. Une représenta-

tion de labyrinthe se trouve, déjà à l'époque mycénienne, sur une tablette de Pylos ; cf. P. E. Pecorella, *E.A.A.*, IV, p. 436 ; J. L. Heller, *A labyrinth from Pylos*, in *A.J.A.*, 65, 1961, p. 57.

2. Nome du Fayoum. On trouve une trace historique de ce labyrinthe dans les fouilles de Haouara, directement au sud de la pyramide d'Amenemhat III. Aujourd'hui ce ne sont que gravats de calcaire, fragments de colonnes en granit et en calcaire. De fait, dès le Bas Empire romain, le complexe servit à alimenter les fours à chaux. F. Petrie, qui fut le premier à dégager ces vestiges, en s'appuyant sur les descriptions détaillées de Strabon, 17, 1, 37 et d'Hérodote, 2, 148, proposa un plan fragmentaire de l'édifice (cf. K. Michailowski, *op. cit.*, fig. 877, p. 513). Le labyrinthe aurait regroupé un très grand nombre de salles couvertes, cours, portiques et péristyles. Hérodote dit avoir visité lui-même une partie de l'édifice, il parle de mille-cinq-cents salles souterraines et d'autant en surface. Ces salles se regroupaient par trois ou six, l'ensemble étant accompagné d'une cour, entourée d'un portique. Les bâtiments étaient ceints d'un mur et d'un portique. On n'avait utilisé que de la pierre. D'après Hérodote, le labyrinthe avait été construit par douze rois (il y a d'ailleurs dans sa description douze cours) qui y seraient enterrés. Chez Strabon comme chez Pline, chaque nome avait sa cour et ses salles. Les auteurs anciens semblent donc avoir conçu l'idée que le labyrinthe aurait eu, au moins en partie, une fonction administrative. Mais l'idée qu'il s'agissait d'un tombeau revient avec non moins d'insistance. (Hérodote, *l. c.*, Diodore, 1, 61 ; Pline).

3. Petesuchos serait un roi divinisé et lié au crocodile sacré Suchos, cf. M. E. Bertoldi, *E.A.A.*, 6, p. 96 ; A. Rusch, *R.E.*, 19, 1, 1937, c. 1130. Tithoes est généralement présenté, dans les textes grecs, comme un dieu égyptien, cf. A. Rusch, *R.E.*, II, 6, 1937, col. 1512. Psammétique 1er (cf. Hérodote, 2, 151) monte sur le trône en 663 av. J.-C. et fonde la 26e dynastie, saïte.

4. La même diversité se retrouve dans les interprétations modernes. De nombreux archéologues y voient le temple funéraire d'Amenemhat III (Moeris), attenant à sa pyramide. Mais l'ampleur du bâtiment, la complication des salles ne correspond pas à la forme habituelle de ces temples funéraires. Certains égyptologues (F. Daumas, *op. cit.*, p. 82) ont proposé d'y voir un palais royal, celui d'Amenemhat III ; mais certains traits de l'architecture (par exemple, les chambres souterraines) rendent cette solution peu satisfaisante. L'idée que le labyrinthe serait mi-temple, mi-palais est aussi à écarter. Il reste la possibilité de considérer ce complexe comme une immense centrale administrative

où les archives de l'Égypte tout entière auraient été conservées, idée que suggère le texte de Strabon ou celui de Pline (§ 87). Mais la date de construction reste à déterminer. La douzième dynastie (1991-1786 av. J.-C.) présente les conditions historiques et économiques nécessaires, mais, si l'on considère que ce monument était intact à l'époque de Strabon, on peut se demander si l'époque n'est pas trop haute. Or des conditions favorables à l'établissement d'un tel complexe se retrouvent à l'époque saïte (664-525 av. (J.-C.), celle précisément des douze rois d'Hérodote et de Psammétique. Un point intéressant est que les grandes constructions saïtes, si nombreuses dans le Delta, servirent, en très grand nombre, à la construction d'édifices, aux époques romaine tardive et chrétienne. Sur l'ensemble de ces hypothèses, cf. K. Michailowski, *op. cit.*, pp. 513-514.

5. Sur Démotélès, cf. note 1, § 79. — Lycéas de Naucratis était l'auteur d'*Egyptiaka* (*R.E.*, 13, 1926, col. 2226). Sur Moeris, cf. note 3, § 76.

§ 85.

1. Sur le labyrinthe construit à Cnossos par Dédale, cf. Paus., 1, 27, 10 ; Dion Chrys., *Or.*, 80, 668 ; Philostr., *Vit. Apoll.*, 4, 34 ; Hygin, *Fab.*, 40, 3 ; Isid., *Or.*, 15, 2, 36. Diodore, 1, 61, dit aussi que Dédale imitait le labyrinthe d'Égypte ; cf. également Hécatée, dans Schwartz, *Rhein. Mus.*, 40, 1885, p. 227. Pour le terme lui-même, il semble qu'au contraire, Hérodote l'ait appliqué au monument égyptien par analogie avec ce qu'il savait du palais de Minos (enchevêtrement de salles, avec difficultés pour en ressortir) sans qu'il y ait la moindre transcription d'un terme égyptien. Pour A. Evans (ainsi que Hall, Karo, Becatti, cf. bibliographie dans *E.A.A.*, IV, pp. 436-444), le labyrinthe désignait le palais royal de Cnossos. Il propose de dériver le mot de λάϐρος « la double hache ». Il s'agirait donc du « Palais de la double Hache ». G. Pugliese Carratelli, *Labranda e labyrinthos*, in *Rendic. Accad. Napoli*, 19, 1939, pp. 5-20, y voit aussi le palais crétois, mais pour une autre raison : il relie le terme au lycien *labra*, lydien *lap(i)rissa*, « pierre » (cf. aussi le toponyme carien *Labranda*) ; le terme désignerait donc un ensemble architectural en *pierre*. Une autre hypothèse, reprise plus récemment par M. Cagiano de Azevedo, *Saggio sul Labirinto*, Milan, 1958, propose de voir dans le labyrinthe un complexe de grottes (donc un ensemble naturel et non construit par l'homme), salles qui servaient à des cultes chez les peuplades du bassin de la Méditerranée. On notera également l'étude de P. J. Enk, *De Labyrinthi imagine in Foribus Templi Cumani insculpta*, in *Eranos*, 56, 1958, pp. 322-333, qui souligne le

lien constant établi entre le labyrinthe et le monde des morts. Sur le personnage de Dédale, cf. F. Frontisi-Ducroux, *Dédale, mythologie de l'artisan en Grèce ancienne*, Paris, Maspero, 1975.

2. Le motif du labyrinthe y était, de fait, fort répandu, cf. *E.A.A.*, IV, fig. 508, p. 438, fig. 509, p. 439.

3. Cf. Virg., *Aen.*, 5, 580 sq., où se trouve la comparaison avec le labyrinthe de Crète. Il s'agit du *Ludus Troianus*, jeu funèbre que les enfants troyens, Iule en tête, accomplirent en l'honneur du défunt Anchise et qui était commémoré tous les ans, par une cérémonie au Champ de Mars ; cf. W. F. J. Knight, *Maze symbolism and the Trojan Game*, in *Antiquity*, 6, 1932, pp. 445-448. Il faut rappeler que sur une oenochoè, trouvée à Tragliatella, est représentée une sorte de labyrinthe, appelé *Truia* et qu'à côté se trouvent des cavaliers ; cf. *E.A.A.*, IV, p. 440, fig. 511 ; A. Alföldi, *Early Rome and the Latins*, Ann Arbor, 1963, pp. 281 sq. et pl. 20, 1 ; 22 ; G. Dumézil, *La religion romaine archaïque*, 2e éd., Paris, 1974, p. 562 ; K. W. Weeber, *Troiae Lusus, Alter und Entstehung eines Reiterspiels*, in *Ancient Society*, 5, 1974, pp. 171-196.

§ 86.

1. Sur les labyrinthes de Lemnos et d'Italie, cf. §§ 90-91. La pierre de Paros désigne en fait ici le calcaire très blanc d'Égypte que Théophraste, *Lap.*, 7, comparait au marbre de Paros ; cf. § 132.

2. Sur la « pierre de Syène », c'est-à-dire le granit d'Assouan, cf. note 2, § 63. De fait, dans les restes actuels du labyrinthe à Haouara se trouvent du calcaire, mais aussi des fragments de colonnes en granit.

§ 87.

1. Cf. notes 2 et 4, § 84.

2. Il est séduisant de considérer que *Némésis* serait la transcription de l'égyptien Nemāre, un des noms d'Amenemhat III (Moeris) ; cf. note 4, § 76 et note 4, § 84. Or, on a découvert en 1895 dans le voisinage du labyrinthe, une statue magnifique de ce souverain, aujourd'hui au Musée du Caire ; cf. I. E. S. Edwards, *op. cit.*, fig. 97, p. 268 ; — Ἀρούρας : cf. Hérodote, 2, 168 ; l'aroure était un carré de 52,50 m de côté, soit une superficie d'un peu plus du quart d'un hectare.

§ 88.

1. Dans ses fouilles du labyrinthe, F. Petrie a dégagé des fragments de statues de Sobek, Hathor et d'Amenemhat.

— Pline commet une erreur sur le sens de *pteron* qui ne désigne pas une construction spéciale élevée en dehors du labyrinthe, mais les grands murs qui encadrent l'avant du temple ou du pronaos ; cf. B. Van de Walle, *Le temple égyptien d'après Strabon, 17, 28*, in *Hommages à W. Deonna*, coll. Latomus, 1957, p. 491, cité par M. Malaise, *art. cit.*, p. 861.

§ 89.

1. *Necthebis* : Nectanébo II, le dernier pharaon avant la conquête grecque (360-343 av. J.-C.) ce qui impose la correction de D en L ; cf. note 2, § 67.

2. *Spina* : le mimosa (*Acacia arabica* Willd. et *Acacia Seyal* Del.) appelé plus généralement *spina Aegyptia*, cf. Pline, 13, 63. Son bois sert encore à faire des madriers ; cf. J. Beauverie, *Les bois industriels*, Paris, Doin, 1910, p. 339.

§ 90.

1. Depuis E. Sellers, *The Elder Pliny's Chapters*, p. 222, n. 90, tous les commentateurs s'accordent pour voir ici une erreur de Pline ; il faut remplacer *Lemnius* par *Samius* ; cf. Pline, 34, 83, *Theodorus qui Labyrinthum fecit Sami.* Il s'agit sans doute de l'Héraion de Samos. D'ailleurs Hérodote, 2, 148, lorsqu'il présente le labyrinthe égyptien, cite précisément le temple de Samos, avec celui d'Éphèse, comme exemple d'architecture colossale grecque, comparable aux ouvrages égyptiens. Rhoecus et Theodorus étaient originaires de Samos et non de Lemnos (Paus., 8, 14, 8 ; Hérodote, 3, 60). Ces deux architectes furent aussi d'illustres sculpteurs et bronziers (Pline, 34, 83 ; 35, 152 ; Pausanias, 8, 14, 8). Le temple fut édifié dans la première moitié du VIe s. av. J.-C. C'était un vaste diptère, avec un péristyle de cent-quatre colonnes, disposées en une double rangée, sur une plate-forme de 105 m sur 52,50 m ; à l'intérieur, une double rangée de colonnes délimitait trois nefs (cf. R. Martin, in *Grèce Archaïque*, pp. 169, 202 et p. 362, fig. 411 ; cf. aussi O. Reuther, *Der Heratempel von Samos. Der Bau der Zeit des Polykrates*, Berlin, Gebr. Mann Verlag, 1957). Le temple fut incendié, peu après, en 530 av. J.-C. D'après Diodore, 1, 98, qui diffère sur ce point avec Hérodote, Rhoecus était le père de Théodorus qui, de toute façon, semble avoir eu la personnalité la plus marquante. Il écrivit un traité sur la construction du temple, Vitruve, 7, *praef.*, 12. Il participa à la construction de l'Artémision d'Éphèse, cf. note 1, § 95, et Pline, 7, 198, lui attribue de nombreuses innovations techniques. — Zmilis d'Égine, est surtout connu comme sculpteur de *xoana*, dont un pour le temple d'Héra à Samos (Pausanias, 7, 4, 4) ; cf. J. Charbonneaux, in *Grèce Archaïque*, p. 20.

§ 91.

1. On a voulu identifier le tombeau de Porsina avec la sépulture découverte en 1840, près de Chiusi, au lieu-dit Poggio Gaiella. Il s'agit d'un tumulus de 285 m de diamètre, 15 m de haut, qui abrite une série de chambres funéraires disposées de manière irrégulière et reliées par un ensemble de passages souterrains où l'on a vu le labyrinthe évoqué par Pline, alors qu'il s'agit bien plutôt de galeries creusées par des pilleurs de tombes, cf. la mise au point de R. Bianchi Bandinelli, *Clusium*, in *Mon. Ant. Lincei*, 30, 1925, col. 223, n. 1 et col. 370 sq. ainsi que fig. 51, col. 371. Cf. également F. Messerschmidt, *Das Grabmal des Porsenna*, in *Das neue Bild der Antike*, 1942, II, pp. 53-63 ; A. Van Buren, *Some observations on the tomb of Lars Porsenna near Clusium*, in *Anthemion, Scritti in onore di C. Anti*, Florence, 1955, pp. 85 sq. et plus récemment, G. A. Mansuelli, *Il monumento di Porsina di Chiusi*, in *Mélanges offerts à J. Heurgon*, II, École Française de Rome, 1976, pp. 619-626, qui étudie toute la bibliographie sur la question, mais ne propose pas de solution nouvelle. M. Pallottino (*Etruscologia*, 6e éd., Milan, Hoepli, 1975, p. 284) remarque que le type de tombeau à socle rectangulaire surmonté de cippes tronconiques ou d'obélisques, connu surtout par les reliefs des urnes funéraires, est attesté réellement, en dehors de l'Étrurie, dans la tombe dite des « Horaces et des Curiaces », située près d'Albano Laziale (cf. J. M. C. Toynbee, *Death and Burial in the Roman World*, London, Thames and Hudson, 1971, p. 129, fig. 39). Les cippes funéraires offriraient des imitations de taille réduite de tels monuments. — Sur le sens architectural de *petasus*, cf. E. Schuppe in *R.E.*, XIX, 1, 1937, c. 1123, 60 ; sur l'emploi du métal dans l'architecture antique, cf. R. Martin, *Manuel*, pp. 155-162.

§ 92.

1. Cf. Strabon, 7, fragm. 3 : à Dodone se trouvait un bol de bronze surmonté d'une figurine tenant un fouet qui, lorsque le vent soufflait, frappait le bol qui sonnait comme une cloche.

§ 94.

1. Dans la liste des merveilles du monde, le *pensilis hortus* désigne les jardins suspendus de Babylone, construits par le chaldéen Nebuchadrezzar (605-562 av. J.-C.) pour sa femme Amyhia, princesse mède. Ils sont décrits en détail par Diodore de Sicile, 2, 10. — Thèbes, capitale de l'Égypte sous la XVIIIe dynastie, était située dans le IVe nome de Haute-Égypte. Son nom grec vient sans doute d'une confusion phonétique avec l'appellation, en

égyptien, d'un des enclos sacrés (le temple d'Amon à Karnak) ou d'un quartier de la ville. Le nom apparaît pour la première fois chez Homère, *Il.*, IX, 381-384. Ce sont ces vers que Pline commente. Diodore, 1, 45, 6-7, et Strabon, 17, 1, 46, les citent également. Homère parle de « Cent portes » et ajoute que par chacune d'elles, deux cents hommes armés, avec leurs chars, pouvaient passer :
... οὐδ᾽ ὅσα Θήβας / Αἰγυπτίας ὅθι πλεῖστα δόμοις ἔνι κτήματα κεῖται / αἵ θ᾽ ἑκατόμπυλοί εἰσι διηκόσιοι δ᾽ ἀν ἑκάστην / ἀνέρες ἐξοιχνεῦσι σὺν ἵπποισιν καὶ ὄχεσφιν. Diodore fait déjà remarquer que ces « portes » désigneraient plutôt les propylées des temples. Il évoque également les magnifiques constructions religieuses et privées qui ornaient Thèbes, les maisons de quatre, voire cinq étages. C'est à ces ensembles architecturaux gigantesques sur terrasses, aux immenses salles hypostyles des temples (dont on peut voir les vestiges à Karnak et Louqsor) que la formule « ville suspendue » fait allusion.

2. *flumine* : il s'agit de Rome, comme 36, 104, *urbe pensili.* Il est clair que l'exemple de Thèbes sert à amorcer, rhétoriquement, cette présentation de Rome.

§ 95.

1. L'Artémision d'Éphèse est, pour Pline (cf. aussi 16, 213), considéré à juste titre comme une des merveilles du monde, à la différence des jardins suspendus (Rome a fait mieux) ou des pyramides (elles sont immorales). Pour ses colonnes, cf. § 179. La notice de Pline est un peu confuse du fait que deux temples sont mêlés. Le grand diptère fut élevé vers 560 av. J.-C., par les architectes crétois Chersiphron et Métagénès, secondés par Théodoros qui venait de participer à la construction de l'Héraion de Samos. Ce temple fut incendié par Érostrate en 356 av. J.-C. (Strabon, 14, 1, 22) et reconstruit par les Éphésiens qui respectèrent les proportions primitives, mais élevèrent la plate-forme de treize marches. C'est à ce second temple que collabora Scopas. Vitruve considère l'Artémision comme une des quatre réalisations majeures des Grecs (7, *praef.*, 17). Il en parle à plusieurs reprises : 2, 9, 13 (caissons de cèdre du toit) ; 3, 2, 7 (plan diptère) ; 4, 1, 7 (colonnes ioniques) ; 10, 2, 11 (transport des colonnes). C'était, comme le temple de Samos, un diptère avec péristyle à double rangée de colonnes, reposant sur une plate-forme de 115,4 m sur 55,10 m. Cf. R. Martin, in *Grèce Archaïque*, pp. 169-170, fig. 208-209 ; E. Akurgal, *Ancient Civilizations and Ruins of Turkey*, Ankara, 1970, pp. 149-151.

2. Cf. Pline, 2, 201 ; Diogène Laërce, 2, 8, 103, nous apprend que le conseil venait de Théodoros. Sur le sous-sol et la hauteur des nappes phréatiques, cf. A. Bammer,

Die Architektur des jüngeren Artemision von Ephesos, Wiesbaden, Franz Steiner Verlag, 1972, p. 3.

3. D'après Hérodote, 1, 92, Crésus avait donné à l'Artémision « la plupart des colonnes ».

4. Il est possible que la colonne de Scopas ait été conservée ; elle se trouverait au British Museum, cf. J. Charbonneaux, in *Grèce Classique*, fig. 256 ; A. Bammer, *op. cit.*, pl. 7, d. Pour A. Bammer, *op. cit.*, pp. 21-22, les colonnes étaient sculptées, non pas sur leur base, mais dans leur partie supérieure, sous les chapiteaux.

5. Sur Chersiphron, l'architecte du temple du VIᵉ s. av. J.-C., cf. Pline, 7, 125. D'après Vitruve, 7, *praef.*, 12, il aurait écrit un ouvrage sur la construction du temple d'Éphèse. Les procédés de construction des temples colossaux de la première moitié du VIᵉ s. av. J.-C. sont étudiés par J. J. Coulton, *Lifting in Early Greek Architecture*, in *J.H.S.*, 94, 1974, pp. 1-19, pour qui la grue et la poulie ne sont attestées, avec certitude, qu'à la fin du VIᵉ s. av. J.-C. et qui reconnaît volontiers, pour la période antérieure, les procédés de levage par rampes de terre, inspirés des techniques égyptiennes. Il accepte donc l'historicité du passage de Pline et propose, en outre, le poids de quarante et une tonnes pour la partie centrale de l'architrave (note 63, p. 12).

§ 98.

1. Sur les antiquités de Cyzique, cf. W. Ruge, *R.E.*, 12, 1, 1924, c. 228 sq. ; D. Levi, *Enciclop. Ital.*, X, 1931, p. 519 ; W. B. Dinsmoor, *The Architecture of Ancient Greece, an account of its historic development*, Londres, Batsford, 3ᵉ éd., 1950, pp. 144 ; 278-279 ; 283 ; 319 ; A. di Vita, *E.A.A.*, II, pp. 701-702.

§ 99.

1. Sur le passage des Argonautes à Cyzique, cf. Strabon, 12, 8, 11.

2. Sur le prytanée de Cyzique, cf. Liv. 41, 20, 7, *Cyzici in prytaneo — id est penetrale urbis, ubi publice quibus is honos datus est uescuntur.*

§ 100.

1. Gr. ἑπτάφωνος « qui répercute sept fois le son » ; sur ce portique d'Olympie, cf. Plutarque, *De garrulitate*, 1 ; Lucien, *Peregrinos*, 40 ; Pausanias, 5, 21, 7.

2. Le nom de pont *Sublicius* dérive de *sublica*, « pilotis » ou « poutre ». Le pont, situé en aval de l'île Tibérine, resta en place jusqu'au Vᵉ s. ap. J.-C., cf. Platner-Ashby, pp. 401-402 ; G. Lugli, *Fontes ad Topographiam ueteris urbis Romae*

pertinentes, Rome, 1952-1969, II, 5, p. 112, n° 118 sq. — Sur *Horatius Coclès*, cf. Liu., 2, 10, 2-12.

§ 102.

1. Le *Circus Maximus*, situé dans la vallée comprise entre le Palatin et l'Aventin, était principalement destiné aux courses de chars, dont les plus importantes avaient lieu aux *Ludi Romani* ou *Magni*, du 4 au 18 septembre. La construction s'étale sur plusieurs siècles, depuis la première installation qui aurait été l'œuvre de Tarquin l'Ancien (Liu., 1, 35) et aurait été constituée de gradins de bois (cf. J. Heurgon, *Les tribunes des spectateurs dans les peintures étrusques*, *Bull. de la Soc. Nationale des Antiquaires de France*, 1961, pp. 179-183). Sur les aménagements de César, cf. Suétone, *César*, 39, mais il est difficile de distinguer ces travaux de ceux d'Auguste. Denys d'Halicarnasse, 3, 68, donne pour cette époque les dimensions de trois stades et demi de long et quatre plèthres de large, soit 621 m sur 118 m, et un total de 150 000 spectateurs. Restauré une première fois par Caligula et Claude, à la suite d'un incendie en 36, le Circus Maximus fut à nouveau reconstruit, à la suite du grand incendie sous Néron en 64, sans doute sur une échelle encore plus vaste, puisque Pline avance le chiffre de 250 000 spectateurs. La partie encore existante date d'une réfection de Trajan ; cf. Platner-Ashby, pp. 114-120 ; F. Coarelli, *Guida Archeologica di Roma*, pp. 292-294.

2. Il s'agit de la basilique Aemilia qui était située sur le côté nord du Forum. Elle subit diverses restaurations et réfections depuis sa fondation en 179 av. J.-C. par les censeurs M. Fulvius Nobilior et M. Aemilius Lepidus. (Liu., 40, 51 ; Varron, *L.L.*, 6, 4). En 78 av. J.-C., M. Aemilius la décore avec les portraits de ses ancêtres (Pline, 35, 13) et la basilique s'appelle alors Aemilia. En 54 av. J.-C., l'édile L. Aemilius Paullus la restaure avec des fonds prêtés par César (Plutarque, *César*, 29, 3 ; Appien, *B.C.*, 2, 26 ; Cicéron, *Att.*, 4, 16, 14). Appien et Plutarque insistent sur la beauté de cette reconstruction. Mais les travaux ne furent achevés que par le fils de L. Aemilius Paullus, en 34 av. J.-C. (Dion Cassius, 49, 42). Dans toutes les références faites au bâtiment après 54 av. J.-C., la basilique est appelée *Basilica Paulli* ; cf. Platner-Ashby, pp. 72-76 et fig. 11 ; Nash, fig. 188-199 ; F. Coarelli, *Guida Archeologica di Roma*, pp. 60-61.

3. Le marbre de Synnada, aux environs de l'actuelle Afyon Karahisar, est un marbre blanc veiné de pourpre, dénommé pour cette raison *pavonazetto* par les marbriers italiens. Sur les carrières, cf. Strabon, 12, 8, 14 ; elles deviennent propriété impériale à la mort d'Agrippa. Cf. L. Robert, *art. cit.*, in *Journal des Savants*, 1962, pp. 13-17 ; 19-33,

ainsi que J. Ward-Perkins, *E.A.A.*, IV, p. 861, n° 7 ; R. Martin, *Manuel*, I, p. 144.

4. Construit avec le butin des campagnes militaires, *ex manubiis* (*Res Gestae*, 21), le Forum d'Auguste était conçu comme un symbole du nouveau régime. Il était dominé par le temple de Mars Ultor, inauguré en 2 av. J.-C. (le vœu avait été prononcé à la bataille de Philippes en 42 av. J.-C. ; cf. Suét., *Aug.*, 29). On trouvait dans cet ensemble d'importantes œuvres d'art, cf. Pline, 7, 183 ; 16, 191 ; 34, 48 ; 35, 27, 93-94. Cf. Platner-Ashby, pp. 220-223, fig. 25-26 ; Nash, p. 401 et fig. 490-502 ; F. Coarelli, *Guida Archeologica di Roma*, pp. 107-111 ; P. Gros, *op. cit.*, pp. 66 sq., p. 92.

5. Dédié en 75 ap. J.-C., après la victoire dans la guerre de Judée, le temple de la Paix contenait de nombreuses œuvres d'art, cf. Pline, 34, 84 ; 35, 74 ; 102 ; 109, dont plusieurs œuvres célèbres que Vespasien avait rendues au public alors qu'elles faisaient partie des collections privées de Néron. Cf. F. Coarelli, *Guida Archeologica di Roma*, pp. 132-134 ; Platner-Ashby, pp. 386-388 et note 1, § 27.

6. La salle où les *diribitores* comptaient les votes se trouvait au Champ de Mars, au sud des *Saepta Iulia* (cf. note 3, § 29) ; elle fut terminée en 7 av. J.-C. Cf. Pline, 16, 201 ; elle était célèbre pour son large toit, Dion Cassius, 55, 8. Les *Saepta Iulia* furent identifiés par G. Gatti immédiatement à l'est du Panthéon, la place gigantesque occupait la surface délimitée aujourd'hui par la via dei Cestari, la via del Gesù et la via del Seminario. L'appendice du *Diribitorium* empiétait jusqu'au centre de l'actuel Corso Vittorio Emanuele. Cf. Platner-Ashby, p. 151 ; E. Nash, p. 291 et fig. 1054 ; F. Coarelli, pp. 262-263.

7. Valerius Ostiensis : l'architecte connu jusqu'ici (cf. K. Ziegler, *R.E.*, II, 8 a 1, 1955, col. 173, n° 281 ; P. Moreno, *E.A.A.*, VII, p. 1087) uniquement par Pline, serait mentionné aussi sur une inscription d'Ostie, cf. F. Zevi, *Monumenti e aspetti culturali di Ostia repubblicana*, in *Hellenismus in Mittelitalien*, 1, pp. 62-63. — L. Scribonius Libo, consul en 34 av. J.-C., ami de Pompée, Cicéron et Varron. Son édilité se situerait donc aux alentours de 50 av. J.-C., cf. T. R. S. Broughton, *Magistrates of the Roman Republic*, p. 410.

§ 103.

1. Commencé en 51 av. J.-C., l'ensemble fut dédié (encore inachevé), en même temps que le temple de *Venus Genetrix*, en 46 av. J.-C. Le temple et le forum furent achevés par Auguste ; cf. E. Nash, p. 424 et fig. 519-529 ; F. Coarelli, *Guida Archeologica di Roma*, pp. 103-107 ; P. Gros *Aurea Templa*, pp. 80 ; 89 ; 130 sq.

2. On pourra comparer la somme avec le prix d'une villa, au Cap Misène, ayant autrefois appartenu à Marius, achetée par Lucullus pour l'équivalent de 10 millions de sesterces (Plutarque, *Marius*, 34, 2) ; cf. J. D'Arms, *Romans on the Bay of Naples*, Cambridge, Mass., 1971, p. 184 ; on se reportera aussi à l'étude de P. Gros, *Architecture et Société à Rome et en Italie centro-méridionale aux deux derniers siècles de la République*, coll. « Latomus », Bruxelles, 1978. Sur l'utilisation des chiffres donnés par Pline pour l'histoire économique de la République et de l'Empire, cf. St. Mrozek, *L'évolution des prix en Italie au début de l'empire Romain*, in *La Parola del Pass.*, 33, fasc. 181, 1978, pp. 273-280, avec bibliographie *ad loc.*

§ 104.

1. Les données archéologiques récentes permettent de supposer, en certains points (entre Quirinal et Viminal), et de prouver en d'autres (sous S. Sabina et sur le Viminal) la présence d'un *agger* datant de la période archaïque (fin du VIe s. av. J.-C.) et donc antérieur au rempart en bloc de tuf de *Grotta Oscura*, appelé traditionnellement « Mur Servien », puisque les Anciens attribuaient à Servius Tullius la construction des murailles de Rome (Liu., 1, 44), dont certains tronçons sont encore visibles, mais qui date seulement du IVe s. (cf. la démonstration de G. Säflund, *Le mura di Roma repubblicana*, Lund, Glerup, 1932). Sur l'ensemble du problème, cf. E. Gjerstad, *Early Rome, III, Fortifications, Domestic Architecture, Sanctuaries, Stratigraphical Excavations*, Lund, 1960, pp. 34-44 avec bibliographie antérieure *ad loc.* ; F. Coarelli, *Guida Archeologica di Roma*, pp. 18-22 ; J.-C. Richard, *Les Origines de la plèbe romaine, essai sur la formation du dualisme patricio-plébéien*, École Française de Rome, 1978, p. 293, note 25.

2. Cf. E. Gjerstad, *Early Rome, III*, pp. 168-190 : traces de substructions datant de la phase archaïque de Rome (fin du VIe s. av. J.-C.).

3. Explication de l'allusion à Rome comme *Vrbs pensilis* présentée au § 94.

4. L'édilité d'Agrippa, en 33 av. J.-C., est tout à fait exceptionnelle, puisque elle intervient *après* son premier consulat. Ce fait suffit à montrer l'ampleur des travaux d'urbanisme entrepris par Auguste ; cf. F. W. Shipley, *Agrippa building activities in Rome*, Baltimore, 1933, ainsi que M. Reinhold, *Marcus Agrippa*, Genève-New York, 1933, Humphrey Pr., pp. 46 sq. ; R. Syme, *op. cit.*, pp. 231-232. Agrippa inspecta alors en bateau la *Cloaca Maxima* qu'on nettoyait ; cf. *C.I.L.*, 6, 312, 70 ; Dion Cassius, 49, 43 ; Dion. Hal., 3, 66 ; Strabon, 5, 3, 8 ; Platner-Ashby, pp. 126-127 ; Nash, p. 258 et fig. 301-306.

§ 106.

1. Les dates traditionnelles de son règne sont 616-578 av. J.-C. On peut ainsi dater de 77 ap. J.-C. la rédaction du livre 36 de l'*Histoire Naturelle*. Tite-Live attribue la construction à Tarquin le Superbe (1, 56). L'égout principal de Rome commençait à l'Argilète et drainait les eaux de l'Esquilin, du Viminal et du Quirinal à travers le Forum jusqu'au Tibre. Ce fut d'abord un fossé à ciel ouvert (cf. Plaute, *Curc.*, 476). Il fut recouvert au IIIe s. av. J.-C., mais les fouilles révèlent la trace de travaux de drainage datant environ de 620-570 av. J.-C. ; ce qui correspond à peu près aux règnes des deux Tarquins, selon la tradition. Les premiers restes, en *capellaccio*, que nous possédions semblent remonter à une période postérieure à 390 av. J.-C. ; cf. M. A. Blake, *Ancient Roman Construction in Italy from the Prehistoric Period to Augustus*, Washington, 1947, pp. 122-123 ; G. Lugli, *Fontes*, II, 1953, 5-7, p. 129, n° 49 ; p. 131, n° 61 ; E. Nash, I, p. 258 ; F. Coarelli, *Guida Archeologica di Roma*, pp. 52 et 61.

§ 107.

1. Un récit identique se trouve dans Cassius Hémina, *ap.* Servius, *Aen.*, XII, 603, Tite-Live, 1, 56, 1-2 et Cicéron, *Suppl.* 48, font allusion au travail de la plèbe. D'après R. M. Ogilvie, *A commentary on Livy, books 1-5*, Oxford, 1965, p. 214, le récit est plausible dans la mesure où Rome manque alors d'esclaves ; c'était pour elle le seul moyen d'entreprendre de grands travaux. Sur les origines de la plèbe romaine, cf. la thèse de J. C. Richard, *op. cit.*, note 1, § 104 ; plus particulièrement pour la main-d'œuvre des grands travaux, sous les Tarquins, pp. 294-295.

§ 108.

1. Cf. Strabon, 5, 3, 8 : « Quant à leurs égouts, ils sont parfois si grands qu'ils donneraient passage à des chars de foin ». Peut-être excessif, en tout cas un secteur de la Cloaca Maxima mesure 4,2 m de haut sur 3,2 m de large.

§ 109.

1. En 78 av. J.-C. Sur M. Aemilius Lépidus et Q. Lutatius Catulus, cf. note 1, § 49 et note 2, § 102 (restauration de la Basilica Aemilia, en 78 av. J.-C.).

§ 111.

1. Caligula étendit le palais de Tibère (Tac., *Hist.*, 1, 27 ; Suét., *Cal.*, 22) jusqu'au Forum où le temple de Castor et Pollux fut intégré à la construction, formant l'entrée principale.

2. Cf. Suét., *Nero*, 31 ; Tac., *Ann.*, 15, 42 ; Pline, 33, 54.
L'ensemble fut construit après l'incendie de 64 ap. J.-C.
Il était constitué par une série de bâtiments allant du
Palatin à l'Oppius et au Célius. De cette construction
gigantesque ne reste aujourd'hui qu'un des bâtiments
(de 300 m de long sur 190 m de profondeur), sur l'Oppius.
Il fut conservé parce qu'il fut englobé dans les fondations
des Thermes de Trajan. Cf. A. Boethius, *The Golden House
of Nero*, Ann Arbor, 1960, chap. III, fig. 53-58 ; F. Coarelli,
E.A.A., VI, p. 854, fig. 985-986, pp. 871-872 ; *Guida Archeologica di Roma*, pp. 198-203 (avec bibliographie récente
ad loc.) ; Platner-Ashby, pp. 166-172, fig. 21-22 ; E. Nash,
I, pp. 339-348 et fig. 407-421 ; A. Aiardi, *Per una interpre-
tazione della Domus Aurea*, in *La Parola del Pass.*, 33,
fasc. 179, 1978, pp. 90-103.

3. Allusion à la figure exemplaire de Cincinnatus, cf.
Pline, 18, 20 ; Val. Max., 4, 4, 7, qui, nommé dictateur
pour mener la guerre contre les Èques et les Volsques, serait
retourné à sa charrue, après sa victoire.

§ 112.

1. Héros légendaire de Rome au même titre que Brutus,
Collatin, Lucrèce, P. Valerius Publicola fut quatre fois
consul et s'illustra dans les guerres contre les Sabins en
même temps que son frère M. Valerius Volusus ; cf. Liu.,
2-16 ; 20 Plutarque, *Publicola*, 20 ; Dion. Hal., 5, 39. Une
inscription découverte en 1977 à Satricum, où figurent des
suodales liés à un *popliosio valesiosio*, et datée au plus tard
des premières années du Ve s. av. J.-C., pourrait désigner
le P. Valérius Publicola de la tradition, cf. M. Pallottino,
*Lo sviluppo socio-istituzionale di Roma arcaica alla luce di
nuovi documenti epigrafici*, in *Studi Romani*, 27-1, 1979,
pp. 1-14.

§ 113.

1. Cf. § 5 ; 8, 64 ; 34, 36 ; 35, 127 ; 36, 50 et 189 ; 37, 11.

§ 114.

1. Crassus, cf. § 7 ; note 1.
2. *ut diximus* : cf. § 6-7.

§ 115.

1. *ut indicauimus* : cf. 34, 36.
2. Sur le théâtre de Pompée, cf. note 2, § 41.
3. Cf. 8, 196, *Aurum intexere in eadem Asia inuenit Atta-
lus rex unde nomen Attalicis* ; cf. déjà Varron, frag. 68 ap.
Non. 537, et Cicéron, *De Signis*, 27, *illa Attalica tota Sicilia
nominata (...) peripetasmata emere oblitus es ?*. Ces tissus

brodés de fils d'or servaient notamment comme rideaux de théâtre.

§ 116.

1. C. Scribonius Curio, tribun de la plèbe en 50 av. J.-C., avait embrassé le parti de César et joua dès lors un grand rôle politique. Il mourut en 49 av. J.-C., tandis qu'il combattait en Afrique contre Juba. Les funérailles de son père eurent lieu en 52 av. J.-C.

2. Caecilia Métella, femme de M. Aemilius Scaurus, qui épousa ensuite Sylla ; cf. R. Syme, *La Révolution Romaine*, p. 33 et tableau généalogique I, pp. 660-661.

3. Sur M. Aemilius Scaurus, le père, cf. note 1, § 4 et note 1, § 5.

§ 117.

1. Le jeu de mot sur *maiores* fait ressortir le degré de folie atteint par les hommes de l' « ancien temps » comme Scaurus et Curion. L'anecdote sur le théâtre de Curion, en fait prototype d'un amphithéâtre, est significative et semble indiquer la volonté de tourner une interdiction de construire de tels bâtiments à Rome. De fait, alors que l'on connaît en Campanie des amphithéâtres, construits en pierre, datant de l'époque syllanienne, à Pompéi et Pouzzoles, c'est seulement sous le principat d'Auguste, en 29 av. J.-C., que C. Statilius Taurus construisit le premier amphithéâtre en pierre de Rome, au Champ de Mars. Le terme même *amphitheatrum* apparaît tardivement dans la langue latine ; il est attesté, au pluriel *amphitheatra*, dans les *Res Gestae* (4, 41). Les inscriptions antérieures, de Pompéi, désignent ce lieu par le simple terme de *spectacula* ; cf. R. Étienne, *La naissance de l'amphithéâtre : le mot et la chose*, in *R.E.L.*, 43, 1965, p. 33. Sur l'amphithéâtre de Pompéi, cf. en dernier lieu E. La Rocca, M. et A. de Vos, *Guida Archeologica di Pompéi*, Milan, Mondadori, 1976, pp. 249-255.

§ 119.

1. L'indignation de Pline n'est pas seulement rhétorique. Tacite, *Ann.*, 4, 62-63, mentionne sous le règne de Tibère l'écroulement d'un amphithéâtre de bois à Fidènes qui fit cinquante mille victimes et « égala les calamités des plus grandes guerres » (*ingentium bellorum cladem aequauit*).

§ 121.

1. Cf. § 95. Pline étudie les « merveilles » de Rome comme il a évoqué les « merveilles » du monde, d'abord celles qui sont immorales et folles, puis celles qui sont utiles et donc dignes d'admiration. Sur les aqueducs, cf. R. Forbes, I,

pp. 161-173 et tableau pp. 180-182 ; sur les problèmes théoriques de leur construction, cf. Vitruve, *De Architectura*, 8, texte établi, traduit et commenté par L. Callebat, Paris, Les Belles Lettres, 1973.

2. Frontin, *Aqu.*, 7 et commentaire de P. Grimal, Paris, Les Belles Lettres, 1961. Préteur en 144 av. J.-C., voyant qu'il ne pouvait finir sa tâche en un an, il fit prolonger sa magistrature d'une autre année ; cf. F. Münzer, *R.E.*, 14, 1928, c. 1582, n° 90. F. Coarelli, *Architettura e arti figurative in Roma : 150-50 a. C.*, in *Hellenismus in Mittelitalien*, Kolloquium in Göttingen, 5-9 juin 1974, in *Abhandlungen der Akademie der Wissenschaften in Göttingen*, Philologisch-Historische Klasse, Dritte Folge, Nr 97, 1976, pp. 21-51, replace l'ensemble des grands travaux entrepris à Rome au cours du IIᵉ siècle, qui sont le signe d'un véritable urbanisme, dans le cadre des conséquences socio-économiques des conquêtes du bassin méditerranéen. L'Aqua Marcia dont le débit de 187 600 m³ par jour ne fut dépassé qu'à l'époque de Claude, témoigne de l'augmentation considérable de la population qui advint à cette époque. Les traces de réfection sont visibles sur l'Anio Vetus, cf. Th. Ashby, *The Aqueducts of Ancient Rome*, Oxford, Clarendon Press, 1935, pp. 60-68 ; cf. également, E. Nash, I, p. 48 ; A. W. Van Buren, *Come fu condotta l'aqua al monte Capitolino*, in *Rend. della Pont. Acc. Archeologica*, 18, 1941-1942, pp. 65 sq. ; G. Panimolle, *Gli Acquedotti di Roma*, Rome, 1968 ; F. Coarelli, *Guida Archeologica di Roma*, p. 34.

3. Le premier aqueduc romain, construit par Appius Claudius Caecus en 312 av. J.-C. (Liu., 9, 29, 6 ; *C.I.L.²*, p. 192, n° X ; Frontin, *Aqu.*, 4 ; Platner-Ashby, p. 21 ; Coarelli, *Guida Archeologica di Roma*, p. 33). Pour le tracé des principaux aqueducs, cf. carte hors-texte de l'édition de Frontin de P. Grimal ; pour les régions desservies, cf. la note complémentaire n° 91 et le tableau p. 88. Th. Ashby, *op. cit.*, p. 51, suggère que les sources de l'Appia (disparues aujourd'hui de l'endroit désigné par Frontin) se sont confondues dès l'Antiquité avec celles de la Virgo, immédiatement au Nord.

4. L'Anio Vetus, venant de Tibur, commencé en 272 av. J.-C., fut appelé *Vetus* lorsque l'Anio *Novus* fut édifié sous le règne de Claude (Pline, § 122 ; Frontin, *Aqu.*, 13). La source de l'Anio Vetus a été localisée entre Vicovaro et Mandela, sur l'actuelle Via Valeria ; cf. Th. Ashby, *op. cit.*, p. 57 ; Coarelli, *Guida Archeologica di Roma*, p. 34.

5. La notice est inexacte, car l'aqueduc ne fut édifié qu'en 125 av. J.-C. (Frontin, *Aqu.*, 8). Son nom provient du fait que les eaux étaient tièdes (21°). On a identifié les sources avec certitude ; il s'agit de la « Sorgente Preziosa », à 2 km environ à l'ouest de Grottaferrata ; cf. Th. Ashby,

op. cit., p. 159 et carte nº 2 ; Platner-Ashby, p. 27 ; E. Nash, I, p. 48 ; Coarelli, *Guida Archeologica di Roma*, p. 34.

6. L'aqueduc de l'Aqua Marcia passait sous terre à travers les collines sabines dans les environs de Tivoli ; cf. Pline, 31, 41 ; Platner-Ashby, pp. 24-27.

7. Cf. Pline, 31, 42 ; construit en 19 av. J.-C. D'après Pline (31, 42) et Frontin (*Aqu.*, 10), le nom viendrait de ce qu'une petite fille avait indiqué la fontaine à des soldats et qu'une peinture, dans un petit édifice, commémorait la scène. Agrippa fut responsable de ces travaux, mais ils n'eurent pas lieu pendant son édilité de 33 av. J.-C. Pline (*loc. cit.*) donne une autre version : à côté de la source « Virgo » aurait coulé un ruisseau d' « Hercule », dont elle se serait tenue obstinément éloignée ! Les sources ont été identifiées entre le 10e et le 11e km de la Via Collatina actuelle ; cf. Th. Ashby, *op. cit.*, p. 170 ; Platner-Ashby, pp. 28-29 ; E. Nash, I, p. 55 ; Coarelli, *Guida Archeologica di Roma*, p. 35.

8. Sur les jeux d'Agrippa et les bains gratuits, cf. Dion Cassius, 49, 43, 3.

§ 122.

1. L'Aqua Claudia commencée par Caligula en 38, fut terminée par Claude en 52 ; cf. Suét., *Cal.*, 21 ; Tac. *Ann.*, 11, 13 ; Frontin, *Aqu.*, 13-14. On possède l'inscription dédicatoire de 52 sur l'actuelle Porte Majeure (*C.I.L.*, VI, 1256) où figurent également les mentions de restaurations par Vespasien (71) et Titus (81) ; cf. Platner-Ashby, p. 22 ; E. Nash, p. 37 ; Coarelli, *Guida Archeologica di Roma*, p. 35.

2. Cf. Frontin, *Aqu.*, 14 ; les sources n'ont pas été retrouvées ; cf. Th. Ashby, *op. cit.*, p. 193.

3. Cf. Frontin, *Aqu.*, 13-15 et note 4, § 121. Construit en même temps que l'Aqua Claudia, il suivait en grande partie son parcours ; cf. Coarelli, *Guida Archeologica di Roma*, p. 36. — Frontin, *Aqu.*, 15, 1, dit que l'Anio Novus commence sur la *Via Sublacensis* au 42e mille, dans le *Simbruinum* (région de l'Italie Centrale, située au sud de Subiaco). Frontin note aussi la hauteur exceptionnelle des arches de l'Anio Novus (environ 36 m) ; elles subsistent encore en partie le long de l'ancienne Via Latina.

§ 124.

1. Le canal qui devait relier le lac Fucin à la rivière Liris fut un échec. Les travaux furent inaugurés par l'empereur Claude en 52 av. J.-C. Trente mille hommes y travaillèrent pendant onze ans ; cf. Suét., *Claude*, 20 ; Tac., *Ann.*, 12, 56.

§ 125.

1. Le port d'Ostie fut reconstruit par l'empereur Claude, parce que le précédent était ensablé ; cf. Pline, 9, 14 ; 16, 202 ; 36, 70, 83 ; cf. note 2, § 70.

2. Cf. Virgile, *Géorg.*, 2, 161. Les travaux entrepris par Agrippa au Portus Iulius, en 37 av. J.-C. sont bien connus ; cf. Dion Cassius, 48, 50 et Servius, *Ad G.*, 2, 161. Une digue (*claustra*) renforçait la dune qui séparait de la mer le lac Lucrin, elle arrêtait le mouvement des flots du golfe de Pouzzoles, mais une ouverture dans cette digue permettait au courant de la marée de remonter dans le lac ; cf. Suét., *Aug.*, 16. L'ensablement contraignit à l'abandon de ce complexe pour la base de Misène, Strabon, 5, 4, 6.

3. Sur la vie et l'œuvre de Papirius Fabianus, rhéteur et philosophe néopythagoricien, dont Sénèque fut l'élève, cf. H. Bardon, *La littérature latine inconnue*, II, p. 106 et pp. 118-119. Pline a utilisé son *Traité des causes naturelles* et son *Sur les animaux* dans les livres 2, 7, 9, 11, 12-15, 17, 23, 25, 28 et 36.

§ 126.

1. *Magnes* (gr. μάγνης λίθος) : le terme désigne un des minerais de fer les plus importants, la magnétite (Fe 3 0 4). Ce minéral de couleur gris-foncé à reflet métallique constitue, dans certains cas, un aimant naturel. Les Anciens ignoraient la composition exacte de la magnétite, mais la comptaient déjà parmi les minerais de fer (Pline, 34, 147 ; 36, 129 ; Dioscoride, 5, 130). — La notion de « merveilleux » (*mirabile*) apparaît déjà dans Théophraste, *Lap.* (Περὶ Λίθων) (les références seront celles de l'édition D. E. Eichholz, *De Lapidibus*, introduction, traduction et commentaire, Oxford, Clarendon Press, 1965), sous la forme de l'extraordinaire, τὸ περιττόν (§ 6) et de l'étonnant, θαυμασιωτάτη δύναμις (§ 5), formule parallèle à celle de Pline. Mais chez Théophraste, cette notion n'est pas un critère de classification des pierres, c'est un simple commentaire de certaines propriétés, définies par ailleurs. Chez Pline, lecteur de Mucien, le *mirabile* devient critère de classification des §§ 126 à 135. Sur l'aimant, cf. D. Goltz, *Studien zur Geschichte der Mineralnamen*, Wiesbaden, F. Steiner, 1972, pp. 102 et 174.

2. *ut diximus* : cf. § 100.

§ 127.

1. Les phénomènes de magnétisme avaient été observés par les Anciens, à propos de l'aimant et de l'ambre ; cf. Théophraste, *Lap.*, 29 et Pline, 37, 48. Une première allusion au magnétisme se trouve dans deux notices consacrées à Thalès de Milet, l'une par Diogène Laërce, 1, 1, 24 :

’Αριστοτέλης δὲ καὶ ‘Ιππίας φασὶν αὐτὸν (c’est-à-dire Thalès) καὶ τοῖς ἀψύχοις μεταδιδόνας ψυχάς τεκμαιρόμενον ἐκ τῆς λίθου τῆς μαγνήτεος καὶ τοῦ ἠλέκτρου, l’autre par Aristote, *De Anima*, 1, 2, 405 a : ῎Εοικε δὲ καὶ Θαλῆς ἐξ ὧν ἀπομνημονεύουσι κινητικόν τι τὴν ψυχὴν ὑπολαβεῖν εἴπερ τὴν λίθον ἔφη ψυχὴν ἔχειν ὅτι τὸν σίδηρον κινεῖ. Platon, *Ion*, 533 d sq. donne une première description du phénomène.

2. *ad inane* : même remarque chez Lucrèce, 6, 998-1041, et Plutarque, *Plat. Quaest.*, 7, 7.

3. *Heraclion*, gr. ‘Ηρακλεῖον : Pline rattache peut-être le terme à Héraclès, par un jeu étymologique et mythologique sur la force du héros et celle de la pierre. Ce type d’explication se retrouve fréquemment dans les paragraphes suivants : *pyrites* (137), *ostracitae* (139), *geodes* (140), *haematites* (144) *aetitae* (149). Mais ‘Ηρακλεῖον, « la pierre d’Héraclée », comme le *gagates* du § 141, est plutôt dérivé du nom de la cité d’origine de la pierre. Cf. Hésychius : « ‘Ηρακλεῖον vient de Héracleia, cité de Lydie ». Il ajoute que Sophocle (= frag. 800, éd. A. C. Pearson) l’appelle « pierre de Lydie » (Λυδικὸς λίθος), que d’autres l’appellent σιδηρῖτις et qu’il faut distinguer la pierre d’Héraclée (qui attire le fer) de la pierre de Magnésie (qui est liée à l’argent). Cette notice du Vᵉ s. ap. J.-C. offre un abrégé des confusions qui se sont établies, au cours des siècles, dans la dénomination de la pierre d’aimant. Si l’on se reporte au texte le plus ancien, celui de l’*Ion*, on constate qu’‘Ηρακλεία est le terme le plus courant, sans doute le plus ancien. Μαγνῆτις λίθος apparaît dans ce passage comme un néologisme et même une création d’auteur, puisqu’il est attribué à Euripide : ὥσπερ ἐν τῇ λίθῳ ἣν Εὐριπίδης μὲν Μαγνῆτιν ὠνόμασεν, οἱ δὲ πολλοὶ ‘Ηρακλείαν (éd. Nauck, frag. 571). Au cours du temps, c’est pourtant le second terme qui l’a emporté, à travers le latin *magnes*. Les deux mots ont d’ailleurs la même formation : si Pline donne une étymologie à partir du nom propre du berger *Magnes*, Lucrèce, 6, 908-909, le dérive de *Magnetes* « habitants de Magnésie ». Théophraste (*op. cit.*, 29) ne donne pas de nom à la pierre d’aimant (ἡ τὸν σίδηρον ἄγουσα). Il décrit simplement son action. Les expressions « pierre d’Héraclée » et « pierre de Magnésie » apparaissent dans son traité, mais ils n’y désignent pas la magnétite. Au § 4, la « pierre d’Héraclée » est associée à la « pierre de Lydie » (ἥ τε καλουμένη λίθος ‘Ηρακλεία καὶ ἡ Λυδία), les deux étant caractérisées comme pierres de touche de l’or et de l’argent. Au § 41, il parle d’une μαγνῆτις λίθος dont l’aspect est singulier et que certains rapprochent de l’argent, bien que les deux minéraux n’aient aucun rapport. C’est par souci de rigueur, pour éviter les équivoques que Théophraste a, semble-t-il, préféré employer une périphrase pour désigner la pierre d’aimant. Il précise

lui-même (§ 29) que les roches qui présentent ce pouvoir sont très rares. Son texte suffirait à lui seul (mais Pline le confirme, cf. note 3, § 128) à montrer que Ἡρακλεία et μαγνῆτις désignaient soit la pierre d'aimant, soit des roches qui ne présentent aucun rapport avec elle. Cependant les confusions de termes permettent sans doute de localiser en Lydie, Héraclée et Magnésie. Il y a en effet, dans le monde grec, bien des villes porteuses de ces noms. Mais l'association des deux villes invite à limiter à l'Asie Mineure, plus précisément à la Carie et à la Lydie, le pays d'origine de la magnétite. On peut ainsi éliminer d'emblée des cités comme Héraclée du Pont ou Magnésie de Macédoine. Plusieurs arguments permettent de préférer la Lydie à la Carie. Géographiquement, les deux villes de Lydie sont plus proches, toutes deux sur les contreforts du Mont Sipyle. Au moins une des pierres (Ἡρακλεία) est associée à la pierre de Lydie (Théophraste, *Lap.*, 4 et la notice d'Hésychius), enfin, à Manissa, l'actuelle Magnésie de Lydie, existent des gisements de magnétite (cf. Eichholz, éd. Pline, livre 36, p. 103). C'est la présence réelle en Lydie, à la fois de pierres de touche de l'argent (cf. Théophraste, *Lap.*, 47) et de magnétite qui a pu entraîner une suite de confusions et a eu pour conséquence que « la pierre de Magnésie » et « la pierre d'Héraclée », qui sont, toutes deux des « pierres de Lydie », se sont trouvées associées tantôt avec l'argent, tantôt avec l'aimant, amenant le système de chassés-croisés évoqué précédemment. Certains textes ont même pu contribuer plus particulièrement à la création des confusions. Ainsi le passage d'Euripide évoqué par Platon compare la pierre de Magnésie et l'argent pour leur pouvoir d'attraction. Les vers font allusion au pouvoir d'attraction de *l'aimant sur le fer et de l'argent sur les hommes*, mais certains ont pu y voir un rapprochement direct entre la pierre de Magnésie et l'argent (c'est le cas de l'auteur de la notice placée dans la Souda). Il ne serait pas étonnant que le texte de Théophraste (§ 41) fasse également allusion au passage d'Euripide et le réfute, accréditant par là-même l'idée que, dans les vers du tragique, serait évoquée l'action de la pierre de Magnésie sur l'argent.

4. Fragm. 101 de Nicandre de Colophon, éd. O. Schneider, 1856, pp. 127-128. — Si l'on se fie au classement de Sotacus au paragraphe suivant, il s'agit de la montagne de Troade.

5. Sur la magnétite d'Espagne, cf. Pline, 34, 148.

§ 128.
1. Sotacus, auteur d'un livre sur les pierres précieuses, vivait à la fin du IVe s. av. J.-C., cf. Kind, *R.E.*, II, 3, 1927, col. 1211. Pline le cite (1, 36-37) comme source des livres 36 et 37.

2. Le lac Boibeis, auj. lac de Karla, en Magnésie de Thessalie, au pied du mont Pélion, à une vingtaine de km au N.O. d'Iolcos (auj. Volo). Sur la Magnésie d'Asie, cf. note 3, § 127.

3. La suite du passage montre que la distinction de Pline repose sur la donnée réelle que toutes les magnétites n'ont pas un pouvoir d'aimantation. Théophraste, *Lap.*, 29, remarque que peu le possèdent.

4. On a supposé (J. M. Stillmann, *The story of early chemistry*, New York, 1924) que cette variété était la pyrolusite ou bioxyde de manganèse et serait à identifier avec le *magnes lapis* qui entre dans la composition du verre (§ 192) ; cf. Bailey, *op. cit.*, II, p. 249, qui ne retient pas cette hypothèse.

5. La description de cette dernière variété indique clairement que les cinq *magnetes* de Sotacus ne sont pas tous des magnétites. Le terme grec μαγνῆτις λίθος ne renvoie pas non plus toujours à l'aimant, comme le montre clairement le texte de Théophraste (*Lap.*, 41). Eichholz (*op. cit.*, p. 103, note d) propose de rapprocher les deux passages et de voir dans cette dernière catégorie une variété de talc. Bailey (*op. cit.*, II, pp. 249 et 281) rapproche ce passage du livre 36 avec le § 192 du même livre où il est dit qu'un *magnes lapis* était introduit dans la pâte de verre. Comme il est peu probable que la magnétite entre dans la composition du verre, Bailey propose d'identifier cette cinquième espèce avec un composé calcaire (marbre, dolomite ou gypse) qui permettrait de produire de la chaux. Pour le détail de la discussion et le rejet de l'hypothèse proposée à la note précédente, cf. Bailey, *op. cit.*, p. 281.

6. L'adjectif décrit la couleur bleu-métallique de la magnétite ; cf. Diosc., 5, 130 : « La meilleure des pierres magnétites est celle qui attire le fer et qui est de couleur bleuâtre (τὴν χρόαν κυανίζων) ».

§ 129.

1. *haematites* (gr. αἱματίτης) : cf. Théophraste, *Lap.*, 37, Pline, 36, 146 ; Diosc., 5, 126 ; Solin, 30, 34. L'hématite (Fe 2 O 3) est aussi un minerai de fer dépourvu d'action magnétique.

2. Si des pôles opposés sont mis en contact, les deux aimants se repoussent.

§ 130.

1. Pour l'emploi de la magnétite et de l'hématite dans les affections oculaires, cf. Diosc., 5, 116 et 130 ; Ps. Theod. Prisc., *Simpl. med.*, 80.

2. La correction de *mons* (leçon de tous les mss) en *magnes*, proposée par Urlichs et adoptée par Mayhoff,

ne se justifie pas. On peut, en effet, rapprocher ce passage de Pline, 2, 211 : *Duo sunt montes iuxta flumen Indum, alteri natura ut ferrum omne teneat, alteri ut respuat.* Il ne semble pas que la suite de l'argumentation de Bailey (*op. cit.*, p. 250), qui veut maintenir la lecture du mss *h* (*gignit lapidem theamedem qui*), soit concluante. D'abord, son seul motif de conserver la phrase est qu'il ne peut expliquer son insertion postérieure (« it is hard to imagine how the words « gignit lapidem theamedem qui » could have made their way into *h* if they had not been there originally », *op. cit.*, p. 250). Ensuite, il est possible d'interpréter différemment la phrase de Pline, 20, 2, qu'il cite comme argument en faveur d'une autre pierre que le *magnes* : *ferrum ad se trahente magnete lapide et alio rursus abigente a sese.* Bailey supplée seulement *lapide* à côté de *alio*, mais pourquoi ne pas lire *magnete lapide*, « une autre sorte de *magnes* » ? On peut faire intervenir, enfin, deux arguments extérieurs au texte. Isidore, qui suit de près le passage de Pline, écrit (*Orig.*, 16, 4, 2) : *Alius in Aethiopia magnes qui ferrum omne abigit respuitque.* Lucrèce, dans sa description du phénomène magnétique, fournit une explication détaillée du processus de répulsion que l'on constate dans certains cas à *propos du magnes* (6, 1042-1055). Ce dernier passage paraît capital et indique clairement que c'est à propos d'*une seule et même pierre, magnes lapis*, que les phénomènes d'attraction et de répulsion avaient été observés.

3. Ces problèmes d'attraction et de répulsion ou encore de « sympathie » et d' « antipathie » sont souvent évoqués par Pline, cf. 2, 11 ; 20, 10 ; 28, 84 et 147 ; 37, 59.

4. Cf. § 154. Il s'agit sans doute de pierre ponce. Elle pouvait venir jusqu'à Syros depuis les îles volcaniques de Théra (Santorin) où l'on voit aujourd'hui encore flotter des pierres ponces (Eichholz). Bailey, *op. cit.*, p. 250, dit que certaines expériences ont montré que des pierres ponces peuvent flotter sur l'eau de mer pendant plus d'un an. Théophraste, *Lap.*, 19, distingue deux pierres ponces, une d'origine volcanique, l'autre « née de l'écume de la mer » (ἐκ τοῦ ἀφροῦ τῆς θαλάσσης). Dans le traité du Pseudo-Aristote, *De Plantis*, 2, 823 b, se trouve exposée la théorie sur la formation de ce deuxième type de pierre ponce.

§ 131.

1. *Lapis sarcophagus* : cf. Pline, 2, 210 ; Diosc., 5, 124, 1 ; désignée en grec comme Ἄσσιος λίθος. Selon Théophraste, *De Igne*, 46, des cercueils fait dans cette pierre réduisent le corps en cendres. Le chiffre de 40 jours paraît attaché, de manière magique, à la roche (Celse, 4, 31, 7-8 ; 5, 7). La pierre, *lapis sarcophagus* (gr. σαρκοφάγος λίθος « qui ronge la chair »), vient d'être identifiée par M. H. Bal-

lance qui a analysé des sarcophages d'une épave romaine découverte devant Méthone, dans le Péloponnèse. Il s'agit d'une roche volcanique, de qualité assez modeste, d'aspect semblable en superficie à un granit, très tendre et friable et qui se trouve effectivement dans la région d'Assos ; cf. J. B. Ward-Perkins, *Marmo africano et lapis sarcophagus*, in *Atti della Pontificia Acc. Rom. di Archeologia, Rend.*, 39, 1966-1967, pp. 127-133 et fig. 4 et 5.

2. *Mucianus* : gouverneur de Syrie en 69 ap. J.-C., il aida Vespasien à devenir empereur. Il avait écrit un volume de *Mirabilia*, consacré sans doute à des faits remarquables qu'il avait pu constater durant son séjour en Orient. Cf. E. Sellers, *The Elder Pliny's Chapters*, pp. 85-91. Tacite fait son portrait dans les *Histoires*, 1, 10 ; 2, 5. — *lapidea fieri* : Théophraste, *Lap.*, 4, signale parmi les actions des roches les phénomènes de pétrification (οἱ δ' ὅλως ἀπολιθοῦν τὰ τιθέμενα εἰς ἑαυτούς). Et Diogène Laërce nous apprend (5, 42) que Théophraste avait consacré un traité entier à ce problème : Περὶ τῶν ἀπολιθομένων. Le phénomène était d'ailleurs d'un intérêt considérable pour les péripatéticiens, cf. Aristote, *Probl.*, 24, 11, 837 a ; Ps. Arist., *Mirab.*, 834 a 27-28 et 838 a 14. Il est intéressant de noter l'opposition entre l'intérêt, tout scientifique, de la quête de Théophraste qui cherche à classer les pierres d'après leurs propriétés et la recherche tournée vers le curieux et le sensationnel qui guide Pline, citant Mucien.

3. Dioscoride, 5, 124, Pline, § 133 et Celse, 5, 7, indiquent que la pierre d'Assos servait en médecine à supprimer les excroissances de chair.

§ 132.

1. *chernites*, gr. χερνίτης : dans l'ensemble du paragraphe, Pline suit la notice de Théophraste, *Lap.*, 6-7 (Chernites, poros égyptien, « pierre noire ») : αἱ μὲν οὖν κατὰ τὰ χρώματα καὶ τὰς σκληρότητας καὶ μαλακότητας καὶ λειότητας καὶ τἆλλα τὰ τοιαῦτα, δι' ὧν τὸ περιττόν, πλείοσιν ὑπάρχουσι καὶ ἐνίοις γε κατὰ τόπον ὅλον. ἐξ ὧν δὴ καὶ διωνομασμέναι λιθοτομίαι Παρίων τε καὶ Πεντελικῶν καὶ Χίων τε καὶ Θηβαϊκῶν, καὶ ὡς ὁ περὶ Αἴγυπτον ἐν Θήβαις ἀλαβαστρίτης, — καὶ γὰρ οὗτος μέγας τέμνεται, — καὶ ὁ τῷ ἐλέφαντι ὅμοιος ὁ χερνίτης καλούμενος, ἐν ᾗ πυέλῳ φασὶ καὶ Δαρεῖον κεῖσθαι · καὶ ὁ πόρος ὅμοιος τῷ χρώματι καὶ τῇ πυκνότητι τῷ Παρίῳ τὴν δὲ κουφότητα μόνον ἔχων τοῦ πόρου, διὸ καὶ ἐν τοῖς σπουδαζομένοις οἰκήμασιν ὥσπερ διάζωμα τιθέασιν αὐτὸν οἱ Αἰγύπτιοι · καὶ μέλας αὐτόθι διαφανὴς ὁμοίως τῷ Χίῳ,

« De nombreuses roches possèdent des différences caractéristiques fondées sur la couleur, la dureté, la tendresse, le poli et autres qualités qui constituent leur caractère remarquable, mais, en outre, dans certains cas du moins, ces différences appartiennent à une région entière ; par exemple les célèbres carrières de Paros, du Pentélique, de Chios, de Thèbes et de même, car cette variété est exploitée en gros blocs, l'*alabastrites* qui provient de Thèbes en Égypte et une roche semblable à l'ivoire appelée *chernites* qui servit à fabriquer le cercueil dans lequel fut enseveli Darius. Il y a aussi le *poros* semblable au marbre de Paros, pour la couleur et la densité et qui possède seulement la légèreté du *poros* ; c'est pourquoi les Égyptiens l'utilisent en bandeaux dans leurs constructions soignées. On trouve, en outre, en Égypte, une pierre noire, translucide comme celle de Chios ». Mais, une fois de plus, les deux textes diffèrent profondément. Au début de son traité, Théophraste propose plusieurs critères de classification des pierres, parmi eux le fait que les caractéristiques d'une roche se trouvent dans une *région entière* (κατὰ τόπον ὅλον, § 6). Les trois pierres dont parle Pline illustrent cette rubrique avec différents marbres célèbres (Paros, Pentélique, Chios, Thèbes) et les « albâtres » d'Égypte. Le fil directeur de Pline est constitué par les « pierres à sépulture ». Le passage au *chernites* lui est fourni par la précision de Théophraste que le cercueil de Darius (πύελος) était fait de cette roche. Les deux pierres suivantes sont rattachées librement par Pline qui continue à suivre la notice de Théophraste. *Chernites* désigne une variété particulièrement blanche des « albâtres » (alabastrites, onyx) propres à l'Égypte, dont Pline a déjà parlé en 36, 59-61. Des sarcophages égyptiens construits dans ce matériau ont survécu jusqu'à nos jours ; cf. Lucas, *op. cit.*, p. 463.

2. *poros* : le terme traduit le grec πῶρος, Eichholz dans son commentaire du *De Lapidibus* de Théophraste (Oxford, 1965), fait remarquer que le texte grec présente une tautologie puisque le terme *poros* est comparé à lui-même : καὶ ὁ πῶρος ὅμοιος τῷ χρώματι καὶ τῇ πυκνότητι τῷ Παρίῳ τὴν δὲ κουφότητα μόνον ἔχων τοῦ πώρου. (§ 7). Déjà Pline avait esquivé le problème : *minus tamen ponderosus*. Le mot πῶρος est un terme général qui désigne des roches calcaires de porosité élevée et de faible densité comme les tufs, les travertins. Faciles à travailler et fort abondants, ils servaient, en Grèce, à la construction courante. Cf. R. Martin, *Manuel*, pp. 117-124. Le parallèle avec le marbre de Paros a pu être suggéré à Théophraste (puis à Pline) par la description que donne Hérodote (5, 62) du temple d'Apollon à Delphes ; la façade était en marbre de Paros et le reste en *poros*, c'est-à-dire en tuf calcaire (qu'on trouve en abondance autour du Mont Parnasse). Pour comprendre la phrase de Théophraste, il faut supposer que le premier *poros* désigne une variété particulière à l'Égypte, plus précieuse que le *poros* grec, puisque Théophraste précise que son

usage était réservé aux beaux bâtiments. Il pourrait s'agir du calcaire exceptionnellement blanc qu'on trouvait, par exemple, dans les carrières de Tourah, à l'est du Nil, près de Memphis (suggestion de Eichholz, Pline, 36, pp. 106-107, note c). — Darius est probablement Darius III, l'adversaire d'Alexandre, mort en 330 av. J.-C.

3. Théophraste, *Lap.*, 7, précise que la pierre était noire. Il est difficile de proposer une identification avec l'obsidienne, roche absente d'Égypte. On peut suggérer le basalte.

4. *Assius* : pour une description détaillée des propriétés médicales de la pierre d'Assos, cf. Pline, 28, 96 et 140 ; Diosc. 5, 124 ; — contre la goutte, cf. la remarque dans Celse, 4, 31, 7 ; Scrib. Larg., 264 ; Diosc., 5, 124, 3.

§ 133.

1. Cf. Diosc. 5, 124, 1 : « Sa fleur (ἄνθος) (sc. de la pierre d'Assos) est une matière salée apparaissant à la surface des pierres, de consistance fine, de couleur ou blanche ou de pierre ponce, virant au jaune, et de saveur mordante » ; Galien, XII, 202 ; Oribase, XIII, *s.u.* λίθος.

§ 134.

1. Cf. Théophraste, *Lap.*, 5 qui émet cependant quelques réserves : Θαυμασιωτάτη δὲ καὶ μεγίστη δύναμις, εἴπερ ἀληθές, ἡ τῶν τικτόντων. — *qui pariant* : Pline donne trois exemples, les « pierres d'aigle » (*aetitae*, cf. 10, 12 ; 36, 149-151) ; la *cyitis* (35, 154) et la *gassinadè* (37, 163). Il précise pour cette dernière que la période de gestation est de trois mois. Pour Bailey (*op. cit.*, p. 253), l'idée serait née de l'observation des cristaux où l'on voit souvent de petits cristaux attachés à de plus gros. L'idée d'une « filiation » est développée à ce propos de Démocrite à Avicenne. Pour Caley-Richards, *Theophrastus, On Stones, introduction, text, translation, and commentary*, Colombus, Ohio State University, 1956, *ad loc.* : « cette idée semble née de l'observation de certaines concrétions semblables à des géodes, formées d'une enveloppe externe à l'intérieur de laquelle se trouve un noyau argileux, sablonneux ou pierreux. Quelquefois, le matériau intérieur est si mal attaché que la concrétion fait du bruit quand on la secoue. Les Anciens pensaient apparemment que de telles pierres étaient enceintes et que la matière minérale qui se trouvait à l'intérieur était en processus de génération ». Cette deuxième hypothèse paraît beaucoup mieux adaptée aux descriptions de Pline concernant les *aetitae*, *cyitis* et *gassinadè*. L'exemple des *aetitae* montre que l'idée d'une reproduction des pierres est liée à leur classification d'après un sexe ; cf. Pline, 33, 101, sur l'antimoine ; 36, 128 sur la magnétite qui possède en outre une sensibilité et des « mains » (*sensus*

manusque) ; 149 (*aetitae*) ; 37, 92 (*carbunculi*) ; 101 (*gara-mantites*) ; 106 (*sardae*) ; 120 (*sapphiri*). On peut ajouter à cette liste, dans Théophraste, *Lap.*, 30-31 : les *sardion* (chalcédoine), *lyngourion* et *kyanos*. Mais pour les pierres précieuses — sauf dans le cas du *lyngourion* — le sexe n'est pas lié à un mode de génération, mais sert à distinguer différentes variétés à partir de l'intensité ou de l'éclat des couleurs (l'espèce sombre est masculine, l'espèce pâle féminine). Sur le sexe des pierres, cf. R. J. Forbes, *op. cit.*, VII, pp. 91-92 ; sur la fécondité des minéraux, cf. R. Halleux, *Fécondité des mines et sexualité des pierres dans l'Antiquité gréco-romaine*, in *Revue Belge de Philologie*, 48, 1970-1971, p.p 16-25.

2. Le parallèle avec Théophraste, *Lap.*, 37 : ὅ τε ἐλέφας ὁ ὀρυκτὸς, montre que *fossile* signifie « déterré ». Il s'agit de défenses, de dents et, moins probablement d'os d'animaux fossiles. Il peut même s'agir d'ivoire proprement dit, si l'on se réfère à une anecdote de Pline, 8, 7, où il est dit que les éléphants enterrent eux-mêmes leurs défenses. Plus certainement, il s'agit de restes de mammouths et de mastodontes. Même actuellement, selon Caley-Richards, *op. cit.*, *ad loc.*, une quantité considérable d'un tel ivoire a été obtenue à partir de restes fossilisés, surtout en Union Soviétique. D'après Eichholz, *op. cit.*, p. 108, note b, les larges dépôts d'os découverts à Pikermi en Attique pourraient illustrer les remarques de Théophraste et de Pline. De tels restes sont souvent décolorés en partie par des matières minérales ou organiques, ce qui explique les taches noires dont parlent les deux textes. Il ne semble pas nécessaire d'identifier l'*ebur fossile*, comme le fait Bailey, *op. cit.*, p. 254, avec l'odontolite qui est une sorte de turquoise. Sur les fossiles, cf. R. J. Forbes, *op. cit.*, VIII, pp. 61-67.

3. Bailey, *op. cit.*, p. 254, propose d'identifier cette roche avec l'andalousite. Il ne s'agirait donc pas de feuilles fossilisées. — *idque quotiens fregeris* : il y a référence à une propriété de l'andalousite. Ce minéral peut se présenter sous forme de prismes (chiastolite) qui montrent en section transversale une croix faite de pigments charbonneux accumulés dans les plans de symétrie. Cette croix apparaît en quelque point qu'on pratique la coupe ; cf. *Petit Atlas Payot*, n° 43, *Les Minéraux*, Lausanne, p. 43, n° 4. — La victoire de César eut lieu en 45 av. J.-C.

§ 135.

1. Les carrières de marbre noir du Cap Ténare en Laconie sont exploitées encore aujourd'hui. Les traces de l'exploitation dans l'Antiquité y sont particulièrement nettes. Sur le marbre de Ténare ; cf. Pline, 36, 158 et Strabon, 8, 5, 7. — *et nigri* : faut-il comprendre qu'à l'origine, n'étaient

comptés dans les marbres que les espèces blanches (*candidi*),
cf. 36, 14 ? Le retour aux marbres paraît rompre l'ordre du
plan. Il semblerait que Pline s'éloigne du texte de Théophraste dont il s'inspire, quoique fort librement, depuis
le § 126, pour suivre une notice de Varron. On peut remarquer néanmoins qu'en suivant ce passage varronien, il
énonce d'autres caractéristiques des roches que Théophraste mentionnait au début de son traité (dureté, réaction au feu, différentes manières de travailler la pierre :
Lap., 4-6).

2. Cora, auj. Cori, ville du Latium ; cf. Isid., *Orig.*, 16,
4, 31.

3. Comme au § 124, le terme *silex* désigne toute pierre
dure ; celui de Luna désigne le marbre de Carrare, cf. note 4,
§ 14.

4. Il s'agit de tufs calcaires ; cf. Isid., *Orig.*, 16, 4, 33.
Cf. l'analyse du milieu naturel du Latium de P. Toubert,
*Les Structures du Latium médiéval, le Latium méridional
et la Sabine du IXe à la fin du XIIe siècle*, Rome, B.E.F.A.R.,
221, 1973, I, pp. 137 sq.

§ 136.

1. *Lapis* désigne une espèce définie de roche (cf. § 160),
alors que *saxum* s'applique à un morceau de rocher qui
peut être constitué de n'importe quelle pierre. De fait,
la lave volcanique paraît avoir été le matériau de ces meules ;
mais Pline n'abstrait pas le type de roche de l'usage qui en
est fait. Cf. les remarques parallèles de R. Lenoble, *Les
obstacles épistémologiques de l'histoire naturelle de Pline
l'Ancien*, in *Thalès, Recueil des travaux de l'institut des
sciences et des techniques*, 8, 1952, pp. 87-106, qui montre
à propos de la cadmie (Pline, 34, 22) et du sel (Pline, 31, 39)
que Pline est incapable de distinguer un seul corps sous
les différents usages et les différents modes de production.
Sur les meules, cf. R. J. Forbes, *op. cit.*, III, pp. 141-148 ;
L. A. Moritz, *Grain-mills and flour in classical antiquity*,
Oxford University Press, 1958.

2. Sur l'*ophites*, cf. 36, 55 sq.

§ 137.

1. *pyrites* (gr. πυρίτης λίθος, de πῦρ « feu ») : du § 137
au § 154 sont énumérées une série de pierres, utilisées en
médecine. Deux éléments les lient : l'origine grecque de leur
nom et le lien qui est établi entre leur dénomination et
leurs caractères ou propriétés. C'est ainsi que les « pyrites »
sont liées au feu, les « hématites » au sang, les « aetites »
aux aigles, etc... Pline lui-même signale que les *aetitae*
sont célèbres « ex argumento nominis ». Pour la minéralogie
moderne, la pyrite est un sulphide métallique ; ses espèces

les plus importantes sont issues soit du fer (Fe S2) soit du cuivre (Cu Fe S2) (chalcopyrite). Dans l'Antiquité, le terme semble avoir désigné des pierres qui produisaient du feu et différaient totalement quant à leur composition chimique ; cf. *plurimus sit ignis illi* de Pline ; Solin, 37, 16, *pyrites furnus est tenerique se uehementius non sinit ac, si quando artiori manu premitur, digitos adurit* ; Aug., *Ciu. Dei,* 31, 5, *pyriten... adurere, propter quod ab igne nomen accepit.* On a essayé de préciser quel type de minéral se trouvait derrière les catégories de Pline. L'espèce « vive » a été assimilée tantôt au silex, tantôt à l'émeri (Bailey, *op. cit.*, p. 256, mais cet avis paraît discutable). Les deux variétés qui ressemblent au cuivre peuvent être des chalcopyrites, les deux minéraux ayant une couleur jaune et un aspect métallique. La première catégorie des « pyrites » de Chypre renverrait aux mêmes minéraux ; la seconde variété serait la marcassite. La seule espèce qu'on ne peut bien identifier est la *spongiosior* (Bailey).

2. Les procédés sont décrits en détail par Dioscoride, 5, 125, 1-2, et ses propriétés médicales, *ibid.*, § 3.

§ 138.

1. Cf. Isid., *Orig.*, 16, 4, 5, *Est alius pyrites uulgaris, quem uiuum lapidem appellant, qui ferro uel lapide percussus scintillas emittit, quae excipiuntur sulpure uel aliis fungis uel foliis, et dicto celerius praebet ignem. Hunc uulgus focarem petram uocant.* Sur les *lapides uiui,* cf. note 1 au § 137. Les *fungi aridi* sont les amadouviers qui, une fois séchés, fournissent l'amadou. En 16, 208, les éclaireurs à l'armée, reçoivent aussi le feu sur de l'amadou : *excipiente materie aridi fomitis, fungi uel foliorum.*

§ 139.

1. *ostracites* (gr. λίθος ὀστρακίτης, d'ὄστρακον « terre cuite ») : cf. Diosc., 5, 146, ὅμοιος ὀστράκῳ. *Testa* ne signifie pas « écaille » comme on l'entend assez souvent, mais « terre cuite » ; cf. Pline, 37, 177, *ostracias sine ostracitis est testacea.* C'est l'*ostritis* (*ibid.*) qui doit son nom à sa ressemblance avec la coquille d'huître : *ostriti ostrea a similitudine nomen dedere* ; cf. aussi Isid., *Orig.*, 16, 4, 25, *ostracites uocatus quod similitudinem testae habeat.* Peut-être s'agit-il de grès.

2. Les propriétés d'une roche résistant au feu sont décrites dans Strabon 10, 1, 6, Dioscoride, 5, 138, Pausanias, 1, 26, 7, Solin, 7, 13 (qui appelle la roche non *amiantus,* mais *asbestus lapis*), Apollonius (Περὶ κατεψευσμένης ἱστορίας, ch. 36), Pline, 19, 19-20. Ces textes précisent que la roche se trouvait à Chypre et à Carystos, au sud de l'Eubée et en Arcadie (Solin). Il s'agit de la chrysotile dont l'appel-

lation courante est l'asbeste. — La ressemblance avec l'alun (*alumen*) vient de l'aspect fibreux que présente la chrysotile.

§ 140.

1. *geodes* (gr. λίθος γεώδης « pierre terreuse ») : cf. Diosc., 5, 150 : « La pierre *geodes* est astringente, siccative et nettoie l'obscurcissement des pupilles ; en enduit, avec de l'eau, elle fait cesser les inflammations des seins et des testicules ».

2. Le *melitinus lapis* (gr. μελίτινος « miellé ») de Pline et Damig., *Lapid. auct.*, 75, correspond au μελιτίτης de Diosc., 5, 133 et au *melanites* (*sic trad.*) d'Isidore, *Orig.*, 16, 4, 26. Aucun minéral ne donne de jus parfumé au miel. Si l'on pense que *melitinus* dérive de la couleur jaune de la roche, on peut proposer l'identification avec la limonite ou l'ocre jaune. Il paraît difficile d'identifier la roche avec la mélilite actuelle qui se présente sous la forme de tout petits cristaux placés dans certaines roches.

§ 141.

1. *gagates* (gr. γαγάτης), l'étymologie proposée par Pline, Dioscoride (5, 128) et Galien (*De Fac. Simpl.*, XIII, 203) est admise par les modernes ; cf. H. Frisk, *G.E.W.*, I, 281 ; P. Chantraine, *Dict. étym. de la langue grecque*, p. 205. Eichholz (*op. cit.*, p. 112 b) propose d'identifier la rivière avec l'Alagoz, située entre Finike et Chirali. Près de Chirali se trouve la « Chimère » qui est un feu perpétuel, produit par du gaz qui s'échappe du sol. *Gagates* désigne le jais, c'est-à-dire une sorte de lignite, encore très proche du bois. Mais d'autres éléments de la description de Pline invitent à mettre aussi l'asphalte en rapport avec le terme. L'asphalte se trouve également en Lycie ; cf. R. J. Forbes, I, p. 23. Selon Solin, 22, 11-12, qui reprend la description de Pline en y ajoutant des compléments sur la nature de la pierre, on trouverait le meilleur jais en Bretagne et en très grande quantité ; selon Isid., *Orig.*, 16, 4, 3, *Gagates lapis primum inuentus est in Sicilia, Gagatis fluminis fluore reiectus ; unde est nominatus, licet in Britannia sit plurimus*. Comme le jais se trouve aussi en Europe occidentale, il est clair que Pline suit ici une source grecque.

2. Cf. Pline, 5, 131, *oppido Leucolla*. Il s'agit d'une ville et d'un promontoire de Pamphylie, à l'est de la Lycie.

3. Les pigments de carbone présentent une résistance remarquable ; cf. par exemple, les inscriptions découvertes dans les ruines d'Herculanum qui sont dans un état de conservation parfait (Bailey).

4. Théophraste, *Lap.*, 13, parle d'une pierre σπίνος, qui brûle mieux quand elle est aspergée d'eau. Le *spinos*

est identique à la « pierre de Thrace », mentionnée par d'autres auteurs (Nicandre, *Ther*, 45 ; Dioscoride, 5, 128 ; Pline, 33, 94). Il s'agit sans doute de bitume présent dans de l'asphalte. Dioscoride décrit le *gagates* immédiatement avant la pierre de Thrace (5, 129) et c'est uniquement à propos de cette dernière qu'il énonce la propriété ici attribuée par Pline au *gagates* (ἐκκαίεσθαι ὕδατι, σβέννυσθαι δὲ ὑπ' ἐλαίου). Bailey (*op. cit.*, II, p. 258) suppose que Pline a déformé la notice de Dioscoride et a étendu au *gagates* une propriété attribuée jusqu'alors à la pierre de Thrace exclusivement. Si l'on ne pense pas que Dioscoride était connu de Pline (cf. présentation du problème par H. Le Bonniec, Pline, Livre 34, *Introd.*, p. 96 et note 2), on peut supposer la déformation d'une source commune aux deux auteurs. Dans leur commentaire de Théophraste, *Lap.*, 13, Caley-Richards ajoutent une précision intéressante. Ils montrent comment la description claire et rationnelle du phénomène de combustion spontanée qui se trouve dans le passage de Théophraste devient, dans le cours du temps et au gré des commentateurs, une fable de plus en plus fantastique. Une combustion peut, en effet, se produire spontanément, si du matériau à base de bitume se trouve empilé. Une telle combustion a été observée également dans le cas de piles de charbon non ventilées. Par contre la deuxième partie du jugement de Théophraste (combustion augmentée par l'eau) est une interprétation erronée : c'est considérer que les vapeurs et la fumée qui se dégagent d'un tas de matériau bitumineux qui se consume et sur lequel on a versé de l'eau marquent une recrudescence de la combustion. Par la suite, des déformations successives de cette description (Nicandre, Dioscoride) rendent moins surprenant le jugement fantaisiste de Pline selon lequel l'eau *allume* le feu. Quant à l'extinction par l'huile, tout aussi erronée, elle se trouve également dans les notices de Nicandre et Dioscoride.

§ 142.

1. Identifiée avec l'épilepsie, la maladie « comitiale » qui dispensait d'assister aux séances des tribunaux et aux assemblées politiques (Diosc., 5, 146 ; Aetius, 2, 24). Sur le mal comitial et ses remèdes, cf. Pline, 35, 176. Pour l'emploi de l'odeur du jais enflammé pour reconnaître l'épilepsie, cf. Apulée, *Apol.*, 45, 4, *cum incensus gagates lapis, ut apud physicos lego, pulchre et facile hunc morbum exploret*. On pouvait par le même moyen s'assurer de la santé ou de la maladie des esclaves mis en vente (Apulée, *ibid.*).

2. *axinomantia* (gr. ἀξινομαντεία) : cf. Pline, 30, 14 *Namque et aqua et sphaeris et aere et stellis et lucernis ac peluibus*

securibusque... diuina promittit (sc. *magia*). On suppose que le *gagates* était posé sur une hache chauffée à blanc et que le présage dépendait du type de combustion qui s'ensuivait. L'ἀξινομαντεία est mentionnée par A. Bouché-Leclercq, *Histoire de la Divination dans l'Antiquité*, I, Paris, 1879, réimpression anastatique, Bruxelles, 1963, p. 183, mais sans précisions sur le procédé décrit ici par Pline.

§ 143.

1. *spongitae* (gr. σπογγίτης) : cf. Diosc., 5, 144 : « Les pierres trouvées dans les éponges, prises dans du vin, réduisent en poudre les calculs dans la vessie » ; Ser. Samm., 595, *spongiten succurrere credunt* (pour les calculs). Il peut s'agir de pierres enfermées dans les éponges ou de squelettes d'éponges (Bailey).

2. *tecolithos* (gr. τηκόλιθος, de τήκω dissoudre » et λίθος « pierre »), la « pierre qui dissout (les calculs) ». Pline (37, 184) décrit une pierre précieuse ainsi nommée également parce qu'elle fractionne et expulse les calculs de ceux qui la sucent (et qui n'est pas le *spongites*).

3. Cf. Dioscoride, 5, 125 : « La pierre phrygienne, utilisée en Phrygie par les teinturiers, se trouve en Cappadoce. La meilleure est jaune et modérément lourde, d'intensité différente dans la combinaison de la couleur, avec des interstices blancs comme la cadmie ». Suivent les mêmes indications que dans Pline pour sa préparation ; cf. aussi Isid., *Orig.*, 16, 4, 9, ainsi que Galien, *De Fac. Simpl.*, XII, 236. D'après L. Robert, *art. cit.*, in *Journal des Savants*, 1962, pp. 18-19, « la destination de la pierre (teinture des laines) et son mode d'emploi (brûler la pierre) correspondent exactement à celui de l'alun ».

§ 144.

1. *haematites* (gr. αἱματίτης de αἷμα « sang ») : cf. Solin, 30, 34, *Ex ipso solo sumimus haematitem rubore sanguineo ac propterea haematitem uocatum*. Cette roche est différente de celle mentionnée en 37, 169 (citée également par Théophraste, *Lap.*, 37), et que l'on identifie avec le jaspe rouge. Il est question ici du minerai de fer que l'on appelle hématite, aujourd'hui encore (Fe_2O_3) ; cf. la notice de Dioscoride, 5, 126.

2. Le procédé de falsification est décrit avec beaucoup de détails par Dioscoride, 5, 126, 2.

§ 145.

1. Cf. Diosc., 5, 126, 2 ; les sels de fer sont hémostatiques.

2. *schistos* (gr. σχιστός) : il s'agit sans doute de la limonite ($Fe_2O_3 \, nH_2O$) autre minerai de fer dont l'aspect

fibreux explique le nom grec, et qui donne, une fois torréfié, un résidu de la même formule que l'hématite.

3. *in iis* : ce pluriel représente l'ensemble comprenant les différentes espèces d'hématite et de *schistos* ; cf. § 146.

4. Cf. Diosc., 5, 127, 2, donnant des prescriptions analogues : « Le *schistos*, dans du lait de femme, remplit les ulcères (sc. des yeux) et est bon contre les déchirures et l'exorbitation » ; *procidentes oculos* correspond à la προπτωσις de Dioscoride, et le sens en est garanti par Celse, 6, 6, 8 G, *Nonnumquam autem ingens inflammatio tanto impetu erumpit ut oculos sua sede propellat : proptosin id, quoniam oculi procidunt, Graeci appellant.*

§ 146.

1. Cf. § 128 ; — *magnes* : cf. § 129.

2. *androdamas* (gr. ἀνδροδάμας « qui dompte l'homme »), cf. Pseudo-Démocrite, *Alch.*, p. 45, éd. Berthelot. La description correspond parfaitement à un type d'hématite et Pline a raison de lier le terme ἀνδροδάμας à la dureté particulière de ce minerai.

3. *trahere* : il y a sans doute confusion avec la magnétite.

§ 147.

1. Cf. note 1 au § 58 ; mais il s'agit ici du jaspe noir qui sert d'ordinaire à tester l'or et l'argent ; — *sucum sanguineum* : cf. § 140, *sucum dulcem melleumque*. Bailey (*op. cit.*, p. 262) propose deux identifications de ce *sucus* qui traduit le grec χῦλος. Il paraît curieux, en effet, que le fait de frotter une hématite sur une pierre à aiguiser produise un « jus ». C'est pourtant ce que laisse supposer le texte de Pline sur l'*haematites magnes*, au § 129, puisque, une fois broyé, il produit *sanguineus color* et *crocum*. Deux solutions peuvent être envisagées : ou la poudre produite est mêlée à de l'eau, ou les mots grec et latin sont des termes techniques, équivalents du « trait » de la minéralogie moderne. La première hypothèse se fonde sur la suite du § 147, où Pline précise qu'un autre *sucus* est produit sur une *cos aquaria*. Aux §§ 164-165, Pline distingue deux types de pierres à aiguiser (*cotes*), celles qui fonctionnent avec de l'huile et celles qui fonctionnent avec de l'eau. Dans ce cas, le *sucus* pourrait désigner le mélange de la poudre, issue de l'hématite, avec l'eau en excédent sur la pierre à aiguiser. Cette hypothèse a l'avantage de tenir compte de la valeur étymologique de χῦλος, formé sur la racine de χέω qui comporte l'idée de verser un liquide. La deuxième hypothèse, que Bailey préfère, a l'inconvénient de ne pas correspondre à ce sens premier de χῦλος. La couleur du trait est un terme technique qui définit une

propriété des minéraux. Il s'agit d'un test qui permet de distinguer entre eux des minéraux opaques ou faiblement translucides. Frottés sur une plaque de porcelaine mate et rugueuse, ils laissent sur elle une trace caractéristique, ainsi le réalgar et le cinabre, rouges tous les deux, laissent des traits de couleur différente, jaune-orange et rouge respectivement. En particulier, la couleur du trait fourni par les minéraux d'aspect métallique est celle des mêmes corps réduits en poudre. Dans ce cas, Pline n'aurait pas compris la valeur technique du terme et devant le *sucus melleus* de la pierre *melitinus*, il aurait ajouté la notion de douceur (*dulcis*) comme si le jus avait le goût du miel, quand il s'agissait uniquement de couleur ; de même pour l'hématite et le sang. Sur l'usage du « trait » par les Anciens, cf. R. J. Forbes, *op. cit.*, VII, pp. 89-90.

2. *hepatites* (gr. ἡπατίτης de ἧπαρ « foie ») : certaines variétés d'hématites ont exactement la couleur du foie.

§ 148.

1. *anthracites* (gr. ἀνθρακίτης d' ἄνθραξ « charbon ») : il ne s'agit pas de charbon, mais d'un minerai qui était partiellement magnétite et partiellement limonite (Bailey).

§ 149.

1. *aetites* (gr. ἀετίτης, d' ἀετός « aigle ») : cf. Pline, 10, 12 ; 30, 130 et 134 ; Elien, *H.A.*, 1, 35 ; Solin, 37, 15, *inuenitur aut in nidis aquilae aut in litoribus oceani, in Perside tamen plurimus* ; Isid., *Orig.*, 16, 4, 22. Le lien avec l'aigle paraît fantaisiste. C'est une anecdote étiologique fondée sur la ressemblance entre le nom de la pierre et celui de l'aigle. Ces pierres désignent différents types de géodes. Sur l'ensemble du problème et sur la classification des pierres d'après le sexe, cf. note 1 au § 134.

§ 150.

1. *callimus*, transcription du gr. κάλλιμος, proprement « beau ».

§ 151.

1. Même utilisation de l'aétite en amulette pour les femmes enceintes et les femelles pleines, pour empêcher l'avortement et favoriser l'accouchement dans Elien, *H.A.*, 1, 35 ; Pline, 30, 13. *Lapis aetites in aquilae repertus nido custodit partus contra omnis abortuum insidias* ; Solin, 37, 15, *subnexus spem uteri defendit a fluxibus abortiuae* ; Isid., *Orig.*, 16, 4, 22. Ceci en vertu du signe ; cf. l'emploi d'*aluus* dans Pline au § 150 pour désigner l'enveloppe.

§ 152.

1. Cf. Diosc., 5, 154 : « On trouve dans la terre de Samos une pierre dont les orfèvres se servent pour polir et faire

briller. La meilleure est blanche et compacte » ; Isid., *Orig.*, 16, 4, 10, *Samius a Samo insula, ubi reperitur uocatus, et est grauis et candidus* ». Sur la terre de Samos, cf. Théophr., *Lap.*, 62-63 ; Diosc., 5, 153 ; Pline, 35, 191. La *terre* de Samos a été identifiée avec la kaolinite qui, sous la forme de kaolin (argile blanche), entre dans la composition de la porcelaine. La *pierre* pourrait désigner la kaolinite sous forme solide (Bailey).

2. *quo supra dictum* : cf. § 145.

3. *acopis* (gr. ἄκοπος « délassant ») : il s'agit de liniments destinés à soulager la fatigue ou les courbatures ; cf. Pline, 33, 89, 157 et 31, 92.

§ 153.

1. Cf. Diosc., 5, 131, « La pierre dite Arabique ressemble à de l'ivoire sans tache (ἄσπιλος). Appliquée en poudre, elle sèche les hémorroïdes ; brûlée, elle sert de dentifrice » ; Pline, 37, 145, *Arabica ebori simillima est, et hoc uideretur, nisi abnueret duritia* ; Isid., *Orig.*, 16, 4, 11, *Arabicus similis est eboris sine macula. Hic defricatus ad cotem sucum dimittit croco similem* (d'une autre source). Cette pierre n'est pas identifiée ; à moins de rapprocher sa couleur ivoire de celle des chernites au § 132 et de voir dans cette roche l'albâtre tiré des carrières des collines « arabiques » d'Égypte ; cf. §§ 59 et 61 (Eichholz, *op. cit.*, p. 122, note b).

§ 154.

1. Sur la pierre ponce, cf. note 4 et § 130, et Théophraste, *Lap.*, 19-22 (qui souligne seulement les propriétés abrasives de la roche).

2. Originellement « sanctuaire des Muses », le mot finit par désigner tout lieu de méditation, de retraite ; il s'agit ici des grottes artificielles, avec rocailles, aménagées dans les jardins romains ; cf. P. Grimal, *Les jardins romains*, pp. 341 sq., H. Lavagne, *Villa d'Hadrien, la mosaïque de voûte du cryptoportique républicain et les débuts de l' « opus musivum »* en *Italie*, in *M.E.F.R.A.*, 85, 1973-1, pp. 197-245 ; F. B. Sear, *Roman Wall and Vault mosaics*, in *M.D.A.I.*, *R.A.*, Ergänzungsheft 23, Heidelberg, 1977.

3. Sur l'épilation à la pierre ponce, cf. Ov., *A.A.*, 1, 504, *mordaci pumice crura teras* ; Pline le Jeune, *Epist.*, 1, 9, 6 ; Martial, 5, 41, 6 ; 14, 203. — Sur son usage pour les livres (elle servait à adoucir les bords du rouleau et à effacer), cf. Catulle, 1, 2, *libellum / arida modo pumice expolitum* ; 22, 8, *pumice omnia aequata*.

4. Théophraste, *Lap.*, 21-22, mentionne la pierre ponce de Mélos, Nisyros et de Sicile. Mélos est une île des Cyclades, Nisyros, une île des Sporades, au large de Cnide.

§ 155.

1. Diosc., 5, 108, indique le même procédé pour obtenir la poudre de pierre ponce. On peut même se demander si un des secrétaires de Pline n'a pas commis une énorme bévue sur le texte de leur source commune, car à *carbone puro* correspond διαπύροις ἄνθραξιν dans Diosc. (charbons ardents).

2. Cf. Pline, 34, 100-105. Le terme recouvre deux substances différentes ; cf. commentaire du livre 34, éd. des Belles Lettres, pp. 287-288, note 1. Il s'agit ici de la cadmie artificielle (oxyde de zinc) qui, d'après Pline, 34, 104, était lavée dans des mortiers.

§ 156.

1. Cf. Théophraste, *Histoire des Plantes*, 9, 17, 3, qui, s'interrogeant sur l'accoutumance à certaines drogues, donne l'exemple d'un personnage, Eudème, qui pouvait boire à la suite 22 potions à l'ellébore sans vomir. A cet effet, il avalait de la pierre ponce arrosée de vignaigre après la septième potion. Cf. commentaire de Bailey, *op. cit.*, II, p. 265 ; Caley-Richards, *op. cit.*, p. 133. Pour le sens de *feruere* avec *musta*, cf. Pline, 14, 83, *feruere prohibetur — sic appellant musti in uina transitum*. Sur le phénomène, cf. Diosc., 5, 108, 2.

§ 157.

1. Sur l'usage des mortiers dans la préparation des minerais, cf. R. J. Forbes, *op. cit.*, VII, p. 223-224.

2. On ne sait rien de cette pierre.

3. Pline, 34, 106 et 169, mentionne un *mortarium Thebaicum — pyrropoecilon* : cf. § 63, le granit d'Assouan (Syène). — *psaranum*, dérivé de ψάρ « l'étourneau », cf. aussi ψαρός « gris-cendré », « gris-pommelé » qui définit la teinte de l'oiseau et, comme l'a montré Blümner, *op. cit.*, III, p. 11, n. 1, est nettement distingué en grec de ποικίλος. Le terme ne saurait donc qualifier le granit rose, mais s'applique aux variétés grises ou noirâtres qui sont également très répandues dans la région d'Assouan, cf. Ch. Dubois, *op. cit.*, p. 49-50 ; R. Gnoli, *op. cit.*, p. 120, n. 7. *Chrysites* désigne en 33, 106, une variété de litharge et en 37, 179, une pierre précieuse jaune. Ici, la suggestion de Eichholz (*op. cit.*, p. 124 n. b) est séduisante, la *chrysites* désignerait une pierre de touche (une pierre qui attaque l'or) ; cf. Pollux, VII, 102. — *Chalazios* désigne sans doute la même pierre que *chalazias* en 37, 189. Le mot dérive de χάλαζα, « grêle ». Peut-être s'agit-il d'un granit à taches blanches.

4. Cf. § 147.

5. Cf. § 147.

6. Cf. § 146.

§ 158.

1. En 7, 195, Pline parle de carrières phéniciennes découvertes par Cadmos.

2. Dans ce passage, Pline évoque deux roches du Ténare (promontoire au sud du Péloponnèse). La première citée (liée aux hématites) paraît renvoyer aux marbres rouges qui furent exploités anciennement. La seconde désigne les marbres noirs, évoqués au § 135, qui ne furent exploités que tardivement ; cf. R. Martin, *Manuel*, p. 144 et note 9.

3. *alabastrite* : cf. §§ 59 à 61 ; — *ophite* : cf. § 55.

§ 159.

1. Cf. Théophraste, *Lap.*, 42. Pline est le seul à citer à nouveau cette pierre. Il s'agit sans doute d'une variété impure de talc (pierre ollaire) dont la couleur va du gris-vert au vert foncé. Cette pierre, très tendre, servait autrefois à construire des pots ou des poêles (d'où son nom, *olla* = marmite). — Siphnos est une île des Cyclades.

2. *scimus* : Pline était originaire de Côme ; — *lapide uiridi* : ce qualificatif correspond aussi à la pierre ollaire.

3. Dans leur commentaire (pp. 146-147), Caley-Richards font le compte rendu d'une expérience qui montre la précision des dires de Théophraste et de Pline. On prend un morceau de talc vert de 10 cm de long, 3 cm de large et 1 cm d'épaisseur. On chauffe une extrémité à la flamme et on plonge le bloc entier dans l'huile d'olive. Pendant le chauffage on n'observe aucun changement de couleur, mais, lorsque le morceau est plongé dans l'huile, la partie chauffée devient noire très vite, tandis que la partie qui n'a pas été directement chauffée ne noircit que légèrement en absorbant l'huile. L'endroit le plus noir est celui qui a été le plus chauffé. Lorsque le même morceau a été traité une deuxième fois, il devient noir foncé et la partie chauffée et noire est plus dure.

4. Il peut s'agir de la variété de talc blanche et compacte, la stéatite. — *imbricum* : les tuiles couvre-joints (grec καλυπτῆρες) recouvraient les joints des tuiles courantes, plates ou légèrement incurvées (*tegulae*) ; cf. R. Martin, *Manuel*, pp. 65 sq. et fig. 20, 22, 26, 28, 29. Les découvertes archéologiques confirment l'existence de cette adaptation locale de la technique romaine, en Gaule et en Belgique ; cf. A. Olivier, *Les couvertures en dalles sciées*, in *Dossiers de l'Archéologie*, n° 25, nov.-déc. 1977, pp. 100-103.

§ 160.

1. Cette pierre, qui servait abondamment aux Romains comme substitut du verre dans les fenêtres (*specularia*), (cf. Juvénal, 4, 21 ; Sénèque, *Ep.*, 90, 25 ; Martial, 8, 14,

3 ; Pline le Jeune, *Ep.*, 2, 17, 4 et 21 ; Pline l'Ancien, sur les serres, 19, 64), est identifiée par Bailey, tantôt avec toutes sortes de micas, tantôt avec le sélénite, le gypse (cf. 36, 183). En Espagne des gisements de gypse se trouvent dans la région de Segobriga (Priego), à Ocana. Le sélénite a été utilisé dans la construction des fenêtres jusqu'au xviii⁰ siècle. Bien que les vitres de verre aient été inventées dès le i⁰ʳ siècle ap. J.-C., elles ne se répandirent que lentement. Au iv⁰ s., Lactance (*De Opif. Dei*, 8, 11) parle encore concurremment de vitres de verre et de pierre spéculaire.

2. Pline la dit source de *lapis specularis* en 3, 30 ; 37, 203.

3. Strabon, 12, 2, 10, dit qu'on en exporte διόπτρας βώλους μεγάλας.

§ 161.

1. Cf. l'introduction de l'édition de Eichholz, pp. x-xii, ainsi que Forbes, *op. cit.*, VII, pp. 67-79. Le passage de Pline peut faire allusion à une théorie sur la formation des pierres dont les bases seraient aristotéliciennes, mais qui aurait été développée par Posidonius. La référence à l'Espagne, qui précède immédiatement la remarque de Pline, favorise cette idée. Strabon, 3, 2, 4, nous apprend que le philosophe stoïcien avait étudié les mines d'Espagne. Un passage de Diodore, 2, 52, 1-4, montre, d'autre part, l'intérêt qu'il portait aux roches. L'idée aristotélicienne est que deux exhalaisons (άναθυμιάσεις, *animae*), une sèche et potentiellement enflammée, l'autre humide et potentiellement glacée, lorsqu'elles sont enfermées sous terre, produisent l'une (la froide et humide, celle de Pline) les métaux, l'autre, les terres colorées et une certaine catégorie de roches. (Cf. Aristote, *Meteor*, 3, 378 a 26 sq. et 378 a 21 sq.). Sénèque (*Q.N.*, 2, 54, 1), nous apprend aussi que la théorie des deux exhalaisons jouait un rôle dans la physique de Posidonius. Peut-être avait-il étendu la théorie d'Aristote et l'avait-il appliquée systématiquement à la formation des roches.

2. Cf. Pline, 37, 23.

§ 162.

1. Il peut s'agir d'une variété de mica (Bailey).

2. Cf. Pline, 33, 90 (où il s'agit non de pierre spéculaire, mais de *chrysocolla*).

§ 163.

1. *phengites* (gr. φεγγίτης, de φέγγος « lumière ») : cf. Suétone, *Dom.*, 14 ; Strabon, 12, 2, 10 ; Pausanias, 8, 37, 7. Il s'agirait d'une variété d'albâtre (Bailey) ; cf. également R. Gnoli, p. 188 et bibliographie, p. 188, note 6.

2. D'après la tradition, de nombreux temples furent élevés par Servius Tullius à la Fortune. Plutarque, *Quaest. Rom.*, 74 ; *De Fortuna Rom.*, 10, ne cite pas moins de dix temples, dont le plus célèbre était celui construit au Forum Boarium à côté du temple de Mater Matuta (cf. G. Lugli, *Fontes*, VIII, II, XIX-XX (Rome, 1962), pp. 330-333, et sur les fouilles, qui ont permis de dégager plusieurs niveaux archaïques sous les temples jumeaux d'époque républicaine, F. Coarelli, *Guida Archeologica di Roma*, pp. 281-284 ; n° spécial de la *Parola del Passato*, *Lazio arcaico e mondo greco*, 32, fasc. 172-173, janv.-avril 1977, I, *L'area Sacra di S. Omobono*). F. Coarelli, *La Porta Trionfale e la Via dei Trionfi*, in *Dialoghi di Archeologia*, 2, 1968-1, pp. 72-76, a démontré, de manière convaincante que le temple dit de la *Fortuna Seiani* n'est autre que le temple de la *Fortuna Virgo* et que ce dernier ne saurait être identifié avec l'édifice du Forum Boarium. Comme l'indique le passage du livre 36, le temple était compris dans la *Domus Aurea*, situé peut-être sur l'Esquilin où, d'après la tradition, Servius Tullius aurait eu sa demeure. Il était sans doute inséré auparavant dans les limites de la *domus* de Séjan (cf. Dion Cass., 58, 7, 2), probablement confisquée après la disgrâce et l'exécution de celui-ci en 31. Sur la politique de Séjan, né à Volsinies en Étrurie et d'après Juvénal (10, 74), fervent dévôt de Nortia, la déesse étrusque de la Fortune, cf. R. Syme, *Seianus on the Aventine*, in *Hermès*, 84, 1956, pp. 257-266. Sur les rapports de Servius Tullius et de la Fortune, cf. G. Dumézil, *Servius et la Fortune*, *Essai sur la fonction sociale de la louange et sur les éléments indo-européens du cens romain*, Paris, 1943, repris dans *Mythe et Épopée III*, Paris, 1973 ; sur Servius Tullius, cf. en dernier lieu, M. Pallottino, *Servius Tullius à la lumière des nouvelles découvertes*, in *C.R.A.I.*, 1977, pp. 216-223. Sur les aménagements réalisés dans le temple, cf. F. M. Feldhaus, *Die Technik der Antike und des Mittelalters, mit Vorwort und Bibliographie von Horst Callies*, Hildesheim, 1971 (Documenta Technica Reihe 1 : Darstellungen zur Technikgeschichte). — Sur la *Domus Aurea*, cf. note 2, § 111.

3. Amené à Rome comme esclave, Juba devient roi de Maurétanie sous Auguste. Écrivain prolifique, il sert constamment de source à Pline ; cf. F. Jacoby, *R.E.*, 9, 1916, col. 2384.

§ 164.

1. Cf. § 54 ; 18, 261.

2. Plusieurs cités portaient le nom d'Arsinoé. Une d'entre elle se trouvait en Cilicie ; il pourrait donc s'agir d'une variété de la pierre à aiguiser de Cilicie.

§ 165.

1. Sur les pierres à aiguiser d'Italie, cf. Pline, 18, 261, *Italia aquarias cotes dedit limae uice imperantes ferro, sed aquariae protinus uirent.* — *passernices* : mot peut-être celte. Il pourrait s'agir des pierres à rasoir jaunes trouvées à Regensburg en Bavière et en plusieurs endroits de Belgique (Eichholz).

2. La ville de Laminium (Pline, 3, 25) se trouvait en Espagne citérieure où Pline exerça les fonctions de procurateur financier, cf. Pline le Jeune, 3, 5, 17.

§ 166.

1. Le terme *tofus* est réservé aux tufs tendres, les autres sont appelés *silex*, cf. § 168. Sur l'usage d'enduits au bitume sur les murs friables de tuf, à Carthage, cf. P. Cintas, *Manuel d'archéologie punique*, 2, Paris, Picard, 1976, pp. 88-89, ainsi que A. Audollent, *Carthage Romaine*, Paris, 1901, p. 627. — *sciteque dictum* : ils inversent la pratique courante ; cf. Pline, 14, 120 et 124.

§ 167.

1. Le paragraphe entier s'inspire de Vitruve qui, au livre 2 du *De Architectura*, traite des matériaux de construction ; cf. plus particulièrement, 2, 7, 1, *Sunt enim aliae molles uti sunt circa urbem Rubrae, Pallenses, Fidenates, Albanae...* Sur ces matériaux, cf. G. Lugli, *La tecnica edilizia romana*, Rome, 1957, I, pp. 303 sq. ; A. Moretti, *E.A.A.*, V, pp. 273 sq.

2. Le tuf de Fidènes est caractérisé par des inclusions de scories noires. Utilisé probablement à partir de 426 av. J.-C., date de la conquête de la cité. Les carrières se trouvent près de Castel Giubileo. Il fut en usage jusqu'à la fin du IIe s. av. J.-C. ; cf. F. Coarelli, *Guida archeologica di Roma*, p. 341. — Le pépérin (*lapis Albanus*) est un tuf grisâtre, tacheté de noir. Les carrières, près de Marino, sont encore exploitées de nos jours. Utilisé dès le IVe-IIIe s. av. J.-C., son emploi s'étend du IIe s. av. J.-C. jusqu'à l'époque impériale. Il connut, en particulier, une nouvelle faveur après l'incendie de Rome sous Néron, à cause de sa grande résistance au feu ; cf. G. Lugli, *op. cit.*, I, pp. 303-306 ; F. Coarelli, *Guida Archeologica di Roma*, p. 341.

3. Emprunté textuellement, ou presque, à Vitruve, 2, 7, 1, *in Umbria et Piceno et in Venetia albus, quod etiam serra dentata uti lignum secatur.*

4. Cf. Vitruve, 2, 7, 2, *Et si sunt in locis tectis, sustineant laborem, si sunt autem in apertis et patentibus, gelicidiis et pruina congesta friantur et dissoluuntur.*

5. Cf. note 3, § 46 ; G. Lugli, *op. cit.*, I, pp. 319-326. —

uapore : cf. Vitruve, 2, 7, 2 : *ab igni non possunt esse tuta,
simulque sunt ab eo tacta, dissiliunt.*

§ 168.

1. *silex* désigne les tufs durs (cf. *siliceae* sc. *lapidicinae*,
Vitruve, 2, 7, 1) ; *opus siliceum* désigne les ouvrages de
maçonnerie faits de pierre *dure*, cf. A. Moretti, *E.A.A.*, V,
p. 268. Les variétés noires et rouges sont des tufs d'origine volcanique. Ce paragraphe s'inspire également de
Vitruve, 2, 7, 3-4 ; cf. Isid., *Orig.*, 19, 10, 12-13.

2. Cf. Vitruve, 2, 7, 3, *Sunt uero item lapidicinae complures in finibus Tarquiniensium, quae dicuntur Anicianae,
colore quemadmodum Albanae, quorum officinae maxime
sunt circa lacum Vulsiniensem, item praefectura Statonensi.
Haec autem habent infinitas uirtutes ; neque enim his geli-
cidiorum tempestas neque igni tactus potest nocere* (...). Il
s'agit d'un tuf calcaire blanc ; cf. G. Lugli, *op. cit.*, I, p. 317.
— Statonia est une ville d'Étrurie.

3. *in monumentis scalpti* : Vitruve, 2, 7, 4, permet de
préciser qu'il s'agit du municipe de Ferentis, aux environs
de l'actuelle Viterbe, *Id autem maxime iudicare licet e
monumentis quae sunt circa municipium Ferenti ex his facta
lapidicinis. Namque habent et statuas amplas factas egregie
et minora sigilla floresque et acanthos eleganter scalptos ;
quae, cum sint uetusta, sic apparent recentia, uti sint modo
facta.* Sur les découvertes archéologiques faites dans cette
cité, cf. S. Ferri, *Vitruvio, Architettura (dai libri I-VII),
Recensione del testo, traduzione e note*, Roma, Palombi,
1960, p. 76, note.

4. La remarque vient encore de Vitruve, 2, 7, 4, *Non
minus etiam fabri aerarii de his lapidicinis in aeris flatura
formas conparatas habent* (...).

§ 169.

1. Sans doute une lave, peut-être la leucitite, abondante
dans les environs de Rome et qui servait à paver les routes.
Tout le paragraphe est repris textuellement par Isid.,
Orig., 19, 10, 12-14.

2. Cf. n. 1, § 136.

§ 170.

1. Emprunt à Vitruve, 2, 7, 5 (à propos des tufs *ex Rubris
lapidicinis et Pallensibus*), *cum aedificandum fuerit, ante
biennium ea saxa non hieme, sed aestate eximantur et iacentia
permaneant in locis patentibus. Quae autem eo biennio a
tempestatibus tacta laesa fuerint, ea in fundamenta coician-
tur ; cetera, quae non erunt uitiata, ab natura rerum probata
durare poterunt supra terram aedificata.*

§ 171.

1. Pline résume dans les §§ 171-172 le texte de Vitruve sur les méthodes de construction des murs, 2, 8. Les deux auteurs citent les différentes techniques sans tenir compte de la chronologie (cf. les remarques de S. Ferri, *op. cit.*, pp. 76-77, notes). Sur la nomenclature des types de murs, cf. G. Lugli, *op. cit.*, I, pp. 40 sqq. ; R. Martin, *Manuel*, I, pp. 371 sq. — *latericios parietes* : le terme désigne les constructions en brique crue. On peut remarquer, de la même façon, que Vitruve ne parle jamais de constructions en brique cuite alors que cette pratique était déjà en usage à son époque. On notera, d'autre part, que la présentation de Pline renverse totalement l'ordre d'apparition des techniques de construction des murs puisque c'est le mode d'édification romain qui informe et conditionne la description du mode de construction grec.

2. *isodomon* (gr. ἰσόδομον « dont les assises sont égales »), cf. Vitruve, 2, 8, 6, *Isodomum dicitur cum omnia coria aequa crassitudine fuerint structa* — *pseudisodomon* (gr. ψευδισόδομον « qui simule des assises de pierres égales ») — *emplecton* (gr. ἔμπλεκτον « entremêlé ») ; cf. Vitruve, 2, 8, 6, *pseudisodomum, cum impares et inaequales ordines coriorum diriguntur.* Sur l'*emplecton*, cf. note 1, § 172.

§ 172.

1. *diatonicon* (gr. διατονικόν « tendu d'un bout à l'autre », i.e. d'une paroi à l'autre). Pline déforme la notice de Vitruve, 2, 8, 7. Il s'agit toujours, en fait, de la catégorie de murs dite « emplecton » (cf. sur l'*emplecton*, R. Martin, *Manuel*, I, p. 374). La déformation vient du fait que, dans sa notice, Vitruve décrit une manière de construire grecque et une autre latine : *altera est quam* ἔμπλεκτον *appellant, qua etiam nostri rustici utuntur.* (...) *sed nostri celeritati studentes, erecta conlocantes frontibus seruiunt et in medio faciunt fractis separatim cum materia caementis. Ita tres suscitantur in ea structura crustae, duae frontium et una media farturae. Graeci uero non ita, sed plana conlocantes et longitudines eorum alternis in crassitudinem instruentes, non media farciunt, sed e suis frontatis perpetuam et unam crassitudinem parietum consolidant. Praeterea interponunt singulos crassitudine perpetua utraque parte frontatos, quos* διατόνους *appellant, qui maxime religando confirmant parietum soliditatem* : « nos maçons, par souci de rapidité, soignent les parements en dressant les blocs de pierre et construisent le centre avec un mélange de moellons et de mortier préparé séparément. Dans cette maçonnerie, on lève donc trois sections, deux de parement et une de blocage. Les Grecs ne procèdent pas ainsi. Ils posent leurs blocs à plat et les font alterner en longueur et en épaisseur. Ils ne fabriquent

pas un blocage pour l'intérieur, mais d'une paroi à l'autre, ils construisent une épaisseur continue et unique de mur. De plus, ils intercalent de place en place, des blocs qui couvrent toute l'épaisseur du mur qu'ils appellent *diatonoi* (« parpaings ») et qui, en assurant le maximum de cohésion, renforcent la solidité de la paroi ». Cf. le commentaire de G. Lugli, *op. cit.*, I, pp. 367-370. Sur l'emploi des parpaings dans les murs grecs, cf. R. Martin, *Manuel*, p. 220, n. 5, fig. 182-184.

2. Cf. Vitruve, 2, 8, 1. Introduit vers 100 av. J.-C. (les premiers monuments où l'on trouve ce type de maçonnerie sont les horrea Galbana (100-90 av. J.-C.) et le théâtre de Pompée de 55 av. J.-C. ; l'*opus reticulatum* fut largement employé dans la construction romaine jusqu'à l'époque julio-claudienne ; cf. G. Lugli, *op. cit.*, I, fig. 100, 102, 103, 104, 105 ; II, pl. CXXXI à CLX. La remarque sur le manque de solidité de ce type de mur vient de Vitruve (cf. les remarques de G. Lugli à ce sujet, *op. cit.*, pp. 370-374). Cf. également, F. Rakob, *Bautypen und Bautechnik*, in *Hellenismus in Mittelitalien*, pp. 365-386.

§ 173.

1. Pline reprend le procédé décrit par Vitruve, 8, 6, 14-15, pour la construction des citernes, mais il omet d'indiquer, comme le fait ce dernier, le nom de ce type de construction, l'*opus signinum*, *In signinis autem operibus haec sunt facienda. Uti harena primum purissima asperrimaque paretur caementum de silice frangatur ne grauius quam librarium, calce quam uehementissima mortario mixta, ita ut quinque partes harenae ad duas respondeant. Eorum fossa ad libramentum altitudinis quod est futurum calcetur uectibus ligneis ferratis. Parietibus calcatis, in medio quod erit terrenum exinaniatur ad libramentum infimum parietum. Hoc exaequato solum calcetur ad crassitudinem quae constituta fuerit.* Sur les citernes, cf. commentaire de L. Callebat, *De Architectura*, 8, éd. des Belles Lettres, Paris, 1973, pp. 188-190. Sur les procédés de décantation, cf. Vitruve, 8, 6, 15, *Ea autem si duplicia aut triplicia facta fuerint, uti percolationibus transmutari possint, multo salubriorem et suauiorem aquae usum efficient...* et le commentaire de L. Callebat, p. 190.

§ 174.

1. Caton, *De Agricultura*, 38, décrit en détail la construction et l'utilisation d'un four à chaux. Le calcaire doit être *quam minime uarium*. Le reste de la notice vient de Vitruve, 2, 5, 1 ; cf. Pallad., 1, 10, 3. — *ex silice* : tuf calcaire dur (Eichholz) ; — *molari* : ici un calcaire dur.

2. La combustion du calcaire produit de la chaux vive. Si elle est arrosée d'eau, elle se transforme en chaux éteinte. « Cette réaction est très exothermique » (Bailey), d'où l'étonnement des Anciens devant le phénomène ; cf. Isid., *Orig.*, 16, 3, 10, *aquis incenditur, quibus solet ignis extingui*.

§ 175.

1. Cf. Vitruve, 2, 5, 1.

2. Cf. Vitruve, *Ibid.* ; cf. également l'usage de la pouzzolane au § 70. Les tessons, briques ajoutaient au ciment de la silice qui accroissait sa résistance (Eichholz). Le revêtement obtenu est l'*opus signinum*, cf. § précédent.

3. Extrait de Vitruve, 2, 6, 5, *qua mons Appenninus regiones Italiae Etruriaeque circa cingit, prope in omnibus locis non desunt fossicia harenaria, trans Apenninum uero, quae pars est ad Adriaticum mare, nulla inueniuntur.*

§ 176.

1. Cf. Vitruve, 7, 2, 1. Si le mortier à base de chaux est utilisé précocement, la chaux continue à travailler si bien que l'humidité nécessaire à l'assemblage des pierres disparaît et que le mortier s'effrite dans les joints (Bailey).

2. Cf. Vitruve, 7, 3, 6 ; *harenatum* désigne un mortier fait de sable, chaux et eau ; *marmoratum*, un mortier où la poudre de marbre remplace le sable. Vitruve conseille trois applications de chacun d'entre eux. Les découvertes archéologiques à Pompéi et Délos montrent qu'on atteignait rarement une telle perfection ; cf. surtout le commentaire de M. Bulard, *Peintures Murales de Délos*, in *Mon. Piot*, 14, 1908, qui montre que l'état ordinaire est un enduit formé d'un mélange de chaux et de sable ou de chaux et de poudre calcaire. Dans la « Maison du Lac », il a exceptionnellement trouvé cinq couches d'enduit (p. 180) ; cf. également, R. Martin, *op. cit.*, I, p. 425 ; W. Klinkert, *Bemerkungen zur Technik der Pompejanischen Wanddekoration*, in *R.M.*, 64, 1957, pp. 111 sq. ; M. Frizot, *Mortiers et enduits peints antiques, étude technique et archéologique*, Publications de l'Université de Dijon, 1975 ; A. Barbet-Cl. Allag, *Techniques de préparation des parois dans la peinture murale romaine*, in *M.E.F.R.A.*, 84, 1972-2, pp. 935-1069.

3. Même conseil dans Vitruve, 7, 4, 1.

§ 177.

1. Cf. Pline, 35, 194 ; 36, 183 ; Vitruve, 7, 3. — *calx ceu glutinum*, cf. Vitruve, 7, 2, 1-2.

2. Il s'agit des blocs solides de chaux vive qui n'ont pas encore été effrités en chaux éteinte ; cf. Vitruve, *Ibid.*

3. Cf. Pline, 35, 54, où il est dit que Panaenus, le frère

de Phidias, avait peint l'intérieur du bouclier de la statue d'Athéna qui ornait le temple et qui avait été sculptée par un disciple de Phidias, Colotès. Le passage présent indiquerait qu'il avait également peint les murs du temple ; cf. E. Sellers, *The Elder Pliny's Chapters*, note 14, p. 223 et H. Schrader, *Das Zeusbild des Pheidias in Olympia*, in *J.D.A.I.*, 1941, p. 69.

§ 178.

1. D'après Eichholz, *op. cit.*, p. 140, n. a, la digression sur les colonnes vient d'une association d'idées. On avait l'habitude, en Grèce, d'appliquer du stuc sur les colonnes qui n'étaient pas en marbre ; — *positae* : sur les illusions d'optique dans l'emplacement des colonnes, cf. Vitruve, 3, 3, 11. Cf. S. Stucchi, *E.A.A.*, II, pp. 866-868 (*s.u. Correzioni ottiche*).

2. Cf. Vitruve (et le commentaire de S. Ferri, *ad loc.*) : 4, 1 (colonnes doriques, ioniques et corinthiennes) ; 4, 7 (les particularités du temple étrusque). Les chiffres de Pline, comme ceux de Vitruve, sont purement théoriques (cf. S. Ferri, *op. cit.*, p. 112). Sur les choix simplificateurs de Vitruve et son goût de la codification numérique, on se reportera aux analyses de P. Gros, *Structures et limites de la compilation vitruvienne dans les livres III et IV du De Architectura*, in *Latomus*, 34, 1975, fasc. 4, pp. 986-1009. En outre, Pline contamine deux textes de Vitruve, celui sur les proportions des colonnes par rapport à leur nombre et leur disposition, pour tenir compte de l'effet optique obtenu (3, 3, 9-13), et celui sur les proportions du temple dorique (4, 3, 3-4). C'est seulement dans le premier cas que l'on envisage le rapport du diamètre de la colonne à sa hauteur, pour pallier les déformations optiques. Dans le deuxième cas, les proportions sont calculées par rapport à l'unité de base, le module (lui-même défini (4, 3, 3) en fonction du type de colonnade du temple, par une subdivision numérique de la largeur de la façade). L'erreur de Pline est qu'il semble croire que la définition d'un style est liée au rapport diamètre/hauteur de la colonne. La colonne dorique jaillit directement du stylobate, elle est striée de vingt cannelures à arêtes vives, le chapiteau géométrique est composé d'une échine surmontée d'un tailloir carré. La colonne ionique est plus élancée ; elle porte vingt-quatre cannelures à arêtes plates, repose sur une base, le chapiteau est décoré de volutes. Le chapiteau distingue la colonne corinthienne de la colonne ionique ; il est orné de feuilles d'acanthe. Sur l'anecdote expliquant comment le sculpteur Callimaque eut l'idée de cet ornement, cf. Vitruve, 4, 1, 9-10. Sur la colonne étrusque (toujours en bois), cf. la reconstitution de D. S. Robertson, *Greek and Roman Architecture*, p. 197, fig. 89.

§ 179.

1. *tertia pars latitudinum delubri* : simplification des données de Vitruve, 3,3, 7. Sur le premier Artémision d'Éphèse, incendié en 356 av. J.-C. par Érostrate, cf. note 1, § 95.

2. Gr. σπεῖρα, l'emploi du mot dans Vitruve, 3, 5, 4, montre qu'il s'agit de la partie moulurée de la base.

3. La *columna attica* désigne un pilier quadrangulaire ou parastade ; « il s'agit en quelque sorte des antes détachées du mur, et c'est pourquoi on leur a donné le nom de παραστάδες » (définition de R. Vallois, *L'Architecture hellénique et hellénistique à Délos, II*, Paris, De Boccard, 1966, pp. 78-79, plus stricte que celle de G. Roux, *L'architecture de l'Argolide aux IVe et IIIe s. av. J.-C.*, Paris, De Boccard, 1961, p. 394, puisque R. Vallois appelle parastade proprement le pilier détaché du mur, et fausse parastade, le pilier quadrangulaire engagé (*ibid.*, I, pp. 136 et 262), suivant ainsi avec plus de fidélité la donnée de Pline sur la *columna attica*, cf. la remarque de P. Gros, *Aurea Templa*, p. 120, note 143). D'après Isidore, *Orig.*, 15, 8, 14, *Quintum genus est earum quae uocantur Atticae, quaternis angulis aut amplius, paribus laterum interuallis.*

§ 180.

1. Cf. Diosc., 5, 115, 2 : « Toute chaux vive (ἄσβεστος) est échauffante, mordante, caustique et cicatrisante. Mêlée à certaines substances comme la graisse ou l'huile, elle aide la digestion, amollit, cicatrise... ».

2. Cf. Pline Jun., 3, 4, 20, *Serpentium ulcerum coercet impetus calx non lota temperata ex rosaceo et aceto atque illita, mox cera ac rosaceo permixta perducit ad cicatricem.* Texte presque identique dans Marcell., *Med.*, 4, 58.

3. Cf. Pline Jun., 3, 6, 9, *Calx uiua cum resina liquida uel adipe suillo addito melle strumis utiliter auxiliatur* ; Marcell., *Med.*, 15, 59.

§ 181.

1. *maltha* : emprunt au gr. μάλθη « enduit ». Une confirmation du procédé de préparation donné ici se trouve dans l'étude de J. Rougé, *Une émeute à Rome au IVe siècle, Ammien Marcellin, XXVII (3, 3-4), essai d'interprétation*, in *R.E.A.*, 63, 1961, pp. 59-77, spécialement pp. 63-64. Cf. aussi Palladius, 1, 17, 3, sur la fabrication du mastic (*maltha*), très voisin de celui de Pline, et le commentaire de R. Martin, *ad loc.*, édition des Belles Lettres, Paris, 1976, p. 126.

§ 182.

1. La notice s'inspire largement de celle de Théophraste, *Lap.*, 62 ; 64-69. Les deux auteurs ne distinguent pas le

gypse proprement dit (minéral de formule So4Ca 2 H20)
du gypse déshydraté qu'on appelle couramment plâtre de
Paris. Il est même possible (cf. le commentaire de Caley-
Richards) que dans certains cas, le grec γύψος désigne
la chaux-vive. En effet, si l'on regarde attentivement la
description de la fabrication du « gypse » de Phénicie
(Théophr., *Lap.*, 69), on voit que les pierres de départ sont
des marbres et, dans le *De igne*, 66, Théophraste indique
que la fabrication du « gypse », en Phénicie, se faisait à
très haute température ; dans de telles conditions, le gypse
serait totalement déshydraté et inutilisable. On voit aussi
que la pierre est brûlée en contact direct avec le combustible ; dans le cas du gypse, il y aurait risque qu'une partie
du sulfate de calcium se réduise en sulfide.

2. La ville de Thurii (en Italie Méridionale) et la Syrie
sont associées à la Phénicie dans le texte de Théophraste ;
il s'agirait donc, dans ce cas, de chaux vive et non de gypse.

3. Ici, il s'agit de gypse au sens moderne. Encore aujour-
d'hui, le gypse est produit en abondance dans l'île de Chypre.
La Perrhébie forme la partie nord de la Thessalie. Il s'agit
d'un secteur proche de Tymphaea, district de l'Épire du
Nord.

4. Cf. ci-dessus, note 1. Il y a, en effet, deux types
d'albâtres, l'un, albâtre calcaire (oriental), est une variété
de calcite, l'autre, albâtre gypseux, est une variété de
gypse. La suite du texte indique qu'ici, *alabastrites* renvoie au premier type.

5. Un conseil identique se trouve dans Théophraste,
Lap., 69.

6. Cf. § 160. Il s'agit ici du gypse.

§ 183.

1. Cf. Théophraste, *Lap.*, 66. C'est de fait une caractéristique du plâtre de Paris. — *tundi* : Pline suit incomplè-
tement sa source. Théophraste, *Lap.*, 67, précise que pour
être réutilisé, il doit être à nouveau brûlé.

2. Pline évoque ici plusieurs emplois différents du stuc :
le revêtement des surfaces (*opus albarium*, *tectorium*, cf.
§ 177 et Vitruve, 7, 3) et le façonnement d'éléments architectoniques comme les corniches (*coronis*, cf. Vitruve,
7, 3-4, où se trouve, notons-le, une mention spéciale du
gypse) et d'autre part, les stucs décoratifs employés dans
l'ornement des parois et des voûtes sous forme de reliefs
et de sculptures (*sigillis* désigne de petites statues, cf.
Vitruve, 2, 7, 4 et Isid., *Orig.*, 16, 3, 9, *Est enim signis
aedificiorum... gratissimus*). Sur le stuc, cf. S. de Marinis,
E.A.A., VII, pp. 524-529, ainsi que R. Martin, *Manuel*, I,
pp. 422 sq.

3. C. Proculeius, chevalier romain, beau-frère de Mécène,

qui avait épousé sa sœur Térentia ; cf. Pline, 7, 148 ; Horace, *Odes*, 2, 2, 5 ; Juvénal, 7, 94 ; Tacite, *Ann.*, 4, 40, 6. Sur le gypse en médecine, cf. A. Capparoni — M. Segrè, *Spunti di medicina del lavoro nei trattatisti dell'antica Roma*, in *Pagine di Storia della Medicina*, 12/2, 1968, pp. 28-41.

§ 184.

1. Les chapitres consacrés aux pavements (§§ 184-189) ont été diversement compris et commentés. Deux articles offrent des mises au point détaillées et, pour nous, décisives, celui, déjà ancien, de D. Gioseffi, *La terminologia dei sistemi di pavimentazione marmorea e una pagina della Naturalis Historia*, in *Atti della Accademia Nazionale dei Lincei, Rendiconti*, 10, 1955, pp. 572-595, et celui de Ph. Bruneau, *Deux noms antiques de pavement :* ΚΑΤΑΚΛΥΣΤΟΝ *et* ΛΙΘΟΣΤΡΩΤΟΝ, in *B.C.H.*, 91, 1967-2, pp. 423-446, dont les conclusions sont reprises dans *Délos, XXIX, Les mosaïques* (du même auteur) ; plus récemment, G. Gullini, *La datazione e l'inquadramento stilistico del santuario della Fortuna Primigenia a Palestrina*, in *Aufstieg und Niedergang der Römischen Welt*, I, 4, Walter de Gruyter, Berlin-New York, 1973, pp. 752-760 et Ph. Bruneau, *Deliaca*, in *B.C.H.*, 102, 1978-1, pp. 138-139. *Pauimentum* est un terme générique qui correspond au français pavement. Pline, selon son habitude, place le mot en tête de son développement, comme sous-titre définissant le sujet des cinq paragraphes suivants. Pour la valeur générale de *pauimentum*, on se reportera à la définition de Vitruve, 7, 1, 1-5. Le plan adopté par Pline (qui reprend le plan général du livre 1) peut se résumer comme suit :

1 — notice historique (origine, excellence, décadence).

2 — un exemple de l'excellence : l'*Asarotos Oecos* de Sosos.

3 — énumération des différents types de *pauimenta*, depuis les plus primitifs, les *subtegulanea* (avec au passage l'étymologie de *pauimentum*, de *pauio* « battre ») ; les *lithostrota* sont les derniers de la liste et posent un problème d'identification. Les sources d'erreur sont doubles : soit *une mauvaise lecture du texte* de Pline, qu'on a segmenté en infimes sections, perdant de vue l'ensemble de son déroulement et de sa logique interne ; soit *des données archéologiques* contradictoires et s'accordant mal avec les dires de Pline. Or on doit toujours tenir compte du jugement pessimiste et négatif que Pline porte sur son époque et ne pas oublier qu'il exclut du domaine de l'art les productions qu'il juge décadentes.

Les articles précités étudient en détail les diverses interprétations proposées. On résumera les arguments saillants qui permettent d'assimiler les *lithostrota* à l'*opus sectile*, type de pavement qui s'oppose à l'*opus tessellatum* (la mosaïque de cubes) ; et ce sens nous paraît devoir être maintenu malgré la reprise récente, par G. Gullini (*art. cit.*), de la thèse identifiant les *lithostrota* avec l'*opus tessellatum* (cf. note, § 189).

a) Il se pose tout d'abord, un problème de compréhension et de traduction de la première phrase :

— *arte elaborata picturae ratione* : certains ont traduit *ratione* : « par le moyen de la peinture » (ex. Sellers, *op. cit.*, p. 223 « which they decorated with painting until mosaic took its place » ; plus récemment Eichholz, éd. Loeb, p. 145, « embellished with a kind of paintwork until it was superseded by mosaics »). Dans ce cas, il s'agirait de sols de stucs peints, comme en livrent les fouilles des sites minoens ou mycéniens ; cf. D. Levi, *E.A.A.*, V, pp. 210-211. Mais *ratione* désigne bien plutôt un art dont les moyens sont *analogues* à ceux de la peinture. Il y a donc opposition entre les pavements où s'était élaboré un art qui avait su atteindre des procédés et des effets similaires à ceux réalisés par la peinture (l'art par excellence) et les *lithostrota* qui les ont supplantés. Sur la tendance, attestée pendant la période hellénistique, à faire de la mosaïque une « peinture pétrifiée », cf. Ph. Bruneau, *Délos*, *op. cit.*, pp. 28 et 86.

eam : on s'est demandé si l'anaphorique renvoyait à *arte* ou *picturae* ; nous pensons qu'il renvoie à l'ensemble qui constitue une sorte de périphrase désignant l'excellence d'un type de pavement particulier. Comme on le verra par la suite, il s'agit de l'*opus tessellatum*.

b) D'autre part, les trouvailles archéologiques de Préneste (cf. note 2, § 189) ont tout pour induire en erreur : les deux identifications proposées (type particulier d'*opus sectile* et *mosaïque*) ne conviennent pas à la description de Pline (cf. arguments dans Bruneau, *art. cit.*, pp. 438-439). *Lithostroton* doit donc s'éclairer par une critique interne du texte et par le rapprochement avec d'autres passages. Or le dossier s'établit de manière cohérente :

Il s'agit de préciser tout d'abord le type de *pauimentum* qui s'oppose au *lithostroton*. *Pauimentum* est utilisé par Pline avec plusieurs sens au cours du texte. Outre la valeur générale, définie précédemment, le mot désigne un type particulier de sol : la mosaïque de cubes (*opus tessellatum*). On peut en apporter les preuves suivantes :

1 — la description de l'*Asarotos Oecos* de Sosos au § 184 : *e* tessellis *tinctisque in uarios colores*.

2 — au § 185, le vers de Lucilius prouvant que les *pauimenta* étaient déjà répandus avant la guerre contre les Cimbres. Cicéron a cité plusieurs fois le même vers en y joignant le vers précédent : *De Oratore*, 3, 171 ; *Orator*, 149 ;

Brutus, 274, *Quam lepide lexeis compostae / ut tesserulae omnes...* (suit le vers cité par Pline). *Tesserulae*, comme *tessellae* désigne les petits cubes qui entrent dans la composition de l'*opus tessellatum*.

3 — au § 189, il ne fait pas de doute que les *pauimenta* qui recouvrent les voûtes sont faits de petits cubes de verre (cf. Bruneau, *art. cit.*, p. 439). Pline est moins précis que Vitruve, qui prescrit sans ambiguïté que les *pauimenta struantur siue sectilia seu tesseris* (7, 1, 3), à moins que l'absence de précision ne révèle une distorsion (volontaire) de la réalité. Si l'on suit, en effet, l'argumentation de Pline, le pavement de type *lithostroton* rencontre une telle faveur qu'il cause la décadence des autres modes de décoration des sols, en particulier de la mosaïque de cubes. Il n'y a plus lieu de faire la distinction de Vitruve. Les *pauimenta sectilia* ont pris toute la place, ils s'appellent *lithostrota*. La mosaïque de cubes n'a plus qu'à se réfugier sous les voûtes, encore est-elle en train de disparaître, puisque les cubes sont désormais en verre.

Ce schéma ne saurait correspondre à une analyse objective de la mosaïque au temps de Pline. L'archéologie montre que l'*opus tessellatum* fut loin de disparaître avec le développement de l'*opus sectile*. Le passage est plus polémique que scientifique. Il ne faut pas le dissocier du début du livre 35 (§ 2), où Pline sonne le glas de la peinture, *arte quondam nobili* (...) *nunc uero in totum marmoribus pulsa*. Dans ce passage, Pline parle uniquement des murs (*ut parietes toti operiantur*). Au livre 36, il poursuit son réquisitoire contre les marbres à propos des sols ; mais il suffit d'évoquer les découvertes de Pompéi ou d'Herculanum pour voir à quel point Pline est partial dans ses jugements sur la peinture et la mosaïque de son temps. Après avoir dégagé la valeur polémique du passage, on pourrait présenter une lecture de *lithostrota* légèrement différente de celle qu'ont donnée jusqu'ici les commentateurs. *Lithostrota* ne serait pas un terme technique, mais un mot à la mode à l'époque de Pline, un « snobisme » qu'il fustige en défendant le vieux terme *pauimentum*. Il nous paraît significatif, à cet égard, que l'empereur Tibère, d'après Suétone (*Tib.*, 71), avait décidé que le mot *emblema* devait être remplacé par un mot latin. L'étude de *lithostroton* en grec (Bruneau, *art. cit.*, pp. 443-446) montre que le mot possédait le sens très large de « dallage ». Il s'applique aussi bien à une rue d'Hermopolis (ἐπὶ τοῦ λιθοστρώτου δρόμου Ἑρμοῦ θεοῦ τρισμεγάλου, Papyrus de Florence, 50, 97 ; Papyrus d'Amherst, 98, 2) qu'au dallage en gneiss du sanctuaire syrien de Délos (celui que publie Ph. Bruneau, *art. cit.*, fig. 5 et 6, p. 428), qu'au dromos dallé des sanctuaires égyptiens (Strabon, 17, 1, 28). Il ne s'agit pas d'un terme technique avec une acception précise. A Rome non plus, il ne semble pas appartenir au langage des architectes (Vitruve emploie les termes *pauimenta sectilia*). Si l'on reprend le passage de Pline dans cette optique, on s'aperçoit que le mot est employé d'une manière péjorative par rapport à *pauimentum*. Pline utilise divers procédés à cet effet :

1 — Il ne décrit pas les *lithostrota*, alors qu'il donne des détails sur la mosaïque de Sosos, sur les *pauimenta sub-dialia*, *Graecanica*.

2 — Le terme *pauimentum* est associé à toute la tradition latine :

a) Pline donne son étymologie (de *pauio*, le vieux sol battu, *in Italia festucis pauita*). L'origine grecque de *lithostrota*, une certaine lourdeur pédante, ressortent par là-même.

b) un *pauimentum scutulatum* se trouve dans le temple national par excellence, celui de Jupiter Capitolin.

c) le mot se trouve dans un vers de Lucilius, le père de la satire, le vieux poète national. De plus, cette référence s'inscrit dans une tradition littéraire, puisque Cicéron cite le passage trois fois.

d) dans un tel contexte, l'incise *quae nunc uocamus barbarica* (§ 185) est chargée d'une valeur polémique : le bien est du côté du barbare. On peut rappeler, à ce propos, que Pline l'Ancien avait consacré une longue étude à la Germanie (*Bellorum Germaniae uiginti* sc. *libri*, Plin. Jun., 3, 5, 4). Cet ouvrage a pu servir de source à Tacite pour sa monographie sur *la Germanie*, où l'on voit que les barbares germains ont su garder les vertus antiques.

L'ensemble nous paraît fournir un faisceau d'arguments assez convaincants. S'il semble certain que *lithostrota* renvoie, dans ce passage, à l'*opus sectile* et jamais à l'*opus tessellatum*, il ne faut pas le considérer comme un terme précis qui s'opposerait à un autre terme d'acception étroite *pauimentum*. Le texte permet de saisir clairement l'opposition que l'on peut établir entre l'*Histoire Naturelle*, œuvre moralisante, et un traité technique, comme celui de Vitruve, où chaque mot possède un sens précis et non équivoque. Pline joue sur les termes pour imposer sa vision morale, il ne cherche pas la définition concrète d'un architecte. Les *lithostrota* sont du côté du marbre, donc du mal. Mais la technique de marqueterie, qui distingue l'*opus sectile* de la mosaïque ne l'intéresse absolument pas.

2. Après la naissance des premiers pavements de galets (Gortyne, milieu du VIIIe s. av. J.-C.), les mosaïques de *galets* sont composées, dans une première phase, d'unités de grande taille, assez disparates et créant des décors simples (Olympie, Mozia, Épidaure, fin V[e]-début IVe av.

J.-C.) ; une deuxième étape est représentée par les mosaïques d'Olynthe, de Sicyone, dans la première moitié du IVᵉ s. av. J.-C., puis par les pavements polychromes de Pella qui s'échelonnent sur le IVᵉ s. Les premières mosaïques de *tesselles* taillées uniformément apparaissent durant le deuxième quart du IIIᵉ s. av. J.-C., à Morgantina, alors que certaines mosaïques de Cyrène, datées à la deuxième moitié du IIIᵉ s. av. J.-C., offrent un maillon intéressant pour les exemplaires de Délos et d'Alexandrie, datés du IIᵉ s. av. J.-C. On se reportera pour ces problèmes à la mise au point décisive de I. Baldassare, *Mosaici ellenistici a Cirene e a Delo : rapporti e differenze*, in *Quaderni di Archeologia della Libia*, n. 8, 1976, pp. 193-221 ; une importante bibliographie se trouve dans H. Lavagne, *art. cit.*, in *M.E.F.R.A.*, 85, 1973-1, pp. 222-224 ; cf. également C. M. Robertson, *Greek Mosaic*, in *J.H.S.*, 85, 1965, pp. 72-89 ; id., *ibid.*, 87, 1967, pp. 133-136 ; B. Brown, *Ptolemaic paintings and mosaics*, Cambridge, Mass. 1957 ; et Ph. Bruneau, outre les ouvrages déjà cités, *Prolongements de la technique des mosaïques de galets en Grèce*, in *B.C.H.*, 93, 1969, pp. 308-332. Sur les signatures de mosaïques en Grèce et à Rome, cf. J. M. C. Toynbee, *op. cit.*, pp. 43-50.

3. Cf. l'analyse de M. Renard, l'*Asarotos Oikos de Sosos*, in *R.E.L.*, 33, 1955, pp. 57-58 ; id., *Pline l'Ancien et le motif de l'Asarotos Oikos*, in *Hommages à M. Niedermann, Latomus*, 1956, pp. 307-314 ; M. Renard-W. Deonna, *Croyances et superstitions de table dans la Rome antique*, coll. Latomus, vol. XLVI, Bruxelles, 1961. L'auteur présente plusieurs textes et documents figurés montrant que le motif du sol non balayé et jonché de détritus alimentaires fut en faveur tout au long de l'Antiquité : outre Pline, cf. Stace, *Silves*, 1, 3, 55-56, *Varias ubi picta per artes / gaudet humus superatque nouis asarota figuris* ; Sidoine Apollinaire, *Ad Consentium, Carm.*, 23, 57, *aureasque portas / exornas asaroticis lapillis*, et comme documents archéologiques, cf. les mosaïques d'Aquilée, du Latran, d'Afrique du Nord (Oudna, Sidi Abich, en Tunisie) ; cf. également L. Foucher, *Une mosaïque de triclinium trouvée à Thysdrus*, in *Latomus*, 20, 1961, pp. 291-297. M. Renard propose, en outre, l'interprétation suivante du motif : plusieurs textes mentionnent l'existence d'un précepte pythagoricien interdisant de ramasser les reliefs des repas tombés à terre, parce qu'ils sont réservés aux morts (Diog. Laert., 8, 34 ; Aristote, fragm. 195 (p. 158, Rose) ; Jamblique, *Vie de Pythagore*, 27, 126 ; Athénée, 10, 427 e ; Euripide, fragm. 664 N. ; Aristophane, Koch, I, 305 ; Souda, pp. 226, 36, Adler). Enfin Pline, 28, 27, mentionne une croyance identique. De telles pratiques se retrouvent dans bien des folklores ; en Provence, par exemple, il y a encore une soixantaine d'années, on ne balayait pas

la salle où avait eu lieu le repas de Noël avant le lendemain matin, pour laisser le temps aux âmes des morts de venir se nourrir. C'est une telle croyance qui pourrait expliquer la création et la faveur jamais démentie du motif.

4. Il s'agissait du motif central (*emblema*) de la mosaïque. Parmi les répliques les plus connues et les mieux conservées, on note celle de la villa d'Hadrien, aujourd'hui au Musée du Capitole, cf. Helbig, II, n° 1256, avec bibl. *ad loc.*, celles du Musée de Naples (n° 9992 et 114 281). L'ensemble des répliques qui s'échelonnent de l'époque hellénistique jusqu'à l'époque paléochrétienne, sont réunies par Kl. Parlasca, in *J.D.A.I.*, 78, 1963, pp. 256-293 ; cf. également Ph. Bruneau, *Délos*, XXIX, *op. cit.*, pp. 76-77 et note 1. Pour l'interprétation du motif, cf. H. Meyer, *Zu neueren Deutungen von Asarotos Oikos und kapitolinischen Taubenmosaik*, in *A.A.*, 1977-1, pp. 104-110.

§ 185.

1. Pour l'étymologie de *pauimentum*, cf. note 1, § 184.

2. *scutulatum* : de *scutula* mot refait sur *scutella*, dérivé de *scutra*, sorte de plateau ou de plat en bois. *Scutula* dans la langue technique désigne une pièce en forme de losange, d'où *scutularius* : ouvrier marqueteur ou mosaïste, gr. σκουτλάριος (Ernout-Meillet, *Dict. étym. de la langue latine*, pp. 606-607), cf. Vitruve, 7, 1, 4, *si sectilia sint, nulli gradus in scutulis aut trigonis aut quadratis seu fauis extent* ; Ps. Censorinus, *De die natali*, 7, 4, *scutula id est rhombos quod latera paria habet nec angulos rectos*, cités par Gioseffi, *op. cit.*, p. 583. Le *scutulatum* désigne un motif représentant des cubes dessinés en trompe-l'œil bien attesté dans les sols de mosaïque et parfois utilisé dans la peinture des parois (voir l'exemple de la Maison des Griffons à Rome, sur le Palatin, datée des environs de 100 av. J.-C., F. Coarelli, *Guida archeologica di Roma*, p. 160, avec bibl. *ad loc.*). Sur le mode de construction de ce motif qui trouve un antécédent dans les losanges réalisés dans les mosaïques de galets de Pella, au IVe s. av. J.-C. (M. Andronicos, *Musée de Pella*, in *Les Musées Grecs*, Ekdotike Athenon S. A., 1975, fig. 2) ; cf. Cl. Allag, *art. cit.*, in *M.E.F.R.A.*, 84, 1972-2, pp. 992-993, fig. 25. Contra, C. Börker, *Scutulatum in Iouis Capitolini aede*, in *A.A.*, 1975-3, pp. 371-377.

3. La troisième guerre punique commence en 149 av. J.-C.

4. En 113-101 av. J.-C., cf. note 1, § 2.

5. 180-102 av. J.-C. De riche famille équestre, Lucilius vécut à l'écart de la vie politique, mais fréquenta le cercle de Scipion Emilien. A partir de 132 av. J.-C., il composa trente livres de *Satires*, fondant ainsi le genre. — *uersus* : cf. note 1, § 184.

6. L'*emblema* (gr. ἔμβλημα) désigne le médaillon central d'une mosaïque ; exécuté d'une manière beaucoup plus fine, il reproduisait souvent un tableau. Sans doute était-il fabriqué à part, puis inséré dans la mosaïque (cf. l'étymologie de ἐμ-βάλλω et l'anecdote de Suétone, *Caes.*, 46). Le terme *uermiculatus* qui caractérise ce travail plus fin, a été diversement interprété. D'après Gioseffi, *art. cit.*, pp. 583-590, ce mot est rare et l'expression *opus uermiculatum* est une création des Modernes. Pour lui, le sens du terme ne s'apparente pas à la forme sinueuse des tesselles ou des lignes qu'elles forment mais il prend au substantif *uermiculus* « ver », « larve », « insecte », dont il dérive, l'idée de grouillement, fourmillement, d'où le sens de « varié », « émaillé de différentes couleurs ». Ph. Bruneau, *Délos*, XXIX, pp. 32 sq. utilise, au contraire, le terme *opus uermiculatum* pour désigner une mosaïque faite de tesselles minuscules dont la longueur ne dépasse pas 4 ou 5 mm.

§ 186.

1. Le passage est d'interprétation délicate, cf. Bailey, *op. cit.*, II, pp. 278-279. Le texte s'éclaire si l'on note que Pline s'inspire d'un passage précis de Vitruve, 6, 3, 9. *Domus* ne désigne pas la maison tout entière, mais, traduisant le grec οἶκος, renvoie à un type particulier de salle. Dans la maison romaine hellénisée se développe, en arrière d'un premier corps de bâtiments groupés autour de l'atrium, un deuxième ensemble dont la pièce principale est l'*oecus*, siège des réunions privées et de la vie familiale. Les fouilles de Pompéi ont livré un très grand nombre de maisons présentant ce plan, cf. H. Drerup, *Die Römische Villa, Marburger Winckelmann-programm*, 1959, pp. 1 sq. ; A. Maiuri, *Pompei, E.A.A.*, VI, 1965, pp. 308 sq. ; F. Rakob *ap.* Th. Kraus, *Das römische Weltreich, Propyläen Kunstgeschichte*, II, 1967, pp. 153 sq. Sur le développement de l'*oecus* dans la maison grecque, cf. R. Martin, *L'urbanisme dans la Grèce antique*, Paris, 2e éd. 1974, pp. 225 sq. Un autre passage de Pline, au livre 36, montre qu'il traduit οἶκος, au sens de « salle », par *domus* ; c'est au § 87, à propos du labyrinthe égyptien, *uastis domibus* ; dans la description de Diodore, 1, 66, 4, le terme οἶκος apparaît pour désigner ces vastes salles. Ainsi Pline ne parle pas de terrasses en général, mais du pavement qui se trouve dans un type précis de salle, l'*oecus Aegyptius*. Cf. Vitruve, 6, 3, 9, *in Aegyptiis* (sc. *oecis*) *autem supra columnas epistylia et ab epystiliis ad parietes, qui sunt circa, inponenda est contignatio, supra coaxationem pauimentum*, subdiu *ut sit circumitus. Deinde supra epistylium ad perpendiculum inferiorum columnarum inponendae sunt minores quarta parte columnae...* et

inter columnas superiores fenestrae conlocantur ; ita basilicarum ea similitudo non Corinthiorum tricliniorum uidetur esse. Il s'agit du pavement à l'air libre d'un plancher qui se trouve au « premier étage » de cet *oecus* surélevé. *Contegentes* est donc parfaitement justifié (cf. Vitruve, 10, 15, 3). On peut se demander cependant si *contignatio*, dans le texte de Vitruve, n'a pas amené Pline à employer *contegere*, par l'intermédiaire de *contignare* « recouvrir d'un plancher », mot attesté dans *H.N.*, 9, 7.

2. Pline reprend en la résumant la théorie des climats développée par Vitruve, 6, 1, et rappelée par lui précisément à propos des pavements *subdiu*, 7, 1, 5.

3. Le procédé décrit est emprunté à Vitruve, 7, 1, 5.

4. Ce terme technique désigne la rudération qui sert à paver en blocage. La méthode de fabrication est rapportée par Vitruve, en 7, 1, 3, 5. Le *rudus* est *nouum* si les moellons qui le composent ont été rassemblés pour sa fabrication. S'il s'agit de pierres de remploi, il est dit *rediuiuum*.

§ 187.

1. Cf. Vitruve, 7, 1, 3, *Insuper (sc. rudus) ex testa nucleus inducatur mixtionem habens ad tres partes unam calcis, ne minore crassitudine pauimentum digitorum senum*. Le *nucleus* constitue le lit de pose de la mosaïque ou de l'*opus sectile*.

2. Cf. Vitruve, 7, 1, 4. Une légère pente permettait l'évacuation de l'eau.

3. Le conseil est pris dans Vitruve, 7, 1, 2 : les planchers de ce type de chêne se déforment à l'humidité et fendillent les pavements. — *felice, palea* : même conseil dans Vitruve, *ibid.*

4. L'expression semble résumer d'une manière approximative le conseil de Vitruve, 7, 1, 3 : *tunc insuper stratuminetur ne minore saxo quam qui possit manus implere*. Il s'agit donc d'une fondation de pierres placée sous le *rudus*.

5. Cf. Vitruve, 7, 1, 4, *testacea spicata Tiburtina*.

§ 188.

1. Cf. Vitruve, 7, 4, 4-5 ; Palladius, 1, 8, 4. Il s'agit d'un type de sol utilisé par les Grecs dans les salles à manger d'hiver (le fait qu'il s'agisse uniquement de sols de *triclinia*, dans Vitruve, nous paraît renforcer l'idée que *domus*, au § précédent, renvoie aux *oeci* de Vitruve). Ces textes sont mis en rapport par Ph. Bruneau, *Délos, op. cit.*, p. 14, avec les sols de terre battue de Délos. Dans la couche d'argile qui recouvre le remblai pierreux sous-jacent, l'auteur note la présence de particules de bois carbonisé, régulièrement réparties.

§ 189.

1. En raison du contexte, le mot *iam* prend une valeur péjorative : « déjà du temps de Sylla » ... la décadence avait commencé ; cf. note 1, § 184 ; — Sylla fut dictateur de 82 à 79 av. J.-C. Cette indication chronologique montre bien que les *lithostrota* ne sauraient être identifiés avec la mosaïque de cubes, puisque l'existence de ce dernier type est attestée par le vers de Lucilius cité au § 185.

2. Le *certe* vient atténuer l'expression précédente. Cette mauvaise innovation était déjà faite, mais « du moins » employait-on de *petites* plaques de marbre (sous-entendu : nous n'en sommes plus là aujourd'hui). La présence de *crustae* associé à *lithostrota* est un argument que l'on peut faire valoir en faveur de l'identification de *lithostrota* avec l'*opus sectile* ; cf. le sens de *crustae*, note 1, § 47, qui désigne les plaques de marbre découpées à la scie et s'oppose aux *tessellae* qui sont de petits cubes de pierre taillés.

3. Les fouilles du sanctuaire de la Fortune à Préneste ont livré différents types de pavements, dont la célèbre mosaïque Barberini, avec scènes nilotiques. Elles ont plus compliqué le problème qu'elles ne l'ont éclairci ; cf. note 1, § 184 et la publication des découvertes par F. Fasolo — G. Gullini, *Il santuario della Fortuna Primigenia a Palestrina*, Roma, 1953, p. 172, fig. 252, p. 309, fig. 427 et pp. 310-316 ; G. Gullini, *I mosaici di Palestrina*, Rome, 1956 ; P. Romanelli, *Palestrina*, Di Mauro, Naples, 1967, pp. 69 sq. C'est sur ce texte de Pline que s'appuient les partisans de la datation basse du sanctuaire de la Fortune à Préneste, mais l'étude épigraphique d'A. Degrassi a prouvé sans conteste que la majeure partie de la construction remonte à la fin du IIe s. av. J.-C., cf. A. Degrassi, *Epigraphica IV*, in *Atti Acc. Lincei, Classe di Scienze Morali, Memorie*, vol. 14, serie 8 a, pp. 111-141. Cf. également la mise au point de G. Gullini, *art. cit.*, in *Aufstieg und Niedergang*, I, 4, pp. 752-760, qui défend en la renouvelant la thèse de l'*opus tessellatum* : « i *lithostrota* pliniani sono mosaici policromi che realizzano un invenzion pittorica nata per il pavimento » et qui se distinguent de l'*emblema*, « copia in pietra di un originale pittorico » (pp. 758 et 757), ce qui permet à l'auteur de mettre à nouveau en rapport le texte de Pline et les mosaïques découvertes à Palestrina. On se reportera également à la réponse de Ph. Bruneau, *art. cit.*, in *B.C.H.*, 102, 1978-1, pp. 138-139. Les arguments de G. Gullini ne nous paraissent pas suffisants pour supprimer l'identification des *lithostrota* avec l'*opus sectile* (cf. note 1, § 184).

4. Le texte donne une indication précieuse sur la date d'introduction des mosaïques de voûtes. Des mosaïques en cubes de verre ont commencé en Italie, vers le début

de l'ère chrétienne, à revêtir murs et voûtes ; cf. H. Stern, *Origines et débuts de la mosaïque murale*, in *Études d'archéologie classique*, II, Paris, 1959 ; cf. aussi D. Levi, *E.A.A.*, V, p. 215 et plus récemment, F. B. Seat, *op. cit.*, n. 2 § 154. Pour H. Lavagne, la véritable mosaïque de voûte n'apparaît pas avant l'époque néronienne, cf. *art. cit.*, in *M.E.F.R.A.*, 82, 1970, pp. 673-721 et *M.E.F.R.A.*, 85, 1973-1, p. 221.

5. Sur les 170 bains qu'il fit construire à Rome, cf. 36, 121 ; Platner-Ashby, pp. 518-520 ; — *figlinum opus* : sur son emploi pour couvrir les voûtes des thermes, cf. Vitruve, 5, 10, 3. — *encausto* : fondée sur l'emploi d'un nouveau liant, la cire fondue, la peinture à l'encaustique dont la reconstitution technique est encore fortement controversée (cf. M. Cagiano de Azevedo, in *E.A.A.*, V, pp. 331-335 ; V. J. Bruno, *Form and Color in Greek Painting*, W. W. Norton & Company Inc., New York, 1977, p. 109 ; 110-111, avec bibliographie *ad loc.*) avait été mise au point, d'après Pline (35, 122), par les peintres de l'époque classique : *Ceris pingere ac picturam inurere quis primus excogitauerit non constat. Quidam Aristidis inuentum putant postea consummatum a Praxitele, sed aliquanto uetustiores encaustae picturae exstitere, ut Polygnoti et Nicanoris ac Mnasilai Pariorum. Elasippus quoque Aeginae picturae suae inscripsit* ἐνέϰαεν, *quod profecto non fecisset nisi encaustica inuenta.* Sur la technique elle-même, cf. Pline, 35, 49 ; 149 et le commentaire d'E. Sellers, *The Elder Pliny's Chapters*, p. 172, note 1.

6. *ut diximus* : cf. 36, 114.

§ 190.

1. Cf. 5, 75, *riuus Pacida siue Belus, uitri fertiles harenas paruo litori miscens ; ipse e palude Candebia a radicibus Carmeli profluit.* Aujourd'hui le Nahr Naaman, cité aussi par Tacite (*Hist.*, 5, 7, 2), comme source de sable entrant dans la composition du verre. Le nom est souvent attesté dans la littérature talmudique consacrée au verre ; cf. S. Krauss, *Talmudische Archäologie*, II, 1911, pp. 285-287, cité dans Forbes, *op. cit.*, V, p. 149.

2. *Ptolemais* : Acre ; cf. 5, 75, *iuxta* (sc. près de l'embouchure du Belus) *colonia Claudi Caesaris Ptolemais, quae quondam Acce.*

3. Cf. Isid., *Orig.*, 16, 16, 1, *Belus amnis, quinque milium passuum spatio in mare fluens iuxta Ptolemaidem, cuius arenae de torrente fluctu sordibus eluuntur.* La source de Pline (Mucien ?) embellit les faits ; l'amplitude de la marée est seulement de 40 cm à Beyrouth, de 50 cm à Tripoli de Syrie : cf. J. Rouch, *La Méditerranée*, Paris, Flammarion, 1946, p. 101.

§ 191.

1. L'anecdote est reprise presque textuellement par Isid., *Orig.*, 16, 16, 2. Pour Bailey, ce récit peut fournir une version probable de la découverte, mais elle a pu se produire en bien d'autres endroits. C'est l'importance des verreries de Sidon qui a entraîné le choix particulier de ce lieu. Le verre se compose de carbonate de sodium, de chaux et de silice (la plupart du temps sous la forme de sable). On fait remonter la fabrication du verre proprement dit, en Mésopotamie et en Égypte, au 3e millénaire. Mais l'usage de la pâte de verre est beaucoup plus ancien, puisqu'il est attesté au 5e millénaire (culture préhistorique de Badaria en Égypte ; Mésopotamie). Au départ les objets de verre sont très petits (il s'agit par exemple de scarabées). Ce n'est qu'aux alentours de 1500 av. J.-C. que sont fabriqués des récipients plus importants. Théophraste, *Lap.*, 49, parle très rapidement du verre et l'on peut comprendre son manque d'information : si de nombreux objets de verre étaient, à son époque, dans le commerce en Grèce, on n'a aucune preuve archéologique ou littéraire qu'il était fabriqué sur place ; cf. M. L. Trowbridge, *Philological Studies in Ancient Glass*, Doctoral Dissertation, University of Illinois, 1922, p. 133. Sur le verre dans l'Antiquité, on peut consulter, A. Deville, *Histoire de la verrerie dans l'Antiquité*, Paris, Vve A. Morel, 1871 ; F. W. de Bissing, *Sur l'histoire du verre en Égypte*, in *R.A.*, 11, 1908-1, pp. 211-221, F. Neuburg, *Glass in Antiquity*, Londres, Art. Trad. Pr., 1949 ; *Antikes Glass*, Darmstadt, Roether, 1962, D. B. Harden, in *E.A.A.*, VII, pp. 1150-1157, id. *Ancient Glass*, in *The Archaeological Journal*, 125, 1969, pp. 46-72 ; S. Lancel, *Verreries de Tipasa*, Paris, De Boccard, 1967 (importante bibliographie) ; R. J. Forbes, *op. cit.*, V, pp. 110-231 (avec bibliographie).

§ 192.

1. Cf. note 4, § 128. Pline 34, 148, affirme que personne n'a encore tenté d'employer l'aimant d'Espagne dans la fabrication du verre : *nescio an uitro fundendo perinde utilis, nondum enim expertus est quisquam*. Les coquillages (*conchae*) fournissent également de la chaux.

2. Il pourrait s'agir de silice sous la forme de quartz écrasé (Eichholz). Sans doute faut-il y inclure le *lapis Alabandicus* dont Pline nous a dit ci-dessus (§ 62) : *idem liquatur igni funditurque ad usum uitri*.

3. Du sable fossile, provenant de carrières et non pas ramassé sur une plage.

4. Cf. § 1. Le cristal de roche (quartz S1 02) est une variété très pure de silice ; il peut donc fort bien servir à fabriquer du verre.

§ 193.

1. Allusion aux verres colorés. L'oxyde de cuivre donne au verre une teinte bleue et verte et, dans certaines conditions, rouge-rubis (Bailey).

2. *Aegyptio* est une conjecture de Jan (ce pays fournissait effectivement de la soude, Pline, 31, 109-111). Mais les mss portant *Ophirio*, on peut penser, qu'il s'agit du pays d'Ophir, décrit dans l'Ancien Testament comme but d'expéditions en quête d'or et de santal et que J. Innes Miller, *The Spice Trade of the Roman Empire*, Oxford, The Clarendon Press, 1969, pp. 260 sqq. propose de localiser en Indonésie.

3. *continuis fornacibus* : il s'agit d'une suite de fours contigus par lesquels passait le verre, cf. § 194, in *alias fornaces transfunditur* ; — *ut aes* : l'opération de la fonte du cuivre se faisait aussi en plusieurs temps et dans des fours différents, cf. Pline, 34, 96 et 136.

4. Cette technique fut introduite tardivement (milieu du Ier siècle av. J.-C.), mais elle se répandit très vite dans l'ensemble du monde romain. Auparavant, le verre était moulé.

5. Cf. Forbes, *op. cit.*, V, pp. 172-176. A l'origine, le verre fut taillé pour fournir un substitut moins onéreux au cristal de roche. La technique de travail se rapproche de celle des pierres précieuses. On se servait d'une roue de pierre pour polir les surfaces, puis, vers le règne de Néron, pour tailler le verre. Les objets obtenus s'appelaient *diatreta* (du gr. διάτρητος « percé », creusé »), cf. Martial, 12, 70 ; 14, 96 ; Juvénal, *Sat.*, 5, 48. La technique de décoration des verres se rapproche beaucoup de celle des métaux (cf. Pline, *argenti modo*). Les verres taillés finirent d'ailleurs par ruiner l'usage des vaisselles en métal, cf. Pline, 36, 199 et Forbes, *op. cit.*, p. 170.

6. Comme exemples de verres taillés, cf. *E.A.A.*, VI, fig. 419, 420, p. 387-388 (vase de Portland du British Museum qui illustre le type particulier des camées de verre), ainsi que *E.A.A.*, VII, fig. 1291, 1293, 1294 et p. 1157.

7. Les ateliers de Sidon étaient aussi célèbres dans l'Antiquité que purent l'être plus tard les verriers de Venise. Sous le terme « sidonien » se trouvaient regroupés des artistes d'origine juive et syrienne (cf. Forbes, *op. cit.*, V, pp. 148-152). C'est sans doute à Sidon que fut inventée la technique de soufflage du verre. Les verriers de Sidon de la fin de la République et du début de l'Empire signaient leurs œuvres ; on peut donc identifier l'aire de diffusion de leurs ateliers et de leurs produits ; cf. Forbes, *op. cit.*, V, p. 151 et fig. 30-31 ; pp. 167 et 169 (œuvres du verrier Ennion). — *specula* : sur l'usage des miroirs en verre, con-

firmé par les trouvailles archéologiques en divers points de l'Empire, cf. B. Gassowska, *De speculo uitreo eiusque usu in Antiquitate*, in *Meander*, 16, 1961, pp. 555-562, ainsi que Forbes, *op. cit.*, V, pp. 184-185.

§ 194.

1. Le texte de ce § est repris dans Isid., *Orig.*, 16, 16, 4. Sur les fours romains, cf. R. J. Forbes, *op. cit.*, V, p. 117-118.

2. Du gr. ἄμμος « sable » et νίτρον « soude ».

3. Cf. § 198. Il s'agit, d'après Forbes, de cristal imitant le cristal de roche (minéral) ; cf. Scribonius Largus, médecin de Claude, *De compositionibus medicamentorum*, 60 ; Martial, 8, 77 ; Sénèque, *De Beneficiis*, 7, 9, 3.

§ 195.

1. Cf. Pétrone, *Sat.*, 51, Dion Cassius, 57, 21, 7 et Isid., *Orig.*, 16, 16, 6. Pour Bailey, cette anecdote viendrait de l'étonnement ressenti par ceux qui ne connaissaient le verre que sous sa forme ornementale et le voyaient façonné en gobelets et coupes de toutes sortes. On trouve une interprétation identique dans Forbes, *op. cit.*, pp. 170-171. Cf. également, F. D. Lazeuly, *A note on uitrum flexile*, in *Class. Weekly*, 44, 1951, pp. 102-103 ; W. C. Mc Dermott, *Isidore and Petronius*, in *Classica et Mediaevalia*, 23, 1962, pp. 143-147.

2. *petrotos* (gr. non attesté) : sans doute deux gobelets de cristal, imitant le cristal de roche (d'où la référence à la pierre (πέτρα) dans le nom).

§ 196.

1. *obsiana* (gr. ὀψιανὸς λίθος, *Peripl. M. Rubr.*, 5). Pline distingue ici les *obsiana*, « produits obsiens », qui sont des imitations en verre de la pierre du même nom que l'on doit identifier comme l'obsidienne, roche volcanique, entièrement vitreuse et généralement de couleur noire. Cf. aussi, Pline, 37, 177, *De opsiano lapide diximus*. Isidore a consacré deux notices, l'une, dans le chapitre *De lapidibus insignioribus*, *Orig.*, 16, 4, 21, à *l'obsius lapis* ; l'autre, chap. *De uitro*, 16, 15, 5, à *l'obsianus lapis* ; cf. H. Blümner, *Technologie...*, III, pp. 273 sq. et Schramm, *R.E.*, XVII, col. 1744 sq.

2. A l'entrée du Forum, au pied du Capitole, le temple de la Concorde aurait été fondé par Camille en 367 av. J.-C., comme signe de la réconciliation entre patriciens et plébéiens. Le temple fut restauré, d'abord par L. Opimius en 121 av. J.-C., après l'assassinat de C. Gracchus et de ses partisans, puis sous Auguste ; les travaux de restauration

furent confiés à Tibère, entre 7 av. J.-C. et 10 ap. J.-C., année de la nouvelle inauguration. Tibère transforma le temple en véritable musée. Cf. F. Coarelli, *Guida Archeologica di Roma*, pp. 75-76 ; P. Gros, *Aurea Templa*, pp. 28, 67, 91 et p. 159 (pour les collections d'œuvres d'art).

§ 197.

1. Le texte est conjectural ; il pourrait s'agir du père de Séjan qui fut gouverneur en Égypte, sous Tibère.

2. Cf. 37, 37, où Pline déclare que Xénocrate était un contemporain ; même localisation dans Isidore, *Orig.*, 16, 16, 5.

§ 198.

1. Du gr. αἱμάτινος, « couleur de sang ».

2. Cf. note 1, § 1.

3. L'identification des pierres précieuses est délicate. Sur *sappiros*, cf. Théophraste, *Lap.*, 37 ; Pline, 37, 120. Il s'agit non de saphir au sens moderne, mais de lapis lazzuli. *Hyacinthus* (Pline, 37, 122 ; 125) désigne une variété de saphir ou d'améthiste. Sur l'ensemble, cf. E. De Saint-Denis, Pline, 37, éd. des Belles Lettres, commentaire *ad loc.*

4. Il ne s'agit pas ici, comme l'ont dit les commentateurs, de verres teintés ni de mosaïques, mais d'une technique de décoration bien attestée qui consistait à peindre le verre soit à chaud, en créant une sorte d'émail, soit à froid. Cf. *E.A.A.*, VII, p. 1155 (verres peints de Begram trouvés en Afghanistan, mais fabriqués à Alexandrie) ; cf. F. Coarelli, *The painted cups of Begram and the Ambrosian Iliad*, in *East and West*, New Series, vol. 13, n° 4, déc. 1962, pp. 317-327.

§ 199.

1. Pline signale le même effet des boules en cristal de roche utilisées par les médecins pour les cautérisations, 37, 88.

2. *calculi* : les jetons employés dans les jeux comme chez nous les pièces d'échecs et les dames, qui étaient faits en particulier en verre ; cf. Ov., *A.A.*, 2, 208, *uitreo... ab hoste* ; *Laus Pis.*, 192, etc.) — *oculi* : d'après leur forme.

3. En 31, 122, Pline fait la même remarque à propos de la soude. Bailey suggère une confusion entre *nitrum* et *uitrum* commise par Pline en consultant sa source.

§ 200.

1. Ce § est repris presque intégralement par Isid., *Orig.*, 16, 6, 2.

2. Il s'agit du cinabre, Pline, 33, 116. Le mode de production est erroné ; cf. aussi 33, 113. Pline a commis une erreur

en consultant le texte de Théophraste, *Lap.*, 58-60, qui distingue le cinabre artificiel du cinabre naturel (τὸ μὲν αὐτοφυὲς, τὸ δὲ κατ' ἐργασίαν). La variété artificielle est produite à partir d'un sable brillant d'un éclat rouge (ἄμμος ἦν συλλέγουσι λαμπυρίζουσαν καθάπερ ὁ κόκκος ; ce dernier mot désigne le kermès, parasite du chêne qui sert à teindre en écarlate. D'après Théophraste, un Athénien Kallias, filtra le sable des mines d'argent, croyant y trouver de l'or ; Pline reprend l'anecdote, mais remplace le filtrage par la cuisson, *tradit inuentum minium a Callia Atheniense initio sperante aurum excoqui posse harenae rubenti in metallis argenti.* La méprise de Pline est peut-être liée à une confusion avec le *minium* (oxyde de plomb) qui est produit en chauffant la céruse ; cf. 33, 119 où *minium* désigne notre minium.

3. Le plomb proprement dit (*plumbum nigrum*) et l'étain (*plumbum album*).

4. Le calcaire, cf. § 174.

§ 203.

1. Il s'agit de la boisson résultant d'une eau filtrée à travers des cendres ou dans laquelle on a fait bouillir des cendres, qui contiennent des sels de soude et de potasse selon les végétaux d'où elles proviennent. Utilisées en médecine, soit en boisson (en particulier en cas d'empoisonnement par les champignons ou la céruse, Scrib. Larg., 184, 198), soit surtout en application (en particulier dans les maladies de la peau, teigne et gale, etc. ; Pline, 28, 244 ; Marcell., *Med.*, 4, 28).

2. L'ἄνθραξ des Grecs ; cf. Pline, 26, 5-6, description de la maladie. Pline précise qu'elle fut introduite depuis la Narbonnaise en 164 av. J.-C. On l'identifie à l'anthrax. — Des deux consulaires, Iulius Rufus et C. Laecanius Bassus, le premier avait été consul en 67 et le second en 64. Sur la notice de Pline, cf. P. v. Rohden, *R.E.*, 3, 1, 1899, col. 110

§ 204.

1. Cf. Denys d'Halicarnasse, 4, 2, 1 ; Plutarque, *De Fort. Rom.*, 10 ; version édulcorée dans Tite-Live, 1, 39. Sur Servius Tullius, cf. note 2, § 163. Sur le rapport établi par la tradition entre S. Tullius et Vulcain et sur l'identification récente du Volcanal avec le sanctuaire du *Lapis Niger*, au Forum, en bordure du *Comitium*, édifié vers le milieu du VIe s. av. J.-C. (à une époque qui s'accorde avec les dates traditionnelles du règne de Servius Tullius), ce qui rend ce lien encore plus significatif, cf. F. Coarelli, *Il comizio dalle origini alla fine della Repubblica*, in *La Parola del Pass.*, 32, fasc. 174, 1977, pp. 166-238, spéc. pp. 236-237. Cf. aussi R. Bloch, *Recherches sur la religion romaine du VIe s. av. J.-C.*, in *C.R.A.I.*, 1978, pp. 669-687.

2. Cf. Pline, 2, 241, *Seruio Tullio dormienti in pueritia ex capite flammam emicuisse.*

3. Les *Compitalia*, fête mobile, généralement placée dans les tout premiers jours de janvier, peu après les *Saturnalia* de décembre, en l'honneur des dieux Lares dont le lieu de culte principal, à la campagne, est le carrefour (*compitum*) où « se fait la synthèse des champs, des domaines contigus, de tout le canton qui s'y réunit pour certaines délibérations » (*Isid., Orig.,* 15, 2-15), citat. de G. Dumézil, *La religion romaine archaïque,* p. 337. Sur l'institution du culte par Servius Tullius et sur son déroulement, cf. Denys d'Halicarnasse, 4, 14, 3 ; Macr., 1, 7, 34.

INDEX NOMINVM

(Les chiffres renvoient aux paragraphes.)

INDEX ARTIFICVM ET OPERVM

(Les architectes et ingénieurs sont inclus.)
(Les noms des œuvres sont en italique.)

Agoracritus : 17 (n. 1) ; — *Nemesis* : 17 (n. 1) ; *statua in Matris Magnae delubro* : 17 (n. 3).

Alcamenes : 16 (n. 1) ; 17 (n. 2) ; — *Venus extra muros* ('Αφρο-δίτη ἐν κήποις) : 16 (n. 2).

Amphistratos : 36 (n. 4) ; — *Callisthenes* : 36 (n. 4).

Aphrodisius Trallianus : 38 (n. 1).

Apollo marmoreus : 98.

Apollonius et Tauriscus : 34 (n. 2) ; — *Zethus, Amphion ac Dirce et taurus* : 34 (n. 2).

Arcesilaos : 33 (n. 2) ; 41 (n. 1) ; —*Centauri Nymphas gerentes* : 33 (n. 2) ; *Leaena et Cupidines* : 41 (n. 1).

Archermus : 11 (n. 1) ; 12.

Artemon et Pythodorus : 38 (n. 1).

Artifices ignoti aut incerti : 27-29 ; — *Venus* : 27 ; — Scopas aut Praxiteles ? : — *Niobae liberi morientes* : 28 (n. 1) ; — *Ianus Pater* : 28 (n. 2) ; — *Cupido fulmen tenens* : 28 (n. 4) ; *statuae sine auctoribus* ; *Satyri quattuor* : 29 (n. 1) ; *Aurae uelificantes* : 29 (n. 2) ; *Olympus et Pan* : 29 (n. 3) ; *Chiron cum Achille* : 29 (n. 3).

Athenis : v. Bupalus.

Athenodorus : v. Hagesander.

Augusti imagines : 196.

Auianius Euander : 32 (n. 1).

Batrachus : v. Saura.

Bryaxis : 22 (n. 1) ; 30 (n. 1) ; 31 ; — *Liber Pater* : 22 (n. 1) ; *Mausoleum* : 30 (n. 1-2) ; 31.

Bupalus et Athenis : 11 (n. 2) ; — *Diana* : 12 (n. 1) ; *Dianae facies* : 13 (n. 1).

Calamis : 26 (n. 2) ; — *Apollo* : 36.

Callicrates : 43 (n. 1) ; — *paruola marmorea* : 43 (n. 1).

Canachus : 42 (n. 1).

Cephisodotus : 24 (n. 1) ; — *Aesculapius ac Diana* : 24 (n. 3) ; *Latona* : 24 (n. 3) ; *symplegma* : 24 (n. 2) ; *Venus* : 24 (n. 3).

Chersiphron : 95 (n. 5) ; — *Artemision* (Ephesi) : 95 (n. 1).

Cleomenes : 33 (n. 3) ; — *Thespiades* : 33 (n. 3).

Coponius : 41 (n. 2) ; — *Quattuordecim nationes* : 41 (n. 2).

Craterus et Pythodorus : 38 (n. 1).

Daedalsas : 35 (n. 4) ; — *Venus lavans sese* : 35 (n. 4).

Daedalus : 85 (n. 1) ; — *labyrinthus in Creta* : 85 (n. 1).

INDEX RERVM

(Les chiffres renvoient aux paragraphes.)

Maquette du Mausolée d'Halicarnasse réalisée par les soins de M. K. JEPPESEN. *Musée de l'Université d'Aarhus.*

Photographies que nous devons à la courtoisie de l'auteur.

Maquette du Mausolée d'Halicarnasse réalisée par les soins de M. K. Jeppesen. *Musée de l'Université d'Aarhus.*

Photographies que nous devons à la courtoisie de l'auteur.

TABLE DES MATIÈRES

ETRURIE . LATIUM
CAMPANIE

Arnus

UMBRIA

APENNINUS

Tiberis

Trasimenus
Lacus

Populonia

Clusium

Clanis

Vetulonia

Pallia

Argenta

Volsinii novi

Statonia ?

Volsiniensis
Lacus

Ferentium

MONS

Cosa

Volci

Tarquinii

Falerii novi

Cures

SABINI

Alba
Fucens

Fucinus
Lacus

MARE

Centumcellæ

Veii

Anio

Cære

Fidenæ

Tibur

Liris

ROMA

Præneste

Tusculum

Ostia

Albanus
Mons

Cora

TYRRHENUM

Antium

SAMNIUM

Tarracina

Formiæ

Volturnus

Beneuentum

Capua

Calor

Liternum

Puteoli

Pontiæ Insulæ

Cumæ

Neapolis

Lucrinus Lacus

Salernum

Pithecussæ

Misenum

Aenaria

Silarus

LUCANIA

Capreæ

HADRIATICUM

MARE

0   50 km

M.BARBY.Cartographe